헤겔연구 제26호

욕망과 문화

* 이 학술지는 2008년도 정부재원(교육인적자원부 학술연구조성
사업비)으로 한국학술진흥재단의 지원을 받아 출판되었음

헤겔연구 제26호

욕망과 문화

한국헤겔학회 편

차례

1부 헤겔의 이해

2부 일반 논문

3부 부록

제1부

헤겔의 이해

정신현상학 이성 장에 나타난 헤겔의 유기체관

– 자연의 관찰 연구 (2)[1)]

강 순 전

1. 유기체에 대한 목적론적 파악
2. 유기체의 내적 계기들을 법칙화하는 시도들에 대한 비판
3. 유기체의 외면에 대한 법칙적 인식의 시도와 그에 대한 비판
4. 법칙이 유기적 생을 파악할 수 없는 이유
5. 맺는말

요약문

자연 안에 들어 있는 이성은 합목적성이다. 따라서 자연의 최고 형태인 유기체는 실존하는 목적이다. 하지만 이성은 아직 본능에서 해방되지 못했기 때문에 유기체의 합목적적 활동을 법칙으로 추상한다. 관찰하는 이성은 유기체 내부에서 감수성, 반응성, 재생산에 상응하는 내면과 외면적 형상 사이의 관계를 법칙적으로 인식하고자 한다. 하지만 내면의 개념의 질적인 계기들은 양화하는 법칙적 인식에 의해서는 파악될 수 없다. 이성은 내면의 외면을 관찰하여 법칙화하지만 그것은 내면의 반영이 아니다. 유기체의 외부에서도 내면과 외면을 구별하여 법칙화 하려는 시도가 일어난다. 외적 형상의 다양한 속성들에 무관심한 생으로서의 내면은 수로 나타내진다. 유기체를 법칙적으로 파악하려는 시도들은 수로 나타내질 수 있는 비중과 응집력을 통해 사물들의 관계를 법칙화 하려고 한다. 하지만 이런 양적이고 수적인 방식으로는 유기체의 질적 개념적 관계가 파악될 수 없다. 유기체의 법칙은 광의의 내면과 외면에서 성립하는데, 외면의 비유기적 환경은 유기체의 내면적 합목적적 활동을 중단하고 무력화하는 요소로서 작용한다. 따라서 유기체에 대해서는 본래 법

칙이 성립할 수 없다.

● 주요어 : 자연법칙, 이성의 본능, 유기체, 목적, 합목적성

자연을 관찰하는 이성은 아직 본능에 머물러 있기 때문에 객관을 법칙적으로 관찰하면서 자기 자신을 인식하려고 한다. 이성은 자신의 대상으로서 이성적인 것을 가져야 하기 때문에, 이성의 법칙은 힘과 그것의 발현이라는 물리적 현상을 다루는 오성의 법칙과는 달리 이성적인 것, 즉 유기체를 대상으로 한다. 하지만 헤겔에 따르면 유기체는 법칙에 의해 파악되지 않는다. 법칙은 오히려 유기체의 논리를 추상적으로 반영하고 있을 따름인데, 유기체의 논리는 합법칙적인 것이 아니라 합목적적인 것이다. 본 논문은 헤겔이 유기체의 합목적적 특징을 어떻게 서술하고, 유기체에 대한 법칙적 파악을 비판하면서 그것의 불가능성을 어떻게 논증하는지를 분석해본다. 이로써 진리 인식을 위해 자연의 법칙적 파악이 어떤 점에서 불충분하고 이성적 의식이 자연의 관찰로부터 자기의식의 관찰과 행위하는 이성을 거쳐 정신으로 이행해야 하는지의 필연성이 밝혀질 것이다.

1. 유기체에 대한 목적론적 파악

유기체에 대한 법칙의 두 측면은 유기체와 비유기적인 환경이다. 하지만 양자 사이의 관계를 법칙적으로 파악하는 방식으로는 유기체의 본질을 파악하지 못한다. 비유기적 환경의 외면성 때문에 유기체는 그것을 필연적으로 포함하고 있지 않기 때문이다. 오히려 유기체의 본질은 목적 개념을 통해 드러난다.

헤겔은 칸트의 목적 개념을 비판적으로 수용한다. 칸트는 결과가 그것을 야기한 원인의 목적이 아니라, 다른 사물을 목적으로 삼고 그것의 수단이 되는 관계를 외

1) 본 논문은 필자가 2002년부터 2005년까지 이끌었던 정신현상학 이성 장에 대한 독회의 한 결과물이다. 독회를 물심양면으로 지원해주셨던 (주) 코팩 엔지니어링의 김승구 사장님께 감사드린다.

적, 상대적 합목적성이라고 한다. 반면 결과가 바로 그것을 야기한 원인의 목적이 되는 관계, 즉 결과와 원인이 합치하는 관계는 내적, 절대적 합목적성이라고 한다.[2] 헤겔은 칸트가 이러한 구별을 통해 내적 합목적성 속에서 생의 개념을 해명한 것을 칸트 철학의 가장 위대한 공적 중 하나라고 평가한다.[3] 하지만 칸트는 부분들이 서로 원인과 결과가 되면서 하나의 전체로 통일되는 것을 가능케 하는 합목적성의 이념을 우리는 유기체 안에서 인식할 수 없고 자연 밖의 초월적 오성으로서 요청해야 한다고 한다. 부분에서 전체로만 나아갈 수 있는 인간 오성은 이러한 합목적성을 파악할 수 없으며 신에게나 있을 수 있을 전체에서 부분으로도 나아갈 수 있는 직관적 오성만이 그것을 파악할 수 있다.[4] 이 신적인 오성은 자연의 인과관계에 따라 유기체의 원인으로 간주되어서는 안되며, 단지 사람들이 유기체의 부분들의 다양을 하나의 합목적적 통일로 인식하게끔 하는 인식근거로서 간주되어야 한다. 칸트에게 내적 합목적성은 "오성이나 이성의 구성적 개념이 아니라 반성적 판단력을 위한 규제적 개념"일 뿐이다.[5] 말하자면 그것은 유기체에 내재하는 자연적 근거가 아니라, 마치 유기체가 통일성을 가지고 있는 것처럼 우리가 유기체에 생각해 넣는 우리 내부에 있는 실천적 이성능력인 것이다.

헤겔은 칸트의 외적 및 내적 합목적성의 구별에 따르면서도, 유기체의 내적 합목적성이 "실재하는 목적(der reale Zweck) 자체"여야 한다고 한다. 헤겔에게 목적 개념은 현실적인 것으로도 존재하며, 현실적인 것과 외적 관계를 맺는 것이 아니라 현실적인 것의 본질이다. 헤겔은 칸트의 목적 개념을 자신의 논리로 재해석(Umdeutung)하면서 유기체에 타자를 매개로 자기 복귀하는 주체성의 논리구조를 부여한다.[6] 유기체는 "타자와의 관계 속에서 자신을 유지하면서 … 필연성에서 서

---

2) Kant, KU, § 63.

3) "이와 함께 그의 철학은 그의 이성 비판이 그릇된 방향에서 불완전하게, 단지 소극적으로만 행했던 것을 적극적으로 반성규정들과 상대적인 형이상학의 세계 너머로 고양시켰다." (Hegel, GW 12, 157)

4) 칸트는 이러한 원형적 오성의 가능성을 생각했지만, 그것이 인간에게 속한다는 것을 부정했다. 그렇기 때문에 목적성이 우리에게 불가피한 설명이지만 그것은 인간에 비추어서만 타당할 뿐, 진리 그 자체에 비추어서 타당한 것은 아니다. 내적 합목적성은 객관적 가치를 지니는 것이 아니라 주관적 반성의 격률로서만 타당한 것이다. (Hyppolite(1986), 308)

5) Kant, KU, § 65.

6) "목적관계는 마치 어떤 오성이 우리의 인식능력을 위하여 통일성을 부여한 것과 같이 외부의 객체를 그러한 통일성에 따라서만 고찰하는 반성적 **판단**이 아니다. 그것은 객관적으로 판단하고 외적 객체를 절대적으로 규정하는 절대적으로 참된 것이다. 그렇기 때문에 목적 관계는 **판단**이라기보다는 객관성을 매개로 자신을 자신과 합치시키는 자립적이고 자유로운 개념의 **추론**이다." (Hegel, GW 12, 159)

로 분리된 원인과 결과의 계기들을 … 하나로 통합하는 자연적 본질" 이다. 헤겔에 따르면 칸트는 자신의 구별에도 불구하고 원인과 결과의 통일이라는 유기체의 특성을 온전하게 사유하지 못했다. 헤겔은 관찰하는 의식이 목적 개념을 유기체의 본질로 보지만 그것을 유기체 밖에 있는 것으로 봄으로써 외적 목적론적 관계로 파악한다고 말하면서, 칸트의 내적 합목적성을 이러한 관찰하는 의식의 외적 합목적성과 같은 것으로 간주한다. 초세계적 신적 오성이 유기체의 원인이라면 칸트의 내적 합목적성도 궁극적으로 원인을 외부에 갖는 외적 합목적성으로 전락할 수밖에 없다. 하지만 유기체는 "자기 자신을 자신의 목적으로 삼는 것" 이며, "그것의 행위에 의해 도달하는 것은 자기 자신" 이다. 여기서 "마지막 것은 첫 번째 것이며, 결과는 첫 번째 것이 실현시킨 목적이다. 유기체는 어떤 것을 산출하는 것이 아니라 자기 자신만을 유지한다. 다시 말해서 산출된 것은 이미 존재했던 것이다." 여기서 자신인 것과 자신이 추구하는 것 사이의 구별은 가상일뿐이다. 목적에서 현상적으로 분리된 원인-결과는 이성적 사유에서 보면 자기 관계적 동일성이다. (198f./146f.)[7)]

하지만 유기체의 이러한 합목적성은 철학자의 관점에서 파악되는 것일 뿐이다. 이성은 아직 의식이기 때문에 대상을 마주하고 있고, 따라서 이성적 의식에게 원인으로서의 목적은 의식의 주관적 목적으로서, 결과로서의 목적은 직접적이고 구체적인 내용적 규정성을 갖는 사물로서 분리되어 나타난다. 헤겔은 이러한 주관적 목적과 외적 객체 사이의 목적론적 관계를 『논리의 학』 개념론의 목적론 장에서 외적 목적론으로서 비판적으로 서술한다. 여기 『정신현상학』에서 헤겔은 칸트가 원인이 되는 목적으로 간주한 신적 오성을 이성적 본능의 주관적 의식에 귀속시킴으로써 칸트의 내적 합목적성을 외적인 것으로 비판하고 있다.[8)] 여기서 우리는 이성을 칸트적 관념론적 이성으로 간주하고 그에 대한 비판을 통해 이성을 정신으로 고양하려는 이성 장 서두에서 제시된 기획이 지속적으로 관철되고 있음을 알 수 있다. 관찰하는 의식으로서의 이성의 본능에게는 유기체의 개념과 사물이 서로 분리되어 있는 것으로 관찰되기 때문에 유기체는 -이미 그 자신에 있어서 목적이지만- 목적과 분리된 사물로서 현상한다. 여기서 유기체의 개념은 주관적 목적으로

7) 『정신현상학』은 본문에 쪽수만 표기한다. 앞의 숫자는 Hegel, *Phänomenologie des Geistes*, Werke in zwanzig Bänden, Theorie Werkausgabe, Bd. 3, Frankfurt am Main 1969ff.에 따른 쪽수이고 / 이후의 숫자는 Gesammelte Werke Bd. 9에 따른 쪽수이다.

8) "목적으로서의 목적은 … 이성의 본능에게 의식인 자기에게 속하는 것이 아니라 다른 오성에 속하는 것이다." (200/147)

생각되어 유기체인 사물의 밖에 속한다. 본래 유기체는 "자기 보존하는 것"으로서 항상 이미 "자기 내로 귀환"해 있는 것이기 때문에, 사실상 목적 개념은 "어떤 오성" 속에 있는 것이 아니라 "여기에 사물로서 현존하는" 것이다. 따라서 목적 개념과 자기 보존하는 유기적 존재 사이의 구별은 구별 아닌 구별이다. 하지만 본능적 의식은 양자의 통일을 파악하지 못한다. (200f./148) 이성의 본능은 목적과 사물을 서로 다른 것으로 간주하며, 목적을 사물의 외부에 있는 것으로 간주한다. 헤겔은 이성의 본능에 의해 파악되는 이러한 외적 목적론을 비판적으로 상술하는데, 이러한 비판은 외적 목적론의 진리가 내적 목적론이라는 논변을 근저에 깔고 있다. 『정신현상학』의 논의는 매우 압축적이고 불충분하기 때문에, 이 비판을 충분히 이해하기 위해 『논리의 학』에서의 체계적 서술을 참조할 필요가 있다.

목적과 사물이 서로 다른 것으로 구별되는 이유가 『정신현상학』에서는 이성의 본능이 갖는 제한, 즉 의식에서 지와 대상이 분리되어 나타난다는 점 때문이다. 『논리의 학』에서 그 이유는 객관이 유한한 목적에 의해 규정되지 않은 내용적 규정성을 갖는 직접적인 것이기 때문이다. 주관적 목적과 외부의 객관은 서로 상이한 것이기 때문에 양자를 매개하는 수단이 필요하다. 하지만 목적과 수단의 관계도 직접적인 것이기 때문에 제 3의 매개가 필요하고 또 이 목적과 제 3의 매개 사이에도 또 다른 매개가 삽입되는 방식으로 무한히 진행되어야 한다. 이것은 수단과 객체 사이에도 마찬가지이다. 그런데 이 매개들은 목적에 의해 규정된 것인 한에서 목적의 수단이라고 할 수 있다. 객체 또한 수단을 통해 매개되어지는 한 역시 목적에 의해 규정된다고 할 수 있으며 그런 의미에서 목적의 수단이다. 따라서 목적에 의해 규정된 것은 그것이 수단이라고 불리든 실현된 목적으로서의 객체라고 불리든 모두 목적의 수단일 뿐이다. 이로써 주관적 목적과 객체 사이의 최초의 관계는 목적과 수단 사이의 관계로 서술될 수 있다. 하지만 수단 혹은 외면적 객체는 목적의 수단으로서 소멸하는 한에서 목적을 충족시키고 자신의 외면성을 지양하는 한에서만 개념의 통일에 상응하게 된다. 이같이 수단이 소멸됨으로써 이제 목적과 수단과 객체는 모두 동일한 것으로 정립된다. 외적 목적도 그것의 형식에서 볼 때 개념의 무한한 자기규정이다. 여기서 개념은 제한된 내용을 통해 자기 자신을 외적 개별성으로 제한한다. 이 외적 규정성에 고착할 때, 목적은 외적 목적이 되며 비진리로 된다. 하지만 이 외적 규정성은 소멸하는 규정성이며, 목적에 대해 자립적인 것으로 보이는 객체의 외면성은 사실은 가상일뿐이다. 목적의 활동은 이 가상을 서술하고 지양한다. 목적은 객체를 외면적인 것으로 전제하고(voraussetzen), 이 외면적 규정을 지양하면서 객체를 단지 목적에 의해 규정된 것으로 정립한다

(setzen). 이제 목적은 객체 속에서 자기 자신과 합치하고 객관적 목적으로 실현된다. 이로써 외적, 주관적 목적은 내적, 객관적 목적으로 되고 외적 목적론은 내적 목적론으로 된다. 외적 목적론에서 목적과 수단의 분리로 보였던 것이 사실상 양자의 통일임이 밝혀진다. 실현된 목적에서 수단은 목적에 포섭된 객관성이기 때문에 사라지고 목적의 실재성으로 된다. 목적은 수단 속에서 도달되며 수단은 목적을 포함하고 있다. 목적은 수단 혹은 객체에 외적인 것이 아니라 그것에 내재하는 것이다. 객체의 외면성은 바로 개념의 자기규정이며, 객체는 매개로서의 직접성(Unmittelbarkeit als Vermittlung)이다. 목적은 사물 속에서 작용하며, 자기 자신을 자신으로부터 밀쳐내는 행위(das sich von sich Abstoßen)로서 외적 객체(수단)를 산출하고 그 외면성을 지양하면서 그 속에서 자신을 실현한다.[9] 목적은 사물의 외부에 있는 것이 아니라 사물의 직접성 속에 있는 매개이며, 이 유기적 사물 자신이 바로 목적이다.

압축적이고 산만하기는 하지만 『정신현상학』에서도 동일하게 이성의 본능이 견지하는 외적 목적론을 비판하고 내적 목적론으로 고양하는 논변이 전개된다. 이성의 본능은 목적을 사물의 외부에 있는 것으로 보기 때문에, 목적을 사물에서 실현하기 위해 양자, 즉 원인으로서의 목적과 결과로서의 목적 사이에 활동을 수단으로서 설정한다. 이성의 본능과 거기에 속하는 칸트의 자연목적성에서 목적은 유기체 외부에 혹은 초세계적 이념으로서 있고, 그것은 활동에 의해 사물 속에서 실현되어 산출된 목적, 즉 유기체를 형성하여야 한다. 이성의 본능은 이 활동 속에서 존재자의 개별성의 측면만을 보기 때문에, 이 활동은 "전적으로 개별적이고 우연적인 필연성의 규정"으로 된다. 말하자면 이성의 본능에게 관찰되는 이 수단으로서의 매개과정은 개별적 내용을 가진 사물들의 연관, 즉 기계적, 화학적 과정으로 나타난다. 이 활동은 두 가지 관점에서 볼 수 있다. 이성 본능처럼 그것의 개별적 관점에만 고착하면, 활동 속에서 목적을 실현하기 위한 단지 수단인 것, 즉 "단지 존재자로서의 존재자의 활동성"인 기계적, 화학적 과정만을 볼 수 있다. 하지만 보편적 관점에서 보면, 즉 존재자의 활동성, 즉 기계적 · 화학적 과정에서 존재적인 면을 제거한 순수한 형식의 측면에서 보면 이 활동 속에서 바로 유기체 자신의 합목적적 활동을 볼 수 있다. 뒤에 가서 상술하겠지만 헤겔은, 유기체를 보편적 과정으로서의 목적으로 보지 않고 그 계기들을 양적으로 법칙화하려는 모든 시도에 대해 비판한다. 따라서 여기서 이성 본능처럼 활동의 개별적 측면에 고착해서 그것의

9) Hegel, GW 12, 165쪽 이하의 "C. 수행된 목적", 특히 167–172쪽의 논변을 참조.

기계적, 화학적 과정을 법칙화함으로써 합목적성을 설명하려는 노력은 "유기체가 자신을 개체나 유로서 유지하기 위해 행하는 것"을 올바로 파악할 수 없고 단지 "보편성과 개념을 결여한 무법칙적인 것"으로 되고 만다. 이런 개별적 차원에서 합목적적 활동이 규명될 수 있는 것이 아니다. 수단으로서의 활동성에 붙어 있는 직접적이고 개별적인 현존재는 목적으로 고양되기 위해 지양되어야 할 것이다. 헤겔은 이 지양을 위해 구체적 존재자에게서 이 존재자가 "자신의 대립자와 관계하면서 자기 자신을 유지하는" 방식에로 시선을 전환한다. 말하자면 수단이 갖는 개체성을 도외시하고 그 개체가 자신을 유지하는 보편적 형식에 주목할 때, 우리는 유기체의 합목적적 활동성을 파악할 수 있고 목적으로서의 유기체에 도달하게 된다. 이것은 수단이 목적 속에서 사라지고 그것의 실재성이 되며, 기계론과 화학론이 그것의 진리인 목적론으로 이행하여야 한다는 『논리의 학』의 논변과 같은 것이다. 사물 외적인 목적을 수단인 활동을 매개로 하여 유기체 속에 실현한다고 생각하는 외적 목적론은 이제 수단으로서의 활동이 목적으로서의 유기체의 활동성 자체가 됨으로써 내적 목적론으로 고양된다. 사물 외적인 목적은 더 이상 필요하지 않으며 매개로서의 수단도 목적으로서의 유기체 속에 통합됨으로써 오직 내적 목적으로서의 유기체만이 존재한다. 유기체는 자신을 구별하여 대립자로 만들고 이것을 수단으로 하여 자기 자신을 유지하는 활동성이다. 이 활동성은 유기체의 자기 유지의 형식이며, 이 활동성의 목적인 유기체의 외부에 있는 것이 아니다. 유기체는 목적과 활동성의 통일이다. (201f/148f.)

2. 유기체의 내적 계기들을 법칙화하는 시도들에 대한 비판

이러한 "통일은 본질적으로 유기체의 내적인 운동이며 단지 개념으로서만 파악될 수 있기 때문에, 관찰하는 의식에게는 파악되지 않는다. 관찰은 계기들을 존재와 정지의 형식으로만 추구한다. 유기적 전체란 본질적으로 계기들을 존재와 정지의 형태로 갖거나 발견되도록 하는 것이 아니기 때문에 의식은 대립을 자신의 견해에 맞는 것으로 전환한다." 유기체는 자신과 자신의 자기구별로서의 활동성이라는 두 가지 대립적 계기들의 유기적 통일이지만, 관찰하는 이성에게 이러한 통일은 두 가지 존재하는 고정된 계기들의 관계로서 나타난다. 말하자면 유기체는 "목적개념과 현실성", 외적 목적과 유기적 사물의 대립으로 관찰된다. 칸트가 분리시켰던 목적 개념과 현실, 합목적성과 유기체를 이성의 본능은 전자를 내면, 후자를 외면으로 규정하면서 양자의 관계를 "외면은 내면의 표현이다"라는 법칙으로 파악한다. (202/149) 이러한 법칙에서는 유기체와 비유기적 환경 사이의 관계를 법칙적으로 파악하는 트레비아누스의 경우에서처럼 법칙의 두 계기가 각각 자립적인 사물로서 나타나며 보편자는 존재자의 외면에 현존하는 것으로서 간주된다. 하지만 실제로 대립은 형식적인 것일 뿐이며, 유기적 실체가 두 계기의 근저에 그것들과 불가분리하게 그것들의 내용으로서 놓여 있다. 관찰하는 의식에게 각각의 고유한 내용을 갖는 상이한 존재로서 나타나는 두 계기는 사실상 하나의 통일적 내용이 내면과 외면이라는 상이한 형식들로 나타난 것일 뿐이다. 보다 정확히 말하면 목적이라는 내적인 통일이 외면으로 드러난 것, 표현된 것이다. 따라서 외면은 내면의 표현일 뿐이다. 관찰하는 이성은 외면이 내면의 표현이라는 것은 알지만 단지 어렴풋이 그것을 추론할 뿐, 양자가 어떻게 매개되는 지를 개념적으로 파악하지 못한다.

유기체의 외면과 내면의 관계로서의 유기체에 대한 법칙적 인식의 가능성을 논구하기 위해 헤겔은 우선 유기체의 내면을 고찰한다. 유기체의 속성은 감수성, 반응성, 재생산으로 분류된다. 헤겔은 유기체의 자기목적 개념에 따라 이 속성들의 본질을 개념적으로 규정한다. 감수성이란 유기체의 "자기 내 반성"(Reflexion in sich), 즉 자기 보존적 자기 동일성을 개념적인 규정으로 갖는다. 하지만 반응성은 이러한 동일성을 유지하면서 "반작용"하는 것이다. 그것은 감수성의 정지된 '자기 안에 있음'에 대립하여 외부에 대해 자신을 실현하는 것이다. 이로써 감수성의 추상적인 독자존재(Fürsichsein)는 동시에 타자를 위한 존재(Sein für Anderes)로 된다. 재생산은 양자의 통일로서 유기적 개체가 자신의 부분 혹은 개체 자체를 산출함으로써 개체로서 혹은 유로서 자신을 유지하는 전체이다. 이러한 개념 규정을 내면적 본질성으로 가지면서 감수성, 반응성, 재생산은 각각 신경계, 근육계, 소화기관을 그에 상응하는 형상으로 갖는다.[10]

이러한 개념과 구분은 생리학 및 해부학에서 유래하는 것으로서 1803/04년의 자연철학의 기획[11]에서는 아직 나타나고 있지 않다. 1805/06년의 자연철학의 기획에서부터 이 개념들이 유기체를 설명하는 중심 개념과 분류로서 등장하며, 이에 따라 유기체의 체계들이 분류되어 상세히 설명된다.[12] 자연철학은 당시에 통용되

10) 204/150f. 이러한 개념과 구분은 생리학과 해부학을 위해 할러(A. Haller, 1708-1777)에 의해 정초된 것이다. 할러는 감수성을 신경의 수용현상으로, 반응성을 근육의 수축능력으로 정의하였다. 재생산은 번식을 의미한다. (Wikipedia. Die freie Enzyklpädie 참조)

11) Hegel, GW 6.

는 자연과학적 성과들을 개념에 따라 파악하고 분류하여 서술한다. 하지만 인식모델을 비판하는『정신현상학』은 이러한 해부학적 구분에 따른 유기체의 인식을 비판한다. 헤겔에 따르면 이러한 구분은 "인식과 유기체에 속하는 것이 아니라" 해부학에 속하는 것으로서, 이런 추상적 구분에 따를 때 유기적 존재는 과정(Prozess)이라는 본질을 상실하게 된다. 유기체의 본질성은 자신의 계기들을 고립된 것으로서가 아니라 "보편적인 것, 즉 흘러가는 과정"으로서 포함하고 있다. (210f./154f.) 따라서 해부학적인 고정적 개념과 구분으로는 유기체의 내적인 계기들의 유동성을 파악할 수 없다. 1830년의『자연철학』에서도 헤겔은 이 개념들에 따라 유기체의 구조를 설명하지만, 이러한 구분과 상응관계가 고정적일 수 없음을 지적한다.[13] 거기서 헤겔은 이러한 구분에 따라 유기체에 관한 이론들을 서술하면서도 감수성에 상응하는 신경체계는 감각신경 뿐만 아니라 반응성에 속하는 운동신경도 포함하며, 반응성에 상응하는 혈액은 재생산을 위해 영양을 제공한다는 사실 등등을 서술함으로써 유기체의 과정이 서로 얽혀 있음을 보여준다. 헤겔은 보다 분명하게 원리적으로 감수성, 반응성, 재생산에 상응하는 세 가지 "체계는 각각의 점이" 감수성, 반응성, 재생산이라는 "세 가지 모두를 직접적인 통일 속에 포함하고 있다"고 말한다. 그런데 "어떤 체계도 전개된 전체로서 다른 체계의 계기를 마찬가지로 제 안에 가지고 있다면". 감수성, 반응성, 재생산에 상응하는 세 가지 체계의 구분은 의미를 상실한다. 그렇지만 "각각의 체계 안에서는 여전히 개념의 형식이 지배적"이다.[14] 유기체 전체에서처럼 유기체의 각 부분들에서도 자기 동일적인 독자존재(Fürsichsein)와 반작용으로서의 타자를 위한 존재(Sein für Anderes), 그리고 양자의 통일로서, 자신을 산출하여 개체와 유를 유지하는 자기 유지(Selbsterhaltung)라는 세 가지 개념적 계기들이 지배한다. 유기체란 이 세 가지 개념적 규정들에 따른 보편적 과정이며 운동이다.[15]

유기체를 이러한 보편적 과정으로 파악한다면, 유기체에 대해서는 우리가 일반적으로 법칙에 대해 생각하는 표상은 상실된다. 법칙은 대립을 정지된 측면들로 파악하고 표현하려고 한다. 그래서 법칙의 두 측면들은 서로 분리되고 그것의 유

---

12) Hegel, GW 8, 150ff.

13) Hegel, Enz. II, § 354, 221ff.

14) Hegel, Enz. II, § 354 Z. 223f. 이로써 헤겔은 해부학적 구분을 받아들이고 있는 셸링의 자연철학을 비판한다. 이뽈리뜨는 헤겔이 예나 시대의 실재철학의 대부분을 셸링적 자연철학의 개념을 탐구하는 데 할애하였지만, 점차 이 철학으로부터 벗어나서『정신현상학』에 이르러서는 자연에서 –셸링 자연철학이 주장하는– 이성의 절대적 현시보다는 오히려 이념의 몰락과 이성의 과거를 보았다고 말한다. (Hyppolite(1986), 305)

기적인 의미를 상실한다. 여기서 우리는 법칙에 대한 이성 장의 논의가 갖는 새로운 측면에 주목해야 한다. 물론 오성 장에서도 법칙의 진리는 전도된 세계의 외면과 내면을 매개하는 운동으로 귀결되었다. 하지만 오성의 대상인 힘과 그것의 발현을 파악하는 법칙은 무엇보다도 변화무상한 현상의 운동 이면의 정지된 세계로서의 제 1법칙의 의미이다. 오성 장에서의 법칙은 존재하는 구별들을 보편성의 형식으로서 정지된 상태로 받아들인다. 거기서 오성은 지각의 운동 속에서 보편과 개별, 본질과 외면의 관계를 파악하지 못하고 끝없는 상호 이행의 유희만을 본다. 하지만 이성 장에서는 이 내면과 외면의 관계가 "순수한 이행"으로서, 즉 자신을 외면과 내면으로 구별하고 이 양 계기들의 관계를 법칙으로 파악하는 보편자로서 파악된다. 이성 장은 내면과 외면의 관계라는 "법칙의 사상"을 주제화한다. 오성 장의 법칙적 사유가 유기적 존재의 자기 내 반성태에 고착한 것이라면, 자신을 외면과 내면으로 자기 구별하는 유기체를 대상으로 하는 이성 장에서의 법칙에 관한 논의는 외면과 내면의 관계라는 법칙의 보다 고차적인 규정에 관계한다. (212/156)

실로 이성 장에서의 법칙적 인식은 '외면은 내면의 표현'이라는 생각을 가지고 외면의 관찰을 통해 내면의 내용을 규명하려고 한다. 하지만 그것은 오성 장의 법칙에 대한 인식처럼 존재하는 측면을 유지하기 위해 유기적 현존재의 자기 내 반성태에 고착한다. 그럼으로써 질적 규정도 타자에 무관심한 자기 내 반성태인 양적 규정으로 된다. 헤겔은 법칙이 어차피 양화된 파악 방식이기 때문에, 유기체에 대한 파악도 파악된 것이 법칙의 계기로 될 때 오성의 원리와 방식으로 전락하게 됨을 지적한다. 헤겔은 감수성과 반응성의 질적인 구별들을 양적으로 고찰하여 양자의 관계를 법칙화하는 오성적 사유의 예로서 키일 마이어(Kiel Meyer)의 법칙화 시도를 비판한다. 키일 마이어는 상호 대립되는 감수성과 반응성이 그 양에 있어서 반비례 관계에 있다는 법칙을 주장한다. 감수성이 증가하면 반응성이 줄어들고 그 반대도 마찬가지이다.[16] 하지만 이것은 구멍의 크기가 커지는 만큼 구멍을 채우

---

15) 이 세 가지 계기는 구별되어 있는 것이 아니라 단지 한 개념의 계기들일 뿐이다. 따라서 내면의 유기적인 계기들을 외면적인 해부학적 조직에 대응시키려는 법칙도 헛된 것이다. 기관을 전체의 부분으로 생각하기를 중단한다면, 그것은 그 기관의 고유한 존재인 유기적 존재를 제거하는 격이 된다. 유기적 존재는 한 규정에서 다른 규정으로 나아가는 운동과 이행의 전체이다. 그것은 사물이 아니라 이미 개념인 것이다. 이것이 법칙의 확립이 여기서 더 이상 가능하지 않은 이유이다. (Hyppolite(1986), 316f.)

16) 한동원은 감수성과 반응성의 관계를 양적인 반비례 관계로 파악하는 견해를 셸링에게도 귀속시킨다. (한동원(1987), 89)

고 있는 것의 크기가 작아진다는 경우와 같은 것인데, 이 경우는 구멍의 크기는 구멍 나는 것의 양에 비례해서 늘어난다는 동어반복을 말하고 있을 뿐이다.(207/152) 대립은 질적인 것이어서, 하나의 규정은 단지 다른 규정이 존재하는 한에서만 의미를 갖는다. 대립을 이루는 규정은 하나의 규정 속에는 이미 구성적으로 그에 대립된 반대 규정이 들어 있는 반성규정이다. 따라서 하나의 규정에 대한 양적 크기의 증가는 이미 개념적으로 반대 규정에 대한 양적 크기의 감소를 포함하고 있다. 따라서 이러한 관계의 양적인 고찰은 동어반복적인 것이어서 어떤 새로운 내용도 제시하는 법칙이 될 수 없다. 대립은 질적일 뿐이며, 질적 대립 속에서 양적 대립자는 모두 동일하게 증가 혹은 감소한다. 감수성과 반응성을 양적 대립으로 법칙화하는 시도는 대립의 내용을 상실하며, 따라서 감수성과 반응성의 본성을 설명하지 못한다. 마찬가지로 감수성과 반응성의 개념적 질적 관계를 근력(Muskelkraft)의 강도라는 양적인 관계를 통해 규명하려는 노력도 헤겔은 감성적이고 몰사상적인 것이라고 비판한다.[17] 이렇게 질적 규정을 양화시키는 법칙은 개념적인 것을 감성화함으로써 인식으로부터 벗어난다.

본질성들이 보편적이고 유동적인 규정성인데 반해 형상들은 고정적인 것이다. 하지만 이 양자의 관계는 유기체의 내면과 외면처럼 법칙적 관계의 두 측면이 아니라 내면 안에서 임의적으로 구분된 협의의 내면과 외면일 뿐이다. 관찰하는 의식에게는 이 협의의 외면으로서의 형상만이 드러날 뿐이며, 그 이면의 개념적인 것은 파악되지 않는다. 관찰은 좁은 의미의 외면을 양화되고 고정된 형상들로 구분하고 그 계기들 사이의 관계를 법칙화하면서, 그것이 내면의 반영이라고 한다. 하지만 관찰은 개념을 파악할 수 없다. 감수성, 반응성, 재생산은 서로 독자적인 것으로 구별된 사물이 아니라 유기체의 보편적 개념적 계기들일 뿐이다. 유기체의 내면은 감수성과 반응성의 대립이 재생산 속에서 통일되는 유기체의 개념적 계기들의 유동적 과정이다. 개념의 계기들의 대립은 질적인 것이어서 양화하는 관찰에 의해서는 파악될 수 없으며, 유동성은 법칙에 의해 고정될 수 없다. 유기체는 내면적 목적을 외면적 활동을 통해 드러내면서 자신을 실현한다. 이때 유기체의 내면의 개념적 계기들뿐만 아니라 내면과 외면의 매개 역시 유동적인 과정이다. "유기체의 각 측면은 모든 규정들을 자신 안에 용해해 넣고 있는 단순한 보편성이며 이렇게 용해하는 운동이다." (211/156) 하지만 유기체를 법칙을 통해 파악하려는 이

17) 213f./157f. 헤겔은 이러한 이론을 받아들이고 있는 셸링과 그 추종자들을 겨냥하고 있다. 셸링은 나중에 이러한 입장으로부터 벗어난다.

성의 본능은 이 외면과 내면을 고정된 것으로서 분리시키고 개념적 계기들의 과정적 흐름을 양적으로 추상하여 정지시킨다. 내면과 외면으로의 유기체의 자기 구별은 법칙이 파악해야할 법칙의 진리를 드러내지만, 법칙은 이러한 유기체의 진리를 파악하는 방식으로서는 불충분하다.

3. 유기체의 외면에 대한 법칙적 인식의 시도와 그에 대한 비판

유기체에 대한 법칙이 관계하는 측면은 유기체의 내면에서 감수성, 반응성, 재생산이라는 속성에 상응하는 내면과 그것의 형상들의 체계가 아니라, 유기적 생명과 비유기적 자연이라는 광의의 내면과 외면이다. 헤겔은 지금까지 유기체의 내면 안에서 좁은 의미의 내면과 그 형상 사이에 법칙적 인식이 성립할 수 없음을 논증하였다. 그는 이제 유기체의 외면에서 유기체에 대한 인식을 법칙화하려는 시도를 비판적으로 논구한다. 유기체의 내면에서와 마찬가지로 외면인 형상에서도 좁은 의미의 내면과 외면을 구별할 수 있다. 유기적 형상이라는 외면에서 볼 때, 유기체는 생이라는 독자존재(Fürsichsein)와 외면의 자체존재(Ansichsein)를 매개하는 현실적이고 구체적인 중심이다. 여기서 생이라는 독자존재는 내면을 형성하며, 외면의 자체존재는 동시에 타자를 위한 존재이기도 하다. 내면인 생은 외적인 것과의 연관을 자기 내로 환수하는 부정성이며, 형상의 계기들의 현상을 가능케 하는 실체이다. 하지만 내면인 생은 외면인 형상의 계기들의 규정성에 무관심한 내용 없는 것이다. 형상 혹은 타자를 위한 존재가 어떤 다양한 형태를 띠던 간에 생은 동일한 한 가지로 머물러 있다. 이러한 생은 수(Zahl)로서 표현된다. 수란 형상의 규정성이 "단순한 일반성 속으로 받아들여진 것" 이다. (216/159) 수는 다양한 형태의 현실성을 하나, 둘과 같은 단순한 일반성으로 추상하여 표현한다. 그것은 구체적 규정성을 하나라는 수로 추상하기 때문에 무규정적인 것이지만, 동시에 하나는 둘과 다른 것으로 구별되기 때문에 규정적인 것이기도 하다. 광의의 외면에서 내면을 형성하는 생은 외면의 규정성들을 존립케 하는 토대로서, 한편으로 그것들과의 연관을 자기내로 환수하면서도 다른 한편으로는 그것들의 다양성에 무관심하다. 이러한 생의 이중적 규정이 수의 그것과 일치한다. 내면의 생은 외면적 형상의 다양한 규정성에 무관심하다는 점에서 수와 같이 무규정적인 것이다. 그것은 동시에 외적 규정성들을 지양하여 자기 내로 환수하기 때문에 지양된 형태의 규정성을 갖는 것이기도 하다. 이런 의미에서 수는 외적 형상의 내면이다.

앞에서 논의한 내적인 것의 내면이 개념, 즉 과정적 유동성으로서의 보편성이었다면, 이제 외적인 것의 내면은 정지된 보편성, 즉 수이다. 수는 "완전히 정지된, 죽어 있는 무관심한 규정성"으로서 "살아 있는 현존재로 이어지는 교량을 단절하고 있다." 이러한 내면과 그것의 형상을 다루는 것은 더 이상 유기체에 대한 고찰이 아니라 비유기체를 다루는 것이다. 두 측면은 서로 무관심하고 거기에는 "유기체의 본질을 형성하는 자기 내 반성"이 결여되어 있다. 이러한 유기체의 외면은 한편으로 형상, 색, 딱딱하고 질긴 성질 등 수많은 속성들을 외면으로 하고 다른 한편 수로 표현되는 비중을 내면으로 한다. 비중은 "종별적인 특수한 무게"(die spezifische Schwere), 즉 물질이 가지고 있는 고유한 무게를 말한다. 비중의 사전적 의미는 어떤 물질의 질량과 그것과 동일한 부피를 가진 표준 물질(고체, 액체의 경우 물, 기체의 경우 공기)의 질량의 비율이다. 헤겔은 비중의 철학적 의미를 "과정의 운동이 아니라 정지된 통일 혹은 단순한 독자존재"라고 규정한다. "이 단순한 독자존재는 타자에 대한 고요한 무관심성이기 때문에 비중은 다른 속성 곁에 나란히 있는 하나의 속성이다." 이렇게 본다면 비중과 다수성과의 모든 필연적 관계, 즉 모든 법칙성은 존재하지 않게 된다. (218/160f.) 헤겔은 이러한 외면적, 우연적 관계에서는 필연적 관계, 법칙이 성립할 수 없다고 주장한다. 비중은 스스로 구별을 만들어내지 못하기 때문에 외적으로 다른 속성들과 비교함으로써만 구별을 갖고, 그 점에서 양적, 비본질적 구별을 갖는다. (217f./160f.)

비중은 한 사물을 그것으로서 개체화하는 최초의 규정이다. 하지만 개체의 규정은 "순수한 독자존재"(das reine Fürsichsein)인 비중뿐만 아니라 "타자존재 속에 있는 독자존재"(Fürsichsein im Anderssein)인 응집력을 통해서도 설명되어야 한다.[18] (218/161) 통상적으로 응집력이란 액체나 고체에서 그것을 구성하고 있는 원자나 분자 간에 작용하고 있는 인력을 말한다. 헤겔에 따르면 응집력은 단지 비중에 따른 물체의 비교에 불과한 것이 아니라, 물체가 서로 관계하고 접촉하는 방식으로 정립되어 있다.[19] 응집력은 외적 변형에 저항하는 힘이다. 응집력은 부서지기 쉬

---

18) 이강조는 내적인 비중에 대해 응집력을 외적인 것으로 간주하고, 형태, 색깔, 경도 등을 응집력에 귀속시킨다. 그는 양자의 관계를 법칙적으로 파악하려는 시도를 내면과 외면의 법칙적 관계로서 파악한다. (이강조(1991), 11) 하지만 응집력은 형태, 색깔, 경도 같은 외적인 속성들이 아니라 비중과 마찬가지로 수로 표현되는 내면이다. 유기체의 외면적 형상에서 관찰되는 비중과 응집력의 관계는 유기체의 내면에서 관찰되었던 감수성과 반응성 사이의 관계에서와 마찬가지로 같은 국면에서 성립하는 관계이다. 헤겔은 감수성과 반응성 사이의 법칙적 관계가 성립하지 않듯이 비중과 응집력의 관계에서도 법칙이 성립하지 않음을 지적하는 것이다.

운 성질(Sprödigkeit), 질긴 성질, 끌어당김이나 충돌에 대해 저항하는 표면성(Flächenhaftigkeit), 물체를 잡아 당겼을 때 탄성의 한계를 넘어도 파괴되지 않고 늘어나는 연성, 쇠붙이를 두드려 다른 모양으로 만들 때 금이 가지 않는 가단성 등 여러 가지 형태를 띤다.[20] 응집력의 철학적 의미는 타자와의 관계에서 자기 자신을 유지하는 힘이라는 것이다. 하지만 응집력은 유기적인 것이 자기를 유지하는 것, 즉 스스로 목적을 갖고 목적의 전개로서 자기 구별하는 것이 아니다. 응집력은 목적이나 보편성을 자기 자신에게서 갖지 못하는 비유기적인 것의 자기유지 방식이기 때문에, 타자와 관계하는 가운데 자신의 독자존재인 비중을 부정하는 방식으로 반응한다. 가령 유리가 부서지기 전까지 어느 정도의 힘을 견뎌내는 것처럼, 응집력을 갖는 것은 어떤 다른 힘에 의해 당겨지거나 밀쳐지면서 어느 정도까지 응집력을 유지하다가 해체된다. 응집력에 나타나 있는 타자 관계 속에서의 자기 관계는 운동의 원리를 자기 자신에게서 갖고 있는 것이 아니라 타자와의 관계에 의해 결정되는 것이므로 관계의 본성을 표현하지 못한다. 비중과 응집력은 외적 관계에 의해 결정되는 것이기 때문에, 이러한 관계를 도외시하고 그것들을 양적으로 내적 강도에만 국한하여 다루는 것은 내용이 없는 추상일 뿐이며 거기로부터 어떤 법칙도 끌어낼 수 없다. 가령 사람들은 비중이 큰 것이 작은 것보다 내적 강도가 강하여 변화의 과정에 빠져 들어가는 데 대한 저항이 더 강하다고 생각할 것이다. (218f./161) 하지만 응집력에 관한 물체의 계열은 비중에 관한 물체의 계열과 어떤 비례관계도 갖지 않는다. 가령 금과 납은 철과 구리보다 비중이 무겁지만 그만큼 견고하지는 않다.

셸링의 제자 슈테펜스에 따르면 백금, 금으로부터 철에 이르는 금속의 계열에서 비중과 응집력이 반비례한다. 철에 이르러 비중은 감소하지만 응집력은 최고치에 달한다. 하지만 납의 경우 응집력은 비중보다 낮아지고 낮은 단계의 금속에서는 응집력이 비중과 함께 동시에 감소한다.[21] 헤겔은 이러한 법칙화의 경우도 근거 없는 것이라고 비판한다. 응집력에 대한 통상적인 이해는 그것을 과정으로서가 아니라 정지된 존재로서 보는 것이다. 응집력은 비중과 마찬가지로 "여러 무관심한 속성들 가운데 흩어져 있는 타자존재라는 자유로이 방면된 계기에 맞서서 그 곁에 등장하는 단순한 감각적 속성"인 것이다. 응집력은 여러 속성들 가운데 하나의 속

19) Hegel, Enz II, § 294 Z, 394.
20) Hegel, Enz II, § 296, 366f.
21) Hegel, Enz II, § 296, 368f.

성이다. 응집력의 유일한 규정성인 수는 그것이 속성들의 필연적 관계를 표현해주지 못하는 것처럼 응집력에 관한 법칙을 나타내지 못한다. 수라는 것은 비본질적인 구별일 뿐이다. 응집력의 수적 계열은 물체들을 설명하는 한 측면일 뿐이며 여러 속성들의 계열과 정합하지 않을 뿐만 아니라 물체들을 설명하기 위해 다른 속성들의 계열이 보충되어야 한다. (219f./161f.) 수량화하는 양적인 규정은 지극히 일면적인 것이어서 물체들의 본성을 설명하는 법칙으로서 부적절하다. 슈테펜스의 계열에서 응집력과 비중의 증감을 긍정적 내지 부정적인 것으로 규정하려면 거기에는 양적 규정을 넘어서 질적 대립을 사유하여야 하는데, 이것은 "개념"에 속하는 일이다. 하지만 수적, 양적 파악은 질적, 개념적 파악과는 달리 다른 것에 대립하는 어떤 부정적인 것의 성격을 나타내지 못하고, 단지 하나의 속성이 다른 것과 마찬가지로 "존재한다"는 것만을 나타낼 뿐이다. (220/162) "존재하는" 두 관계항 사이에는 어떤 지배적 관계도 성립하지 않는다. 양자는 서로 무관심하고, 하나가 다른 하나의 곁에 동일한 존재 가치를 가지고 병립한다. 서로는 "자신의 존재를 자신의 힘으로서 천명"한다. (66/55) 존재논리에서 관계항은 서로 매개되지 못하고 타자로 끊임없이 이행한다. 따라서 "존재하는" 속성들 사이에서는 어떤 진정한 매개, 즉 법칙도 성립하지 않는다. 연속적인 등급에 따라 일련의 물체를 형식화하려는 슈테펜스의 시도에 대한 헤겔의 이러한 비판은 여타의 다양하고 가변적인 속성들을 비중에 대응시키면서 물체의 관념적 발생 과정을 정식화하려는 셸링의 시도를 함께 겨냥하고 있다.[22] 헤겔에 따르면 개념적으로 사유할 수 없는 이들의 시도는 물체의 본성을 설명할 수 없으며 단지 "표상"할 뿐이다. (221/162)

4. 법칙이 유기적 생을 파악할 수 없는 이유

수적이고 양적인 방식으로 관찰되는 유기체의 외면의 형상은 사실상 비유기체이다. 여기서 내면인 수는 외면에 무관심한, 존재하는 속성으로서 외면에 대립하여 나란히 병립해 있다. 하지만 유기적 생명체의 독자존재는 그런 것이 아니라 "타자존재의 원리를 자신에게서 갖는다." 유기적 통일성은 "자기 동등적인 자기관계

22) Hyppolite(1986), 321. 헤겔에 따르면 셸링철학은 질적인 대립을 사유할 수 없기 때문에 위력이나 정도의 차이라는 형식으로 모든 실재 속에서 하나의 동일한 직관만을 발견하고자 하였다. 실재를 양적으로 표현한다는 것은 내적으로 자기 자신을 구별하고 대립시킬 수 없는 동종적인 동일성에 머무는 것이다. (같은 책, 315)

와 순수한 부정성의 통일"이다. 유기체의 내면이 지니는 이러한 통일이 다름 아닌 "유"(Gattung)이다. (221/163) 관찰에게 유기체가 이성으로 보이는 이유도 유기체가 유를 자신의 본질로 하기 때문이다. 유는 자연 속에 존재하는 이성이다. 유는 보편성으로서 자신의 현실성인 형상에 대해 무관심한 자유를 갖는다. 하지만 유기체의 본질로서의 유는 자기 관계하는 부정성이기 때문에, 형상의 규정성들은 "유기체에 있어서는 유기체의 독자존재 아래로 들어온다." 유기체의 본질로서의 유는 모든 계기들을 자신 안에 지양해 넣고 있는 "순수한 부정성"이기 때문에 수와 같은 고정된 규정성은 그 안에서 절멸되어 있다. 반면 비중과 같은 비유기적 성질을 갖는 형상의 내면 역시 형상에 대해서 자유를 갖지만, 비중의 자유는 존재하는 자유로서 여기서 비중은 형상의 곁에 마찬가지로 하나의 특수한 속성으로서 등장한다. 비유기체의 규정성은 "비유기체의 존재 아래로 들어온다." 따라서 유기체를 수와 같은 무관심한 존재의 계기에서 관찰할 때, 관찰은 유기체의 생명성의 본질을 보지 못하고 계기들의 유희만을 보게 된다. (221f./163)

유기적 생명의 본질은 보편적 유이지만, 이 유가 종으로 현실화될 때 유의 정신은 사라지고 종의 규정성들 속에서 몰정신적인 것이 된다. 종이란 유기적 보편성으로서의 유와 전개된 개체성인 현실적 형상의 통일이다. (222f./164) 유가 보편과 개별의 통일을, 보편의 부정성이 개별적 부분들을 관통하는 방식으로 이루어낸다면 유는 곧 의식이 될 것이다. 하지만 유가 종으로 현실화될 때, 자연의 종 속에서는 전체가 부분 안에 의식적으로(für sich) 현존하지 않는다. 자연에서 유는 앞서 말한 땅, 물, 공기, 기후, 대지와 같은 요소들을 통해서 종으로 현실화된다. 유가 현실화된 개별 생명체는 물, 공기, 흙과 같은 요소들이 유의 이념에 따라 모여든 것이다. 유의 정신은 이러한 질료적 요소를 통해서만 현실화될 수 있다. 하지만 이러한 질료적 요소들은 유의 정신이 자연 속에서 자유롭게 온전히 실현되는 것을 방해한다. 생명의 이념인 유가 현실화되어 나타나는 자연의 종들은 개별화의 원리인 질료에 따라 무한히 많은 수의 생명체들로 현상한다. 그런데 자연의 종들의 다양성은 이성과는 무관한 질료적 요인이다. 이점에서 이성주의자인 헤겔은 종을 부정적으로 본다. 이것은 자연 속에 있는 정신인 유가 자연 속에서, 즉 질료적 요인을 통해서 자신의 타자존재로 현실화될 수밖에 없는 한계를 지시한다. 자연 속에서 정신은 타자존재의 형식으로 나타날 수 밖에 없기 때문에 감각적 존재에 묶여 있다. 종 속에서 보편은 구별된 부분들을 관통하고 있지만 여기서 보편과 개별의 매개는 의식 혹은 정신에서처럼 의식적으로 부분들 속에서 전체가 활동하는 참된 보편성이 아니다. 여기서 전체는 부분들 속에서 오히려 고정화되고 존재하게 된다. 종의 존재하는 개별성은 유의 유동성의 무한한 보편성을 제한한다. 관찰하는 의식은 유의 실현으로서의 개별적 유기체 속에서 보편과 개별의 매개를 보지만 그것을 단지 어렴풋이 예감할 뿐이다. 관찰하는 이성은 오히려 그것을 명확히 하기 위해 유의 보편성을 수와 같은 형식적 보편성으로 표상한다. 관찰은 생명의 내적 보편적 계기들은 보지 못하고 외적 형상에만 주목한다. 유기체의 생명은 관찰하는 이성에게 존재하는 형상으로 관찰되고, 형상의 존재는 수의 계열로 계량화된다. 가령 유로부터 개별적 생명체로의 이행 혹은 유기체의 형상에서 비중이나 응집력의 계열에 따라 생명체의 발생과정을 체계화하려는 시도는 수와 같은 양적 방식으로 표상될 수 있다. 이와 같이 형상의 개별성 속에서도 보편성이 실현되어 있지만, 다만 그것은 수라는 표상의 방식으로 그러하다. 관찰의 관점에서 볼 때 유기적 생명의 보편성은 존재하는 것으로 관찰되는 형상의 차원에서 수라는 추상적이고 형식적인 보편성으로 표상된다.

유기체의 형상의 비유기적인 것을 구성하는 것은 물, 공기, 흙과 같은 질료적 요소들이다. 이 질료적 요소들은 모든 다양한 개체를 구성하는 요소일 뿐 아니라 수적으로 보편화될 수 있는 것이기 때문에 헤겔은 그것들을 보편적 개체성이라고 부른다. 이와 함께 수 또한 보편적 개체성이라고 불리는데, 요소와 수는 모두가 유기체의 외면을 형성하는 비유기적인 것의 보편성을 표현한다. 이렇게 볼 때 유기체는 궁극적으로 생명의 내적 원리인 유라고 하는 "내적 보편성"과 비유기적인 "보편적 개체성"의 통일로 구성되어 있다.[23] 유기체는 유가 질료적 요소들을 매개로 하여 자신을 체계적으로 조직화하는 활동에 다름 아니다. 하지만 관찰하는 이성의 대상이고 타자존재의 제약에 묶여 있는 유기적 생명은 "자기 자신 안에서 근거지어진 형상들의 체계"가 아니다. 자연에서, 보다 좁혀 말하면 유기체에게서 일어나는 유의 체계화 활동은 "강력한 요소들 안에서만 추동되어져야" 하기 때문에 "요소들의 고삐 풀린 폭력에 의해서 도처에서 중단되고 불완전하게 되며 위축된다". (224f./165, 필자 강조) 훗날의 『자연철학』에서 헤겔은 동물 유기체가 갖는 이러한 제약을 다음과 같이 서술한다.

"생명은 직접적인 이념이기 때문에 개념이 생명 속에 실존하지 않으며 생의 현존재는

23) 헤겔은 의도적으로 유기체와 비유기적 요소를 이렇게 표현함으로써 언어의 유희를 자신의 철학적 의도를 위해 활용하고 있다. 전자의 보편성은 개별에 보편을 우선하게 하는 이성주의적 헤겔 철학의 원리를 표현한다. 반면 후자의 보편은 개별의 질적 규정을 사상한 추상(Abstraktion)이라는 부정적 의미를 갖는다.

외적 자연의 다양한 조건과 상황에 종속되면서 가장 가엾은 모습으로 나타날 수 있다. … 동물계는 자연의 다른 영역에 비해 그 자체 독립적이고 이성적인 유기조직의 체계를 드러낼 능력이 훨씬 덜하며, 개념에 의해 규정되어 있을 형식을 고수하면서 불완전하고 뒤섞인 조건들에 대항하여 그 형식들을 혼란과 위축과 이행에 떨어지지 않게 할 능력도 훨씬 덜하다. 자연 일반에서 개념이 지니는 이러한 허약함으로 인해 개체의 형성은 외면적 우연성에 내맡겨진다. … 외면적 우연성에 속하는 환경은 거의 낯선 것만을 포함하고 있다. 불안정하고 공포에 차 있는 불행한 동물의 자기감정에게 환경은 지속적으로 폭력을 가하고 위험을 가지고 위협한다."[24]

이뽈리트는 유기체의 이러한 제한을 유기체를 관찰하는 이성의 제한과 연결시키며, 그러한 제한의 궁극적인 원인을 자연철학의 체계상의 제한에서 찾는다. 관찰을 통해 자기 자신을 자연에서 발견하려는 이성의 노력은 자연 속에서 자신을 부분적으로만 발견할 수 있다. 이것은 유기체의 합목적적 활동이 근본적으로 비유기적 자연의 폭력에 제한되어 부분적으로만 실현되고, 이 내면과 외면의 관계를 파악하는 법칙적 인식도 부분적으로만 가능하다는 사실에만 기인하는 것이 아니다. 그것은 근본적으로 자연철학이 갖는 원리적인 제약에서 기인한다. 자연은 타자를 위한 존재이고, 자연에서 이성은 우연적인 것이다. 여기서 우연성이란 경험적 설명이나 경험적으로 가능한 결정론에 비추어서가 아니라 의미나 관념에 비추어 볼 때의 우연성이다. "자연은 우연적인 이성이다." 자연철학은 이성이 자기 자신을 사유하여야 한다는 필요를 충족시켜주지 못한다.[25]

만일 유기체가 유로서의 내적 보편성과 비유기적인 보편적 개체를 모두 자신 안에 가진다면 자신을 체계화하고 발전하는 의식이 될 것이다. 의식은 보편적 정신과 그 개별성을 매개하여 "의식의 형상화의 체계", 즉 "전체로 자신을 질서지우는 정신의 생"을 형성한다. 이러한 체계는 세계사를 자신의 대상적 현존재로 갖는다. 하지만 유기적 자연은 어떤 역사도 가지지 않는다. 그것은 "자신의 보편자인 생으로부터 떨어져 나와 직접적으로 현존재의 개별성 속으로 떨어진다." 유기적 생명의 보편성은 "참된 자각적 매개 없이 개별성의 극으로 직접적으로 몰락해 있다." 생의 보편성을 구현하고 있는 자연의 수많은 종들은 이성에 의해 매개될 수 없는 개별성들이다. 또한 유기체는 형상의 외면과 자신의 합목적적 활동의 대상인 외부

24) Hegel, Enz II, § 368, 번역은 필자가 일부 수정하였음.
25) Hyppolite(1986), 305f.

의 개별적 요소를 모두 자신의 부분으로 장악하지 못한다. 따라서 유기체에서 내적 보편성과 보편적 개체성의 매개는 "우연적 운동"을 야기할 뿐이다. 이 운동 속에서 전체는 전체로서 자각적으로 있지 못하기 때문에, 즉 자신을 의식하지 못하기 때문에 부분 속에 현존하지 않는다. (225/165f.) 그 점에서 그것은 부분의 형상 속에서 자신을 자각하고 실현하는 정신과는 다른 것이다.

유기체의 이러한 존재론적 제약에 상응하게, 유기체를 관찰하는 이성은 자기 자신을 보편적인 생으로 직관하지만 생을 유기체 자체의 체계가 아닌 보편적 개체의 체계에 따라 실현되는 것으로 직관한다. 하지만 보편적 개체의 체계는 유적 보편성과 무관하고, 유기체의 조직화의 계기인 요소의 타자성 때문에 유기체와 요소들 사이의 법칙적 파악도 "커다란 영향의 차원을 넘어서지 못한다." 따라서 관찰하는 이성은 사물을 사념(Meinen)의 차원에서만 파악하면서, 그저 자연에 대한 착상과 견해를 기술하고 지루하게 이야기하는 일에 머물 뿐이다. 그것은 "점잖은 소견을 말하거나 흥미로운 관계를 보여주거나 친절하게도 개념에 상응하는" 정도이지, 결코 "필연성에 대한 지"(Wissen der Notwendigkeit)는 아니다.

5. 맺는말

자연 안에 들어 있는 이성은 합목적성이다. 따라서 자연의 최고 형태인 유기체는 실존하는 목적이다. 하지만 이성은 아직 본능에서 해방되지 못했기 때문에 유기체의 합목적적 활동을 법칙으로 추상한다. 법칙이 현상의 변화를 반영하는 정지된 추상의 세계가 아니라 개념의 자기 구별이며 자유로운 필연성이라고 적극적으로 해석될지라도, 법칙은 여전히 자유가 아닌 필연성이다. 필연성은 "본질적으로 개념에 의한 관계"(445/326)이지만, "서로 외적인 개별자들에 관계하는 보편성"[26]이다. 말하자면 법칙은 개념의 자기 구별을 표현하지만 상호외재존재(Aussereinandersein)라는 자연의 형식으로 표현할 뿐이다. 그런 점에서 자연은 자신의 본질인 정신을 모호하게 드러내며, 자연법칙은 개념을 추상적으로만 드러낸다. 개념은 자연에 내재하며 자연을 지배하는 자연의 **논리**이다. 법칙은 그것의 추상적 표현이다. 자연을 관찰하는 이성은 자연과학적 탐구처럼 자연을 법칙이라는 추상 속에서 파악한다. 하지만 헤겔은 자연의 파악이 법칙적 인식을 넘어서 목적

26) Hegel, Enz III, 23.

론적으로 파악되어야 한다고 본다. 그는 자연에 관한 목적론적 파악으로서의 칸트의 목적론을 자연을 관찰하는 이성의 본능에 속하는 것으로 간주한다. 칸트의 목적론은 법칙을 넘어 자연을 목적론적으로 파악하지만 여전히 목적과 수단이 분리된 외적 목적론에 머물기 때문이다. 하지만 자연에 대한 진정한 파악은 내적 목적으로서 자연을 파악하는 것이다. 이러한 파악은 아직 본능에서 해방되지 못한, 자연을 관찰하는 이성에서는 성취되지 못한다. 자연의 합목적적 파악은 이성을 자연을 관찰하는 인식 모델로서 비판하는 『정신현상학』이 아니라 『논리의 학』의 생의 이념에서 이루어진다.

자신을 발견하려는 이성의 노력, 자기 자신이 바로 실재성이라는 이성의 확신은 자연 속에서 자신을 온전히 발견하지 못한다. 자연은 본래적 이성이 아니라 이성의 다르게 있음이다. 자연은 본래적 이성인 정신을 포함하고 있지만, 단지 외면적이고 우연적인 형식 속에서 그러할 뿐이다. 이러한 자연의 존재론적 제한은 그에 상응하는 지의 인식론적 제한과 결부되어 있다. 이성은 유기적 자연에서 자기 자신을 발견하려고 하지만 자연의 타자성 때문에 그 안에서 순수하게 자신을 파악하지 못하고 관찰을 통해 자신을 인식하여야 한다. 관찰은 법칙의 방식으로 유기적 자연의 외면성을 뚫고 들어가 내면의 보편적 생을 파악하려고 하지만, 유기적 생명의 내면적 보편성은 법칙에 의해 파악될 수 없다. 따라서 자연을 관찰하는 이성은 자기 자신에 도달하지 못한다. 이성은 유기적 자연이 아닌 자기의식을 관찰하고 행위하면서 정신으로 고양되는 길을 더 걸어야 한다. 이성은 아직 자연의 관찰에서는 자기 인식에 이를 수 없고 정신으로 실현된 이성에서 자기 자신에 이를 수 있다.

참고 문헌

Bonsiepen, W.(1993), "Bedeutung und Grenzen der hermeneutischen Hegel-Interpretation. Bemerkungen zu Kaehler/Marx: Die Vernunft in Hegels Phänomenologie des Geistes", Hegel-Studien 28.

Hegel, G. W. F.(GW 6), *Jenaer Systementwürfe I*, Gesammelte Werke 6.

_____, (GW 8), *Jenaer Systementwürfe III*, Gesammelte Werke 8.

_____, *Phänomenologie des Geistes*, Werke in zwanzig Bänden, Theorie Werkausgabe, Bd. 3, Frankfurt am Main 1969ff.

_____, (GW 11), *Wissenschaft der Logik I* (1812/1813), Gesammelte Werke 11.

_____, (GW 12), *Wissenschaft der Logik II* (1816), Gesammelte Werke 12.

_____, *Enzyklopädie der philosophischen Wissenschaften im Grundrisse (1830) I*, Werke in zwanzig Bänden Bd. 8, Frankfurt am Main, 1970ff.

_____, (Enz II), *Enzyklopädie der philosophischen Wissenschaften im Grundrisse (1830) II*, (『자연철학』, 박병기 역, 나남출판사, 2008)

_____, (Enz III), *Enzyklopädie der philosophischen Wissenschaften im Grundrisse (1830) III*, (『정신철학』, 박병기 역, 울산대 출판부, 2000)

Kant, I.(KU), *Kritik der Urteilskraft*, Werke in Sechs Bänden, Bd. 5, Darmstadt, 1998.

Kaeler, K., Marx, W.(1992), *Die Vernunft in Hegels Phänomenologie des Geistes*, Frankfurt am Main. (Vittorio Klostermann)

Hyppolite, J.(1986), *Genese et structure de la phenomenologie de l'esprit de Hegel*, (『헤겔의 정신현상학』, 이종철, 김상환 역, 문예출판사)

강순전(2006), 「헤겔 정신현상학에서 칸트와 피히테의 관념론 비판」, 철학탐구 20집, 중앙철학연구소.

이강조(1991), 「헤겔의 현상학에서 관찰하는 이성의 변증법」, 철학논총, 제7집, 새한철학회.

한동원(1987), 「정신현상학의 이성장 분석(1)-A. Beobachtende Venunft」, 최동희

외, 『자아와 실존』, 민음사.

Hegels Auffassung des Organismus im Vernunft -Kapitel der Phänomenoloige des Geistes.

–Eine Studie zur 'Beobachtung der Natur' (2)

Kang, Soon Jeon

Zusammenfassung

Die Vernunft in der Natur ist die Zweckmäßigkeit. Der Organismus als die höchte Form der Natur ist daher ein existierender Zweck. Die Vernunft, die noch nicht vom Instinkt befreit ist, abstrahiert von der zweckmäßigen Tätigkeit des Organismus und macht dieselbe zum Gesetz. Die beobachtende Vernunft versucht, das Verhältnis zwischen dem Inneren innerhalb des Organismus, d.h. Sensibilität, Irritabilität, Reproduktion einerseits und seiner äußeren Gestalt andererseits durch das Gesetz zu erkennen. Die qualitativen Momente des Begriffs im Inneren lassen sich nicht durch die quantitative Erkenntnis des Gesetzes auffassen. Die Vernunft beobachtet das Äußere des Inneren und macht es zum Gesetz, das aber nicht das Innere wiederspiegelt. Im Äußeren des Organismus wird es versucht, das Innere und das Äußere voneinander zu unterscheiden und das Verhältnis von beiden gesetzmäßig zu erkennen. Das Innere als Leben, das gegen die mannigfaltigen Eigenschaften der äußeren Gestalt gleichgültig ist, wird als Zahl ausgedrückt. Der Versuch, den Organismus durch das Gesetz aufzufassen, macht durch die als Zahl darstellbare spezifische Schwere und Kohäsion das Verhältnis der Dinge zum Gesetz. Durch diese Weise der Zahl und Quantität lässt sich nicht das qualitative und begriffliche Verhältnis auffassen. Das Gesetz des Organismus besteht zwischen dem Inneren und Äußeren im weiteren Sinne. Die unorganische Umwelt des

Äußeren wirkt als Elemente, die die innere zweckmäßige Tätigkeit des Organismus unterbrechen und verkümmern. Über den Organismus besteht daher kein Gesetz.

Schlagwörter : Naturgesetz, Vernunftinstinkt, Organismus, Zweck, Zweckmäßigkeit

헤겔의 욕망 개념

남 기 호

1. 서론
2. 동물의 감각적 욕구와 보편
3. 인간의 의식적 욕구 또는 욕망
4. 인간의 사회적 욕망과 가치
5. 맺음말

요약문

이 글은 욕구와 욕망에 대한 헤겔의 이해를 그의 첫 『예나 체계기획들』과 『법철학 개요』를 통해 살펴본다. 이를 통해 헤겔의 욕망 개념은 이성에 대립적인 것이 아니라 오히려 이성의 보편적 요소를 내포하고 있다는 것이 밝혀진다.

자연적인 것으로만 보이는 동물의 욕구는 이미 감각의 관념적 관계를 포함하고 있다. 이 관념적 관계는 그러나 동물 자신에게 지속적으로 존립하지 못하고 유기적 개체화를 원리로 하는 동물의 실재적 과정에 의해 지배된다.

자체가 정신적 개체인 인간의 욕구는 욕구의 관념적 관계가 의식적으로 존속하는 욕망이다. 인간의 의식적 욕구에서 욕구와 그 대상 간의 실재적 지양 관계에는 이미 관념적으로 지양된 것들로서의 그것들의 관념적 관계가 선행하며 오히려 그 실재적 관계를 지배할 수 있다. 욕구의 관념적 관계는 자체가 이미 욕구와 욕구 대상의 관념적 통일이며, 이 통일을 객관적 보편으로 실존하게 하는 것이 바로 인간의 노동이다. 언제나 개별적 구체 노동으로만 실행되는 노동은 도구에서 지속적 실존을 지니는 객관적 보편으로 사물화된다.

그러나 인간은 자신의 모든 특수 욕망들에 해당하는 노동을 수행할 수 없기에 사회 속에서 특정 욕망을 하나의 보편으로 분리해내고 이에 해당하는 추상 노동에 종사한다. 욕망과 노동의 이러한 분리로 인해 시민사회에는 여러 불평등과 갈등이 발생한다. 시민사회의 문제들의 근원은 특수 욕망들을 지닌 구성원의 개별성이 추상 욕망과 추상 노동의 보편적 사회 활동 속에서도 궁극적으로 지양되지 않는다는 데에 있다. 헤겔이 법철학에서 구상하는 여러 제도들은 시민사회 구성원이 스스로 주체가 되는 특수 욕망의 도야를 위한 것이기도 하다. 이를 통해 도야된 욕망은 사회적 보편성을 지닌 이성적 욕망이자 인륜적으로 충족되는 공동체적 욕망이다.

● **주요어 : 동물적 욕구, 감각, 인간적 욕구, 의식, 노동, 도구, 사회적 욕망, 욕망의 도야**

1. 서론

오늘날처럼 욕망의 변론인이 많은 시대도 없을 것이다. 멀게는 니체와 프로이트로부터 가까이는 라캉, 바타이유, 푸코, 데리다, 들뢰즈 등에 이르기까지 욕망을 그 소외되어 온 이론사의 변두리에서부터 그 자체로 부각시켜 보려는 매우 다양하고도 풍부한 시도들이 이루어지고 있다. 이러한 시도들의 대체적인 공통점은 서구 정신사에 있어 그 동안 통제되고 억압되어왔던 욕망의 고유한 위상을 복원시키고 그 본래적 가치를 적극적으로 재평가해 본다는 데 있는 것처럼 보인다. 서구의 역사는 이성 중심의 역사였다. 이성은 언제나 역사의 주인으로서 이성 이외의 모든 것을 제어하거나 배제해 왔다. 욕망은 배제되어야 할 비이성성의 대표자였으며, 배제되지 않으면 적어도 이성의 통제 아래에 절제되어야 했다. 그러나 이성 자체만으로 구상되는 진리가 더 이상 타당성을 지니지 않게 된 이상, 욕망은 그 억눌린 이성의 독재로부터 해방되어야 한다. 욕망은 이성 못지않게 현실적이며 이성에 의해 가려진 진리의 진정한 이면이다. 아니, 욕망은 차라리 이성을 자신의 한 모서리로 하는 모든 존재의 자기보존의 궁극원리이다. 모든 욕망하는 것은 현실적이며 모든 현실적인 것은 욕망한다.

그러나 유행 철학의 이러한 주장에는 무엇보다 주의해야 할 것이 있다. 욕망의 변론인은 자신이 비판하는 이성 못지않게 독재적인 욕망을 주장하고 있지 않은지 하는 점이다. 욕망의 절대적 근원성 또한 진지한 철학적 반성 없이 자주 유행처럼 받아들여지기에 말이다. 정말 모든 존재의 자기보존은 궁극적으로 욕망에만 기원하는가. 이성은 언제나 올바른 이성(ratio recta)으로서만 독단적으로 간주되어 왔는가. 나쁜 욕망이란 진정 없는 것인가. 좋고 나쁨, 선악을 넘어선 욕망은 과연 실재적인가. 이성과 욕망의 관계는 단지 상호배제의 관계일 뿐이거나 어느 한편의 일방적 포섭 관계일 뿐인가. 이 모든 물음들은 사실 욕망과 이성의 개념적 이해에 대한 물음으로 귀착한다. 이성이라도 좋은 이성과 나쁜 이성이 있다면, 욕망 또한 마찬가지일 것이다. 참으로 중요한 것은 좋은 이성과 좋은 욕망을 나쁜 것들로부터 구별해내고 서로 조화시키는 것이다. 이게 아니라면 철학적 사유는 관념적 유희로만 남는다. 그리고 그 내용이 관념적 유희일 뿐인 철학은 예술적으로는 풍요롭겠지만, 정치경제적으로는 무정부적이거나 우월자의 장난거리로만 쓰인다.

욕망의 변론인이 자주 비판의 대상으로 삼는 이성의 탁월한 철학자는 바로 헤겔이다. 그러나 헤겔에 대한 비판은 지금까지 이른바 과도한 그의 이성 체계에만 주로 향해져 왔다. 이성이 지배하는 세계정신, 절대자의 지위를 차지하는 절대정신 등 헤겔은 터무니없는 이성의 체계를 구상한다는 식으로 말이다. 반면 그가 청년 시기부터 탐구해 온 욕망에 대한 이해는 의도적이든 아니든 간에 그러한 비판에서 대부분 도외시되어 왔다. 경구처럼 읊조리는 재구성적 해체(rekonstruktive Destruktion)는 말뿐인 경우가 많다. 오로지 해체만 일삼는 철학 이해는 다른 고전 철학에 대해서도 그렇듯 헤겔의 욕망 이해에 대해 너무나 교조적이다. 따라서 이 글은 헤겔이 청년 시기부터 발전시켜 온 욕망에 대한 이해를 주제로 삼는다. 욕망에 대한 헤겔 최초의 철학적 서술이 나타나는 것은 신참내기 강사 시절 작성된 그의 첫 『예나 체계기획들』(1803/04)에서이다. 여기서 분석된 욕망의 구조는 후에 그 철학체계내적 지위만 조금 변화할 뿐 평생 동안 그의 기본적인 욕망 이론이 된다. 그러나 예나시기에 정교화되지 못한 사회적 욕망에 기초한 가치 이론은 한참 후의 법철학 텍스트들에서 온전하게 나타난다. 이에 따라 이 글은 우선 예나시기의 동물의 욕구와 인간의 욕망에 대해 살펴보고 이어서 베를린시기 『법철학 개요』(1821)에서 서술되는 욕망가치론을 고찰해 볼 것이다. 이러한 고찰을 통해 이 글은 헤겔의 욕망이 이성에 대립적이지 않으며 오히려 이성적인 요소를 포함하고 있다는 것을 보이고자 한다. 그렇다고 현대 유행 철학이 듣기 좋게 헤겔이 욕망을 아주 적극적으로 사고했다고 주장하려는 것은 아니다. 또한 욕망을 변론하는 현대 철학들을 여기서 일일이 검토할 수는 없다. 좋은 이성과 나쁜 이성에 대한 헤겔의 비판적 논의를 살펴보는 것은 다음 기회로 미룬다. 이 글은 오직 헤겔의 욕망 개념과 그 구조에 초점을 맞춘다.

2. 동물의 감각적 욕구와 보편

청년 시기부터 헤겔은 오로지 이성에만 주목하는 철학자가 결코 아니었다. 그렇다고 비이성적인 것의 가치를 과대평가하지도 않았다.[1] 헤겔에게서 언제나 타당한 단순한 사실은 이 세상엔 순수한 것은 없다는 것이다. 있다면 그것은 기껏해야 관념으로서나 있다. 이것은 욕망에도 이성에도 그 어떤 것에도 해당된다. 순수 이성이 철학적 사유에게나 반성 가능하듯이 순수 욕망이란 철학에 의해 분석되는 비실재적인 욕망일 뿐이다. 실재적인 욕망은 불순한 욕망이다. 즉 욕망 아닌 것과 혼합된 욕망, 그래서 이를테면 이미 이성과 혼합된 욕망이다. 그럼에도 욕망을 그 순수한 형태에 있어 철학적으로 분석해 보는 것이 결코 무의미할 수는 없다. 왜냐하면 복합적인 것의 본질적 이해는 그것의 구성요소들의 분석적 재구성 또는 종합에 달려 있기 때문이다. 더구나 관념적으로만 있는 순수 개념이 복합적인 실재에 부딪쳐 좌초해 버리고 새로운 개념을 필연적으로 끌어들이게 되는 것은 헤겔 변증법의 한 전형이기도 하다.[2]

헤겔에게서 욕망(Bedürfnis)은 처음부터 복합적인 개념이다. 이 개념은 무엇보다 먼저 욕구(Begierde) 개념과 구별되어야 한다.[3] 물론 욕구가 인간의 욕구를 의미하는 것이 뻔한 실천철학이나 사회철학 영역에서 헤겔은 두 용어들을 자주 뒤섞어 사용하곤 한다. 그렇지만 그는 동물적 욕망이란 말은 거의 사용하지 않으며 주로 동물적 욕구란 말을 쓴다. 욕구는 자연적이며 욕망은 의식적이기 때문이다. 그렇다고 욕구가 순수하게 자연적인 것으로만 있는 것은 아니며 욕망 또한 그 발생에 있어서는 자연적이기도 하다. 따라서 먼저 동물에 있어 욕구의 자연적 형태를 살펴볼 필요가 있다.

욕구는 간단히 동물적 욕구와 인간적 욕구로 나뉠 수 있다.[4] 그러나 어느 경우든

---

1) 여기서 다루어지지 않는 예나시기 이전 헤겔의 이성과 감성의 조화 노력에 대해서는 남 기호, 「헤겔의 '사랑' 개념과 그 철학적 위상 변화」, 『시대와 철학』 제19권 4호, 83-123쪽 참조. 이 글의 모든 인용은 원저자의 전집 권수에 대한 별다른 언급 없이 (참고문헌에 표기) 그리고 원저자의 강조표시(이탤릭체, 꺽쇠 등)를 무시하고 표기한다. 헤겔 인용은 쌍따옴표로, 그 외의 모든 저자들의 인용은 따옴표로 한다. 본문 내의 모든 굵은 필기체는 필자의 강조이다.

2) 이러한 전형의 대표적 사례는 『정신현상학』의 "여기, 지금, 이것"의 변증법이라 할 수 있다. Hegel: *Phänomenologie des Geistes*, 63-70쪽 참조.

3) 물론 우리말의 '욕망'이나 '욕구'라는 용어는 개념상의 큰 차이가 없다. 독일어의 'Bedürfnis'와 'Begierde' 중 어느 한 쪽을 우리말의 '욕망'으로 번역하든 아니면 '욕구'로 번역하든 다른 한 쪽을 그렇게 번역하든 두 독일어 용어들을 개념적으로 구별해 볼 필요는 있다는 말이다.

욕구는 욕구 주체의 관념성에 실재성이 결핍되어 있다는 느낌에서 발생한다. 욕구는 욕구하는 자가 욕구되는 것을 무화시키고 이것의 실재성으로 자신을 채울 때 충족되고 사라질 것이다. 그렇지만 욕구는 이렇게 간단하게 생겼다 사라지는 것이 아니다. 엄밀히 말하면 욕구의 충족은 곧바로 욕구의 소멸을 말하는 것이 아니기 때문이다. 예를 들어 배고픔의 욕구는 영양분의 섭취를 통해 충족된다. 그러나 배고픔의 충족을 통해 배고픔 자체나 영양분이 궁극적으로 소멸될 수는 없다. 배고픔의 충족은 이 욕구의 대상인 영양분이 위(胃) 속에서 완전히 무화된 상태가 아니라 무화되고 있는 진행 상태이다. 욕구의 충족은 욕구 대상의 무화의 완료형이 아니라 진행형이다. 욕구의 충족은 충족의 미완료에 존립한다. 그래서 헤겔은 이것을 첫 『예나 체계기획』의 자연철학에서 "무화**함**(Vernichten)"으로 표현한다.[5] 진행 중인 욕구 충족은 결핍을 느끼는 욕구, 아직 완전히 충족되지 않은 욕구이기도 하다. 이 충족의 실재적 과정이 완료된다면, 즉 영양분이 다 소화되어 무화된다면 이것은 동일한 욕구의 새로운 시작을 의미할 뿐이다. 따라서 충족되어야 할 배고픔 자체는 유기체가 살아있는 한 궁극적으로 지양될 수 없다. 오히려 욕구는 "무화되어야 할 당위(ein sollendes Vernichtetwerden)"[6]로서만 있는 것이다. 욕구는 발생, 충족 진행 = 충족 미완료, 충족 완료 = 동일한 욕구 발생의 끊임없는 악무한 과정이다. 이러한 욕구가 바로 동물의 욕구이다. 여기서 동물 유기체는 본질적으로 욕구 대상의 무화**함**에, 즉 욕구 대상이 무화되면서도 동시에 무화되지 않는 "긴장(Spannung) 속에 존립한다". 헤겔은 이러한 긴장 속의 유기체를 차라리 "동시에 유기적이면서 비유기적으로" 있다고 말한다. 왜냐하면 유기체의 욕구 충족이란 "무화되어야 할 것이 여전히" 유기체 속에 "존립하는 것"이기 때문이다. 유기체란 언제나 이렇게 생존한다.

물론 동물의 이러한 욕구 충족 과정에서 욕구 대상은 실재적으로(realiter) 무화된다. 영양분은 동물의 유기조직으로 전환되는 것이기에 궁극적으로 소멸되지 않

---

4) 헤겔은 식물에 대해 욕구란 말을 사용하지 않는다. 그에 따르면 식물에서는 아직 자연 원소들의 보편적 과정이 유기체 내 유(類)의 과정이 되어 개체를 지배한다. 따라서 식물은 개체화 원리가 발달하지 못한 "개체적인 유", "유와 개체성이 상호 분리되지 않은" 유기체이다. 식물의 형태화란 "내적 차이가 정립되지 않는" "순수 외연적 결정화"로서, 이러한 식물이 가질 수 있는 "가장 강력한 충동"이란 결정화하는 "형태의 이러한 단순한" 충동, 결정화되어 자연의 보편 원소들로 돌아가는 것, 즉 "내적으로 자기 내에서 시들어 가는" 것일 뿐이다. Hegel: *Jenaer Systementwürfe III*, 129쪽. *Jenaer Systementwürfe I*, 193, 198쪽.

5) Hegel: *Jenaer Systementwürfe I*, 241쪽.

6) Hegel: *Jenaer Systementwürfe I*, 299쪽.

는다고 할 수 있을지 모른다. 그러나 이런 뜻에서 영양분이 궁극적으로 소멸될 수 없다는 말은 아니다. 사자의 먹이가 된 사슴은 더 이상 사슴이 아니다. 영양분이 궁극적으로 소멸될 수 없다는 것은 동물에게서조차 **관념적으로**(idealiter) 그렇다는 말이다. 왜냐하면 욕구 충족은 동시에 하나의 "감각(Empfindung)"이기 때문이다. 욕구 충족에서 충족되고 있다는 감각은 욕구하는 동물과 욕구되는 대상 사이에 "중심(Mitte)"으로 나타난다. 이 감각은 "관념적 과정"으로서 욕구가 실재적으로 충족 동안에 욕구 대상의 관념성을 자기 내에 보존한다. 이 관념성은 욕구 주체가 혼자 만들어낸 것이 아니라 일차적으로 실재적인 욕구 대상으로부터 비롯된 것이다. 대상의 무화는 대상의 실재성의 무화이다. 실재성이 무화된 대상에게 남겨진 것은 관념성이다. 욕구 충족의 감각은 대상의 실재적 무화를 다른 한편으로 이렇게 대상의 관념성으로 보존한다. 욕구 충족의 감각은 실재적으로 무화되는 대상의 관념성을 느끼고 향유하는 것이다. 이러한 감각은 모순적이다. 이 감각은 대상의 관념성을 보존하고자 하는 반면, 대상의 관념성은 그 대상의 실재적 무화를 전제하기 때문이다. 좀 더 정확히 말하면 감각이 보존하려는 대상의 관념성은 그 대상의 실재적 무화함을 전제하는 것이지 무화의 **완료**를 전제하는 것이 아니다. 감각은 오히려 무화의 완료에는 대립적이다. 그래서 헤겔은 감각이 욕구 대상의 "지양됨을 제지한다(hemmt diß aufgehobenwerden)"고 표현한다. 이러한 제지에도 불구하고 영양분은 기필코 다 소화되고 말 것이다. 그러나 이미 보았듯이 이것은 동시에 동일 욕구의 새로운 발생을 의미한다. 새롭게 발생한 욕구는 다시금 욕구 주체의 관념성에 실재성이 결핍되어 있다는 느낌이다. 이때 욕구 주체의 결핍된 관념성은 동물 주체의 대상적 관념성을 의미하지 대자적 관념성을 의미하지 않는다. 동물은 배고픔을 위(胃)의 실재성 결핍으로 느끼지 **나의** 허기로 느끼지 않기 때문이다. 따라서 욕구가 충족되는 중이든 새로운 욕구가 발생하든 간에, 즉 욕구 대상이 실재적으로 무화되는 중이든 실재적으로 결핍된 상태이든 간에 욕구 대상의 관념성은 무화되지 않는다. 후자의 경우라면 동물은 자기의 먹이가 되는 것의 사냥에 나설 것이다. 전자의 경우라면 소화의 포만감에 젖어 있을 것이다. 그러나 어느 경우든 감각은 욕구 대상의 관념성을 보존한다. 이 때문에 헤겔에 따르면 "욕구는" 다른 한편으로 "**보편**으로서의 감각이며 동물은 이러한 보편이다".[7)]

개별로부터 비롯되는 보편은 개별의 지양이다. 동물에게서조차 욕구는 단순히 자연적 개별성으로 머무르지 않는다. 여기에서도 언제나 개별성의 지양으로서의

7) Hegel: *Jenaer Systementwürfe I* , 241쪽.

보편성의 계기가 있다. 그러나 동물의 특징은 개별의 실재적 과정과 보편의 관념적 과정 즉 욕구 충족과 감각이 동물 **자신에 대해** 지속적인 대자적 관계로 존립하지 못한다는 것이다. 이 두 과정은 "시간 속에서" 단속적으로 "서로 떨어져" 있다. 욕구 대상의 실재적 무화를 통한 욕구 충족의 감각은 욕구 대상의 결핍 감각과는 다른 것이다. 감각이 보존하는 대상의 관념성은 그 대상의 실재적 보존으로 이어지지 않는다. 배고픈 사자는 "어떠한 관념성도 없이, 의식도 없이" 사슴을 잡아먹는다. 사슴을 소화시키는 감각의 관념성은 사슴을 잡지 못해 배고픈 감각의 관념성과는 다르다. 이 때문에 욕구의 발생과 충족은 동물에게서 악무한적으로 되풀이된다. 감각의 관념적 과정은 동물**에 의해** 욕구 충족의 실재적 과정을 지배하지 못하며, 동물적 욕구는 대립의 관계로서 존립한다. 동물적 욕구의 대립 관계란 욕구가 충족되는 동안 동시에 "무화함이" 끊임없이 "제지되면서" 욕구와 욕구 대상이 언제나 이 양자의 대립 속에서 "단지 지양되**어야 할** 것으로만 정립되어 있는" 관계이다. 욕구와 욕구 대상은 동물에게서 궁극적으로 지양될 수 없기에 말이다. 이 때문에 헤겔은 첫 『예나 체계기획』의 정신철학에서 감각으로서의 동물적 욕구(animalische Begierde)를 "동물적 의식"이라 표현하면서도 동물의 욕구 충족을 "의식 없이" 이루어지는 욕구 대상의 "직접적 지양됨(ein unmittelbares aufgehobenwerden)"으로 설명한다.[8] 이것은 동물에게 감각의 관념적 과정 내에 함축되어 있는 의식**적** 관계가 시간을 넘어서는 지속적인 대자적 관계가 되지 못함을 의미한다.

실재적 과정과 관념적 과정의 분리는 동물의 또 다른 기본적 욕구인 번식 욕구에서도 마찬가지로 적용된다. 번식 욕구는 동물의 개체성 **전체**가 동물 자신에게 실재성이 결여된 관념성으로 감각될 때 발생한다. 동물의 "감각 그 자체에 대해" 동물의 "개체성은 자체가" 관념상(idealiter) "보편적인" 개체성으로 있다. 이 관념성의 충족을 동물은 또 다른 동물에게서 발견한다. 그리고 또 다른 동물이 성별이 다른 동물이라면 짝짓기(Begattung)가 이루어지고 새끼가 태어난다. 그런데 짝짓기의 실재적 과정에 있어 개체는 지양되어 다른 개체와 하나가 되어야 하면서도 동시에 개체로서 존립해야 한다. 지양되고 소진된 개체는 욕구의 소멸을 의미할 뿐이기에 말이다. 그래서 짝짓기에서는 개체의 "존재와" 개체의 "지양됨이" 그 개체 "속에서 동시에 있으면서도 서로 분리되어 있다". 개체로 존립하면서도 자신의 개체성으로부터 분리되어 다른 개체성과 하나가 됨으로써 산출되는 결과가 바로 새

---

8) Hegel: *Jenaer Systementwürfe I* , 299쪽.

끼이다. 자신은 분리된 개체로 존립하면서도 동물은 동시에 자신의 새끼에게서 실재하는 보편으로서의 자신의 개체성을 인식한다. "새끼를 인식함에서 동물은 스스로에게 생성된 유(sich gewordne Gattung)이다". 이것을 헤겔은 자연철학에서 "동물이 할 수 있는 이성성의 최고 형식"이라 평가한다. 그러나 이성성의 최고 형식이라 해봤자 동물 자신에게 지속적으로 존립하는 형식은 아니다. 새끼를 키운다는 것은 젖을 주고 먹이를 양보하는 등 어미의 실재적 무화를 수반하는 반면, 어미는 동시에 개체로서 존속하고자 하기 때문이다. 새끼라는 유(類) 속에서 동물 자신이 무화되는 것은 이렇게 동시에 동물 스스로에 의해 제지당하게 되며, 결국 동물은 "그 생성된 유에 대해 자신을 맞세워 정립하게" 된다. "새끼 속의 유는 동물에게 자체가 외적인 것이 된다".[9] 이렇게 되면 새끼는 더 이상 어미에게 생성된 유로 관념적으로 계속 인식되는 것이 아니라 실재적으로 외적인 또 다른 개체에 불과하게 된다. 동물의 왕국에서 이른바 새끼의 독립이다.

헤겔은 자연철학에서 동물적 유기체에 대한 설명을 시작하면서 식물과 비교되는 동물의 특징을 지절들의 고도의 "개체화(Individualisiren)"를 통한 "유기적 통일"로[10] 언급한다. 동물의 과정은 "형태와 유기적 과정이 단순하게 하나 속에 있는(das einfache In Einsseyn)" "개체의" "절대적인 유기적 과정"이라는 것이다.[11] 이것은 간단히 이해하면 식물의 어떤 가지는 잘라내 동류의 다른 가지에 접붙여질 수 있는 반면, 동물의 다리는 동류의 다른 다리로 대체될 수 없다는 말이다. 동물은 그의 지절들이 각각 고유한 유기적 개체로 존립하면서 동시에 그 동물 전체의 개체성 내에 완전히 유기적으로 통일되어 있는 그러한 개체이다. 개체의 과정은 개체가 먹고 마시며 번식하는 실재적 과정 이외에 다름 아니다. 그래서 동물에게서는 개체로서의 실재적 과정이 감각의 관념적 과정을 지배한다. 이것은 동물의 실재적 과정 속에 **또한** 보편의 관념적 계기가 들어있음에도 불구하고 동물**에 대해** 그리고 동물 자신**에 의해** 오히려 실재적 과정이 지배적이게 된다는 것이다. 그러나 자연을 반성적으로 고찰하는 우리**에 대해서는** 이 관계가 역전된다. 동물은 기필코 개체로서 살다가 죽어가지만, 그 개체의 끊임없이 욕구하고 감각하는 삶을 통해 그의 동물 유가 존속하게 되기 때문이다. 이렇게 "동물의 유임(Gattungseyn)은 동물에게는 욕구와 본래적인 감각으로서 있다".[12] 다만 동물은 자신의 욕구와 감각

9) Hegel: *Jenaer Systementwürfe I*, 243쪽.
10) Hegel: *Jenaer Systementwürfe I*, 204–205쪽.
11) Hegel: *Jenaer Systementwürfe I*, 206쪽.
12) Hegel: *Jenaer Systementwürfe I*, 207쪽.

을 의식의 대자적 관계로 지속시키지 못할 뿐이다. 그러나 동물적인 욕구조차도 단순한 자연적 개별성으로만 머무르는 것이 아니다.

헤겔에 따르면 동물에게서 관념적 과정이 실재적 과정을 지배하는 경우가 딱 하나 있기는 하다. 그것은 바로 동물의 질병이다. 질병은 어떤 특정 개체에 제한되어 존립하지 않는 자연의 보편적 요소들이 동물의 개체성을 제압하고 있는 상태이다. 자연의 보편적 요소들은 본질적으로 개체의 경계에 제약되지 않고 무한하게 유동적인 것들인데, 이 유동성[13]이 한 동물 개체 속에서 자립성을 획득하고 그의 개체성을 무력화시킬 때 질병이 발생한다. 자신의 개체성이 실재적으로 무화되고 있는 동물은 고통스러운 감각을 통해 자신의 개체성의 관념성만 지니게 된다. 즉 동물은 자신의 개별적인 감각 기관에 의해 수행되는 감각을 더 이상 받아들이지 못하고 오히려 자신의 병든 전체 개체성을 느끼게 되며 그 자신 "전체가 감각이 된다".[14] 자신의 전체 개체성을 감각을 통해 관념적인 것으로 지속적으로 느끼고 있는 것은 의식의 관계에 다름 아니다. 이 때문에 헤겔은 첫 체계기획에서 "동물의 질병"을 "정신의 생성"으로 진술하며,[15] 질병 속에서 동물은 이미 "의식에로 이행해 있다"고[16] 설명한다. 그러나 동물은 자연 요소들의 확고한 보편성을 견딜 수 없기에 그 의식의 관계는 죽음으로 끝난다. 동물의 질병은 정신의 생성일 수 있지만 "단지 죽음으로만 끝날 수 있는 것"이다.[17] 여하튼 동물이 질병을 욕구할 리는 없다. 중요한 것은 동물적 욕구도 보편의 관념적 계기를 지닌다는 것이며, 그럼에도 욕구에서든 질병에서든 동물의 실재적 개체성**에 대해** 그 관념적 관계는 대자적 지

---

13) '유동성' 개념은 볼프강 야콥에 따르면 헤겔 당시 의학의 일반적 개념으로서 자연의 유동적인 보편적 요소들을 자신의 유기적 신체 형태로 유지하는 '생명력'을 의미했다. 유기적 신체의 개체성 안에 유지되는 자연 요소들의 유동성은 생명의 순환성을 이룰 것이다. 그러나 자연 요소들은 유기적 신체 밖에서도 유동적이다. 볼프강 야콥은 이 후자 측면의 유동성을 간과하는 듯하다. Jacob, Wolfgang: *Der Krankheitsbegriff in der Dialektik von Natur und Geist bei Hegel* in *Hegel Studien Beiheft 11*, 169쪽. 헤겔의 질병 개념과 그 분류에 대해선 윤 병태, 「히포크라테스와 헤겔의 질병(疾病)론」, 『헤겔연구』 제25호, 127-135쪽.

14) Hegel: *Jenaer Systementwürfe I*, 241쪽.

15) Hegel: *Jenaer Systementwürfe I*, 259쪽. 의식은 "정신의 실존의 최초 형식"이라는 의미에서 그렇다. 280쪽.

16) Hegel: *Jenaer Systementwürfe I*, 262쪽. 주의해 읽어야 하지만 셋째 『예나 체계기획』의 자연철학은 이렇게 서술하고 있다. 질병으로 인해 "동물은 죽는다; 동물의 죽음 의식의 생성;..." Hegel: *Jenaer Systementwürfe III*, 172쪽.

17) Hegel: *Jenaer Systementwürfe I*, 259, 262쪽. 동물의 질병은 '보편성에 대해 동물적 개체'가 지니는 '부적합성에 의한 죽음의 선천적 맹아'이다. Jacob, Wolfgang: *Der Krankheitsbegriff in der Dialektik von Natur und Geist bei Hegel* in *Hegel Studien Beiheft 11*, 166쪽.

속성을 지니지 못한다는 것이다. 자신의 실재적 개체성에 대해서 그리고 그 속에서 관념적 관계를 대자적으로 계속 지닐 수 있는 것은 자체가 **정신적인** 개체에게서뿐이다.

3. 인간의 의식적 욕구 또는 욕망

욕구는 욕구하는 자와 욕구되는 것의 관계이다. 욕구 충족은 욕구하는 자에 의해 욕구되는 것이 수용, 무화, 지양되는 것이다. 욕구와 욕구 충족의 이 관계는 실재적이기도 하고 관념적이기도 하다. 다만 동물에게서는 욕구의 관념적 관계가 동물 자신에 대해, 다시 말해 대자적으로 지속하지 못할 뿐이다. 그럼에도 불구하고 동물은 자신의 실재적 개체 과정을 통하여 관념적 관계가 내포하는 보편을 유한한 방식으로나마 실현하고 그 자신은 개체로서 사라진다. 반면에 인간의 욕구는 그의 의식의 대자적 존립으로 인해 본질적으로 의식적 관계이다.[18] 비자립적인 즉자적 욕구가 동물 전반에 걸친 현상이라면 인간의 욕구는 대자적인 의식의 욕구이다.[19]

의식(Bewußt-Sein)은 그 자체가 관계이다. 의식의 관계는 이미 의식과 대상의 대립이자 통일이다. 의식에는 이미 의식하는 것과 의식되는 것이 대립해 있으며 동시에 이 양자가 모두 의식 안에 통일되어 있다. 의식하고 있는 것은 어떤 것에 대해 의식된 것에 다름 아니기 때문이다. 어떤 것을 의식하는(*bewußt*) 것은 이것이 의식하는 어떤 것이 자기 안에 있음(das in sich *Sein* von etwas)이다. 따라서 의식하는 것과 의식되는 것, 즉 의식 주체와 의식 대상은 의식 속에서 서로 대립해 있으면서도 이렇게 대립된 것들로서 단적으로 지양되어 있으며 통일되어 있다. 의식은 "그 본질상"이 "양자들의 피지양태"이며, 직접적으로 "대립의 절대적 통일"이다. 더 나아가 의식 속에 대립해 있으면서 동시에 통일되어 있는 양 항들은 그 자체로

---

18) 헤겔에게서 인간의 욕망은 실재와의 객관적 연관 속에서 의식적으로 인식되고 실천적으로 충족되는 의식적 욕구이다. 따라서 헤겔에게 프로이트식의 무의식적 욕망과 그 충족을 기대할 수는 없다.

19) 욕구하는 인간 자신에 대해 그의 의식이 대자적으로 있다는 것은 인간의 욕구가 의식의 구조뿐만 아니라 이미 자기의식의 구조를 지닌다는 것을 의미한다. 이 자기의식의 구조는 인간의 욕구 대신 "충동" 개념을 도입하는 셋째 체계기획에서 처음으로 분석되고 있다. Hegel: *Jenaer Systementwürfe III*, 202쪽. 또한 자기의식은 "욕구 일반이다"는 『정신현상학』의 진술도 이러한 의미에서 이해되어야 한다. 이것은 자기의식의 대자적 생성이 이미 인간의 욕구에서부터 시작된다는 것이다. *Phänomenologie des Geistes*, 104쪽.

개별적이면서 보편적인 것들이다. 왜냐하면 의식하는 주체는 개별자이지만 이 개별자가 의식하고 있는 것은 관념적 보편이기 때문이다. 돌을 의식한다고 해서 돌이 개별자로서 머릿속에 그냥 들어오는 것이 아니다. 돌의 의식은 돌의 관념적 형상의 수용이다. 마찬가지로 의식되는 대상은 개별자로 실존하는 대상이지만 이 대상에 관해 의식되는 것은 이것의 관념적 보편이다. 따라서 의식의 양 항들은 그 자체가 "개별성과 보편성의 직접적인 통일" 이다.[20]

인간의 욕구는 이러한 의식의 관계이다. 욕구는 우선 욕구하는 자와 욕구되는 것이 실재적인 무화 내지 지양을 수반하는 욕구 충족을 위해 개별자들로서 대면하는 개별적 관계이다. 그러나 이 개별적 관계 속에서 욕구하는 주체는 욕구되는 대상을 이미 의식적으로 선취한다. 욕구 대상의 의식적 선취는 욕구 충족의 의식적 선취를 의미한다. 이것은 욕구 주체가 자신의 욕구 충족을 위해 욕구 대상과 개별적으로 관계하기에 앞서 이 관계를 이미 관념적 관계로서 의식적으로 정립한다는 것을 말한다. 욕구는 충족되어야 한다. 욕구 충족은 욕구의 지양이다. 인간의 욕구는 실재적으로 충족되거나 지양되기 전에 또는 그 와중에도 이미 "관념적으로, 지양된 것으로" 있다. 욕구 충족은 욕구 대상의 지양이다. 인간의 욕구 대상은 실재적으로 무화되거나 지양되기 전에 또는 그 와중에도 이미 관념적으로 지양된 것으로 "머무른다". 내가 배고플 때 나는 배고픔을 느끼는 것만 아니라 이미 배고픔의 진정을 의식적으로 정립한다. 배고픔이 실재성이 결핍된 나의 감각의 관념성만이 아니라 더 나아가 나의 의식의 관념성이기에 그렇다. 배고픔은 위(胃)의 배고픔이 아니라 언제나 **나의** 배고픔이다. 배고픈 나는 언제나 동시에 배고프지 않는, 포만한 나로서 배고픔을 의식한다. 의식 주체로서 배고픈 나는 개별자이지만 동시에 내가 의식하고 있는 것은 배고픔이 충족된 나, 나의 배고픔 충족이기 때문이다. 의식적으로만 정립된 배고픔의 충족은 욕구의 관념적 피지양태 이외에 다른 것이 아니다. 그러나 나는 나의 배고픔을 의식하는데 그쳐서는 안 되며 무언가를 실재로 먹어야 한다. 그런데 내가 배고플 때 나는 이 음식을 먹는 것만 아니라 이미 이 음식의 무화 내지 지양을 의식한다. 이 음식이 실재성이 결핍된 나의 감각의 관념성을 채워줄 뿐 아니라 더 나아가 욕구 충족되는 나의 의식의 지양 대상이기에 그렇다. 엄밀히 말하면 나는 배고프기 때문에 이 음식을 먹는 것이 아니다. 이 음식이 배고픈 나를 채워주기 때문에 이 음식을 먹는 것이다. 그래서 먹기 이전에 이 음식은 이미 나의 의식의 대상으로서 관념적으로 지양된 것으로서 정립된 것이다. 욕

20) Hegel: *Jenaer Systementwürfe I* , 273쪽.

구 대상은 욕구 충족 이전에 이미 의식 속에서 욕구를 충족시키는 관념적 피지양태로 있다. 이렇게 욕구와 욕구 대상은 실재적으로 지양될 것이면서도 관념적으로는 이미 지양된 것으로 존속한다. 헤겔은 이것을 한마디로 "양자의 존속하는 지양됨(das bleibende aufgehobenwerden)"이라 부른다. 이것이 바로 욕구의 "중심(Mitte)"이며, 이 중심은 "의식의 관계" 이외에 다른 것이 아니다.

욕구 충족은 욕구 대상의 개별적이고 실재적인 지양이다. 그러나 인간적 욕구의 의식적 관계는 실재적으로 지양되어야 할 대상을 이미 관념적으로 지양된 것으로서 보편적으로 정립한다. 욕구 대상의 관념적 피지양태는 개별적으로 그 때마다 이루어지는 이 대상의 실재적 지양이 어떻든 간에 언제나 욕구하는 의식 주체의 대상적 상관자가 될 수 있는 보편적인 것이다. 욕구 자체 또한 마찬가지이다. 욕구는 실재적인 충족이 그 때마다 어떻게 이루어지든지 간에 이미 욕구하는 의식 주체에게 관념적으로 지양된 것으로 정립되어 있으며, 따라서 언제나 의식 주체의 보편적인 내용으로 있는 것이다. 그래서 인간의 실재적인 욕구 충족이란 언제나 의식적으로 이미 지양되어 있는 욕구의 실현이며, 의식적으로 이미 지양되어 있는 욕구 대상의 소모이다. 욕구는 기본적으로 욕구 주체와 욕구 대상의 개별적이고 실재적인 지양 관계이지만, 인간의 욕구는 본질적으로 주체와 대상의 보편적이고 관념적인 지양 관계이다. 그리고 인간에게는 이 후자의 관계가 전자의 관계를 지배할 수 있다. 왜냐하면 인간의 욕구는 시간 속에 분리되어 있는 동물적 감각의 관념적 보편성이 아니라 시간을 넘어서는 의식의 관념적 보편성을 내포하기 때문이다.

물론 인간 또한 동물인 한 생물학적으로 발생하는 욕구와 충족의 악무한적 지양 관계에서 직접 벗어날 수는 없다. 그러나 인간의 실재적 지양 관계에는 이미 관념적 지양의 의식 관계가 선행적으로 포함되어 있다. 전자의 관계는 경험적이고 개별적이며 일회적이지만, 후자의 관계는 선험적이고 보편적이며 유형적이다. 이 후자의 관계 속에서 욕구와 욕구 대상은 이미 관념적으로 지양된 것들로서 서로 관계한다. 관념적 피지양태로서 이 양자의 관계가 보편적인 것으로 정립되고 지속될 때에 이 관계는 바로 "실천적 관계"이다.[21] 욕구 주체가 그 대상을 단순하게 무화시키는 직접적인 욕구 충족은 무엇보다 먼저 욕구 주체의 이 실천적인 관념적 관계를 통해 **제지되고** 규정된다. 욕구 충족은 관념적으로 지양된 양항들의 실현, 다시 말해 이것들의 관념적 관계의 실현이다. 따라서 실천적 관계는 또한 실재적으

21) Hegel: *Jenaer Systementwürfe I*, 299쪽.

로도 지양되어야 할 것들의 관계, 즉 이것들의 실재적 관계로서 실현되어야 한다. 욕구 충족의 실재적 관계에서야 비로소 관념적 피지양태로 서로 대립해 있던 욕구와 욕구 대상은 **합일**되고 실재적으로 지양된다. 욕구의 관념적 관계는 이렇게 욕구 충족의 실재적 관계로 실현되고 끝날 수 있다. 그러나 이렇게 되면 남는 것은 욕구의 주관적 만족과 욕구 대상의 실재적 소멸뿐이다. 여기서는 아직 욕구와 그 충족의 악무한성이 극복되지 않는다. 그러나 욕구의 관념적 관계는 다른 한편으로 욕구와 욕구 대상의 관념적 피지양태로서의 관계이기 때문에 동시에 욕구 **충족의** 관념적 관계이기도 하다. 이 관계에서 욕구는 실재적으로 충족되기 이전에 이미 관념적으로 충족되고 지양된 것으로 정립되어 있기 때문이다. 이 관념적 관계는 그 자체가 이미 욕구와 욕구 대상의 관념적 **통일**이다. 인간은 이러한 통일 자체를 보편적인 것으로 정립하고 그 자체로 객관적으로 실존하게 할 수 있다. 헤겔에 따르면 이것을 가능하게 하는 것이 바로 인간의 "노동"이다. 그리고 이렇게 노동으로 이어지는 욕구의 관념적 관계가 비로소 본래적 의미의 실천적 관계라고 할 수 있다.

배가 고파 좋은 열매를 **골라** 따먹는 것도 실천적 행위이며, 배가 고플 때를 **대비해** 과수를 경작하는 것도 실천적 활동이다. 그러나 전자의 행위는 욕구 발생과 충족의 일회적 반복에서 벗어날 수 없는 반면, 노동이라 할 수 있는 후자의 활동을 통해서는 욕구와 그 대상이 보편적인 것으로서 객관적으로 실존하게 된다. 노동은 첫째 자신의 욕구를 단지 그 때마다 직접적으로 만족시키는 주체에 의해서가 아니라 자신의 욕구가 언제 발생하든지 간에 이것을 충족시킬 수 있는 주체에 의해 실행된다. 노동의 주체는 자신의 욕구가 이미 관념적으로 지양되어 있는 주체이다. 노동은 그 다음으로 욕구 충족을 위한 직접적 무화의 연관에서 벗어난 대상에 대해 수행된다. 이 대상은 주체의 욕구를 언제나 충족시킬 수 있는 것으로 관념적으로 지양되어 있는 것일 뿐 주체의 직접적 욕구 충족을 위해 곧바로 실재적으로 무화되는 것이 아니다. 대상은 오직 미래에로 연기된 욕구 충족을 위해 가공된다는 의미에서만 실재적으로 지양된다. 따라서 노동에서 주체가 활동적이게 되고 대상이 변형된다고 해도 이것은 관념적으로만 지양된 욕구와 대상, 이 "양자의 존립 속에서"만 그러한 것이다. 노동은 한마디로 이 양자가 하나로서 보편적으로 존립하는 관계 즉 "양자의 보편적 일자존재(Allgemeines Einsseyn)"로서의 관계이다. 이러한 관계를 실현하고 이러한 관계 속에서 활동적인 주체는 "실천적 의식"을 지닌 개체이다.[22)]

실천적 관계로서의 노동이 욕구 주체에 의한 대상의 직접적 무화 이전에 이 양자의 보편적 관계라고 한다면 노동은 이미 동시에 이론적 관계이기도 하다. 이에 따라 셋째 『예나 체계기획』(1805/06)에서 헤겔은 노동 개념을 의지의 실천적 부분에서가 아니라 이미 지성의 이론적 부분에서 등장시키고 있다. 즉 정신이 자신의 이름들이나 개념들을 자신에게 대상인 바의 것에 상응하도록 질서짓고 배열하여 구성하는 것 또한 외적인 소재(Stoff)가 없긴 하지만 정신의 "최초의 노동"이라는 것이다.[23] 또한 첫째 체계기획의 실천적 의식 부분에서도 헤겔은 실천적 활동이 실재로 수반되는 그 관계를 "노동함(Arbeiten)"으로 표현하며, 이러한 구체적 활동을 가능하게 하는 관계 개념으로서 "노동(Arbeit)"을 언급한다.[24] 어쨌든 간에 헤겔이 여기서 도입하고 있는 노동 개념은 일차적으로 경제적 의미에서나 물리–심리학적인 의미에서의 노동을 뜻하는 것이 아니다. 오히려 노동 개념은 무엇보다 보편적 관계 능력으로서의 인간의 존재론적 특징을 의미한다. 왜냐하면 노동은 단지 자연적으로만 발생하는 듯해 보이는 인간의 욕구에도 관념적인 관계가 이미 포함되어 있으며 이 관계가 인간의 의식적 활동성에 의해 보편적인 관계로서 자립적 객관성마저 획득할 수 있다는 사실로부터 비롯되기 때문이다. 노동에서 주체와 대상은 욕구 관계에서 지니던 자신들의 개별성이 관념적으로 지양된 보편들로서 서로 관계한다. 개별성의 지양 계기 없는 노동은 노동이 아니다. 그리고 개별성의 지양은 바로 인간의 의식이 해낼 수 있는 능력 즉 관념적 보편화의 능력에 말미암은 것이다. 이 능력은 이미 인간의 욕구 속에서 관념적 관계로서 계속 존립했다. 따라서 인간적인 욕구는 결코 순수하게 자연적인 것이 아니다. 오히려 욕구 속에서도 의식의 관념적 관계가 내포되어 있고 존속할 수 있기 때문에 인간은 노동할 수 있는 것이다. 이렇게 욕구가 인간적인 형태로 출현할 때, 즉 욕구가 인간의 의식적 노동의 상관자로 나타날 때 이때의 욕구를 헤겔은 첫 체계기획에서 "욕망(Bedürfnis)"이라 표현한다.[25] 그러나 셋째 체계기획은 아예 인간적 욕구란 표현을 쓰지 않고 욕구를 그냥 "동물적인 것"으로만 규정하며 인간적인 욕구 대신 "충동(Trieb)"이란 개념을 새로 도입한다. 여기서 최초로 헤겔 고유의 개념으로 등장하는 충동 개념은 의식의 구조를 포함하는 욕구의 인간적 형태를 대신하는 용어이다.[26] 그러나

---

22) Hegel: *Jenaer Systementwürfe I*, 300쪽.
23) Hegel: *Jenaer Systementwürfe III*, 193쪽.
24) Hegel: *Jenaer Systementwürfe I*, 300쪽.
25) Hegel: *Jenaer Systementwürfe I*, 319쪽 이하.
26) Hegel: *Jenaer Systementwürfe III*, 203쪽. 물론 이 강의원고 여백 메모에는 욕구와 충동이 함께 쓰이기도 했다. 208쪽 참조.

인간적 욕구의 의식적 형태를 지칭하기 위해 "욕망" 개념이 사용되는 것은 여기서도 마찬가지이다.[27)]

노동은 인간의 유적 본질을 가장 온전히 드러낸다. 개별자로 세상에 태어나서도 개별자로 머물지 않고 **스스로** 자신의 개별성을 지양하여 보편적 본질을 실현하는 것은 오직 인간뿐이며 노동은 바로 이러한 실현의 가장 기초적인 표출 형태이기 때문이다. 물론 활동성으로서의 구체적 노동 즉 노동함(Arbeiten)은 여전히 개별자와의 대면을 조건으로 한다. 아무리 노동하는 주체가 보편적 자아라고 해도 구체적이고 직접적으로 노동하는 자는 언제나 개별적인 주체로서의 개체이다. 또한 욕구 충족을 위해 미리 관념적으로 지양된 대상은 실재적 충족 과정에서 소모되기 위해 우선 가공되어야 하며 욕구 충족의 수단인 생산물이 되어야 한다. 따라서 구체적 노동의 대상은 언제나 생산물이 되기 이전의 개별적 원재료이다. 노동은 노동함을 통해 현실화되며, 따라서 노동의 보편적 관계는 구체적 노동의 개별적 관계에 여전히 의존적이게 된다. 보편적 관계로서의 노동은 이러한 관계의 개별성으로부터도 해방되어 그 자체가 자립적인 객관성으로 **실존할** 수 있어야 한다. 그러나 인간이 항상 일만 하며 사는 것이 아닌 이상 노동의 보편적 관계는 주체에게서 객관적으로 실존하는 것도 아니며, 욕구의 실재적 대상이 되자마자 소비되어 없어져 버리는 생산물에 객관적으로 현존하는 것도 아니다. 헤겔에 따르면 이것을 실현하는 것이 바로 "도구"이다. 도구란 그 때마다 실행되는 개별적 노동함 자체가 객관화되어 "지속적 실존"을 지니게 된 "사물"이다. 이 사물이 노동의 보편적 관계를 담지하고 있음은 말할 것도 없다. 물론 도구 또한 하나의 개별적 사물이긴 하다. 그러나 도구는 일차적으로 개별적 사물로서의 자연적 속성에 따라 소용되는 것이 아니라 이 사물로서의 자신 속에 구현된 노동의 보편적 연관에 따라 사용된다. 나무로 만든 망치는 나무 속성에 따라 마음대로 – 이를테면 땔감으로 – 쓰이는 게 아니라 그 도구성에 따라 – 이를테면 못 박는데 – 사용될 때만 도구이다. 이때 주체는 단순히 망치의 자연적 개별성과 개별자로서 관계하는 것이 아니라 본질적으로 망치의 개별성이 종속되고 봉사해야 할 그것의 도구적 보편성과 보편자로서 관계한다. 노동 주체는 이렇게 보편적 관계에 머무르며 구체적 노동에서의 개별자와의 관계는 사물들 간의 관계로 대체된다. 도구가 세대에서 세대로 발전할수록 인간은 도구와의 최소한의 사물적 연관으로부터도 점점 더 해방될 것이며 적은 힘으로도

27) 의식이론에서가 아니라 사회이론에서 그렇게 사용된다. Hegel: *Jenaer SystementwürfeIII*, 217쪽 이하, 223쪽 이하.

많은 노동량을 가동시킬 것이다. 기계에서 이렇게 절정에 달하는 도구는 가히 노동의 **진정한** 산물이라 할 수 있다. 도구는 노동의 보편적 관계의 "실존하는 이성적 중심" 이자 "실존하는 보편성" 이다.[28] 이 실존하는 보편적 중심의 양 극단에는 그 때마다 욕구하는 개별자와 그에 의해 소비되고 무화되는 개별 대상들이 끊임없이 되풀이해 흘러가고 있다. 그리고 이 극단들과 중심 사이에는 그 때마다 구체적으로 노동하고 가공되는 개별자들의 관계 또한 반복된다. 헤겔이 도구를 서술하는 셋째 『예나 체계기획』 부분에서 "교지(巧智, List)" 개념을 최초로 철학적으로 언급하는 것은 우연이 아니다.[29] 자신의 관념적 보편화 능력을 통해 특정 개별자 내에 자신의 보편을 실현함으로써 이 보편의 목적 연관에 따라 다른 개별자들이 작동하도록 하는 것은 실로 놀랄만한 지혜로운 술수이다.

4. 인간의 사회적 욕망과 가치

욕구의 지양은 관념적이든 실재적이든 욕구의 궁극적 소멸을 의미하는 것이 아니다. 적어도 욕구 주체의 삶이 욕구의 무한한 자연적 반복에 의존하는 한에서는 그렇다. 욕구의 관념적 지양과 노동의 보편적 관계의 실현은 무수히 반복되는 욕구의 자연성과 우연성을 극복하고 욕구 충족의 안정성을 마련한다는 데에 그 의미가 있다. 인간은 노동을 통해 자신의 욕구의 자연성을 지배하고 조절한다. 그럼에도 인간이 노동하는 한 지배되고 조절되는 욕구는 언제든 무한히 충족될 수 있게 된다. 인간이 로빈슨 크루소처럼 살 수 있다면 욕구와 노동의 이러한 구조는 별 문제 없이 지속될 것이다. 그러나 인간이 그렇지 못하다는 데에 이 구조의 새로운 국면이 나타나게 된다.

인간은 **본질적으로** 타인들과 더불어 **사회 속에** 살며 사회적 삶을 통해 다양한 욕망들을 지닌다. 그러나 인간은 자신의 수많은 욕망들에 해당하는 노동을 그 때마다 자급자족적으로 수행할 수 없다. 오히려 그는 특정한 한 욕망에 해당하는 노동에 종사함으로써 그 노동생산물의 교환을 통해 자신의 다른 모든 욕망들을 충족시켜야 한다. 이를 통해 욕망과 노동의 분리가 일어난다. 노동의 보편적인 관계를 통해 욕망의 자연성과 우연성을 극복하는 것이 모든 욕망에 대해 가능하지 못한 이

28) Hegel: *Jenaer Systementwürfe I*, 300쪽.
29) Hegel: *Jenaer Systementwürfe III*, 206–207쪽.

상 노동과 연관된 특정 욕망 이외의 다른 모든 욕망들은 단지 의식의 관념적 관계로만 머무른다. 자신의 욕망을 위해 수행되는 노동은 구체적 노동이며, 노동을 통해 안정적으로 충족이 보장되는 욕망은 구체적 욕망이다. 이제 이 구체적 욕망과 노동은 인간의 **전체 욕망**과 **특정** 욕망을 위한 **노동**의 **분리**를 통해 추상적인 것이 된다. 이러한 분리를 헤겔은 이미 첫 『예나 체계기획』에서 "구체적인 것을 서로 떼어 놓음(das Auseinanderlegen des Concreten)"으로, 셋째 체계기획에서는 "수많은 추상적 측면들로의 구체적인 것의 분석, 추상", "분해"로 통찰하고 있다.[30] 구체적인 것의 분리 위에서만 진행되는 보편화는 나쁜 형식적 보편화이다. 이를 통해 "형식적으로 보편적인 추상적" 욕망과 노동이 형성된다.[31] 이 욕망과 노동의 추상성은 전면적으로 산업화된 근대사회 전체를 지배하게 되며 많은 불안정과 갈등을 초래하게 된다. 헤겔은 구체적인 것의 분리를 통한 형식적 보편화를 무엇보다도 기계노동과 노동 분업 그리고 물건의 가치를 통해 예시한다.

인간에게서 욕망으로부터 분리된 노동은 그의 다른 욕망들의 충족을 위해 교환되어야 할 생산물을 산출하는 추상적 노동이다. 인간의 구체적 욕망에 대해 **직접적으로는** 불필요한 생산물을 가능한 한 많이 산출하기 위해 노동 자체는 점점 더 형식적으로 보편화된다. 노동의 형식적 보편화는 생산량의 증대를 위해 노동 과정을 가능한 한 많은 단순한 부분들로 나누고 이 단순 부분노동을 지치지 않고 반복할 수 있는 기계로 대체하는 것이다. 그리고 점점 더 정교하게 발전하는 기계는 여러 부분노동들을 점점 더 많이 자체 내에 통합시켜 갈 것이다. 이에 따라 인간의 노동은 기계가 그나마 대체할 수 없는 단순 부분노동에로 점점 더 축소되며 그럼에도 기계의 다른 부분노동과 점점 더 보조를 맞춰야 한다. 사회이론에서 기계에 대한 헤겔의 이러한 부정적 평가는 분명 의식이론에서의 긍정적 평가와 대조를 이룬다. 이 차이점의 근거는 바로 근대사회에서의 욕망과 노동의 구체성의 상실이다. 한편에서는 구체 노동으로 이어지지 않는 다른 많은 구체적 욕망들이 주체의 개별성을 구성하고 있다. 주체의 이 개별성은 궁극적으로 지양되지 **않으며** 오히려 그의 목적으로 머무른다. 다른 한편으로는 주체의 다양한 욕망들 중 그의 노동으로 이어질 수 있는 하나의 욕망이 추출되고 추상된다. 그리고 노동은 이 추상적 욕망을 충족시킬 수 있는 생산물을 가능한 한 많이 생산하는 추상적 노동이 된다. 간단히 말하면 한편에서는 욕망 주체의 개별성이 지양되지 않은 채 다른 한편에서는 주체의

30) Hegel: *Jenaer Systementwürfe I*, 323쪽. *Jenaer Systementwürfe III*, 225쪽.
31) Hegel: *Jenaer Systementwürfe I*, 323쪽.

이 개별성을 위해 추상화된 한 욕망에 상응하는 추상 노동이 수행된다. 추상 노동이 아무리 보편적이라 할지라도 여기에는 욕망 주체의 개별성이 지양되어 있지 않다. 이러한 노동은 하나의 "속임수(Betrug)"에 불과하다. 추상 노동은 궁극적으로 자신의 전체 욕망이 지양되지 않은, 즉 자신의 개별성이 지양되지 않은 욕망 주체를 위해 보편적인 것으로서 수행되기 때문이다. 헤겔이 바라본 참다운 사회가 본질적으로 인정에 기초하는 사회라면, 근대사회에서 노동의 사회적 형태 자체가 보편적인 것으로 인정될 수는 있어도 욕망과 그 충족의 사회적 표출 형태가 그대로 인정될 수 없는 이유가 바로 여기에 있다. 그러나 욕망하는 주체의 개별성에만 봉사하는 보편적 추상 노동 또한 완전히 인정될 수 있는 것은 아니다. 기계노동으로 대체되는 추상 노동은 어떻게든 많은 생산물을 산출하기 위해 자연의 원재료를 전유하려고만 한다. 추상 노동의 대상은 본질적인 존재연관 속에 있는 자연 전체가 아니라 언제나 개별적 원재료들의 집합으로서의 자연일 뿐이다. 가구의 대량생산자는 목재들의 총합으로서만 숲을 보지 자연적이고 유기적인 연관 속에 있는 숲을 보지 않는다. 벌목이 전체 가구 생산의 부분노동인 한, 개별화된 자연과의 이러한 추상적 관계는 더욱 더 가속화된다. 그러나 "자연의 개별성 속에만 머물면서" 인간이 "자연에 대해 행하는 속임수"는 결국 "인간 자신에게 복수한다".[32] 이것은 남용된 자연이 스스로 복수한다는 말이 아니다. 자신의 개별성을 지양하지 않은 채 노동을 추상적으로 보편화하는 인간의 기만은 결국 스스로에게 기만적 결과를 가져온다는 것이다. 자연의 개별적 원재료는 노동의 죽은 대상이다. 인간이 기계노동을 통해 자연을 점점 더 "제압할수록" 죽은 개별 대상에만 관계하는 "인간 자신은 점점 더 비천해진다". 그는 자신의 구체적인 노동의 필연성을 궁극적으로 지양한 것이 아니며 "자연으로부터 떼어내" 기계노동들 사이에 끼워 넣은 채 "단지 연

32) 헤겔이 비본래적 가치를 지니는 자연의 '주관화 과정'을 '거의 무제한적으로 긍정적으로' 평가한다는 회슬레의 해석은 너무 과도한 것이다. 반면에 프리츠 로이스비히에 따르면 헤겔에게서 '자연이' '인간적인 형식에 동화되는' 것은 오직 이 '인간적인 형식이 자연의 구조들에 따라서 자연 연관에' '관여할' 때이다. 헤겔의 인륜성 개념은 주관성이 이미 정신의 타자존재의 형식으로 내재되어 있는 자연과 자유로운 정신 간의 사회제도적 상호관계를 전제하기에 오히려 '인간중심적' '생태윤리학'을 보장한다. Hösle, Vittorio: *Praktische Philosophie in der modernen Welt*, 172쪽. Reusswig, Fritz: *Natur und Geist. Grundlinien einer ökologischen Sittlichkeit nach Hegel*, 165, 231, 232쪽. 또한 헤겔의 '전일성' 철학 체계 관점에서 탈인간중심적인 자연과 정신의 조화에 대한 구상으로는 최 신한, 「자연과 정신의 화해는 가능한가?」, 『헤겔연구』 제7호, 13-42쪽 참조. 리히터는 '사변의 경험과의 화해로서의 헤겔의 개념적 자연고찰'을 중립적으로 평가한다. L. G. 리히터, 『헤겔의 자연철학』, 59-64, 171-181쪽.

기시켰을 뿐"이다. 그에게 남겨진 구체 노동은 "자체가 기계를 따르는 것이 된다". 이러한 노동은 더 이상 생동한 구체 노동이 아니라 죽은 기계들 사이에 단순화된 죽은 노동이다. 인간의 노동은 생산 과정 "전체에 대해서만 감소"한 것이지 개별 노동 부분에 대해 감소한 것이 아니다.[33] 오히려 이 개별 노동 부분은 증가한 것이라 할 수 있다. 왜냐하면 노동이 기계화될수록 증대된 총생산량은 개별 생산물의 가치 하락을 가져오며, 이것은 곧 개별 노동의 가치 하락을 의미하기 때문이다. 인간은 이제 기계에게 빼앗긴 자신의 예전의 복잡노동에 해당하는 가치를 벌기 위해 단순노동을 더욱 더 많이, 그러나 기계에 보조를 맞추어 수행해야 한다.

노동가치의 이러한 하락 현상은 그 다음에 다루어지는 노동 분업에서도 마찬가지로 나타난다. 노동 분업 또한 구체 노동이 추상적으로 보편화되어 여러 부분노동들로 나누어진 것이기 때문이다. 역사적으로는 공장제 수공업(Manufaktur)이 공장제 기계공업보다 선행하였기에 그리고 논리적으로도 먼저 분업화된 부분노동에 상응하여 이를 대체할 단순 동작 기계들이 구상되었을 것이기에 첫 『예나 체계기획』은 서술상 노동 분업을 기계노동보다 먼저 다루었어야 했을 것이다. 이러한 서술상의 비일관성은 셋째 체계기획에서부터 교정되어 나타난다.[34] 여하튼 여기서도 노동가치의 하락은 노동 분업에 의한 생산량 증가에 기인하는 것으로 분석된다. 노동 분업은 무엇보다 아담 스미스의 모델에 따라 여러 부분노동들로의 "노동의 개별화"로 파악된다. 개별화된 부분노동들은 전체적으로 총생산량의 증가를 가져오지만 기계노동에서와 마찬가지로 각각에 있어서는 가치 하락을 초래한다. 높이 평가할만한 헤겔의 통찰은 부분노동이 더 나아가 기계로 대체되든 그렇지 않든 간에 그 자체가 "기계노동"이 된다고 하는 데에 있다. 국부적으로 "무한히 점점 더 제한되는" 부분노동은 단순한 동작을 반복하는 기계노동과 다른 것이 아니다. 이런 노동에 종사해야 하는 자의 의식은 그래서 결국엔 "마비"에 이른다.[35] 그는 자신의 노동으로부터 소외된다. 더구나 마비된 의식을 지닌 자는 자신의 부분노동이 타인들의 "무한한 양의 전체 욕망들"과 지니는 "연관"을 "전체적으로 조망할 수 없다". 그는 자신의 부분노동이 전체 생산 공정에서 갖는 맥락을 파악할 수조차 없기에 말이다. 전체 노동을 간편하게 습득 가능한 부분노동들로 나눔으로써 아무

---

33) Hegel: *Jenaer Systementwürfe I*, 321쪽.

34) Hegel: *Jenaer Systementwürfe III*, 224-225쪽. *Grundlinien der Philosophie des Rechts*, §198. 김옥경, 「헤겔과 아담 스미스에서 인간 욕구와 노동분업」, 『헤겔연구』 제18호, 75-76쪽.

35) Hegel: *Jenaer Systementwürfe I* , 323쪽.

리 손쉽게 전체 자연을 전유할 수 있게 되더라도, 부분노동들은 "무한히 가분적인" 것이다. 끝없이 나누어진 부분노동들의 집합으로서의 전체 생산 과정은 따라서 개별노동자에겐 "절대적으로 불편한" 것이다.[36] 아무리 그의 단순 부분노동이 그 자신에게 간편한 것이라 해도 말이다. 이로써 그는 전체 생산 과정으로부터도 소외된다. 그리고 그의 생산물은 이미 밝혔듯이 그가 직접적으로 필요로 하는 것이 더 이상 아니며 타인들의 필요에만 의존하는 것이다. 그는 생산물로부터도 소외되어 있다. 그의 노동은 한마디로 욕구하는 자신의 인간적 실현이 아니다. 자본주의에서 인간은 자신의 생산물로부터, 생산 과정으로부터, 그리고 자신의 노동으로부터, 마지막으로 노동하는 인간의 유적 본질로부터 소외된다는 맑스의 통찰이 여기에서 선취되고 있는 셈이다.[37]

물론 헤겔의 이러한 선진적 통찰은 나름의 시대적 한계 속에서 이해되어야 한다. 헤겔이 예나시기를 거쳐 한참 후 베를린에 정착했을 때 프로이센의 산업은 중공업이 촉진되긴 했으나 아직도 여전히 1850년대 이전까지는 농업이나 섬유, 광산 등의 노동집약적인 공업이 주류를 이루고 있었다.[38] 또한 헤겔은 지금까지 살펴보았듯이 생산 영역을 결코 자본가와 프롤레타리아의 대립 구도 속에서 분석하지도 않았다. 이것은 그 대립 개념들이 헤겔이 살던 시대의 독일에는 아직 미발전된 것들이었기 때문만 아니라 또한 헤겔 자신이 노동 과정을 우선적으로 경제학적 관심에서 탐구하지 않았기 때문이기도 하다. 헤겔이 자주 참고로 삼는 영국의 국민경제학은 당시 독일의 고상한 식자층에 의해서는 잘 연구되지도 않았던 천박한 '대중철학(populäre Philosophie)'을 통해 수용된 것이었다.[39] 헤겔의 탁월한 점은 이렇게 천대받던 국민경제학을 당시 주류철학자들 중 유일하게 근대사회의 특정 영역을 설명하는 좋은 분석 수단으로 활용했다는 것이다. 근대사회에서 욕망과 노동이 분리된 개인은 자신의 추상적 부분노동에 맹목적으로 의존해 경쟁적으로 살아가야 한다. 근대사회를 이렇게 냉정하게 바라보는 **실재론적** 시각이 없었다면 그러한 선구적 연구는 불가능했을 것이다. 그러나 헤겔의 궁극적 관심은 국민경제학의

36) Hegel: *Jenaer Systementwürfe I* , 324쪽.

37) Marx, Karl: *Ökonomisch-philosophische Manuskripte (1844) MEW 40*, 510-522쪽 참조.

38) 이 민호, 『새독일사』, 153-166쪽. Koselleck, Reinhart: *Preußen zwischen Reform und Revolution*, 116-142쪽.

39) '대중철학'으로 '경멸적으로' 간주되던 것은 바로 '새롭게 형성되고 있는 시민사회'에 대한 '서유럽의 진보적 사회이론'을 대중화하려던 당시 '독일의 계몽철학'이다. Riedel, Manfred: *Zwischen Tradition und Revolution*, 118쪽. Jaeschke, Walter: *Hegel Handbuch*, 388쪽.

연구 성과에 머무는 것이 아니라 이것을 넘어 사회적 활동 주체들로서의 개인들의 정치공동체적 통일을 근거짓는 데에 있었다. 바로 이 인륜적 통일로서의 민족 내지 국가의 근거가 헤겔 사회철학의 주요 관심사이다. 이 때문에 그는 노동 과정뿐만 아니라 물건 가치의 형성까지도 국민경제학과는 다르게 분리된 욕망과 노동의 개념들을 가지고 분석한다. 일종의 욕망가치론이라 할 수 있는 가치 이론이 특유하게 헤겔에게서만 등장하는 것은 이러한 맥락에서이다. 이때 사회 영역에서 물건의 가치를 형성하는 노동 주체는 공장주도 아니고 노동자도 아니며 오히려 이 양자를 모두 포함하는 영업가(Gewerbsstand)로 개념화되고 있다.[40]

헤겔은 첫 『예나 체계기획』에서 이미 기계노동과 노동 분업을 분석하면서 노동가치 개념을 활용하고 있지만[41] 생산된 상품에 관련된 가치 개념이 처음 등장하는 것은 셋째 『예나 체계기획』에서이다.[42] 그러나 이 두 체계기획들에서 가치 개념은 아직 명료하게 분석되고 있지 않으며 다만 욕망의 추상으로부터 가치가 형성됨을 암시하고 있다. 개별 욕망들의 구체적인 비교가능성에 의한 가치의 객관적 규정은 한참 후 헤겔 법철학 텍스트들에서야 비로소 서술된다. 1817/18년의 법철학 강의 필기문에서 가치는 여전히 교환계약을 설명하는 도중에 물건의 "단순한 양적 규정"에 있어서의 "동등성"으로 간단히 언급되는 반면,[43] 1821년 『법철학 개요』에서의 정교화된 설명이 최초로 나타나는 것은 1819/20년의 두 강의 필기문들에서이다.[44] 이 두 필기문들과 마찬가지로 『법철학 개요』는 교환계약에 앞서 물건의 사용

40) 헤겔이 "영업인"과 "임노동자"를 전혀 구별하지 않은 것은 아니지만 시민사회의 생산영역에 관한 서술에서는 이 두 계급을 묶어서 한 단위로 고찰하고 있다. 이것은 당시에 '공장주가 법적으로 여전히 상인으로 다루어졌고', '공장제조업자(Fabrikant)'가 실제로는 '노동자와 고용자 모두'에 해당하는 표현으로 쓰였던 당시의 법적 경제적 인식을 반영한다. Hegel: *Grundlinien der Philosophie des Rechts*, §252. Koselleck, Reinhart: *Preußen zwischen Reform und Revolution*, 117-118, 697-701쪽. 반면 당시엔 '행정공무원'의 의미로 쓰였던 공직자(Geschäftsmann)를 오늘날의 '실업가'로 잘못 해석하고 있는 게르트루드는 헤겔이 '공장노동자'를 배제한 '기업가'만의 '영업신분' 개념을 이데올로기적으로 사용한 것으로 평가한다. Lübbe-Wolff, Gertrud: *Hegels Staatsrecht als Stellungnahme im ersten preußischen Verfassungskampf* in *Zeitschrift für Philosophische Forschung 35*, 498-500쪽. Geschäftsmann의 의미에 대해선 Pöggeler, Otto: *Einleitung* zu Hegels *Vorlesungen über Naturrecht und Staatswissenschaft Heidelberg 1817/18*, IV-V쪽.

41) Hegel: *Jenaer Systementwürfe I*, 321-322쪽.

42) Hegel: *Jenaer Systementwürfe III*, 225쪽.

43) Hegel: *Vorlesungen über Naturrecht und Staatswissenschaft Heidelberg 1817/18*, §37.

44) Hegel: *Philosophie des Rechts Die Vorlesung von 1819/20*, 76쪽. *Vorlesungegn über die Philosophie des Rechts Berlin 1819/20*, 26쪽.

을 설명하는 추상법 부분에서 가치 개념을 설명하고 있다. 먼저 헤겔은 가치를 언급할 때에 상품이라는 말을 쓰지 않고 물건이란 용어를 사용한다. "물건(Sache)"은 『법철학 개요』에 따르면 "인격의 자유의 외적인 영역"으로서 인격의 자유로운 정신에 대해서나 즉자적으로도 "외적인 것 일반"이다.[45] 즉 자유로운 것으로 인정된 인격이 스스로에게 마련하는 객관적 현존의 외적 요소가 물건이며, 따라서 물건은 자유로운 인격에 의해 법적으로 보존되거나 양도될 수 있는 외적인 것 일반을 통칭한다. 물건은 한마디로 자유로운 인격이 자신의 자유로운 활동의 대상으로 처리가능한 외적인 것의 법적 개념(*rechtlicher* Begriff)이다. 따라서 물건 개념은 교환가능한 한에서 상품뿐만 아니라 노동까지도 포함한다고 할 수 있다. 생산물은 자유로운 인격의 법적 교환 대상일 때에만 상품이다. 노동은 자유로운 인격의 법적 계약 대상일 때에만 임노동이다. 그런데 헤겔은 교환 개념을 욕망과 관련된 물건의 "사용가능성"으로부터 도출한다. 교환은 비교가능성을 전제한다. 교환을 위한 이 비교가능성은 헤겔에 따르면 물건의 "특정한 사용가능성"으로부터 비롯된다. 사용 중인 물건은 언제나 질과 양의 측면에서 특정한 욕망을 만족시키는 것으로 규정된 개별 사물일 뿐이다. 그러나 물건의 이 "특정한 사용가능성은 동시에 동일한 사용가능성을 지닌 다른 물건들과" 양적으로 "비교가능하다". 이를테면 나의 배고픔을 충족시키는 밥 한 공기가 빵 두 개와 비교가능한 것처럼 말이다. 또한 헤겔에 따르면 특정한 욕망 자체도 추상적으로 "욕망 일반"으로 정립되어 이것의 특수성에 따라 "다른 욕망들과" 양적으로 "비교가능하다". 나의 배고픔이 아니라 허기 일반으로 추상화된 욕망이 갈증 일반, 의복 일반 등의 다른 욕망들과 비교가능한 것처럼 말이다. 이에 따라 서로 "다른 욕망들에 대해 사용가능한 물건들"이 마찬가지로 비교가능해진다. 이를테면 쌀 한 가마와 바지 두 벌이 교환가능한 것은 허기 일반과 의복 일반의 비교가능성 때문이라는 것이다. 그러나 전자의 경우 한 특정 욕망에 대한 동일한 사용가능성을 지니는 물건들의 비교는 쉽게 이해될 수 있는 반면에, 이 후자의 경우 각각 보편적 욕망 일반으로 추상화된 서로 다른 욕망들이 어떻게 비교가능한지는 좀처럼 납득하기 어렵다. 이에 대한 부연 설명을 하지 않은 채 헤겔은 단지 욕망을 위한 사용가능성의 비교를 통해 도출된 물건들의 양적으로 추상적인 "보편성"이 바로 "물건의 가치"라고 정의할 뿐이다. 그러나 분명한 것은 욕망이든 물건이든 간에 이것들이 그 자체로 추상적 가치를 지니는 것이 아니라 이것들의 **구체성으로의 복귀가능성** 즉 욕망의 충족가능성과 물건의 사용

---

45) Hegel: *Grundlinien der Philosophie des Rechts*, §§41, 42.

가능성으로부터 추상적 가치가 비롯된다는 점이다. 물건의 가치는 동시에 특정 욕망에 대한 이 물건의 구체적 사용가능성을 표현하는 것이다. 바로 이 때문에 가치에는 물건의 "참다운 실체성이 규정되어 있다"고 할 수 있다. 물건의 참다운 실체성은 자유로운 인격의 구체적 사용가능성이다. 이 구체적 사용가능성이 추상적인 양으로 표현된 것이 바로 가치이다. 따라서 가치에서 "의식의 대상"이 되는 것은 바로 그렇게 규정된 물건의 참다운 실체성이다.[46] 이러한 관점은 물론 물건의 질적 규정성과의 연관을 고려하지 않는 국민경제학의 순수한 교환 가치 개념을 넘어서는 것이다.[47] 구체적 실현가능성이 없는 추상 가치는 무가치이다. 물건은 오직 욕망과 그 충족의 구체적 맥락에 복귀할 수 있을 때에만 추상적 가치를 지닌다.

물건의 교환과 가치 형성의 필요는 이미 언급했듯이 욕망과 노동의 분리에 기인한다. 인간은 자신의 모든 특수 욕망들에 상응하는 노동을 할 수 없기에 하나의 특정 욕망을 욕망 일반으로 설정하고 이에 해당하는 노동에만 종사한다. 이렇게 "보편적인 것으로서의 한 욕망의 추상"에 의해 그의 노동 또한 "형식적 추상적 보편적인 것이 된다." 한마디로 말해 그의 노동 또한 "가치를 지닌다".[48] 가치를 지니는 노동은 사회적으로 교환될 수 있다. 이것은 노동이 물건과 마찬가지로 자유로운 인격의 사회적 인정 활동의 대상이 될 수 있다는 것을 의미한다. 기계노동과 노동 분업의 도입으로 인해 단순화된 부분노동일수록 쉽게 숙련될 수 있기에 노동은 보편적인 것으로서 더욱 사회적 인정의 대상이 된다. 그러나 문제는 이러한 노동이 이 노동과 직접적 관련이 없는 노동 주체의 다른 욕망들에 대해서는 형식적이고 추상적인 것으로만 머무른다는 데에 있다. 노동은 **본질적으로** 욕망의 관념적 관계를 보편적인 것으로 실현하는 인간적 충족 방식이었다. 노동을 통해 인간은 자신의 욕망하는 개별성을 지양하고 보편성의 형식으로 자신의 개별성을 실현했다. 그러나 **사회 영역에선** 한 특정 추상 노동에 대해 노동 주체의 **다른** 욕망들은 이러한 지양 관계에 놓여 있지 않다. 이 욕망들은 단지 그 추상 노동을 통해 획득한 부에 의해 충족되기를 기다리는 지연된 욕망들일 뿐이다. 지연된 것들이라는 의미에서

46) Hegel: *Grundlinien der Philosophie des Rechts*, §63.

47) 분명 헤겔의 이러한 관점은 등가 교환이 이루어지는지를 문제 삼지는 않지만 맑스의 평가와는 달리 국민경제학적 관점을 넘어서는 것이다. 페터 란다우에 따르면 리카르도처럼 '노동량에 따라서가 아니라' '욕망에 따라 물건의 가치를 측정하는' 헤겔의 가치개념은 오히려 아리스토텔레스적인 기원을 지닌다. Marx, Karl: *Ökonomisch-philosophische Manuskripte (1844) MEW 40*, 574쪽. Landau, Peter: *Hegels Begrändung des Vertragsrechts* in *Materialien zu Hegels Rechtsphilosophie*, 182쪽.

48) Hegel: *Jenaer Systementwürfe I*, 322쪽.

관념적 관계로 존립하지만 이 욕망들에는 주체의 개별성이 궁극적으로 지양되어 있는 것은 아니다. 오히려 특수 욕망들의 총체로서의 인간은[49] 자신의 욕망하는 개별성을 만족시키기 위해 더욱 더 자신의 특화된 추상 노동에 전념한다. 인간의 이러한 "주관적 이기심"은 한편으로 추상 노동의 생산물들을 통해 "다른 모든 사람들의 욕구 만족에 기여"할 것이다.[50] 그러나 다른 한편으로 추상 노동에 종사하는 것은 사람마다 분명 정도 차이가 있기 마련이다. "자본"의 제약이나 "숙련"의 한계, "자연적인 육체적 정신적 소질"의 상이성 또는 직업 선택의 "우연과 자의" 등은 사회 속에 빈번히 불평등을 야기한다.[51] 더구나 이러한 불평등은 각자의 욕망 충족이 추상 노동의 생산물에 전면적으로 의존하는 사회 속에서 극단적인 부의 축적과 빈곤의 발생으로 이어질 수 있다. 이러한 "전면적 의존 체계"[52] 속에서도 부분노동에 제한된 인간은 전체 생산 과정뿐 아니라 산업 영역 전반을 조망할 수조차 없기에 특정 지역의 산업 재해나 외래 상품의 수입 등은 일시에 극빈층을 양산하기도 한다.

헤겔은 이와 같은 근대사회를 1817/18년 법철학 강의에서부터 "시민사회"로 개념화했다.[53] 시민사회는 한편으로 저마다 주관적 이기심을 좇는 일종의 실재하는 "자연 상태"이다. 여기서 극한에 내몰린 빈곤층은 투쟁이라도 불사할 것이다. 헤겔은 그러나 이러한 문제를 모든 개별 욕망들의 억제나 생산물 내지 생산수단의 국가적 관리 같은 방식으로 해결할 것을 제안하지 않는다.[54] 각자의 특수한 정신은 각자의 인격에 객관적으로 현존하는 고유성이다. 각 인격의 고유성을 형성하는 정신의 특수성은 아무리 불평등을 초래한다 하더라도 그 인격의 객관적인 법(Recht)으로서 존중되어야 한다. 이 "정신의 특수성의 객관적인 법"에 "평등의 요구를 대립시키는 것은 공허한 오성에 속하는" 일이다.[55] 헤겔이 제안하는 해결책은 크게

49) 근대사회에서는 "욕망들의 관점에서 표상의 구체물이 인간이라 불리는 것이다". Hegel: *Grundlinien der Philosophie des Rechts*, §190. 또한 §182.

50) Hegel: *Grundlinien der Philosophie des Rechts*, §199.

51) Hegel: *Grundlinien der Philosophie des Rechts*, §200.

52) Hegel: *Grundlinien der Philosophie des Rechts*, §183.

53) Hegel: *Vorlesungen über Naturrecht und Staatswissenschaft Heidelberg 1817/18*, §§89 이하.

54) 헤겔은 아담 스미스식의 자유주의적 자본경제의 추종자도 사회주의식의 전면적 계획경제의 고안자도 아니다. 전자에 대해선 Priddat, Birger P.: *Hegel als Ökonom*, 23–35쪽. 후자에 대해선 Losurdo, Domenico: *Logik, Politik und soziale Frage: Hegelsche »Rechte« und Hegelsche »Linke«* in *Die Folgen des Hegelianismus*, 280–285쪽.

55) Hegel: *Grundlinien der Philosophie des Rechts*, §200.

두 가지로 요약될 수 있다. 첫째 빈곤한 개인에 의해 추상 가치가 욕망 충족의 구체적 연관으로 복귀하지 못한다면 국가가 대신해 그 충족을 제도적으로 보장해 주는 것이다. 국가에 의한 빈곤자의 욕망 충족은 생계보장뿐만 아니라 직업 제공, 교육 시설, 가족의 역할까지 포함한다. 이것은 국가의 공안 조직(Polizei)에 의해 제도적으로 마련된다.[56] 여기서 무엇보다 주목해야 할 점이 있다. 헤겔은 이러한 제도적 보장을 단순히 국가의 시혜적 관점에서 주장하고 있지 않다는 것이다. 헤겔에 따르면 "법(Recht)"은 "자유의지의 현존"이다.[57] 자유의지는 인격에게서 관념적으로뿐만 아니라 객관적으로도 현존할 수 있어야 한다. 자유의지가 인격의 삶으로서 현존할 수 없다면 법이 없는 것이다. 그리고 법이 없다면 불법도 없다. 이때 만인이 서로 투쟁하는 자연 상태가 발생한다 해도 법으로 규제할만한 정당성이 근거지어질 순 없다. 오히려 개인의 "생계 보장"과 "특수한 복지"는 "**법으로서** 다루어지고 현실화되어야 한다".[58] 헤겔이 구상하는 복지는 그 자체가 법이다. 그것은 무엇보다 먼저 법이기 때문에 실행되는 것이다.

시민사회의 불평등 문제에 대해 헤겔이 제안하는 또 다른 해결책은 사회 구성원 자신에 의한 그의 욕망의 도야이다. 먼저 특수한 욕망들을 지니는 내가 마찬가지로 그런 욕망들을 지니는 모든 사람과 같다는 의식은 각자를 시민사회의 구성원으로 키워내는 교육 제도에 의해 도야될 수 있다. 그러나 헤겔이 보기에 자연 상태로 전락할 수 있는 시민사회 자체가 다른 측면에서는 이미 그러한 교육 기능을 수행하고 있기도 하다. 나의 노동이 다른 모든 사람들의 욕망을 만족시키는 생산물을 산출할 때에만 나의 다른 욕망들도 충족가능하다는 것은 단지 상대적 활동 분야에서만 사고되기는 해도 이미 법이 객관적으로 의지되거나 실행되고 있는 것이다.

---

56) Hegel: *Grundlinien der Philosophie des Rechts*, §§239-245. 헤겔이 사용하는 Polizei란 말은 요즈음의 경찰로 번역하기 어렵다. 이 말은 당시엔 공공질서와 치안뿐만 아니라 공정거래, 상품검사, 복지 지원까지 포함하는 공공 안녕의 포괄적 업무를 담당하는 국가조직이었다. Polizei는 원래 헌법, 국가행정을 뜻하는 Politeia에서 파생된 말로서 18세기 이후 독일에선 '국가 행정의 수행 기관'을 의미했다. Kluge, Friedrich: *Etymologisches Wörterbuch*, 639쪽. Hegel: *Vorlesungen über Naturrecht und Staatswissenschaft Heidelberg 1817/18*, §92. 서 정혁은 분명 이러한 의미 차이를 살리기 위해 Polizei를 '행정복지'로 옮기고 있다. 그러나 이 번역어로는 국가 기관의 의미나 이 기관의 다른 행정 기능이 잘 드러나지 않는다. 필자가 일단 축어적으로 가장 적합다고 보는 번역어는 공공 안녕의 준말인 공안(公安)인데, 이 용어 또한 우리 현실에선 보통 부정적으로 쓰이기에 더 적합한 번역어 모색이 절실하다. Hegel, 서 정혁 역, 『법철학 강요』, 97쪽 이하.

57) Hegel: *Grundlinien der Philosophie des Rechts*, §29.

58) Hegel: *Grundlinien der Philosophie des Rechts*, §230.

시민사회의 여러 상대적 활동 분야에서 각자는 보편성의 형식을 지닌 것만이 인정되고 교환될 수 있다는 것을 스스로 알고 실천하게 된다. 따라서 시민사회 내 여러 사회적 활동은 이미 각자의 "도야 자체"이다. 사회적 활동 속에서 각자는 "보편적으로 인정되고 알려지고 의지된 것이라는 현존"을 지닌 것들만 생산하고 교환한다. 그러한 현존은 객관적으로 작용하고 있는 법의 현존 이외에 다른 것이 아니다.[59] 더 나아가 법 자체를 객관적 현실로서 돌보는 것은 바로 "사법(司法 Rechtspflege)"이다. 법은 자유의지의 현존이기에 사법은 그 보편성에 있어서의 각자의 자유의지의 현존을 돌보는 것에 다름 아니다. 따라서 사법 또한 자체가 시민교육 기능을 지닌다. 욕망들의 충돌이 있을 경우 각자는 사법 기관을 통해 자신의 보편적 피인정태의 의미를 주장하고 증명하려 할 것이기 때문이다.[60] 그러나 자신의 욕망의 도야에 사회 구성원이 가장 적극적으로 참여할 수 있는 것은 무엇보다 "직업협동체(Korporation)"라 할 수 있다. 직업협동체는 보편화된 특정 욕망 대상들의 생산에 같이 종사하는 자들의 조합이다. 여기서 각자는 특정 노동을 통해 획득한 부를 자체가 작은 보편적 사회이자 "제 2의 가족"인 직업협동체 속에서 공통적으로 향유한다. 공통적으로 향유한다는 것은 각자의 특수 욕망이 보편성을 지니지 않을 경우 그것의 직접적인 충족을 인정받지 못한다는 것이다. 추상 노동과 무관한 개별자의 특수 욕망들조차 이곳에서는 보편성의 형식을 획득해야 한다. 따라서 직업협동체에서는 사치나 낭비벽의 억제와 빈곤의 예방이 자율적으로 이루어진다. 더욱이 직업협동체는 국가의 입법부에 대표자를 파견함으로써 다른 직업협동체나 공동체와 각자 이해(利害)의 인정 가능한 보편성에 입각해 협의를 진행한다.[61] 이것은 직업협동체가 자신에게 보편적이지 않은 욕망마저도 다른 직업협동체에 의해서는 보편화된 것으로 같이 다루어야 한다는 것을 의미한다. 이를 통해 직업협동체와 그 구성원은 자신의 특수 욕망도 보편적으로 도야하게 된다.

5. 맺음말

사실 헤겔의 자연철학적 논의와 욕망가치론은 오늘날의 자연과학이나 경제학

59) Hegel: *Grundlinien der Philosophie des Rechts*, §209, 또한 §197.
60) Hegel: *Grundlinien der Philosophie des Rechts*, §§209–219.
61) Hegel: *Grundlinien der Philosophie des Rechts*, §308.

의 시각으로 보면 별로 얻을 게 없는 이론들이다. 그러나 헤겔의 철학적 의도는 당시의 자연과학이나 경제학의 성과들을 그대로 재현하는 것이 아니었다. 자연철학에서 헤겔은 무엇보다 당시 '자연과학들의 이론적 사유를 줄곧 이끌고 있는 형이상학적 범주들을 탐구'하고자 했으며 이 범주들을 통해 자연에 내재된 개념들을 철학적으로 사유하고자 했다.[62] 자연의 개념들은 타자존재의 형식으로 자연 속에 실현되어 있는 정신의 개념들이다. 이 개념들의 체계적 서술은 자연과학의 그 때마다의 성과들에 비추어 쉼 없이 개선되어야 할 것이다. 그러나 이러한 서술이 끊임없이 시도되어야 하는 이유는 무엇보다 자연과 정신의 통일적 세계관의 성취에 있다. 분석 또는 이용 대상으로만 설정된 자연에 대해 그 속에서 자신을 발견하지 못하는 현대인은 얼마나 많은 훼손과 남용을 저질렀는가. 헤겔의 욕망가치론 또한 같은 맥락에서 이해될 수 있다. 아담 스미스와 쟝 밥티스트 세이(Jean Baptiste Say)를[63] 열심히 탐구하던 헤겔이 뜬금없이 가치의 기원으로서 욕망을 내세운 것은 순수 경제학적 관심에서라기보다 국가라는 인륜적 통일을 사유하려는 사회철학적 의도에서라 할 수 있다.

자연철학적으로 동물의 욕구는 순수하게 자연적인 것만 아니라 이미 그 속에 감각의 관념적 관계를 내포하고 있음이 밝혀졌다. 동물은 이 관계를 자신에 대해(für sich) 자립적인 관계로서 지속시키지 못할 뿐이다. 인간의 욕망 또한 순전히 자연적인 것으로만 머무르지 않는다. 욕망 자체는 자연발생적이라 해도 이미 생겨난 욕망과 그 충족 구조는 언제나 의식의 대자적 관계로 존립한다. 노동은 이 대자적인 관념적 관계를 보편적 관계로 객관화하는 활동이다. 여기서 짚고 넘어가야 할 것이 있다. 오늘날 욕망의 변론인이 자주 주장하는 이성으로부터 자유로운 욕망이란 과연 얼마나 실재적인 욕망인가 하는 점이다. 욕망은 순수 자연적인가, 아니면 여기에는 이미 정신성이 포함되어 있는가, 자연적 개별성으로만 실존하는 욕망이 더 실재적인가 아니면 개별성과 보편성의 통일 내지 결합으로서의 욕망이 더 실재적인가. 이제 후자의 답변만이 욕망의 실재론적 고찰을 보장하는 것이라면 전자의

---

62) Fulda, H. F.: *Georg Wilhelm Friedrich Hegel*, 143쪽. 반트슈나이더는 '실재론을 포함하는' '자연존재의 본질인식'으로서의 '헤겔의 자연철학적 논증'이 오늘날의 '경험과학적 성과들을 수용할 수 있을 뿐만 아니라' '경험적인 실재화의 조건들'이기도 하다는 점에서 '현재적 의미'를 통찰한다. Wandschneider, Dieter: *Die Bedeutung Hegels für eine zeitgemäße Naturphilosophie* in *Hegel und die Geschichte der Philosophie*, 260-285쪽. 「현재적 관점에서 본 헤겔의 자연존재론적 기획」, 『헤겔연구』 제9호, 151-183쪽.

63) 아른트에 따르면 헤겔은 리카르도를 직접 수용한 것이 아니라 세이의 서술을 통해 간접적으로 알게 된 것으로 보인다. Arndt, Andreas: *Die Arbeit der Philosophie*, 62-63쪽.

욕망은 원래 자연과 정신, 개별과 보편으로 이루어진 복합적인 것을 사고의 편의를 위해 분석적으로 나누어 놓은 나쁜 의미의 관념론적 욕망일 뿐이다. 세계 내 모든 존재자는 개별자로 실존한다. 그러나 개별자의 실존은 언제나 그것의 보편적 본질에 따른 것이다. 실존의 개별성은 본질의 보편성의 실현 수단이자 동시에 그 현실이다. 이 양자가 분리되어 있는 것은 실재론적으로 아무것도 없다. 이 양자를 분리해 사고하는 것은 사고의 폭력일 뿐이다. 그래서 욕망에도 좋은 욕망과 나쁜 욕망이 있다.

시민사회 내 욕망이 위험할 수 있는 것은 개인이 지닌 욕망의 개별성이 지양되지 않은 채 오히려 이 개별성을 위해 보편적인 추상 노동을 하기 때문이다. 시민사회에서 노동이 실현하는 객관적 보편은 궁극적으로 개인 욕망의 수단일 뿐이다. 그러나 개인 노동은 동시에 사회적 욕망의 수단이기도 하다. 따라서 개인의 욕망 또한 상호적으로 타인의 노동이 기여하는 사회적 욕망으로 고려될 수 있어야 한다. 욕망은 개인의 관념적 보편성뿐만 아니라 사회적 보편성까지 갖추어야 한다. 이것은 결코 개인의 고유한 자유의 영역을 통제하자는 말이 아니다. 자유란 자유로운 보편의 실현으로서만 참다운 자유이다. 보편성과의 관계 속에만 자유는 개인의 무한한 영역일 수 있다. 욕망은 우연적이고 개별적으로 발생하지만 생겨난 욕망과 그 충족은 언제나 인간적이다. 인간이 본질적으로 사회적이라면 욕망과 그 충족 또한 사회적 보편성을 지녀야 한다. 그렇지 않을 경우 남는 것은 사회 속의 자연 상태뿐이다. 헤겔은 시민사회에 실재하는 자연 상태의 극복을 위해 시민사회에 내재할 수 있는 여러 해결책들을 고민했다. 추상 노동과 그 생산물의 가치를 구체적인 욕망 충족가능성과의 관련 속에서 파악하려는 시도뿐만 아니라 사회적으로 인정 가능한 보편에 준거한 생산과 교환 활동의 촉진, 공안 조직의 복지 업무와 법의 객관적 현실로서의 사법의 기능 확보 그리고 직업 협동체의 보편적 활동 보장 등 이 모든 구상들은 시민사회의 구성원이 주체가 되어 자신의 공동체적 본질을 실현하는 제도들에 대한 것이다. 물론 여기서 살펴보지 못한 그 외의 여러 인륜적 제도들도 이러한 의미에서 평가될 수 있을 것이다. 이 모든 제도들의 특징은 그 구성원이 자기 도야와 제도 실행의 주체로 설정되고 있다는 것이다. 이를 통해 스스로를 도야하는 시민은 보편적으로 충족 가능한 욕망만이 사회적 현실이 될 수 있다는 것을 안다. 이러한 보편적 욕망은 참된 이성적 욕망이다. 모든 이성적으로 욕망하는 것은 현실적이며 모든 현실적인 것은 이성적으로 욕망한다.

참고 문헌

I. 헤겔 저서들

Grundlinien der Philosophie des Rechts, Theorie Werkausgabe Bd.7, Rd. Moldenhauer, Eva u. Michel, Karl Markus. Frankfurt am Main 1986.

Jenaer Systementwürfe I , Gesammelte Werke Bd.6, Hg. Düsing, Klaus u. Kimmerle, Heinz. Hamburg 1975.

Jenaer Systementwürfe III, Gesammelte Werke Bd.8, Hg. Horstmann, Rolf-Peter u. Trede, Johann Heinrich, Hamburg 1976.

Phänomenologie des Geistes, Gesammelte Werke Bd.9, Hg. Bonsiepen, Wolfgang u. Heede, Reinhard, Hamburg 1980.

Philosophie des Rechts Die Vorlesung von 1819/20, Hg. Henrich, Dieter. Frankfurt am Main 1983.

Vorlesungegn über die Philosophie des Rechts Berlin 1819/20, Hg. Angehrn, Emil u. a. Hamburg 2000.

Vorlesungen über Naturrecht und Staatswissenschaft Heidelberg 1817/18, Vorlesungen. Ausgewählte Nachschriften und Manuskripte Bd. 1, Hg. Claudia Becker u. a. Hamburg 1983.

서정혁 역, 『법철학 강요』, 지만지, 서울 2008.

II. 그 외 저서들

김옥경, 「헤겔과 아담 스미스에서 인간 욕구와 노동분업」, 『헤겔연구』 제18호, 동과서, 서울 2005.

남기호, 「헤겔의 '사랑' 개념과 그 철학적 위상 변화」, 『시대와 철학』 제19권 4호, 한국철학사상연구회, 서울 2008.

윤병태, 「히포크라테스와 헤겔의 질병(疾病)론」, 『헤겔연구』 제25호, 용의 숲, 서울

2009.

이민호, 『새독일사』, 까치, 서울 2003.

최신한, 「자연과 정신의 화해는 가능한가?」, 『헤겔연구』 제7호, 청아, 서울 1997.

Arndt, Andreas: *Die Arbeit der Philosophie*, Berlin 2003.

Fulda, H. F.: *Georg Wilhelm Friedrich Hegel*, München 2003.

Hösle, Vittorio: *Praktische Philosophie in der modernen Welt*, München 1995.

Jaeschke, Walter: *Hegel Handbuch*, Stuttgart / Weimar 2003.

Jacob, Wolfgang: *Der Krankheitsbegriff in der Dialektik von Natur und Geist bei Hegel* in *Hegel Studien Beiheft* 11, Bonn 1983.

Kluge, Friedrich: *Etymologisches Wörterbuch*, Berlin/New York 1999.

Koselleck, Reinhart: *Preußen zwischen Reform und Revolution*, Stuttgart 1975.

Landau, Peter: *Hegels Begründung des Vertragsrechts* in *Materialien zu Hegels Rechtsphilosophie*, Hg. Riedel, Manfred. Frankfurt am Main 1975.

Losurdo, Domenico: *Logik, Politik und soziale Frage: Hegelsche »Rechte" und Hegelsche »Linke"* in *Die Folgen des Hegelianismus*, Hg. Koslowski, Peter. München 1998.

Lübbe-Wolff, Gertrud: *Hegels Staatsrecht als Stellungnahme im ersten preußischen Verfassungskampf* in *Zeitschrift für Philosophische Forschung* 35, Meisenheim/Glan 1981.

Marx, Karl: *Ökonomisch-philosophische Manuskripte (1844) MEW* 40, Berlin 1985.

Pöggeler, Otto: *Einleitung* zu Hegels *Vorlesungen über Naturrecht und Staatswissenschaft Heidelberg 1817/18*, Hamburg 1983.

Priddat, Birger P.: *Hegel als Ökonom*, Berlin 1990.

Reusswig, Fritz: *Natur und Geist. Grundlinien einer ökologischen Sittlichkeit nach Hegel*, Frankfurt am Main/New York 1993.

Riedel, Manfred: *Zwischen Tradition und Revolution*, Stuttgart 1982.

Wandschneider, Dieter: 「현재적 관점에서 본 헤겔의 자연존재론적 기획」, 『헤겔연구』 제9호, 한길사, 서울 2000.

____, *Die Bedeutung Hegels für eine zeitgemäße Naturphilosophie* in *Hegel und die Geschichte der Philosophie*, Hg. Heidemann, H. Dietmar u. Krijnen, Christian. Darmstadt 2007.

Hegels Begriff des Bedürfnisses

Nahm, KiHo

Zusammenfassung

Dieser Aufsatz zieht Hegels Verständnis der Begierde bzw. des Bedürfnisses durch seine ersten *Jenaer Systementwürfe* und *Grundlinien der Rechtsphilosophie* in Betracht. Hierdurch zeigt sich, dass Hegels Begriff des Bedürfnisses nicht im Gegensatz zur Vernunft steht, sondern vielmehrallgemeine Elemente der Vernunft in sich enthält.

Die animalische Begierde, die scheint nur natürlich zu sein, enthält schon die ideale Beziehung der Empfindung in sich. Diese Beziehung aber besteht nicht ständig beim Tier selbst, sondern wird vom realen Prozessdes Tiers beherrscht, das die organische Individualisierung zum Prinzip hat.

Die Begierde des Menschen, der selbst ein geistiges Individuum ist, ist Bedürfnis, dessen ideale Beziehung bewusst fortbesteht. Der reale Beziehung der Aufhebung zwischen der Begierde und deren Gegenstand in der menschlichen bewussten Begierde geht die ideale Beziehung beider als schon ideell Aufgehobener voraus, die eher jene reale Beziehung kontrollieren kann. Die ideale Beziehung der Begierde selbst ist bereits die ideale Einheit der Begierde und ihres Gegenstandes. Es ist eben die Arbeit des Menschen, welche die Einheit als ein objektiv Allgemeines existieren lässt. Die Arbeit, die immer als einzelne konkrete verrichtet wird, wird des Weiterenim Werkzeug als das objektiv Allgemeine verdinglicht, das die ständige Existenz hat.

Aber der Mensch kann nicht alle Arbeiten für seine alle besonderen Bedürfnisse verrichten. Deshalb extrahiert er in der Gesellschaft ein besonderes

Bedürfnis als ein Allgemeines und beschäftigt sich mit der abstrakten Arbeit dafür. Durch diese Trennung der Begierde und der Arbeit entstehen vielerlei Ungleichheiten und Konflikte in der bürgerlichen Gesellschaft. Der Ursprung dieser Probleme liegt darin, dass die Einzelheit der Mitglieder mit besondern Bedürfnissen auch bei der allgemeinen Tätigkeit des abstrakten Bedürfnisses und der abstrakten Arbeit in der Gesellschaft nicht endgültig aufgehoben wird. Viele Institutionen, die Hegel in der Rechtsphilosophie konzipiert, zielen auch auf die Bildung des besonderen Bedürfnisses, deren Subjekt Mitglied der bürgerlichen Gesellschaft selbst wird. Das dadurch gebildete Bedürfnis ist das vernünftige, das die gesellschaftliche Allgemeinheit erreicht, und das gemeinschaftliche, das sich sittlich erfüllt.

Schlagwörter: tierische Begierde, Empfindung, menschliche Begierde, Bewusstsein, Arbeit, Werkzeug, gesellschaftliches Bedürfnis, Bildung des Bedürfnisses

헤겔의 문화-역사 발전과 악의 관계[1)]

이 정 은

요약문

이 글은 헤겔 역사철학 안에서 역사 발전과 그 원동력이 선악 문제와 어떤 관련을 지니는지를 연구하는 데 목적이 있다. 헤겔은 세계사는 이성 자체의 전개이며, 역사 이성에 의한 발전 법칙이 가능하다고 본다. 그런데 역사가 이성의 전개임에도 불구하고, 세계사에는 역사의 궤도를 바꿔놓을 만큼 치명적인 악한 현상이 끊임없이 발생한다. 그래서 이성의 전개가 아니라 비이성의 전개, 더 나아가 악이 심화되는 구조라고 할 만한 여지가 있다.

이러한 발상의 선행 근거로서 이미 칸트가 역사 발전은 자연의 계획에 의해서 전개되지만, 그 원동력은 반사회적 사회성이며 종교철학의 관점에서는 인간성소질에서 나타나는 문화적 악덕이라고 한다. 역사 발전의 원동력이 악덕과 악의 심화가 된다. 칸트에게 역사 발전은 사회화, 문화화 과정인데, 문화화는 도덕화와 동일시된다. 문화화가 가능하려면 반사회적 사회성과 국가 간 전쟁이 가속화되어야 하며, 그래서 악의 심화가 도덕화, 사회화를 야기하게 된다.

헤겔의 주장에도 칸트의 반사회적 사회성, 문화적 악덕과 연결할만한 측면이 나타난다. 그에게 역사는 이성의 전개이지만, 역사의 원동력은 세계사적 개인으로서 역사적 영웅의 정열이다. 역사 이성은 간교한 꾀에 의해 영웅의 정열을 이용한다. 정열에 사로잡힌 인간은 도덕적 존재가 아니며, 경솔하고 파괴적이다. 자신의 목적을 달성하기 위해 전쟁도 불사한다. 역사의 원동력과 악을 연결할만한 계기를 헤겔도 지니고 있다. 게다가 헤겔은 선악의 분리 불가능성과 역사와 선악간의 내적 필연성을 주장할 만한 근거들을 드러내고 있다. 그 관계는 삼위일체론과 선악과 해석에 대한 헤겔의 독특한 관점과 긴밀하게 연관된다.

그래서 헤겔의 선악 개념 연구를 토대로 하여 문화-역사 발전과 악이 어떤 관련을 지니는지, 이성과 선악 문제는 어떻게 연결할 수 있는지를 살펴보고자 한다.

● **주요어 : 선악, 도덕성, 문화적 악덕, 반사회적 사회성, 정열, 자유, 이성, 문화, 역사**

1. 서론

인간은 누구나 행복한 삶을 누리고 싶어 하기 때문에 행복을 침해하거나 행복에 반대되는 불행과 고통은 피하려고 한다. 특히 근대의 국민국가 형성 과정에서 추구된 국민 내지 민족의 동일성은 인권과 국민주권을 실현하기 위해 자유와 평등을 보편화하는 공화제적 국가법을 창출하는 방향으로 나아가지만, 그 속에서 생겨나는 민족 갈등과 소외감은 끊임없는 전쟁과 세력 확장을 야기한다. 국민국가의 갈등과 소외감은 현대 역사에서 제국주의나 전체주의로 굴절[2]되기도 했지만, 이제는 국가 간 경계가 완화되는 시스템이 구축되고 다민족 공존사회로 전환되면서 한 국가와 한 민족의 동일성을 넘어서는 다문화적 삶의 양태를 실현하고 있다.

한 국가의 경계 안에서 실현하고자 하는 국가의 목적은 인간 행동의 총체적 관계를 통해 진행되는 세계역사의 방향과도 맞물린다. 역사는 행복을 실현하고자 하는 인간 노력의 누적물이며, 그 속에서 인간은 조금이라도 더 행복이 증진되기를

---

1) 이 논문은 2007년도 정부재원(교육인적자원부 학술연구조성사업비)으로 학술진흥재단의 지원을 받아 연구되었음(KRF-2007-327-A00163).

2) H. Arendt(이진우, 박미애 역), 『전체주의의 기원』, 1-2권, 한길사, 2003, 특히 5장 이하를 참고하라.

꿈꾼다. 이러한 희망은 근대에 들어서야 정립된 18-19세기 역사철학에서는 '자유의 전개와 확장'이라는 역사적 진보사관에 기초하여 종족공동체나 국가공동체를 넘어서는 국제연대, 더 나아가 국제국가적인 세계공동체를 추구한다. 19세기에 역사철학을 집대성한 헤겔은 세계사적 관점에서 역사의 체계화와, 합법칙적 내지 합목적적 원리를 『역사철학강의』[3]에서 도출하면서, 한 국가 안에서도 체계화된 동일성을 정립하기가 어려운 데도 불구하고, 세계사 안에서 상이한 모든 국가에 공통적으로 관철되는 역사철학적 원리를 증명하려고 한다.

세계사 전개의 핵심은 자유 실현이기 때문에 자유가 어떤 내포를 지니는가가 문제시될 수 있다. 자유가 실현되려면 자기의식으로서 주관성 자각과, 내적 의지의 객관화가 이루어져야 하며, 객관화는 정치적 차원에서 자유와 평등을 투영하는 법제도를 요구한다. 주관적 감정에서 볼 때 자유 의지는 선악 조율을 통해서 행복을 실현하는 방향을 모색한다. 이렇게 진행되는 역사는 발전한다고 하는 데, 인간 삶에는 극도의 잔인함과 포악함이 반복해서 나타나며, 인간 존엄성을 침해하는 상황이 펼쳐지고 있다. 그럼에도 세계사는 이성의 관점에서 체계화된다. 중세에는 역사 전개는 어거스틴처럼 '신의 섭리, 신의 계획'으로 간주되며, 칸트는 이를 '자연의 계획'으로 바꾸지만, 두 입장 모두 역사의 주체가 인간이 아니라는 한계에 직면하기 때문에, 헤겔은 세계사를 '이성의 계획', '이성 자체의 전개'로 밀고 나간다. 이때 이성은 인간 이성인가? 아니면 인간 이성을 뛰어넘은 초월적 이성 내지 무한자적 이성인가라는 논쟁이 여전히 유발된다.

역사가 누구에 의해 움직이든 간에, 세계사를 쭉 훑어보면 악한 요소가 선, 덕에 대해 승리를 거두는 경우도 있고, 악인이 위인으로 둔갑하기도 하고, 악한 동기에서 시작한 일이 인류의 삶에 이득이 된다고 판단하는 사건[4]도 있어서, "범죄가 인류에게 공헌한다."[5]라는 식의 오인이 일어날 수 있다. 물론 "범죄가 인류에게 공헌한다."라는 오인은 애초의 불순성을 문제삼아야 하지만, 역사에는 선한 요소와 악

---

3) G. W. F. Hegel, *Vorlesungen ueber die Philosophie der Geschichte*, *Hegel Werke*, Bd. 12(Suhrkamp Taschenbuch Wissenschaft 612), Frankfurt a/M.: Suhrkamp Verlag, 1986. 번역은 『역사에 있어서의 이성』(임석진 역, 지학사, 1987)과 『역사철학강의』(김종호 역, 삼성세계사상 15권, 1993)를 모두 참고한다. 앞으로 인용은 VPG로 약칭한다.

4) 세계사적 개인은 아니지만, 한국의 박정희를 예로 들어보자. 박정희의 독재와 폭력성에도 불구하고 경제성장을 이루었다는 점에서 박정희신드롬이 수그러들지 않고 있다. 경제성장이라는 결과 때문에 그의 폭력성을 도외시하면서, 국민에 대한 진정성을 지닌 사람으로 간주해야 하는가?

5) 이런 주장은 글로크너가 편찬한 『역사철학강의』의 제1판 서문의 내용을 참고하라.

한 요소가 공존하고, 법률과 범죄가 공존하면서 인간 삶을 변화시키는 것은 사실이다. 그러다 보니 이성과 비이성은 모두 역사에 '본질적'이라고 할 만한 여지가 생겨난다. 헤겔이 불순성을 역사철학의 근간으로 삼는 것은 아니지만, 책에서 제시한 예나 인간 삶에 대한 철저한 천착은 인간 본질과 역사 본질의 이면을 건드리기 때문에, 비이성이나 악한 요소가 역사에 본질적이라고 할 만한 논란거리가 생겨난다.

그래서 이 글은 세계사를 이성의 전개라고 주장하는 헤겔 역사철학이 악과 어떤 관련이 있는지, 악은 역사 발전에 본질적이고 내재적인 요소인지를 살펴보고자 한다. 이를 위해 먼저 문화–역사 발전과 도덕성의 관계를 설정하게 된 단초를 칸트와 헤겔을 통해 설명하고, 그리고 나서 『역사철학강의』에 나타나는 헤겔의 독특한 선악관을 추적하고자 한다. 마지막으로 선악이 국가와 역사 발전에 어떻게 작용하는지를 헤겔의 역사적 영웅관과 관련지어 살펴보면서 역사 이성과 악의 관계를 조명해 보고자 한다.

2. 문화–역사 발전과 도덕성의 관계 : 칸트의 경우

헤겔 이전에 이미 칸트는 세계사적 역사발전을 신의 섭리와는 다르게 자연의 계획으로 기획하면서, 인간의 최초의 사회화에서부터 만물의 종말에 이르기까지 내적 일관성을 지닌 세계사적 틀을 제시한다. 칸트는 「추측해 본 인류 역사의 기원」, 「세계시민적 관점에서 본 보편사의 이념」, 그리고 「만물의 종말」과 「다시 제기된 문제: 인류는 더 나은 상태를 향해 계속해서 진보하고 있는가?」와 같은 논문들을 통해 세계사 발전은 인간이 '사회화'되는 것이고, 사회화는 곧 인간의 '문화화'와 '문명화'를 의미한다고 주장한다. 칸트에게 역사철학적 진보는 문화화와 문명화를 의미한다.

여기에서 칸트는 문화화는 곧 '도덕화'라는 점도 언급한다. 물론 문화화와 도덕화의 동일성(문화화=도덕화)을 엄격하게 관철할 수 없는 근거도 나타나기 때문에, 칸트학자들 사이에서 양분된 논쟁(문화화는 도덕화이다. 문화화는 도덕화가 아니다.)이 일어나기는 하지만, 문화화는 도덕화라는 발상이 중요한 축이며, 칸트에게 "도덕성의 이념은 문화에 속한다."[6].

이때 도덕화를 통한 세계사의 발전은 역설적이게도 '악덕'을 통해 이루어진다. 칸트는 역사 발전의 원동력으로 '반사회적 사회성'[7]을 제시하는데, 이것은 사회성에 반대되는 요소이지만, 오히려 사회 발전을 낳는 성향이라서 그렇게 부른다. 욕구와 이해관계에서 발생하는 충돌, 충돌 가운데 작용하는 경쟁심, 질투심, 명예욕, 지배욕, 소유욕 등이 이에 해당된다. 세계사 발전의 틀로 자연의 계획을 받아들인다고 해도, 자연 스스로 역사를 발전시킬 수는 없기 때문에, 자연은 '역사'를 발전의 기반으로 '인간의 자연적 소질을 계발'시킨다. 이때 인간은 아무 자극 없이 자신의 소질을 계발하려고 하지 않으며, 자신이 어떤 능력을 지녔는지를 파악하지 못할 수도 있다. 자연은 이러한 인간의 소질을 계발시키기 위해 반사회적 사회성이라는 방법을 사용한다. 칸트는 "인류를 장식해 주는 모든 문화와 기술 및 가장 아름다운 사회적 질서는 반사회성의 결실들이다."[8]라고 하면서, 사회적 가치를 드러내는 '문화'로의 진입 내지 '문화로의 진보'[9]가 반사회적 사회성의 작품임을 강조한다.

반사회적 사회성이 종교철학적 관점에서는 '인간성소질'에 기인하는 '문화의 악덕'[10]으로 일컬어진다. 칸트는 종교철학에서 실천이성의 도덕법칙을 따르는 선의지에도 불구하고 이성의 도덕법칙을 일탈하려는 선택 의지가 작동하여 악이 발생하는 데 그 악을 근본악이라고 한다. 그리고 이성적인 자유 의지의 작용에서 발생하는 '근본악' 이외에도, 자연적 소질 내지 경향성에서 생기는 악은 '소질적 악'으로 규정[11]한다. 소질에는 동물성소질, 인간성소질, 인격성소질이 있으며, 이 소질들은 그 자체로는 선하지만, 극단으로 흐를 때 악을 야기한다. 인간적 소질이 극단으로 흐를 때 발생하는 소질적 악은 문화적 악덕이며, 칸트는 역사철학적 발전의 원동력에 상응하는 '문화와 문명의 악덕'을 "모든 악덕들 중에서 가장 병적인"[12] 악덕으로 규정한다. 가장 병적인 악이 역사철학에서는 반사회적 사회성에 해당된다.

역사의 원동력이 이렇듯 '자연의 계획'에서 나오는 악덕이라면, 인간이 어떻게 역사의 의식적 주체가 될 수 있을까라는 의문을 야기한다. 칸트는 인간이 역사 발

---

6) I. Kant(이한구 편역), 「세계시민적 관점에서 본 보편사의 이념」, 『칸트의 역사철학』, 서광사, 1992, 37쪽.
7) 앞의 글, 29쪽.
8) 앞의 글, 31쪽.
9) 앞의 글, 29쪽 참고.
10) I. Kant(신옥희 역), 『이성의 한계 안에서의 종교』, 이대출판부, 2001, 32쪽.
11) 칸트의 악에 관한 연구로는 이정은, 「감성과 이성의 관계를 통해 본 칸트의 악 개념」(『시대와 철학』, 제19권 3호, 한국철학사상연구회, 2008, 63-102쪽)을 참고하라.
12) I. Kant(신옥희 역), 『이성의 한계 안에서의 종교』, 이대출판부, 2001, 41쪽.

전을 의식하여 자발적으로 움직이는 것이 아니라, 단지 자신의 이기적 욕구를 발휘함으로써, 즉 "각자의 성향에 따라서 그리고 다른 사람과는 모순되는 그 자신의 목적을 추구함으로써 자신도 모르게, 각 개인에게는 알려지지 않은 자연의 계획을 향해서 마치 어떤 실끈을 따라가듯이 진행"[13]해 나간다고 한다. 자신은 그저 이기적 욕구에 따라 움직이지만, 그러다가 타인의 욕구와 충돌하게 되고, 그 속에서 자신의 이기적 욕구를 관철시키려고 노력하다 보니, 자연스럽게 자연적 소질을 최대로 계발하게 된다. 그 결과로 자신도 모르게 끌려가는 실끈의 작용에 따라서 역사를 발전시키게 된다.

자연의 계획을 무의식적으로 따르는 자연적 소질과 그 계발은 역사 발전의 배후 주체이며, 종교철학에서는 인간성소질이 극단으로 흘러서 '문화적 악덕'으로 나타나는 '반사회적 사회성' 덕분이다. 문화적 악덕은 자연의 계획을 실현하는 것이지만, 그러나 그 자체로 악한 요소이다. 그럼에도 악덕은 한 공동체, 한 국가 안에서 작용하는 데 그치지 않고, 세계사의 전개에서도 역사의 문화화, 도덕화의 도구가 된다. 도구적 악덕이 국가관계에서 작용하면 '전쟁'[14]이 된다. 반사회적 사회성에 의한 개인들 간의 충돌은 이기적 이해관계를 지닌 국가들의 충돌로 확장된다. 칸트에게 역사발전의 틀은 전 세계가 시민사회 정치 모델을 실현하는 것이며, 궁극적으로 단일한 세계국가로서 '세계시민사회'인데, 전 세계가 이렇듯 시민사회적 문화화, 도덕화를 이루려면 야만적이고 폭압적인 '전쟁'[15]을 거쳐야 한다.

단기적으로 보면, 칸트에게도 전쟁은 "문명화된 민족을 위협하는 최고의 악"[16]이다. 전쟁과 관련된 것들은 살인과 폭력을 야기하며, 악의 전개로 이어진다. 더 나아가 "실제의 전쟁보다는 오히려 미래의 전쟁에 대비한 지속적이면서 점점 더 증가하는 준비가 더욱 그러한 악의 근원이 된다."[17]. 칸트가 전쟁과 악을 직접적으로 연결하는 곳에서는 전쟁은 그 자체로 근절되어야 하는 것이다.

그러나 이와 동시에 칸트는 "인류가 현재 누리고 있는 수준의 문화에서도 전쟁은 그 인류 문화를 계속 진보하게 하는 불가결한 수단이다."[18]라고 천명한다. 전쟁

---

13) I. Kant(이한구 편역), 「세계시민적 관점에서 본 보편사의 이념」, 『칸트의 역사철학』, 서광사, 1992, 24쪽.

14) 앞의 글, 34쪽.

15) 이에 관해서는 다음을 참고하라. I. Kant(이한구 역), 『영원한 평화를 위하여』, 서광사, 1992, 46쪽.

16) I. Kant(이한구 편역), 「추측해 본 인류 역사의 기원」, 『칸트의 역사철학』, 서광사, 1992, 91쪽.

17) 앞의 글, 91쪽.

18) 앞의 글, 92쪽.

또한 반사회적 사회성으로서 역사와 문화를 발전시키는 문화적 악덕이다. 칸트가 보기에, 세계사의 전개에서 중국이 역사발전 초기 단계에 머문 이유는 탁월한 문화가 일찍이 발전했음에도 불구하고 "강력한 적대국을 갖지 않았기 때문에 모든 자유를 상실"[19]한 것이라고 진단한다. 대응할만한 적대국의 존립, 대등한 적대적 국가와의 충돌을 두려워해야 하는 상황이라면, 전쟁 대비를 철저히 해나가는 과정에서 잠재적으로뿐만 아니라 의식적으로도 발전이 이루어진다는 것이다. 그래서 인류 전체가 만약 하나의 집단을 이루거나 외부 위협을 받지 않는 상황이 된다면, 칸트가 보기에는 "문화적 진보의 장애이며 치유할 수 없는 타락으로의 몰입을 뜻하는 것"[20]이 된다. 칸트가 역사 발전의 마지막 단계로 제시하는 – 세계시민법에 기초하는 – 세계국가도 전적인 이성만 작용하는 것[21]이 아니라면, 결국 야만으로 전락하게 된다.

역사가 발전하려면 반사회적 사회성과 전쟁이라는 문화적 악덕이 필요하기 때문에, 역사 발전과 선을 직접 연결하기는 어렵다. 칸트에게 역사 발전의 주체는 인간이 아니라 자연이며, 이성이 아니라 감성이다. 인간이 역사의 주체가 아니라면, 이성이 역사의 원동력이 아니라면, 문화적 악덕이라는 우회로에 의해 결과적으로 역사가 발전한다면, 그것을 '도덕화'라고 할 수 있을까?

칸트에게 사회화는 문화화와 문명화이며, – 문명화와 달리[22] – 문화화는 도덕화이다. 그렇다면 반사회적 사회성의 심화는 사회화, 문화화의 심화이며, 결국 '도덕화의 심화'이기 때문에 '선의 심화'를 의미한다. 사회와 마찬가지로 역사가 발전하면 도덕화가 진행된다. 그러나 도덕화는 반사회적 사회성의 심화이며, 궁극적으로 '악의 심화'이다. 여기에는 역사가 발전하기 위해 악이 심화되어야 하고, 선이 전개되기 위해 오히려 악이 전개되어야 한다는 역설이 담겨있다.

칸트에게서도 자연인이 자연 상태에서 문명 상태로 나아갈 때, 문명사회로의 전개는 선악의 동시 심화를 야기한다[23]는 루소의 이중적 사회발전론이 재확인된다. 그러나 칸트는 – 루소와 달리[24] – 사회 발전을 통해 인간의 타락이 심화된다는 점

19) 같은 곳.

20) 같은 곳.

21) 자연적 소질과 실천 이성의 관계를 설명하면서 법을 분류하는 다음의 내용을 참고하라. I. Kant(이한구 역), 『영원한 평화를 위하여』, 서광사, 1992, 50쪽.

22) I. Kant(이한구 편역), 「세계시민적 관점에서 본 보편사의 이념」, 『칸트의 역사철학』, 서광사, 1992, 37쪽 참고. 칸트는 문명화를 '각종 사회적 예의범절'의 확립으로, 문화화는 '예술과 학문'을 통해 발달하는 것이라고 본다. 특히 전자는 도덕적 성숙이 개입되지 않지만, 후자는 개입된다는 점에서 차이가 크다.

보다는 자연의 전개가 선의 심화를 야기한다는 점을 더 강조하고 싶어 한다. 칸트에게 인간 역사는 "선으로부터 악으로 타락해 가는 것이 아니라, 오히려 나쁜 것에서부터 나은 것으로 서서히 발전해 가는 것"[25]이다. 칸트는 이런 방식으로 성경을 재해석하면서 신이 아닌 '자연의 계획', 자연 법칙 가운데 역사 발전을 야기하는 '인간의 역할', 악의 전개 속에서 오히려 '선으로의 진입'이라는 후자 역할을 더 살려내고 있다.

반사회적 사회성이 역사에서 일으키는 효과를 고려하면 악의 심화가 선의 심화인데, 어떻게 선악의 동시적 심화에서 선의 심화와 도덕화만을 부각시킬 수 있는가? 심화되는 악을 어떻게 처리해야 하는가?

칸트는 기독교 원죄사상에도 불구하고 "인간의 이성 자체는 선하다.", "이성 자체는 악하지 않다."[26]고 주장한다. 그럼에도 악덕이 나타나는 것은 인간이 이성적 존재이면서 동시에 동물적 존재라서, 후자로 인한 소질의 영향을 받기 때문이다. 이때 칸트는 왜 악을 활용하는 과정에서 실천이성과 자유 의지에 기초하는 근본악보다는 소질적 악이나 문화적 악을 역사철학에서 더 중요하게, 그리고 역사 발전의 현실적 원동력으로 다루고 있을까? 그것은 인식에서 물자체와 현상의 이원론을 설정하듯이, 선악 문제에서도 이원론을 설정하기 때문이다. 인간이 아무리 이성적 존재라고 해도 이성의 완전한 현실화와 이성의 완전한 전개는 불가능하며, 그래서 역사에서도 이성을 통한 선 자체의 완전한 실현 내지 도달은 불가능하다. 문화적 악덕을 통한 도덕화는 현상적 영역이다. 악의 심화라는 현상은 선 자체의 전개 내지 선 자체로서 예지계 영역과 분리되거나 끊임없이 예지계를 지향하는 도정에 있다[27].

---

23) 루소는 인간의 사회화는 자연성을 상실하는 것이며, 사회적 도덕을 가르치는 것은 결국 '악덕으로의 문'을 여는 것이라고 본다. J. J. Rousseau, *Emile or On Education*, Translated and Notes by A. Bloom, New York: Basic Books, In., 1979. 민희식 역, 『에밀』, 육문사, 1999, 113쪽 참고.

24) 칸트와 루소의 악 개념 비교는 다음을 참고하라. Semplici, S. "Das Leben Jesu und das Problem des Boesen: Kant oder Rousseau", im: *Rousseau, die Revolution und der junge Hegel*, Hrsg. von H. F. Fulda & R-P. Horstmann, Stuttgart: Klett-Cotta, 1991.

25) I. Kant(이한구 편역), 「추측해 본 인류 역사의 기원」, 『칸트의 역사철학』, 서광사, 1992, 94쪽.

26) 인간 이성과 인간 본성은 구분할 필요가 있다. 칸트에게 이성 자체는 선하지만, 본성 자체는 선하다고 할 수 없다. "인간이 본성적으로 선하다든가 혹은 악하다."는 말보다는 "인간 스스로가 그의 성격의 창시자"(I. Kant/신옥희 역, 『이성의 한계 안에서의 종교』, 이대출판부, 2001, 26쪽)라고 해야 한다.

27) 칸트의 주장은 인간 노력에 의한 구원가능성과 불가능성이라는 아우구스티누스의 두 가지 태도에서 드러나는 모순과 딜레마를 얼마나 극복하는지를 염두에 두면서 살펴볼 필요가 있다.

악의 두 측면이 종교철학에서 논의되듯이, 역사철학에서도 칸트는 '선의 전개 자체'와 '반사회적 사회성을 통한 선의 심화'를 구분한다. 그래서 역사철학의 선의 심화에는 '선 자체의 심화'와, '악을 통한 심화로서 도덕화'라는 두 측면이 동시에 거론된다. 악의 심화를 동반하지 않으려면, 도덕화는 반사회적 사회성, 문화적 악덕과 같은 감정이 아니라 '계몽이라는 이성'의 노력이 필요하다. 칸트는 '도덕성의 이념은 문화'에 속하며, 문화화의 참다운 의미는 '내적 교육'을 통해 국민을 지속적으로 계몽시키는 가운데 발생하기 때문에, "도덕적으로 선한 심성에 기초하지 않는 모든 좋은 것들은 단지 헛된 가상"[28]으로 간주한다. 문화화, 문화의 진보, 역사의 진보는 도덕성 자체, 선한 심성 자체, 그래서 계몽 이성에 기인하는 면, 악의 심화가 반드시 선의 심화라고 할 수 없는 면을 배태한다. 다시 말하면 이성과 선의지 자체가 문화와 역사의 본질이며, 그 실현이 국내에서는 시민사회이며, 세계사적으로는 세계국가이다. 이때 세계국가로서 세계시민사회는 이성법에 의해서만 작용하는 것이고 이성적 존재의 작품이다.

그러나 인간은 이성적 존재이면서 동시에 동물적 존재이기 때문에, 세계국가는 물자체와 같은 당위에 머문다. 역사철학에서 자연적 소질에 따르는 문화적 악덕, 이기적 욕구, 충돌로서 악의 진행이 선 자체의 진행과 완전히 합치될 수 없는 딜레마는 바로 이원론, 인간을 구성하는 두 가지의 본질적 존재성 때문이다. 그러므로 칸트의 딜레마를 해소하기 위해, 이제 헤겔로 넘어가서 문화-역사 발전과 선악 문제를 어떻게 달리 설정하는지를 역사 발전과 이성간의 관련을 염두에 두면서 살펴보자.

3. 문화-역사 발전과 이성의 관계 : 헤겔의 경우

헤겔은 칸트와 달리 역사는 이성의 계획, 이성의 전개라고 보며, 역사 발전의 주체도 신이나 자연이 아니다. 먼저 여기에서 고려할 점은, 이성의 계획을 흔히들 '하나의 전제'[29]로 간주하지만, - 이성에 의한 학적 체계의 정립이 헤겔에게는 철학의 단순한 전제가 아니듯이[30] - 역사에서 이성의 전개와 이성적 진보사관도 '단

28) I. Kant(이한구 편역), 「세계시민적 관점에서 본 보편사의 이념」, 『칸트의 역사철학』, 서광사, 1992, 37쪽.
29) G. W. F. Hegel, VPG, S. 20.

순한 전제'는 아니라는 점이다. 특히 역사는 인간 행위를 통해 드러나는 사건을 회고적으로 체계화하는 것이기 때문에, 이미 일어난 역사만 논의 대상으로 삼는다. 미래 역사에 대한 예측은 헤겔에게는 그리 중요하지 않다. 역사는 과거적-회고적이며, 회고 속에서 영원한 현재로서 역사 이념이 정립되고 역사 발전의 진리가 도출된다. 역사의 전체 과정은 이성의 전개라는 근거를 순차적으로 드러내며, 인간 이성에 의한 논증은 '전제'가 정립을 통해 귀결되는 '결과로서 전제'이다.

그렇다면 세계사가 이성 자체의 전개라고 할 때, 쉽게 드러나지 않는 이성과 역사의 목적은 누가 알고 누가 끌고 가는가? 헤겔에게 역사의 주체는 '인간'이며, 특히 '역사적 영웅'이다. 영웅의 행동과 그 사회적 변화를 통해 역사 발전 법칙이 드러나며, 법칙화의 핵심은 '자유'의 실현, 자유의 확장이다.

헤겔은 자유 실현을 선악보다는 국가, 종교와 연결하는 데 더 치중한다. 자유를 실현하려면 국가의 인륜성이 동반되어야 하고, 인륜성의 근거로 '국가와 종교의 관계'가 제시된다. 헤겔은 인륜적 국가에도 역사와 동일한 이성이 전개된다고 하는데, 이때 이성은 일반적으로 "정신의 본질이며, 즉 신적 정신의 본질이며 마찬가지로 인간적 정신의 본질"[31]이다. 이성은 인간적 정신의 본질이기 때문에, 헤겔이 국가와 역사에 적용하는 이성의 전개는 신적 이성이면서 동시에 인간 이성[32]이다. 유한한 인간 이성과 무한한 신적 이성의 일치, 그러나 인간 이성은 기본적으로 내면적 능력이기 때문에 '외면'으로 실현되어야 하고, 그러기 위해 객관화가 필요하다. 객관화는 국가의 자유를 통해 이루어진다. "국가는 그 내용 자체가 신적인 것이라 불릴 수 있는 현실(계)의 지식과 의지를 지니고 있는 인간적 자유의 전당이다."[33]. 국가 현실은 인간적 자유가 구체화되는 신적 이성의 작용이다.

국가 이성이 어떻게 신적 이성인가? 헤겔은 "국가의 자유는 종교에 의해서만 뒷받침되고 확증된다."[34]는 발언을 통해 국가 원리와 종교 원리의 불가분리성을 적

---

30) 헤겔은 전제 논증에 관한 논리적 과정은 이미 논리학에서 증명했기 때문에, 역사철학에서 새삼스럽게 논증할 필요가 없다고 한다. G. W. F. Hegel, VPG, S. 40 참고.

31) G. W. F. Hegel, VPG, S. 405.

32) 베른 시기 저작인 『예수의 생애』(정대성역, 『청년 헤겔의 신학론집』, 인간사랑, 2005, 145쪽 이하 참고)에는 이런 측면이 분명하게 드러난다. 예나 시기 저작인 『피히테와 셸링 철학체계의 차이』에서 '절대자' 개념의 정립과 '반성과 사변의 관계'를 확립해 나가는 과정도 인간 이성의 위치를 조명하는 것과 같은 맥락을 지닌다. G. W. F. Hegel, "Differenz des Fichteschen und Schellingschen Systems der Philosophie(1801)", im: *Jenaer Schriften 1801–1807*, *G. W. F. Hegel Werke*, Bd. 2, Frankfurt a/M.: Suhrkamp Verlag, 1986, 1장을 보라.

33) G. W. F. Hegel, VPG, S. 405.

34) 같은 곳.

극적으로 들여온다. 종교에서는 심정과 마음 안에 들어있는 이성을 국가는 '인륜적 법과 권리'로 실현하는 것이다. 즉, 국가의 인륜성을 통한 정신의 현실화는 '종교의 근본 원리'를 구체화한다. 국가의 인륜성에서 현실화하는 자유는 주관적 자유라는 종교 원리이다. 그렇기 때문에 헤겔에게 역사의 사명은 "종교가 인간 이성으로 현상하는 것, 인간의 마음에 내재하는 종교적 원리가 세속적 세계의 자유로 산출되는 것일 뿐이다."[35]. 인간 이성은 자유 원리를 담지하며, 자유가 국가의 인륜적 법으로 실현되고, 세계사 속에서 자유의 총체적 현실화를 이루는 것이 신적 이성의 완성이다. '세계사적 전개에서 자유의 실현'은 '종교의 근본 원리의 실현'이다. 종교 원리는 국가의 인륜성을 통해 확증되므로 종교 원리의 참다운 모습은 세계사적 전개를 거쳐야 드러난다. 그러므로 관건은 종교의 자유 원리를 국가의 인륜적 구조를 통해 언제, 어떻게 드러내는가이다.

헤겔은 세계사적 전개에서 역사의 새로운 깃발이면서 '마지막 깃발'은 '자유 정신의 깃발'[36]이라고 하면서, 자유 정신이 어떻게 출현하고, 객관화되는가를 설명한다. 자유 정신은 "자기 자신과 함께 있으며, 게다가 진리 속에 있으며, 진리 속에서만 자기 자신과 함께 있는"[37] 것이다. 그런데 자유는 주관적이며, 내면적 의지의 발휘이기 때문에 아무렇게나 이루어지면 자의로 전락할 수 있다. 그러므로 '실현의 형식'을 갖춰서 현실화되어야 한다. 그 형식을 헤겔은 문화(도야: Bildung)[38]로 규정하며, '보편적인 것'이 이에 해당된다. 자유 정신이 주관에 머무르지 않고, "즉자적 화해와 진리가 객관적이 되도록"[39]하는 것은 보편적인 것의 활동에 기인하며, 그것은 문화 형식으로 압축된다.

칸트에게 문화화는 역사철학의 목표이며, 문화화의 완성은 시민사회, 궁극적으로 세계국가이기 때문에, 공화제적 법으로서 시민법과 세계시민법이 단적인 근거이다. 그렇듯이 헤겔에게도 자유는 보편적인 것이라는 문화 형식으로, 그래서 국가 원리로 객관화된다. 다시 말하면 "법(권리), 소유, 인륜성, 통치, 헌법(국가조직) 등이 자유로운 의지 개념에 적합하고 이성적일 수 있도록 이제 보편적 방식으로 규정되어야 한다."[40]. 보편적 방식이 현실화되는 역사의 문화화는 국가의 인륜적

35) 같은 곳.
36) G. W. F. Hegel, VPG, S. 496.
37) 같은 곳.
38) 헤겔은 Bildung과는 다른 단어이지만, 세계사 발전과 더불어 Kultur의 변화와 발전도 언급하고 있다. 가령 멕시코와 페루 문화를 다루는 G. W. F. Hegel, VPG, S. 108을 보라.
39) G. W. F. Hegel, VPG, S. 496.
40) G. W. F. Hegel, VPG, S. 496–7.

법과 제도의 실현이며, 이러한 문화 형식의 실현은 객관화 내지 객관 정신의 실현[41] 이다.

주관적 인간 이성의 객관화, 즉 객관 정신의 실현은 두 측면으로 정리할 수 있다. 1. 국가의 자유가 종교에 의해 지지된다는 것은 종교가 지닌 자유 정신이 국가법과 제도로 실현된다는 것이다. 2. 이렇게 실현된 객관적 형식은 문화라는 개념이다.

다양한 문화 중에서 근대에 이르러 역사 발전 법칙을 완성할 사명을 맡게 된 국가는 헤겔이 보기에 '게르만 민족들'[42]로 지칭되는 새로운 민족국가들이다. 자유의 무한한 자기규정이라는 절대적 진리를 새로운 세계정신으로 실현한다는 사명을 띠고 등장한 '게르만 민족 국가들'이다. 왜 게르만 민족국가인가? 그것은 게르만 민족이 종교적으로 '기독교 원리의 담지자'[43]이면서 동시에 공화제적 법과 권리를 지닌 국민국가, 민족국가를 창출하기 때문이다.

그래서 헤겔은 게르만 민족 안에, 특히 순수한 게르만 국가에게서 '정신의 원리'[44]가 출현한다고 판단한다. 정신의 출현은 기독교적 원리에서 나타나는 내면성, 주관성 자각이 관건이다. 주관성이 자각될 때야 비로소 참다운 자유 정신이 출현하기 때문이다. 게르만 민족이 세계사 무대에 등장했다는 근거는 '주관성'이다. 자신 안에서 자유롭게 자기를 전개하는 주관성이면서 자신의 진리 안에서 자기 자신에 도달하는 정신적 주관성은 유한성을 넘어서서 스스로 신적인 것과 화해를 이루어 무한한 주관성으로 고양된다. 유한한 주관성이 무한한 주관성일 수 있는 것은 신적 이성이 인간 이성에 내재[45]하거나, 인간 이성이 신적 이성에 도달 가능하기 때문이다. 그럴 때 인간 이성은 '정신'이 된다. 신적 이성의 내재성은 '기독교적 자유'[46]가 인간의 자유를 자각시키고 인간을 자기의식으로 고양시키는 것에서 논증되며, 그러한 본질 내지 가능성을 드러내는 역사적 사건이 '프로테스탄트 교회'

---

41) "주관적 자유 정신의 집약도(Intensitaet)가 보편성 형식으로 개시될 때, 객관 정신이 현상할 수 있다." (G. W. F. Hegel, VPG, S. 497).

42) G. W. F. Hegel, VPG, S. 405.

43) G. W. F. Hegel, VPG, S. 413. 그러나 헤겔은 기독교도 비판하기 때문에, 헤겔 종교관에 대해서는 좀 더 천착이 필요하다. 청년기 헤겔은 베른 시기, 프랑크푸르트 시기에 이미 유대교, 가톨릭교, 기독교 모두를 아울러서 그 한계를 '실정성' 개념으로 비판한다. 다음 책에 들어있는 논문들을 참고하라. G. W. F. Hegel, *Fruehe Schriften, G. W. F. Hegel Werke*, Bd. 1, Frankfurt a/M.: Suhrkamp Verlag, 1986.

44) G. W. F. Hegel, VPG, S. 520.

45) 이에 대해서는 『예수의 생애』(정대성역, 『청년 헤겔의 신학론집』, 인간사랑, 2005), 145쪽을 참고하라.

46) G. W. F. Hegel, VPG, S. 496.

이다.

게르만 민족이 세계사 무대에 출현하는 것도 기독교적 자유와 긴밀하게 연관된다. 게르만 민족으로 구성된 국가는 서양 유럽에서 다양하게 나타난다. 그럼에도 불구하고 헤겔이 특히 프로이센을 세계사 무대로 끌어올리는 이유도 이와 관련된다. 프로이센의 세계사적 등장 시기는 17세기이며, 30년 전쟁(1618-1648)의 결과, 독립적 지위를 획득하게 된 '브란덴부르크 후작 호엔쫄레른가'가 대표적이다. 그 뒤 18세기 중반에 7년 전쟁(1756-63)을 통해 프로이센 독립뿐만 아니라 프로테스탄트교 입지를 확고히 한 프리드리히 2세를 헤겔은 전면에 내세운다. 그 중요 근거는 '프로테스탄트교 인정'이다. 어쨌든 프로이센이 세계사적 사명을 지닌다는 결정적 이유는 자유와 내면성의 근거가 되는 프로테스탄트 정신을 일찍 확립한 데 있다.

그런데 왜 이런 일이 프로이센에서 일어나는가? 프랑스 출신이면서 로마의 추기경인 리슐리외가 프랑스의 이익과 독일의 분열을 동시에 꾀하려고, 독일에게는 프로테스탄트교 자유를 인정해준다. 그는 프로이센이 각 부분의 정치적 독립을 확립하여 궁극적으로 정치적 무력화가 야기되길 바라는 데, 정치적 무력화를 낳는 가장 효과적 방법으로 사용한 것이 프로이센의 프로텐스탄트교 허용이다. 리슐리외는 프로이센에 대해서와 반대로 자국인 프랑스에서는 프로테스탄트 독립을 거부한다. 그 결과 프로이센은 가장 빨리 프로테스탄트 교회가 성립되고, '기독교적 자유' 속에서 자각되는 내면성과 정신적 주관성을 그리고 그에 걸맞는 자유의 객관화를 일찍이 실현하여 세계사 무대의 주인공이 된다.

그러나 이런 설명은 프로이센 자체가 지닌 가능성으로서 세계사적인 내적 필연성을 약화시키기 때문에, 헤겔은 역사의 마지막 깃발의 출현을 루터의 종교개혁[47]으로 거슬러 가서 논하며, 더 거슬러 가면 '고대 독일인'은 '자유를 사랑'한다는 면에서 유명하며 "이러한 자유의 원리가 사회 관계로 이행하면 민족공동체 이외의 다른 어떤 것도 정립할 수 없다."[48]고까지 주장한다. 독일인의 남다른 자유 사랑이 독일 민족국가 형성과 프리드리히 2세의 군주동맹으로까지 이어져 내려온 것이라고 강조한다.

이렇게 해서 자각된 정신적 주관성이 내적 자유를 객관적으로 실현하는 구조는

47) G. W. F. Hegel, VPG, S. 454 oder 494.

48) G. W. F. Hegel, VPG, S. 425. 헤겔은 고대독일인이 자유를 사랑하기 때문에, 심지어 살인자가 벌금을 내면 다시 자유롭게 되도록 하는 관습이 있었던 것도 자유 사랑에 기인한다고 주장한다.

자연[49]과 정신으로 나누어 서술할 수 있다. 정신의 측면에서 객관적 실현은 국가이며, 국가의 권리와 인륜성이 객관성의 본질을 이룬다. 국가의 권리와 인륜성을 실현하는 프로테스탄트 국가의 대표 인물은 프로이센의 프리드리히 2세[50]이며, 문화적 형식은 공화제적 국가법과 제도이다.

그렇다면 헤겔에게 역사의 전개가 자유 실현이라고 할 때, 자유의 객관화는 국가의 인륜적 구조와 제도화이며, 문화-역사 발전과 도덕성 내지 선악간의 관계도 이러한 객관화를 통해 접근할 수 있다. 그 관계에 보다 더 가까이 접근하기 위해 헤겔 선악관 설명으로 넘어가 보자.

4. 헤겔 선악관과 역사 발전의 연관성

역사철학적 세계사 전개와 악의 관계에 대한 헤겔의 주장을 파악하기 위해, 독특한 관점이 드러나는 삼위일체와 선악과 문제를 먼저 살펴보자.

1). 삼위일체에 대한 해석-헤겔은 성부와 성자와 성신의 삼위일체를 인정한다. 신적 이성과 인간적 이성이 분리되지 않은 절대적 진리의 세계사적 현실화가 가능하려면 예수의 육화 및 부활이라는 역사적 사건을 거치는 삼위일체적 진행이 필요하다. 헤겔에게 정신은 자기를 구별하고 타자화하여 자기와 대립시키고, 이 대립을 자기 안으로 복귀하는 변증법적 구조를 지니며, 그 구조에 따르면 성부는 자기를 반드시 타자화한다.

이때 '타자'는 '순수이념'의 맥락에서는 '신의 아들'인 예수에 해당되지만, '특수화'의 맥락에서 보면 '세계', '자연', '유한한 정신'[51]이다. 인간의 사유가 발전하여 '정신' 단계에 이르면, 정신은 "신이 자연 세계를 이성적으로 창조했기 때문에, 자연, 세계도 그 안에 하나의 이성을 틀림없이 지닌다."[52]고 인식하게 된다. 근대 이성에 이르러 '정신'에 도달한 인간 이성은 이전과 달리 자연을 법칙적으로 판단

---

49) 자연 자체가 법칙적 구조로 되어 있다는 것과, 그런 법칙을 인간 이성이 인식할 수 있다는 것을 자연 이성의 관점에서 논할 수 있다.

50) 헤겔은 프리드리히 대왕을 다음처럼 칭송한다. '현실 국가의 관심이 국가의 보편성과 최고 정당화를 지니는 새 시대를 출현시킨 군주', '국가의 보편적 목적을 사유로 파악한 군주', '국가 안에서 보편적인 것을 확립하고, 국가 목적에 대립한다면 특수한 것을 더 이상 허용하지 않는 군주'(G. W. F. Hegel, VPG, S. 523).

51) G. W. F. Hegel, VPG, S. 392.

52) G. W. F. Hegel, VPG, S. 521.

하게 되며, 그래서 도출된 자연 이성 안에서 인간은 자신의 이성을 재인식하게 된다. 헤겔은 게르만 민족 안에 정신이 출현한다는 근거를 자연과 정신 모두를 아울러서 지시하지만, 특히 후자에 집중하고 있을 뿐이다.

절대 정신의 자기 타자화는 – 신의 자기 타자화가 성자(예수)이듯이 – 무한자의 자기 타자화이며, 그것은 '세계'와 '자연'으로도 진행된다. 그렇다면 세계에 속하는 개개의 '인간'도 이와 같은 타자화에 포함된다. 예수의 육화는 독특한 역사적 사건이지만, 그리고 기적에 해당되는 일회적 사건이지만, 그러나 예수가 인간으로 왔다는 점에 비추어서 '유한한 인간 일반'도 '성자'처럼 타자화 요소를 지니며, 인간에게서도 성부와 성자의 일체성이 정신적으로 견지된다고 할 수 있다. 물론 이때 신이 곧 인간이라거나, 인간이 곧 신이라는 의미가 아니라, "인간이 그 정신의 자연성과 유한성을 지양하여, 자신을 신으로 고양시키는 한에서"[53], 즉 신적 정신성을 지닌다는 의미에서이다. 이러한 논리 구조는 암묵적으로 '신과 인간의 동등성'[54]을 견지하며, 인간이 이성을 지니며 정신에 도달한다는 차원에서 인간에게 신적 이성이 내재한다는 주장을 하는 것이다.

2). 선악과에 대한 해석–삼위일체에 대한 헤겔적 해석의 독특성은 선악 관계 해석의 독특성과 연관된다. 왜냐하면 삼위일체에서 성부가 예수뿐만 아니라 세계, 자연, 유한한 인간으로 확장된다면, 유한한 인간이 지닌 고통과 불행 또한 신의 이념과 연관될 수 있기 때문이다. 성부로의 복귀는 신이 유한한 인간의 불행과 조화를 이룬다는 논리로 진전된다. 달리 말하면 "불행도 인간과 신의 통일을 매개하기 위해 필수불가결한 요소"가 된다. 선의 실현을 위한 악의 필수불가결한 작용, 선과 악의 조화라는 관념을 뒷받침할 수 있다. 그러나 칸트처럼 반사회적 사회성이 자연의 실끈을 따라 가면서 선의 심화를 야기하는 무의식적 차원이 아니라, 선과 악의 분리불가능성이 더 긴밀해진다. 선과 악의 상호 작용은 무의식적이지 않고 의식적, 본질적이다. 선의 심화를 위해 문화적 악덕이 도구적으로 사용되는 것과 달리, 신조차도 고통과 불행이라는 인간적 측면과 매개된다.

그래서인지 헤겔의 선악과 논의도 독특하다. 헤겔에게 인간은 신과 유사한 모습으로 창조되었다. 에덴동산은 이러한 인간이 지복을 누리는 공간이다. 그러나 그 지복은 선악 인식, 지혜와 관련 없이 이루어진다. 에덴 생활의 지복은 선악 인식이

53) G. W. F. Hegel, VPG, S. 392.

54) 이에 관해서는 다음의 글을 참고하라. 이정은, 「민중종교와 이성종교의 갈림길–헤겔의 『예수의 생애』는 민중종교의 연속인가 단절인가」, 『헤겔연구(반성과 이성)』, 제14호, 한국헤겔학회, 2003.

없는 상태이다. 그러나 선악과를 따먹음으로 해서 선악을 판별하는 지혜가 생기는데, 이것은 인간이 죄를 짓는 것이면서 동시에 죄에 대한 '인식'이 형성되는 것이다. 죄는 선악을 판별하는 지혜 능력, 달리 말하면 '인식 능력'과 동시에 형성되며, 인간의 인식 능력은 (일종의) 범죄 및 죄 인식과 분리불가능하다.

인간은 의식적 행위를 할 수 있어야 인간다워진다. 의식이 생길 때, 자유 의식과 자유 행위도 가능해진다. 더 나아가 의식이 인간 자아를 '자의'라는 악한 요소와, '의지'의 순수한 내용인 선한 요소로 구분하고 작동시킨다. 그렇게 본다면 아무런 죄가 없는 순진무구한 낙원 상태는 '인간적 상태'가 아니라 '동물적 상태'[55]이다. 동물적 상태를 벗어나려면 인간은 선악과를 취하는 과정을 거칠 수밖에 없고, 선악과를 취하는 순간 발생하는 타락도 막을 수 없다. 타락은 인간이 자연적 통일 상태를 지양하고 인간을 인간답게 하는 인식, 의식, 자유 의식을 갖게 하는 필수불가결한 조건이다.

그래서 타락은 단순한 우연적 사건이 아니라, 인간이 되기 위해, 인간 의식을 갖기 위해 반드시 전개해야 하는 '정신의 영원한 역사'[56]이다. "타락은 인간이 바로 인간이 되게 하는 영원한 신화이다."[57]. 인간이 인간성을 실현하기 위해, 달리 말하면 인간 이성과 정신성을 실현하기 위해 악을 통한 타락, 고통, 불행을 반드시 겪어야 하고, 삼위일체 구조처럼 신과 인간이 매개되도록 타락, 고통, 불행을 통관하는 악을 전개해야 한다.

이러한 선악관은 자칫하면 악을 선과 등치하거나, 악을 장려한다는 오해를 받을 수 있다. 그래서 헤겔은 오해를 막기 위해 악 개념을 다시 보충한다. 악은 인간의 인식 능력과 지혜의 동반자이며, 인간이 되기 위한 정신의 역사이지만, "그럼에도 불구하고 이러한 관점(타락이 정신의 영원한 역사라는 관점 – 필자 보충)에 머무는 것은 악이다."[58]. 악은 인간 내재적, 의식 내재적이다. 악은 신의 이념과 조화를 이루기 위한 필수불가결한 조건이다. 그러나 죄와 범죄라는 타락에 머물러서 악의 의식 내재적 측면에 매달린다면 악의 지양이 망각될 수 있다. 이성에 의해 선악 인식이 가능하지만, 인간에게는 분열 의식이 존재하기 때문에 그 분열의 극복이 필요하다. 그래서 헤겔에게 선악은 모순된 주장을 야기한다. "선과 악은 동일하다."와

---

55) G. W. F. Hegel, VPG, S. 389.

56) 관련 문장은 다음과 같다. "자연적 통일(상태–필자 보충)의 지양으로서 인식은 타락이지만, 그 타락은 정신의 우연한 역사가 아니라, 정신의 영원한 역사이다."(같은 곳).

57) 같은 곳.

58) 같은 곳.

"선과 악은 동일하지 않다."는 동시 명제가 가능하다. 일찍이 칸트가 "문화와 도덕화는 동일하다."와 "문화와 도덕화는 동일하지 않다."라는 두 차원에서 "악의 심화와 선의 심화의 유사성"[59]과 관련하여 이율배반을 드러내듯이, 헤겔에게도 모순된 선악관이 나타난다.

3) 세속화의 재해석-그래서 인간이 선악과를 취한다고 해서 단지 악한 것만은 아니다. 선악과 사건은 악을 의식 내재적으로 만드는데 그치지 않고, 선도 의식 내재적으로 만들기 때문이다. 그러나 선을 의식 내재적으로 만들려면, 선악과를 취하는 데 그치지 않고, 악의 상태에 머무르려는 악을 극복하는 과정도 필요하다. 악을 극복하려면, 악의 심화와 선 자체의 전개가 통합되지 못하는, 즉 현상계와 예지계의 이원론을 벗어나야 한다. 이를 위해 세계사의 전개에서 '감성과의 싸움', '신적인 것의 세속화' 과정이 필요하다. 헤겔은 게르만 세계를 3기[60]로 나누면서, 게르만 2기를 거쳐 근대로 진입하는 16세기에 이르러 좋은 의미든 나쁜 의미든 세속화가 현실화된다고 본다.

세속화에는 세속계의 잘못된 교리 타락, 그것과의 싸움, 악으로 인한 투쟁이 동반된다. 인류 역사를 교회가 주도할 때의 인간은 기본적으로 악하며, 악으로 인한 투쟁이 강조된다. 그러나 인간의 본래성은 악에 있는 것이 아니다. "개인이 악한 것은, 감성적 욕망인 자연적인 것과 불법화 의지가 와해되지 않고, 교정되지 않고, 제멋대로 실존하게 될 때 비로소 악한 것이다."[61]. 헤겔에게 인간은 태어나자마자 인간의 참된 본성이나 진리에 도달해 있는 것은 아니다. 끊임없는 변화 과정을 통해 진리에 도달하는 고양 과정이 중요하다.

그에 반해 교회(가톨릭)의 독단적 교의에서는 인간은 근본적으로, 필연적으로 야만적이고 폭력적이며, 지속적으로 싸움과 투쟁을 야기하여 타락의 길로 가게 된다. 헤겔은 이러한 가톨릭을 비판하면서 "만약 그 토대가 다르고 화해가 현실에서 완성된다면, 싸움 형식은 아주 달라진다."[62]고 주장한다. 현실에서의 화해는 곧 세

---

59) 이런 측면은 칸트뿐만 아니라 루소의 영향 아래 있던 청년 헤겔에게서도 나타난다.

60) 게르만 1기는 5세기-9세기(중세 제1기), 게르만 2기는 9세기-16세기 전반 르네상스(중세 제2-3기), 게르만 3기는 16세기 전반 이후이다.

61) G. W. F. Hegel, VPG, S. 505.

62) G. W. F. Hegel, VPG, S. 487. "교회는 거친 감성의 야만(성)과의 싸움을 똑같이 야만적이고 폭력적인 방식으로 진행해 왔다...독단적 교리(교의 Dogmatik)에서는 모든 인간은 필연적으로 이 싸움을 거쳐야 한다고 말하는 데, 왜냐하면 인간은 본성상 악하며, 자기의 내적 분열을 두루 거쳐서야 비로소 화해의 확실성에 도달하기 때문이다. 우리는 이것을 한편으로는 인정하지만, 그럼에도 불구하고 다른 편으로는 만약 그 토대가 다르고 화해가 현실에서 완성된다면, 싸움의 형식은 아주 달라진다고 주장해야 한다."(같은 곳).

속화를 의미하며, 이원론을 극복하는 장치이다. 그런데 왜 화해가 가능한지에 대해서 헤겔은 "의식이 깨어나자마자, 인간은 자신을 인륜적 상태의 터전에서 발견하기 때문이다."[63]라고 주장한다. 인륜적 상태에서 이루어지는 현실과의 화해는 본성의 악을 발견하는 것보다는 선악의 분열을 인식하고 그 분열을 지양하는 데 있다. 궁극적으로 주관성을 발견하고 주관성이 객관화되는 인륜적 상태의 발견과 실현이 인간에게 주어져 있다. 여기에서에 분열 지양은 곧 객관화이며, 객관화는 곧 세속화이고, 세속화는 내면적 자유의 인륜적 구조를 창출하는 것이다.

"인류는 정신의 현실적 화해 감정을 정신 자신 안에 지니며, 선의식(선한 양심)을 그의 현실(성) 안에서, 세계(성)에서 획득한다. 인간 정신은 자기의 발로 서게 된다...그 안에서는 신적인 것이 자신 안에서 감응되는 보다 나은 주관성, 참된 것이 관통하고 있는 그리고 그의 활동성이 이성성과 아름다움이라는 보편적 목적을 지향하는 보다 나은 주관성이 드러난다."[64].

이 인용문은 인간이 악하다는 것 이외에도, 인간에게는 '선한 정신이 존재한다는 것'을 알아야 한다는 주장으로 이어진다. 사변적으로 자신의 본래성이 무엇인지를 자각하는 것이다. 그 본래성은 그저 실현되어 있는 것이 아니라 끊임없는 전진 속에서 비로소 실현되는 본래성이다. 그래서 인간은 '악을 안다는 의무' 이외에도, 그것과 '반대되는 의무'를 알아야 한다. 달리 말하면 자신 안에서 '본래적으로' '선한 정신이 존재한다.'는 것을 알아야 할 의무를 지닌다.

이러한 본래성 자각은 역사적으로 '종교 개혁'에 이르러 가능해지며, '종교적 해방'은 선한 의지를 실현하기 위한 자유 의지, 양심, 신적인 것에 대한 자각을 가능케 한다. 자신 안에서 만족을 동반하는 내면성, 주관성의 원리를 출현시키기 위한 종교적 해방의 요소는 세계사적으로 프로테스탄트 교회에서 참으로 가능하다.

종교적 해방 속에서 주관성과 내면성의 자각, 내면성의 본질인 신적인 것으로서 양심과의 합일 등은 '정신'의 출현을 세속화된 형태로 진행시킨다. 즉, 개개인이 신과 직접적으로 만날 수 있다는, 각 개인에게 신성이 내재한다는 '종교 개혁'으로 압축된다. 종교 개혁에 의해 신성을 내재화한 정신적 측면이 자각되는 것은 '세속화'를 동반하며, 세속화가 종교에서는 '종교적 교단'으로 나아가지만, 역사철학에서는 시민의 인격, 재산의 안정, 공공복지와 같은 시민권적 권리 및 인륜성을 실현하는 국가 이성이라는 세속화 구조로 나아간다.

---

63) 같은 곳.
64) G. W. F. Hegel, VPG, S. 488.

인륜성의 국가적 형태는 선악의 객관화 및 악의 제어 형태이기도 하다. 간단히 요약하면 헤겔에게 선의 진행에는 악이 동반되며, 악은 인간에게 본질적이다. 그러나 악의 지양도 본질적이다. 선악은 주관성의 작용으로서 내면의 자유 의지와 연관되는데, 자유 의지가 선의지로 실현되려면 주관성이 객관화되고, 객관화는 주관성의 실재적 형식인 문화를 통해서이다. 정신의 객관화는 그러한 문화-역사의 전개를 통해 진행된다. 정신의 객관화는 종교에 의해 확증되는 국가의 인륜성이며, 국가들 간의 세계사적 전개를 통해서 완성된다. '공화제적 국가법'과 '국가법들 간의 국제적, 세계사적 연계' 및 전개는 선의지의 실현이면서 동시에 '악의 제어의 실현'이다. 악이 인륜적 구조 가운데서 전개될 때, 악의 제어를 통한 선의 실현 또한 인륜적 구조를 통해 가능하다. 인륜적 구조는 국가법과 제도의 전개이기 때문에, 헤겔에게 악의 지양은 윤리적 차원에 그치지 않는다. 역사의 전개와 선악 문제는 본질적 연관성을 지닐 뿐만 아니라, 인륜적 법과 제도라는 객관적 구조를 통해 현실화되고 해소되는 것이다.

헤겔은 문화-역사가 발전하려면 기독교적 자유 원리가 등장, 보편화되어야 하며, 그러한 보편화를 실현하는 프로테스탄트 정신과 그 정신의 구현으로서 '교회 공동체'뿐만 아니라 '국가 공동체'로서 '인륜 공동체'를 확장시켜야 한다고 본다. 인륜적 공동체는 기독교적 자유 원리가 지지하는 객관 정신의 실현이며, 선악의 모순 구조를 해소하는 깃발이다. 이것은 역사 초기 단계에서는 불가능하며, 오랜 기간에 걸친 세계사적 전개를 통해서야 비로소 가능하다. 객관화된 인륜성과 프로테스탄트 원리의 출현이 맞물리는 시대, 맞물리는 공간에서 악의 지양도 동시에 이루어진다.

5. 역사적 영웅의 추동력-정열과 이성

헤겔은 세계사를 이성의 전개라고 하며, 그래서 문화-역사 발전의 주체도 이성이라고 하는데, 이성의 전개가 선악 문제와 어떻게 연결되는가는 인륜적 구조를 통한 악의 제어를 통해 시사한다. 이때 역사의 전개가 주체의 관점과 어떤 연관성이 있는지, 선악 문제가 어떻게 드러날 수 있는지를 살펴봐야 한다. 헤겔은 역사적 영웅의 정열이라는 우회로를 통해 설명한다.

헤겔에게 역사의 주체는 인간이며, 엄격하게 말하면 '세계사적 개인'이다. 이 역사적 개인이 이성 자체의 계획을 실현하는 '역사적 영웅'이다. 헤겔은 인간이 신

인식 능력뿐만 아니라 동시에 '신을 인식할 의무'도 지니기 때문에, 반드시 이성을 통한 신 인식에 도달해야 한다고 본다. 그래서 그는 계시의 은폐성도 거부하며, 역사 속에서 신적 이성처럼 역사 이성이 전개될 뿐만 아니라 파악되기도 한다.

그런데 역사의 주체인 영웅은 '이성 자체'가 아니라 '이성을 지니는 한 개인'이다. 칸트가 말하는 동물적 존재이기도 한 이성적 존재라서 전적으로 이성적으로 행동하는 자는 아니다. 게다가 이성 자체를 각 개인이 늘상 파악한다는 것도 문제가 있다. 인간 하나하나가 자신의 내면과 능력을 들여다보면, 헤겔이 말한 신적 이성과 인간적 이성의 동등성을 주장하기에는 현실적으로 너무 무력하고 유한하다. 그래서 과연 내 안에 신적 이념, 보편적 이념, 절대적 이념이 들어있을까라는 의구심을 야기하며, 미미한 개인인 내가 역사의 보편적 목적을 실현하는 '역사적 영웅'이 될 수 있을까를 생각해 보게 된다.

상황이 이러하다면, 한 개인인 역사적 영웅도 그러하다. 개인인 나와 동일하게 출발하는 역사적 영웅이 역사적 행위 내지 세계사적 전개를 야기하는 추진력은 무엇인가? 이 질문 이전에 먼저, 인간 이성이 역사 이성을 자각하고, 역사의 목적을 자각해야 하는 데, 그렇다면 역사의 목적이 무엇인가?

헤겔은 인간 안에 있는 '신적인'것을 '이성'이라고 하며, 이성이 자율적이고 활동적인 한에서 '자유'이다. 자유는 신적인 것이면서 인간이 실현해야 할 목적이다. 역사적 영웅이 세계사에서 실현하는 것은 수단이나 도구가 아니라 인간의 목적이어야 하며, 그래서 수단과 목적이 합치되는 차원이다. 영웅이 의욕하는 인간 목적도 기본적으로는 신적인 것으로서 '이성적 자유'이다. 자유로 드러나는 이러한 내면적 이성의 구체적 형태가 헤겔에게는 "도덕성, 인륜성, 종교성(경건성)"[65]이다.

그런데 자유는 본질적으로 내적 관념이기 때문에 자유를 실현하려면, 내적인 것이 외적인 것, 현상적인 것으로 구체화되어야 하며, 내적인 것을 외적인 것으로 만드는 수단이 필요하다. 헤겔은 자신의 의지를 실현하기 위해 행동하는 가운데서 드러나는 '욕구, 관심, 성격, 재능'[66] 같은 다소 자연적인 것을 수단으로 제시한다. 물론 여기에는 보편적 목적이나 선의지 또는 이성의 구체적 형태인 도덕성, 인륜성, 경건성 등이 개입되어 있지만, 개인이 지닌 특수한 관심, 이기심의 만족은 상당히 강력해서, 법과 도덕보다도 인간을 지배하기도 쉽고 길들이기도 더 쉽다. 게다가 개인은 어떤 일을 할 때 자신을 만족시키는 일이 아니라면 그 일을 수행하려고

65) G. W. F. Hegel, VPG, S. 50.
66) G. W. F. Hegel, VPG, S. 34.

하지 않는 경향이 있다. 누구나 타인의 관심이 자신의 관심과 겹치는 관심을 추구하게 된다. 이때 한 개인이 자신이 지닌 여러 다른 관심사와 목적을 도외시하면서, 자신 안에서 작용하는 의욕 전체를 총동원하여 하나의 목적, 하나의 대상에 모든 욕망을 집중시킬 때 그 "관심(이해관계)을 정열"[67]이라고 한다.

헤겔에게 역사적 영웅은 자신의 목적을 향해 돌진하는 '정열'을 지닌 자이다. 영웅은 욕망을 실현하고자 하는 '정열'에 휩싸여 있고, 그래서 이성적이기보다는 경솔하고 저돌적이며, 파괴적 존재로 상징화된다. 영웅은 자신의 관심을 실현하려고 하는 '명예욕', '정복욕'(Ruhmsucht, Eroberungssucht)[68]의 화신이며, 그래서 그에게 '도덕적 인간'을 기대해서는 안 된다.

이렇듯 '정복욕'에 불타는 사람, 이기적이고 비도덕적인 사람이 역사의 주체라면, 어떻게 세계사적 전개가 이성 자체의 전개가 될 수 있는가? 헤겔은 이성 자체는 자신을 드러내기보다는 자신의 목적을 실현하기 위해 역사적 개인의 관심과 정열을 이용한다는 '이성의 간교한 꾀'[69]를 제시한다. 개인은 '이성의 규정, 원리, 의미, 본질'을 지니기는 하지만, 세계사의 흐름을 의식적으로 바꿔놓을 만큼 세계사를 철저히 경험할 수 있는 것은 아니다. 그러므로 개인의 행동이지만, 그를 영웅으로 만드는 행동의 동인, 그것도 강력한 동인이 있어야 한다. 한 개인을 강력하게 활동하게 하려면, 그의 '정열'과 '특수한 관심'을 자극하는 일이 필요하며, 달리 말하면 한 개인의 '욕구, 정열, 관심, 성격, 재능'이 집중적으로 작용하도록 해야 한다.

그러나 개인이 이렇듯 자신의 욕구와 이기적 관심 때문에 정열에 휩싸인 상황이라고 해도, 각 개인은 한 공동체 내지 한 국가 안에서는 선이 무엇인지, 정의가 무엇인지를 다소 쉽게 알 수 있다. 개인의 행동을 판단하는 국가의 법률과 관습이 이미 있기 때문이다. "만약 행위하려고 한다면, 단지 선을 원하기만 해서는 안 되고, 어느 것이 선인지를 알아야 한다. 그러나 어떤 내용이 선인지 아닌지, 옳은지 옳지 않은지는 일반적 사생활에서는 국가의 법과 관습에서 주어진다."[70].

그에 반해 세계사에서는 선악 판단이 쉽지 않으며, 세계사적 법과 관습이 주어져 있는 것도 아니다. 세계사에서 세계사적 개인의 행동은 여러 가능성과 계속되는 충돌을 야기하며, 개인적 목적을 실현하려는 정열에 사로잡혀 있는 실천가, 정치가로서 등장할 뿐이다. 세계사는 역사 이성의 전개이므로, 의식적 목적에 도달

67) G. W. F. Hegel, VPG, S. 37.
68) G. W. F. Hegel, VPG, S. 47.
69) G. W. F. Hegel, VPG, S. 49.
70) G. W. F. Hegel, VPG, S. 44.

하는 구체성을 보여주지만, 세계사가 각 개인, 각 집단의 경우처럼 처음부터 의식적 목적을 분명하게 의식하여 출발하는 것도 아니고, 의식적 목적이 처음부터 자각되는 것도 아니다. 심지어 한 국가 안에서도 – 선과 정의 판단의 용이성에도 불구하고 – 인륜적 자유와 국가의 목적이 무엇인지를 자각하는 데까지 나아가려면 다양한 노력이 필요하다. 개인뿐만 아니라 국가도 '합목적적인 것에 대한 의식 '에 도달하고, 그러기 위해 "합목적적 제도와 심지어 장기간에 걸친 오성의 투쟁에서 나오는 준비와 고안이 필요하듯이, 마찬가지로 특수한 관심과 열정과의 싸움, 그에 대한 장기간의 힘든 훈육이 필요하다."[71] 국가 안에서도 이렇듯 합목적성에 대한 자각과 실현이 어려운데, 세계사에서는 더 많은 것이 요구되므로 자각과 행동이 더더욱 어렵다.

자각의 어려움은 자연의 계획이라는 실끈을 무의식적으로 따라가는 칸트의 반사회적 사회성 내지 문화적 악덕을 연상시키며, 그래서 칸트와 헤겔의 차이가 분명하지 않은 것처럼 보이기도 한다. 그러나 역사적 영웅을 칸트로 환원시킬 수는 없다. 이미 헤겔에게는 '세속화 과정'이 동반되고 있으며, 게다가 한 개인을 세계사적 영웅으로 인정할 때 그에게는 평범한 개인과는 다른 요소가 나타난다. 영웅은 이기적이지만, 자신의 이기적 목적을 실현하기 위해 남다른 정열과 더불어 시대를 조망하는 눈도 남달리 지닌다. 그래서 주변 사람이 영웅에게 충고하려고 해도 실효성을 발휘하지 못하는 데, 그 이유는 충고자보다도 영웅이 더 높은 안목을 지니기 때문이다. 시대를 파악하는 직관 능력은 타의 추종을 불허하기 때문에, 오히려 주변인들이 영웅에게서 도움을 받게 된다.

물론 안목에도 불구하고, 영웅이 행동하는 원동력은 이성에 의해 간교하게 이용당하는 정복욕, 병적인 성벽이다. 게다가 영웅은 경솔하기 때문에, 그런 태도로 자신의 목적을 향해 파괴적으로 나아간다. 목적을 향해 돌진할 때, 그에게서 나타나는 경솔함은 신성한 것도 경솔하게 다루게 된다. 헤겔은 한술 더 떠서 그러한 위인이 세계사적 행동을 하는 과정에서 "많은 죄 없는 꽃들을 짓밟고 많은 것을 파괴할 수밖에 없다."[72]라고까지 한다. 그 정열이 세계사적 전개로 진행된다면, 한 국가 안에서의 정복이 아니라 국가 관계를 둘러싼 정복을 의미하며, 영웅의 열정은 결국 국가 간 전쟁으로 이어진다. 영웅과 전쟁의 관계가 마치 본질적이라는 듯이, 헤겔은 역사적 영웅의 사례로 알렉산더, 시저, 나폴레옹 등을 제시한다. 이들은 모두

71) G. W. F. Hegel, VPG, S. 39.
72) G. W. F. Hegel, VPG, S. 49.

세계사 무대에 전쟁 영웅으로 등장하는 세계사적 개인이다.

그들의 원동력이 정열과 욕망이고, 역사 이성과 역사의 보편적 이념은 개인의 정열을 간교하게 도구로, 희생물로 사용하기 때문에 수단과 목적의 분리, 이성과 선악의 딜레마가 헤겔에게서도 생겨나는 것처럼 보이지만, 헤겔에게 '역사적 영웅'은 아무에게나 적용되는 것이 아니고, '영웅'이라고 할 수 있는 남다른 능력을 지닌다. 누구나 개인과 개인의 행동 안에 '보편적 목적, 선의지, 애국심'[73]으로 구체화되는 신적 정신이 내재하지만, 세계사의 실현에 비하면 개인 자체가 보잘 것 없는 것처럼 보일 뿐이다.

헤겔의 정열도 칸트의 인간성소질과 출처가 유사하며, 문화화도 정열과 정복욕이라는 비이성적 요소의 작용처럼 보인다. 물론 칸트에게도 반사회적 사회성과 달리 계몽을 통한 이성의 전개, 선한 감정에서 나온 역사의 전개라는 측면도 있다. 이러한 두 측면에도 불구하고 칸트에게는 현상과 물자체라는 이분법이 극복되지 않기 때문에, 헤겔은 거기에서 나타나는 딜레마를 해소하기 위해 악을 선에 본질적인 것으로 설정하며, 악의 전개와 악의 지양을 위한 인륜적 구조를 논한다. 그 구조는 자유 원리를 야기하는 종교의 주관성과 내면성을 객관화함으로써 칸트로의 환원을 막는다. 게다가 종교의 세속화는 이분법을 극복하는 한층 더 중요한 근거로 작용한다.

무엇보다도 헤겔이 "위인을 위인이라고 하는 이유는 그들이 거대한 것을, 심지어 공상적인 것, 사념적인 것을 의욕하고 완성했기 때문이 아니라, 정당한 것과 필연적인 것을 의욕하고 완성했기 때문이다."[74]라고 덧붙인다. 그들이 이기적 관심을 관철시키려는 정열에 휩싸였다면, 추구 대상 자체가 반드시 정당한 것, 필연적인 것일 필요는 없다. 그리고 정복욕을 추구하는 과정과 결과가 그들에게 행복을 가져다주어야 한다. 그러나 그 반대로 헤겔이 "세계정신의 사업인도자라는 사명을 맡았던 역사적 개인의 운명을 자세히 관찰하면, 행운이 넘쳐나지도 않는다(행복하지도 않다.)."[75] 그들의 삶은 대체로 불행하고, 편안한 안식을 취할 수도 없는 지난한 과정이다. 끝내는 비참한 최후[76]로 마감한다. 그들의 정열은 개인의 입장에서는 불행과 비도덕의 연속이다. 그럼에도 불구하고 그들이 지향한 것은 정당한

73) G. W. F. Hegel, VPG, S. 34.
74) G. W. F. Hegel, VPG, S. 47.
75) G. W. F. Hegel, VPG, S. 46-7.
76) 헤겔은 그가 역사적 영웅으로 제시한 위인들 가운데, 알렉산더는 요절하고, 시저는 척살당하고, 나폴레옹은 세인트 헬레나섬에 유배당한다는 점을 예로 들고 있다(앞의 책 참고).

것과 필연적인 것이며, 궁극적으로는 인류 전체가 이성적 질서를 갖게 되는 것, 자유가 확장되는 고귀한 이성적 이념이다.

그러므로 역사적 영웅을 이성의 간교한 꾀에 놀아나서 그저 정복욕이나 지나친 열정에 사로잡힌 사람이라는 식의 심리학적 접근을 해서는 안 된다. 그 접근을 약화시키기 위해 헤겔은 "우리가 역사를 여러 민족들의 행운, 여러 국가의 지혜와 개인의 덕이 희생되는 도살대로 간주함에도 불구하고, 도대체 누구를 위해, 어떤 궁극목적을 위해 이러한 가공할만한 희생을 치러야 하는가라는 의구심도 필연적으로 일어난다."[77]고 주장하면서 인간 의지의 작품들에 대한 '도덕적 비애, 선한 정신의 분노"[78]를 사이사이에 토로하고 있다.

자기 정열에 휩싸여 있지만, 그의 목적이 우연히도 세계사의 목적과 일치하여 "역사적 인간들, 세계사적 개인들은 그러한 보편을 자기의 목적 안에 지니는 사람들이다."[79] 위인은 정열을 지니지만, 그 정열은 '정당하고 필연적인 것'을 의욕하며, 그렇지 못할 때는 위인이라고 할 수 없다. 위인은 정복욕에 불타는 실천가, 정치가이지만, 동시에 세계사의 목적과 개인의 관심 간의 우연적 일치를 넘어서는 혜안을 지닌다. 이성의 간교한 꾀에 의해 좌우되는 것만은 아니다. 달리 말하면 그는 정치가이지만, "시대의 요구와 시대의 추이가 무엇인지에 관한 통찰을 지녔던 사상가"[80]이기도 하다. 게다가 헤겔이 세계사적 전개의 마지막 단계에서 주장하는 프로테스탄트 교회, 이를 위한 종교개혁, 그 속에서 진행되는 주관성과 내면성, 정신의 출현, 정신적 주관성 같은 개념들은 전쟁 영웅을 제시할 때의 사례와는 사뭇 다르다. 물론 프로테스탄트 교회의 출현과 보편화를 위해 치르는 30년 전쟁, 7년 전쟁 등은 전쟁 영웅을 완전히 무시할 수 없는 상황이며, 역사 이성은 전쟁이라는 피를 먹고 자라는 모순된 이성이라고 할 수도 있다. 그러나 악의 작용 가운데서 선의 실현을 인정하려면, 악의 심화 속에서도 흔들리지 않는 선의 심화와 선의 실현, 선에 의한 악의 지양이 필요하다. 그러한 지양은 역사적 영웅의 열정 가운데서도 이성적 횡보를 동시에 간파해야 한다.

그래서 헤겔은 "세계를 이성적으로 보는 자, 그를 세계 또한 이성적으로 통찰한

---

77) G. W. F. Hegel, VPG, S. 35.
78) G. W. F. Hegel, VPG, S. 34.
79) 앞의 책, S. 45. "역사의 위인은 자신의 특수한 목적이 세계정신의 의지인 실체적인 것을 포함하고 있다."(같은 곳).
80) G. W. F. Hegel, VPG, S. 46.

다."[81]고 주장한다. 그 의미를 바꿔 보면, 세계를 이성적으로 보는 자에게 이성 역시 자신의 모습을 드러낸다. 이성적으로 보는 것은 곧 이성적으로 역사를 이끌어 가는 것이고, 그래서 그러한 이끎의 궁극적 지점은 역사의 이성적 완성이지만, 동시에 이성의 이념 내지 이념의 횃불로서 철학이 된다.

개인과 집단은 자기보존, 생명과 재산보존이라는 의식적 목적을 지니는데, 의식적 목적을 지닌 자들의 총체적 역사 속에서 진행되는 세계사의 '내적 목적'은 의식되기가 어렵기 때문에 '가장 내적인 무의식적 충동'이라고 할 수 있다. 그래서 "세계사의 전체 사업(사명)은 가장 내적인 무의식적 충동을 의식으로 고양시키는 것이다."[82]. 그 무의식적 충동이 영웅의 세속화된 구조 속에서 보면 이성이며, 구체적 형태는 도덕성, 인륜성, 경건성이다. 그러나 세계사에서 실현되는 이성의 모습은 자각이나 의식화가 쉽게 일어나지 않기 때문에, "세계 안에서 위대한 어떤 일도 정열 없이는 완성될 수 없다."[83]. 세계사는 보편적 목적을 의식하지 못한 상태에서 출발하기 때문에, 그 시작은 자연적이다. 그러나 진행 과정에서 보편적 목적을 점차로 '의식'하게 되고, 그리고 의식적으로 실현하게 된다. 목적 실현뿐만 아니라 의식화를 위해서도 세계사적인 지난한 노력과 시간 경과가 필요하다.

6. 결론

헤겔 역사철학은 합목적적, 합법칙적인 '이성의 역사'이며 '인간이 역사의 주체'라는 점을 주장하기 때문에, 헤겔에 대한 비판은 역사의 목적론적 발전 법칙과 그에 기초하는 진보사관을 거부하는 데 초점이 맞춰진다. 그러나 계몽주의적 진보와 인륜성의 완성을 '어처구니없는 망상'[84]이라고 하는, 역사철학의 온전한 거부자인 부르크하르트에게서도 "다양한 개별자의 문화로서의 역사는 아무런 윤곽도 없는 이질적인 것으로의 해체를 의미하지는 않는다."[85]. 그럼에도 불구하고 역사를 이성의 역사라기보다는 탈 해체적 역사로 밀고나가고자 하는 시도가 현대에는

81) G. W. F. Hegel, VPG, S. 23.
82) G. W. F. Hegel, VPG, S. 39-40.
83) G. W. F. Hegel, VPG, S. 38.
84) J. Burchardt, *Weltgeschichtliche Betrachtungen*, Hrsg, von J. Oeri, Berlin: Stuttgart, 1905, S. 256. 재인용
85) E. Angehrn(유헌식 역), 『역사철학』, 민음사, 1997, 182쪽. 역사철학 연구서로 『역사이성과 자기혁신』(유헌식, 철학과 현실사, 2009)도 참고하라.

많이 나타난다. 자신의 삶도 자기 마음대로 꾸리지 못하는 데, 소소한 공동체나 국가 공동체도 아니고, 전 세계를 하나의 공동체 내지 이성적 진보사관으로 끌고 나간다고 하기에는 우리에게 너무나 많은 장애물이 놓여있기 때문이다. 게다가 한 개인의 행동이 이성보다는 다양한 감정의 동요, 변덕스런 자의에 기인하며, 각종의 악한 심정이 개입되기 때문이다. 그래서 악한 현상이 역사를 추동하고 발전시킨다고 하는 것은 아니지만, 역사의 진보 자체를 설정하기가 어렵다는 맥락에서 역사의 후퇴나 역사의 미로를 제시하기도 한다.

그러나 간혹 인간 삶 전반을 뒤흔드는 치명적 사건이 세계사에 나타나기 때문에, 행동의 원동력을 이성보다는 '광기'로 간주하며, 때로는 '광기의 역사'가 타당해 보이기도 한다. 특히 세계사에 끊임없이 트라우마를 남기는 유대인 학살은 학살의 역학구조를 – 아렌트가 『전체주의의 기원』에서 분석한 방식에 따른다면 – 단지 히틀러 한 개인, 독일 한 국가의 잘못된 행동이 아니라, 이해관계를 관철시키고자 하는 유럽사 전체의 상호작용, 팽창과 폭압의 작용, 그러면서 그러한 작용이 사회와 국가를 발전시키는 합리적인 정책처럼 보이도록 하는 유럽의 오랜 운동 과정을 거치면서 나온 결과이기도 하다.

그래서 때로는 악이 거부되기보다는 '신비스러울 정도로 사악하고 비밀스럽고 부도덕한 모든 것의 매력'[86]으로 반전되고, 인간 삶을 개선하기 위한 결단들이 오히려 악을 강화하고 악의 일상성을 야기하기도 한다. 선악이 본질적으로 연관된다는 헤겔의 선악관도 역사는 '이성의 역사'가 아니라 '비이성의 역사', 나아가 '악의 역사'라고 오도할만한 여지가 있기 때문에 상당히 조심스런 접근이 필요하다.

헤겔은 광기를 거쳐서, 악을 거쳐서 결국 이성을 전개하는 것이지, 악 자체를 강조하는 것은 아니다. 역사를 끌고 가는 인간인 역사적 영웅의 추동력은 정열이지만, 그의 마음에는 평범하게 이기적 욕구를 발휘하는 사람들과 달리 고상한 이념이 동반된다. 알렉산더는 종족 갈등과 무시를 넘어서는 세계국가라는 이념을, 시저는 영주 밑에서 고통받는 사람들의 해방을 위한 절대국가를, 나폴레옹은 민족의 자부심과 동일성을 지향하는 국민국가를 전 세계에 이식시킨다. 그들의 전쟁에 대한 정열은 고상한 이념에 대한 안목과 정열을 동시에 내포하고 있다. 단지 역사가 사용한 방법이 전쟁이기에, 이성의 역사에 딜레마를 낳고 있다.

헤겔에게 영웅은 도덕적 접근과는 다른 차원에 있기 때문에, 역사철학의 이성과 선악 관계는 미약하게 나타난다. 그러나 신적 이성이 내재화된 인간 이성이 역사

86) H. Arendt(이진우, 박미애 역), 『전체주의의 기원』, 1권, 한길그레이트북스, 2003, 182쪽.

에서 전개하는 자유의 구체적 내용은 도덕성, 인륜성, 경건성을 통해서이다. 그러므로 도덕성이라는 척도는 역사 발전의 틀로 작동하고 있다. 게다가 헤겔이 여기에서 강조하는 중요한 측면은 선악의 본질적 작용에도 불구하고, 역사는 이성적으로 보는 자에게 이성적으로 드러난다는 것이다. 광기로 보는 자에게는 이성이 은폐되어 광기로 드러나고, 이성으로 보는 자에게 정열과 광기가 극복되는 것이다.

참고 문헌

유헌식, 『역사이성과 자기혁신』, 철학과 현실사, 2009.

이정은, 「민중종교와 이성종교의 갈림길-헤겔의 『예수의 생애』는 민중종교의 연속인가 단절인가」, 『헤겔연구(반성과 이성)』, 제14호, 한국헤겔학회, 2003.

____, 「감성과 이성의 관계를 통해 본 칸트의 악 개념」, 『시대와 철학』, 제19권 3호, 한국철학사상연구회, 2008.

Angehrn, E.(유헌식 역), 『역사철학』, 민음사, 1997.

Arendt, H.(이진우, 박미애 역), 『전체주의의 기원』, 1-2권, 한길그레이트북스, 2003.

Kant, I.(이한구 편역), 『칸트의 역사철학』, 서광사, 1992.

____(이한구 역), 『영원한 평화를 위하여』, 서광사, 1992.

____(신옥희 역), 『이성의 한계 안에서의 종교』, 이대출판부, 2001.

Burchardt, J., *Weltgeschichtliche Betrachtungen*, Hrsg, von J. Oeri, Berlin: Stuttgart, 1905.

Hegel, G. W. F., *Fruehe Schriften, G. W. F. Hegel Werke*, Bd. 1, Frankfurt a/M.: Suhrkamp Verlag, 1986. 정대성 역, 『청년 헤겔의 신학론집』, 인간 사랑, 2005.

____, "Differenz des Fichteschen und Schellingschen Systems der Philosophie(1801)", im: *Jenaer Schriften 1801-1807, G. W. F. Hegel Werke*, Bd. 2, Frankfurt a/M.: Suhrkamp Verlag, 1986.

____, *Vorlesungen ueber die Philosophie der Geschichte, Hegel Werke*, Bd. 12(*Suhrkamp Taschenbuch Wissenschaft 612*), Frankfurt a/M.: Suhrkamp Verlag, 1986. 『역사에 있어서의 이성』(임석진 역, 지학사, 1987), 『역사철학강의』(김종호 역, 삼성세계사상 15권, 1993).

Kant, I., *Die Religion innerhalb der Grenzen der blossen Vernunft*, im: *Immanuel Kants Werke*, Bd. VI(*Schriften, 1790-1796*), Hrsg. von E. Cassirer, Berlin: Verlegt bei B. Cassirer, 1923.

Rousseau, J. J., *Emile or On Education*, Translated and Notes by A. Bloom, New

York: Basic Books, In., 1979. 민희식 역, 『에밀』, 육문사, 1999.

Semplici, S., "Das Leben Jesu und das Problem des Boesen: Kant oder Rousseau", im: *Rousseau, die Revolution und der junge Hegel.* Hrsg. von H. F. Fulda, & R-P. Horstmann, Stuttgart: Klett-Cotta, 1991.

Hegel's relation between the development of culture – history and Evil

Lee, Jeong–Eun

Abstract

Hegel demonstrate that the history develop the historical reason, i.e. the self–development of reason in itself. But Evil and acts of wickedness appear out in the midst of the process of history. The history develop into an unexpected ending in the development of reason and through the deepening Good, i.e. the deepening in the badness and Evil.

This essay has a aim for understanding what is the driving force of history in Hegel's *Lectures on the Philosophy of History*, and make the ultimate aim for research on the relation between the process of historical development and the variation – increase and decrease – in Good and Evil.

Key Words: Good and Evil, Morality, Cultural Vice, Anti–social Sociality, Passion, Freedom, Liberty, Culture, History.

희극적인 것과 사변적인 것

– 아리스토파네스의 희극에 대한 헤겔의 해석

서 정 혁

1. 문제 제기
2. 왜 아리스토파네스인가
3. 아리스토파네스 희극의 특징
4. 희극적 주체성
5. 희극적인 것과 사변적인 것

요약문

헤겔은 『미학 강의』에서 아리스토파네스를 최고의 희극 작가로 극찬하면서, 그의 작품에서 '진정으로 희극적인 것'을 찾을 수 있다고 주장한다. 본 논문은 이 같은 헤겔의 주장이 내포하고 있는 내용이 구체적으로 무엇이며, 그것이 헤겔의 미학적 체계 내에서 지니는 의미는 무엇인지를 다음과 같은 순서로 살펴본다.

첫째, 『미학 강의』를 중심으로 헤겔이 아리스토파네스의 희극의 특징이 무엇이라고 생각하는지를 검토한다. 헤겔은 『미학 강의』에서 '진정한 희극'과 그렇지 않은 희극을 구분하고, 특히 몰리에르류의 근대 희극보다 아리스토파네스의 희극이 '참으로 희극적인 것'을 잘 보여준다고 주장한다. 따라서 헤겔이 『미학 강의』에서 구체적으로 언급하고 있는 몰리에르의 『타르튀프』와 아리스토파네스의 『구름』을 비교 대상으로 삼아서, 왜 헤겔이 유독 아리스토파네스의 희극에서 '참으로 희극적인 것'을 읽어내고 있는지 검토해본다.

둘째, 『미학 강의』의 '고전적 예술 형식의 해체 단계'에서 헤겔은 고대 그리스 사회의 붕괴와 더불어 희극이 지니는 의미를 '주체와 객체 사이의 관계'로 고찰하고 있다. 헤겔은 희극적 주인공의 모습 속에서 어떤 상황에 처해도 자기 자신을 잃지 않고 자기 확신의 상태에 머무는 '주체성'을 간파하고, 이러한 맥락에서 희극 작품을 쓴 대표적인 작가가 아리스토파네스라고 주장한다. 특히 헤겔은 비극과 희극을 비교하면서 희극에서 두드러지는 주체성의 의미를 강조하고 있으므로, 헤겔이 '참으로 희극적인 것'과 관련하여 강조하고 있는 '주체성'의 의미가 무엇인지를 살펴본다.

셋째, 헤겔의 철학에서 '희극적인 것'과 '사변적인 것' 사이의 관계를 검토해보고, 헤겔의 철학에는 '웃음'이 부재한다는 데리다식의 포스트모던적 해석이 과연 타당한가를 살펴본다. 헤겔에 의하면 참으로 희극적인 웃음은 자기 본연의 모순적 상황을 감내하고 초월하여 도달되는 긍정의 상태에서 터진다. 이러한 상태는 서로 모순되는 대립자들이 화해되는 순간이며, 헤겔 철학에서는 오성과 변증적 이성을 지양한 긍정적인 사변적 이성의 단계다. 따라서 헤겔이 『미학 강의』에서 '참으로 희극적인 것'과 관련하여 언급하고 있는 '예술의 종언'에 관한 논의는 '희극적인 것'과 '사변적인 것' 사이의 관계를 해명하는 작업과 맞물려 있다. 그리고 이 같은 논의를 통해 헤겔식의 웃음과 데리다식의 웃음은 서로 어떻게 다른지, 더 나아가 어떤 '웃음'이 진정으로 우리 삶의 진정성을 담아내는 인간적인 웃음인지를 살펴본다.

● **주요어 : 참으로 희극적인 것, 사변적인 것, 예술의 종언, 웃음, 주체성, 아리스토파네스, 헤겔, 데리다**

1. 문제 제기

바타유에 관한 한 논문에서 데리다는 헤겔의 철학을 자아의 보존, 순환, 재생산에만 힘을 쏟는 '생명의 경제' 또는 '제한 경제학'이라고 부른 바 있다.[1] 헤겔적인 노동은 생산을 위해 힘의 무한한 발산을 저지당한 욕구로부터 시작되지만, 데리다

---

1) J. Derrida, *Writing and Difference*, trans. by A. Bass, Chicago : The Univ. of Chicago Press, 1978, 255쪽 이하 참조. 남수인 옮김, 『글쓰기와 차이』, 동문선, 2001, 403쪽 이하 참조. 참고로 본 논문에서는 국내 번역서가 있는 경우 문헌 참고의 편의성을 고려해 원서와 번역서를 병기하였음을 밝혀둔다. 특히 헤겔의 '미학 강의'의 경우 원서와 번역서들을 '참고문헌'에 표기된 '약어'로 표시하였으며, 번역의 경우 필자가 경우에 따라서 번역문을 수정하여 인용했음을 밝혀둔다.

의 시선에 욕구 불만족으로부터 비롯되는 노동은 결코 즐겁지 않다. 대상의 직접적 소비, 생산을 목적으로 하지 않는 순수한 발산으로서 성적 충동이 금기시되고, 죽음이 즐겁게 소모하고 낭비하는 보존 없는 지출과 부정이 되지 못하고 삶을 더욱더 공고히 하는 '규정적 부정'으로만 작동할 때, 거기에는 모진 절망과 인내, 그리고 고통이 따를 뿐이라는 것이다.[2] 이 '사변적 고통'에서 벗어나기 위해 필요한 것은 또 다른 진지한 진리 추구가 아니라 명랑한 '웃음'이라는 점을 강조하면서, 데리다는 다음과 같이 말한다.

> "오직 웃음만이 유일하게 변증법과 변증법 철학자를 뛰어넘는다. 요컨대 웃음은 의미에 대한 절대적인 포기에 기초해서만, 죽음의 절대적인 위험에 기초해서만, 헤겔에 의해 추상적 부정성이라고 불려진 것에 기초해서만 터져 나온다."[3]

경쾌한 '웃음의 분출'은 의미가 절대적으로 매몰되고 마는 '순수 무'에 가까운 것이다. 그래서 데리다는 헤겔식의 진지한 사변 철학은 이 절대적 무, 웃음에 대해 아무것도 할 수 없고 아무것도 말할 수 없다고 진단한다. "웃음이 헤겔의 체계에는 있지 않다. 부정적이거나 혹은 추상적인 형태로조차 존재하지 않는다. '체계 내에서 시, 웃음, 희열은 아무것도 아니다. 헤겔은 서둘러 그것들을 털어버린다. 그는 지식 이외의 다른 목표는 모른다. ……'"[4]

이 같은 해석은 주로 헤겔의 『정신현상학』을 기초로 한 것이기는 하지만, 그 해석이 겨냥하고 있는 최종 표적은 헤겔 철학 전반이다. 데리다는 사변 철학의 본질상, 헤겔의 철학 체계에는 웃음이 존재할 수 없거나 있다고 하더라도 중요한 철학적 주제가 되지도 않았고 될 수도 없다고 주장하는 것이다. 그러나 과연 헤겔 철학은 '웃음'에 대해 단지 배타적인 위치에 있을 뿐인가? 헤겔은 '웃음'을 중요한 철학

---

2) 이러한 데리다의 시선은 헤겔의 『정신현상학』에 대한 코제브(A. Kojéve)의 해석, 그리고 코제브의 해석을 통해 헤겔을 이해한 바타유의 시각에 기초해 있다. 이에 대해서는 다음을 참조할 것. Ph. Meier, *Autonomie und Souveränität oder das Scheitern der Sprache – Hegel im Denken von Georges Bataille*, Bern: Peter Lang, 1999. J. C. Flay, "Hegel, Derrida and Bataille's Laughter", in: *Hegel and His Critics – Philosophy in the Aftermath of Hegel*, ed. by W. Desmond, Albany, N. Y.: State Univ. of New York Press, 1989, 163–173쪽. 이와 관련한 국내 논문으로는 다음을 참조하는 것이 좋다. 황설중, 「헤겔의 『정신현상학』에서 죽음과 의식의 경험 – 노동과 에로티즘의 관계를 중심으로」, 한국헤겔학회 펴냄, 『헤겔연구』, 제23호, 용의 숲, 2008, 81–117쪽.

3) J. Derrida, 앞의 책, 255쪽. 남수인, 403쪽.

4) J. Derrida, 앞의 책, 255쪽. 남수인, 404쪽.

적 주제로 다루지 않았는가? 만일 '웃음'이 사변 철학의 주제일 수 있다면, 헤겔은 그것을 어떻게 다루었는가?

이 글은 이러한 물음들에 대한 헤겔의 답변을 주로 '희극'에 대한 분석을 통해 미학적인 관점에서 모색해보고자 한다. 특히, 희극 중 고대의 아리스토파네스의 희극에 대한 헤겔의 해석을 중심에 놓고 논의를 전개하고자 한다. 왜냐하면 헤겔은 아리스토파네스에게 최고의 희극 작가의 위치, 아니 최고의 예술가의 위치를 부여해주었기 때문이다. 따라서 아리스토파네스의 희극에 대한 헤겔의 해석을 구체적으로 검토해봄으로써, 어떤 맥락에서 어느 정도로 헤겔의 철학에 '웃음'이 친근할 수 있는지가 밝혀질 수 있을 것이다. 그리고 이를 통해 희극적인 것과 사변적인 것의 관계뿐만 아니라, 통상적인 이성중심주의에 대한 포스트모던적 이해가 어느 정도 타당한지도 다시 한 번 검토하는 기회가 제공될 것이다.

2. 왜 아리스토파네스인가

헤겔의 『미학 강의』를 면밀히 검토하기 전까지 피상적인 이해의 수준에서는, 어떻게 아리스토파네스가 헤겔에게 친근할 수 있는지, 왜 아리스토파네스가 헤겔에 의해 최고의 희극 작가로 극찬받는지를 이해하기는 쉽지 않다. 왜냐하면 상식적으로 헤겔은 소위 '주류' 철학사의 정점에 자리하고 있는 철학자이고, 그의 전통은 거슬러 올라가다 보면 결국 '소크라테스-플라톤'에까지 소급될 수 있기 때문이다. 그런데, 익히 잘 알려져 있듯이 아리스토파네스와 소크라테스는 적대적인 관계에 있었으므로,[5] 헤겔이 아리스토파네스를 높이 평가하는 것은 일견 납득이 가지 않을 수도 있다. 그러나 헤겔은 『미학 강의』에서 아리스토파네스의 희극이 '진정으로 희극적인 것'을 대표하는 것으로 간주하고 있다.

> "참으로 희극적인 것(das echte Komische)은 아리스토파네스가 우리에게 제공하는 바와 같은 심정의 절대적인 자유이다."[6]

여기서 우리에게 두 가지 의문이 생긴다. 한 가지는 '왜 다른 사람이 아니고 유독 아리스토파네스인가?'라는 것이고, 또 다른 한 가지는 '참으로 희극적인 것은 자유와 어떤 관계에 있는가?'라는 것이다. 우선 실제로 헤겔의 글들을 접하면, 예상 외로 헤겔이 아리스토파네스라는 희극 작가에게 특별한 의미를 부여하고 있다는 것을 어렵지 않게 확인할 수 있다. 헤겔은 소포클레스와 같은 비극 작가나 플라톤과 같은 철학자와 더불어 아리스토파네스를 "위대한 대가"[7]라고 부르며, 아리스토파네스에게서 "희랍인의 정신"을 알 수 있다고 평가하기도 한다.[8] 특히 『철학사 강의』에서 헤겔은 아리스토파네스를 다음과 같이 칭송한다.

> "이 같은 아리스토파네스의 모습을 통해서 볼 때, 그의 희극은 그 자체로 아테네 민족에게는 본질적인 요소였다. 이 점에서 아리스토파네스는 그 숭고한 페리클레스나 경박한 알키비아데스, 그리고 신성을 느끼게 하는 소포클레스나 도덕적인 소크라테스 등 이들 모두와 함께 나란히 어깨를 겨룰 정도로 빠뜨릴 수 없는 인물이다. 아리스토파네스도 이들과 마찬가지로 이 같은 별들의 무리에 속한다. …… 이렇듯 자유로운 아테네의 정신과 상실 속에서 누리는 자기 자신의 완전한 향유(vollkommener Genuß seiner selbst im Verluste), 그리고 모든 성과와 실재가 곧바로 무산되는 가운데서도 자기 자신에 대해서 품는 이렇게 맑고 투명한 확신(diese ungetrübte Gewißheit seiner selbst), 여기서 우리는 아리스토파네스가 펼친 최고의 희극적인 것을 맛보게 된다."[9]

아리스토파네스에 대한 헤겔의 이 같은 호의적인 반응은 『미학 강의』에서도 예외가 아니다. 그런데 헤겔은 『23년 미학 강의』를 마무리하는 부분에서 아리스토파네스를 거론하면서, 겉으로 보기에는 서로 무관한 듯한 두 가지 측면을 거론한다.

---

5) 잘 알려져 있듯이, 아리스토파네스는 그의 작품 『구름』에서 소크라테스를 대중에 영합하는 한 명의 소피스트로 취급하고 있다. 소크라테스와 아리스토파네스의 관계에 대해서는 다음을 참조할 것. L. Strauss, *Socrates and Aritophanes*, Chicago : The Univ. of Chicago Press, 1966. 그러나, 플라톤과 아리스토파네스는 결코 적대적 관계가 아니었다. 특히 플라톤의 『향연』에서 아리스토파네스는 에로스에 관한 주요 대화자로 등장한다. Symposion, 189a – 193d 참조. 그리고 시라쿠스의 디오니수스 왕이 아테네인과 제도에 대해 궁금해하자, 플라톤은 그에게 아리스토파네스의 작품을 보내주기도 했다는 얘기가 전해진다. 사실 여부는 불투명하나, 니체는 플라톤이 임종을 맞이할 때 그의 머리맡에서 아리스토파네스의 작품이 발견되었다고 언급하면서, "플라톤 또한 삶 – 그가 부정했던 그리스적인 삶 –을 어떻게 견딜 수 있었겠는가, 아리스토파네스가 없었다면 말이다!"라고 적고 있다. F. W. Nietzsche, *Jenseits von Gut und Böse*, in : *Nietzsche Werke. Kritische Gesamtausgabe*, hrsg. von G. Colli und M. Montinari, VI – 2, Berlin : Walter de Gruyter, 1968, 43쪽(29절). 아리스토파네스를 니체적 관점에서 해석한 논문으로는 다음을 참조할 것. 윤병태, 「아리스토파네스와 니체의 반소크라테스주의의 본질」, 한국헤겔학회 펴냄, 『헤겔연구』, 제23호, 용의 숲, 2008, 220 – 239쪽.

6) Hotho, 310쪽. 권정임, 405쪽.

7) TW11, 255쪽.

8) TW12, 102쪽.

9) TW18, 483쪽. 철학사, 549쪽.

헤겔은 다음과 같이 말하고 있다.

> "아리스토파네스는 우둔함에서 빚어지는 정치인들의 행위를 묘사하는데, 이 정치인들은 어떤 하나의 목적을 자신에게 설정하지만 이를 실행함으로써 그 목적을 파괴한다. 이렇게 그는 인물들을 그들 자체에서 희극적으로 만들었다. 그래서 이들은 처음부터 우둔한 자이게 된다. 그러니까 우리는 여기서 자신의 목적이 몰락할 때에도 언제나 자기 그대로인 바로 남아 있는 주관성의 그 완전한 확신(vollkommene Sicherheit der Subjektivität)을 보게 된다. 이러한 것이 주관성이 쟁취하는 화해를 연장하는 마지막 지점이다. 예술은 희극적인 것에서 그 종말을 맞이한다."[10]

아리스토파네스의 희극 작품의 성격에 대한 일반적인 이해로 해석 가능한 이 구절에서, 왜 헤겔은 우리에게 익히 알려진 '예술의 종말'이라는 고약한 주제를 굳이 다시 끄집어내고 있는 것일까? 예술이 자신의 종말을 '희극적인 것(das Komische)'에서 맞이하게 된다는 것은 무슨 말인가? 그리고 그것이 유독 아리스토파네스의 희극인 이유는 무엇인가? 헤겔이 어떤 이유에서건 예술의 종말을 아리스토파네스의 희극과 연관시키고 싶어 한다는 것은 이 같은 언급이 일회적이거나 우연적이지 않다는 점에서 확실하다. 『호토판 미학』과 『20/21년 미학 강의』에서도 헤겔은 다음과 같이 언급하고 있다.

> "자신 속에서 정신적으로 자유로이 활동하는 절대적인 주관성은, 자신 안에서 만족한 채 더 이상 객관적이며 특수한 것과 결합하지 않고 이러한 해체의 부정성을 희극의 유머 속에서 의식되게 한다. 그러나 이 정점에 다다른 희극은 동시에 예술 일반을 해체시키는 데로 나아간다."[11]
>
> "우리는 아리스토파네스의 이 원리에서 지적인 내면적 세계 직관의 사례를 보게 된다. 그런데 이 사례는 예술에 대립하는 것이므로, 감성적 직관은 신적인 것의 참된 실존이 아니게 된다. 그와 같은 내면성의 원리에서 우리에게 요구되는 바는, 신적인 것이 내면적인 것 자체 속에서 표현되어야만 한다는 것이다. 아리스토파네스의 이러한 희극을 통해 조형적인 형태들은 종말을 맞게 되었다. 그리고 우리는 예술이라는 방식을 신적인 것의 최고 방식이 아니라는 것을 알게 되었다. 신적인 것의 정신적인 앎은 종교 속에 있

10) Hotho, 311쪽. 권정임, 406–407쪽.
11) Ästhetik3, 572쪽. 두행숙3, 726쪽.

다."[12)]

잘 알려져 있듯이 법칙이나 형식, 의무 등의 규정 근거로 타당하고 지배적인 '반성문화(Reflexionsbildung)'의 특성상, 자기 시대가 더 이상 예술에게 형편이 좋은(günstig) 시대가 아니라는 점을 헤겔은 『미학 강의』에서 분명히 밝히고 있다.[13)] 헤겔에게서 '예술의 종말'은 예술에 대한 반성 또는 사유의 우위에 대한 다른 표현이다. 사유의 고찰 대상이 되어버린 예술은 더 이상 예술 자체로서 절대화되거나 숭배되지 않고, 이미 지나가 버린 과거(ein Vergangenes)로서만 유의미하다.[14)] 이처럼 예술을 지나가 버린 것, 해체되고 종말을 맞이하도록 만든 결정적 원인은 예술 자체가 무엇인가를 따져 묻는 '사유'이며, 헤겔식으로 표현하자면 예술이 무엇인가를 학문적으로 인식하려는 '철학적 사변'이다. 그런데 헤겔은 이 '예술의 종말'을 '희극적인 것'과 관련짓고 있으므로, 과연 '철학적 사변'은 '희극적인 것'과 어떤 관련성이 있는가라는 물음이 제기되는 것은 당연하다. 그러면 도대체 '희극적인 것'이 유발하는 웃음과 '사변적인 것'은 어떤 연관 속에서 고찰될 수 있는가?

앞서 우리가 제기한 물음으로 돌아가 정리해보자. 우리는 아리스토파네스를 매개로 다음과 같이 정리된 질문을 제기하게 되었다. '참으로 희극적인 것'과 '예술의 종말'은 어떤 관계가 있는가? 왜 참으로 희극적인 것이 유발하는 웃음 속에서 예술은 종말을 고해야 하는 것인가? 희극적인 것이 유발하는 웃음은 철학적 사변과 어떤 관계가 있는가? 어떻게 희극적인 것은 '예술의 종말'을 매개로 철학적 사변과 만나는가?

3. 아리스토파네스 희극의 특징

헤겔의 희극론을 검토하다보면, 모든 논의의 중심이 아리스토파네스로 향하고 있다는 인상을 지우기 어렵다. 그래서 헤겔의 희극론은 의도적으로 과장되어 있고 편향적이라는 느낌을 지울 수 없는 것도 사실이다. 그러나 지금 여기서 중요한 것은 헤겔의 희극론의 정당성 여부를 따지는 것이 아님을 우선 밝혀둘 필요가 있다.

12) Ascheberg, 331쪽.
13) Ästhetik1, 24-25쪽. 두행숙1, 40쪽.
14) Ästhetik1, 24-26쪽. 두행숙1, 39-41쪽 참조.

정작 여기서 다루고자 하는 문제의 핵심은, 왜 헤겔이 그러한 희극론을 전개했으며, 자신의 희극론에서 아리스토파네스를 특별히 부각시킨 이유는 무엇인가 하는 점이다.

헤겔이 아리스토파네스를 특히 부각시키고 있다는 사실은, 헤겔이 플라우투스와 테렌티우스의 희극이나 몰리에르의 희극보다 아리스토파네스의 희극에 특별한 의미를 부여하고 있다는 점에서도 잘 드러난다. 헤겔에 따르면, 이러한 의미 부여는 희극의 성격을 구분하는 기준에 의해 가능한데, 『미학 강의』의 몇몇 곳에서 헤겔은 자기 나름대로 희극의 성격을 구분하는 중요한 기준을 다음과 같이 명쾌하게 제시한다.

> "우리는 희극적인 것에서, 인물들이 자기 스스로에게(für sich selbst) 희극적인지 아니면 우리에 대해서만(nur für uns) 그런지를 구분해야 한다. 단지 제3의 의식에 대해서만 희극적인 우둔함들이 많이 있다. 우둔함들이 개인 자신에게 진지하지 않을 때, 즉 개인이 자신의 심각한 상황(Ernst)[15] 자체에서도 진지하지 않을 때만 우둔함은 희극적이다."[16]
>
> "여기서 물론 행동하는 인물들이 자기 스스로에게(für sich selbst) 희극적인가 아니면 오직 관객에게만 희극적인가를 구분해야 한다. 전자만이 참된 희극으로 간주되는데, 바로 아리스토파네스는 그런 희극을 만들어내는 데 대가(Meister)였다."[17]
>
> "근대의 희극에 대해서 보면 거기서는 내가 이미 고대의 고전 희극에서 언급한 바 있는 차이가 매우 중요하다. 즉, 그것은 행동하는 인물들의 우둔함과 편협성이 다른 사람들에게만 우스꽝스럽게 보이는가 아니면 그들 자신에게도 우스꽝스럽게 보이는가, 즉 희극적 인물들에 대해 단지 관객만이 웃을 수 있는가 아니면 그들 스스로도 웃을 수 있는가 하는 차이이다. 진정한 희극 작가였던 아리스토파네스는 이 후자를 자기표현의 원칙으로 삼았다."[18]

여기서 진정한 희극과 그렇지 않은 희극을 구분하는 헤겔의 기준은 분명하다. 즉, 희극의 등장인물, 특히 주인공이 자기 스스로에게 희극적일 수 있는가 여부가

---

15) 이 글에서 'Ernst'는 문맥에 따라 '진지함'이나 '심각함'으로 번역한다. 희극과 관련하여 'Ernst'라는 용어는 매우 중요하다. 우선 '진지함'은 '무거운 상태'로, '가볍고 명랑한 웃음'과는 상반되는 상태를 의미한다.
16) Hotho, 310쪽. 권정임, 404-405쪽.
17) Ästhetik3, 552쪽. 두행숙3, 709쪽.
18) Ästhetik3, 569쪽. 두행숙3, 723쪽.

가장 중요한 기준이다. 그러면 희극의 주인공이 자기 스스로에 희극적일 수 있다는 것은 구체적으로 무엇을 의미하며, 그것은 제삼자인 관객만이 웃을 수 있는 상황과 어떤 차이가 있는가? 그리고 도대체 이것이 왜 희극의 본질을 결정하는 데 그렇게도 중요한 것인가?

헤겔이 실제 예를 들고 있는 작품 속 등장인물들을 비교해봄으로써, 헤겔이 위와 같은 기준을 세운 의도가 무엇인지 살펴보자. 우선 근대 희극의 대표작인 몰리에르의 작품 속 주인공을 떠올려보자. 실제 헤겔이 『미학 강의』에서 직접 거론하고 있는 『타르튀프(Le Tartuffe)』의 주인공 오르공(Orgon)은 어떠한가? 위선자인 타르튀프를 대하는 오르공의 태도는 우스운 구석이라고는 없으며, 오히려 매사에 그는 매우 진지하다. 그러다 오르공은 결국 타르튀프에게 속아서 그의 모든 가산을 합법적으로 빼앗길 처지에까지 이르지만, 다행히도 국왕의 우연한 도움으로 어려움을 모면한다. 헤겔은 이 희극의 마지막에 국왕의 집행관이 등장해서 어려운 문제들을 말끔히 해결해버리는 이 같은 극적 장치(deux ex machina)가 초래하는 무미건조함을 놓치지 않고 있다.[19] 그러나 헤겔은 몰리에르의 희극이 지니는 무미건조함의 원인은 이 점보다 더 본질적인 데에 있다고 본다.

헤겔이 특히 지적하고 싶어 하는 점은, 몰리에르의 작품에 등장하는 오르공 같은 인물은 자신이 추구하는 목적에 대해 너무 진지한 태도를 보이며, 이들은 너무 진지하기 때문에 시적(희극적)이지가 않고 오히려 산문적이며 무미건조하다는 것이다. 여기서 헤겔은 진지함(Ernst)을 산문적인 무미건조함(das Prosaische)과 관련시켜 논하고 있다. 오르공은 타르튀프를 믿는 마음이 너무 진지하기 때문에, 그 목적이 깨지는 상황이 와도 그 목적에 '절대적으로 진지하게 구속되어 있기 때문에 자유롭게 그리고 만족스럽게 함께 웃지 못한다.'는 것이다.[20] 관객은 존경할 만한 주인공에게 온갖 간계와 속임수가 진지하게 꾸며지는 것을 바라보면서 그러한 간계와 속임수에 넘어가지 않을 만한 안전거리를 확보한 채 무대 위에서 펼쳐지는 온갖 모순에 대해 웃을 수 있다. 그러나 정작 그 무대의 주인공은 목적의 파괴에서 오는 심각한 상황(Ernst)만을 경험하는 장면이 펼쳐지고, 매우 성실한 사람들이 굴

19) 실제 『타르튀프』의 마지막 부분에 등장하는 왕의 집행관은, 몰리에르의 희극이 전형적으로 deux ex machina를 사용하고 있다는 것을 보여준다. Jean-Baptiste Poquelin de Moliére, 백선희 · 이연매 옮김, 『타르튀프 · 서민귀족』, 동문선, 2000, 100쪽 이하 참조. 이와 관련하여 헤겔은 『호토판 미학』에서 갑자기 왕의 집행관이 나타나는 이 장면을 직접 언급하면서 비판하고 있다. Ästhetik3, 570쪽. 두행숙3, 724쪽.

20) Ästhetik3, 570쪽. 두행숙3, 724쪽.

욕적으로 기만당하는 장면이 펼쳐짐으로써, 거기에 진정으로 희극적인 것은 없고 '반감을 불러 일으키는(abstoßend)' 결과만이 초래된다는 것이다.[21]

이처럼 몰리에르의 작품에 등장하는 인물과는 달리, 헤겔은 아리스토파네스의 희극에 등장하는 인물들에게는 전혀 다른 의미를 부여하고 있다. "아리스토파네스의 인물들은 원래부터 모든 점에서 다음의 것에 적합하다. 즉, 자신의 목적을 파괴하는 것도 그들 자신이며, 그들은 그렇게 하는 동안에도 동시에 만족하며, 그래서 파괴를 할 때에도 처음에는 그것이 마치 그들에게는 전혀 심각하지 않은 것처럼 나타난다."[22] 헤겔이 직접 거론하고 있는 『구름』의 주인공 스트렙시아데스(Strepsiades)는 어떤가?[23] 그는 자신의 빚을 갚지 않기 위해 소크라테스에게서 정론을 이기는 사론을 배우려고 한다. 그리고 자신의 아들을 통해서 그 목적을 성취한다. 하지만 곧장 그는 자신의 지혜가 스스로를 파멸로 이르게 하는 전도된 상황을 맞이한다. 그런데 그는 오르공처럼 처음부터 진지한 목적을 세우지도 않으며, 자신이 설정한 목적에 대해 그리 진지한 태도를 보이지도 않는다. 자신의 빚을 수단과 방법을 안 가리고 갚지 않겠다는 목적은 매우 사사로운 목적이라서, 그것이 파괴되더라도 『타르튀프』의 경우처럼 반감을 불러일으키지는 않는다. 또한 극의 전반에 걸쳐 스트렙시아데스는 진지하게 자신의 목적을 추구하기보다는 매우 가볍고 명랑한 모습을 보여준다. 이러한 모습은 『구름』 전반에서 드러나는 그의 말과 행동을 통해 관객이 쉽게 간파할 수 있다. 특히 진지한 언어에 대립하여 창자나 생식기, 성교에 관련되는 묘사나 표현들은 이 점을 잘 드러내준다.[24]

헤겔에 의하면 이처럼 아리스토파네스의 희극에서 '조롱받는 것'은 '절대적인 관심'이나 '신적인 것 자체'가 아니다. 오히려 이렇게 절대적이며 신적인 것이 특정한 의식 속에 표현되는 방식이 조롱의 대상이 된다.[25] 근대 희극의 주인공들은

21) Ästhetik3, 570-571쪽. 두행숙3, 724-725쪽. Hotho, 310쪽. 권정임, 405쪽.

22) ÄHotho, 310쪽. 권정임, 405쪽.

23) 『구름』의 구체적인 내용에 대해서는 다음을 참조할 것. Aristophanes, 천병희 옮김, 『아리스토파네스 희극』, 단국대학교 출판부, 2006, 13-99쪽 참조.

24) 헤겔도 "아리스토파네스는 소크라테스가 욕설이 입을 통해 나오는지 아니면 직장(直腸)을 통해 쏟아지는지를 관찰했다는 식으로 소크라테스를 우스운 꼴로 극화해버렸다."고 언급하고 있다. Ascheberg, 330쪽. 아리스토텔레스는 희극의 기원을 다산을 소망하는 남근 가요라고 언급한 바 있는데, 실제로 희극에서 성적인 요소, 특히 남근은 무대 소도구로서 사용되기도 하였다. Aristoteles, 천병희 옮김, 『시학』, 문예출판사, 1997, 1449a 10. 희극의 유래와 공연 환경 등에 대해서는 다음을 참조할 것. 이정린, 『아리스토파네스와 고대 그리스 희극 공연』, 한국학술정보(주), 2006.

25) Hotho, 311쪽. 권정임, 406쪽.

자신이 실현하고자 하는 특정한 목적을 지니고 있으며, 이 목적이 파괴되고 상실될 때 크나큰 고통을 당한다. 그런데 주인공들이 의도한 목적 자체가 특수한 것이기 때문에, 그 목적이 상실되는 상황은 관객에게 웃음을 유발한다. 하지만 주인공 자신은 그렇게 상실되는 상황에서 스스로 유쾌하지 않으며, 그 상황을 즐기지도 못한다. 이것은 여전히 근대적 주체가 자신의 특수성에 얽매여 있음을 보여주는 것이다. 이와 반대로 고대 희극의 주인공들은 자기 모순적인 상황에 처해서도 스스로 그 상황을 유쾌하게 즐긴다. 이 모습은 '역설적으로' 모든 개별적인 목적의 특수성에 의해 침해될 수 없는 진실한 것이 있다는 것을 보여준다. 동시에 자신의 우둔함으로 인해 자기 파멸적인 심각한 상황에 처해도 그것을 가벼운 웃음으로 맞이하는 주인공의 모습속에는, 어떤 상황에 처해도 자기 자신을 잃지 않고 자기 확신의 상태에 머무는 '주체성'이 담겨 있다. 헤겔에 의하면 이러한 맥락에서 희극 작품을 쓴 대표적인 이가 아리스토파네스이다.

4. 희극적 주체성

앞서 언급한 주체성과 관련하여, 『호토판 미학』 중 고전적 예술 형식의 해체 단계에서 헤겔은 고대 그리스 사회의 붕괴와 더불어 희극이 지니는 의미를 '주체와 객체 사이의 관계'로 고찰하고 있다. 헤겔에 의하면 이미 소크라테스 시대부터 주체는 자신 속에서 '주체로서 실체이다.'라는 의식을 요구하기 시작한다. 이것은 국가의 삶과 개인의 삶이 더 이상 조화를 이루지 못하고 "국가를 위한 목적"과 "개인 자신을 위한 목적" 사이에 불화가 발생한다는 것을 의미한다. 이 불화는 자신 속에서 좋은 것을 원하고 자기가 원하는 것을 달성하려는 의식을 지닌 개인이 자신에게 주어진 현재의 현존성, 자기 시대의 현실 정치적인 삶, 기존의 신념과 애국주의 등에 대립하는 양상으로 전개된다. 이러한 대립은 한마디로 "주체적인 내면과 외적인 현실의 대립"이라고 할 수 있다.[26] 그런데 여기서 헤겔은 주체와 객체, 내면과 외면 사이의 대립의 해소(Lösung)를 그 당시 등장한 새로운 예술 형식에서 찾을 수 있다고 주장하며, 그 대표적인 사례로 아리스토파네스의 희극을 들고 있다. 헤겔은 그 이유를 다음과 같이 말한다.

26) Ästhetik2, 118–120쪽. 두행숙2, 310–311쪽.

"이 새로운 예술 형식에서는 대립의 투쟁이 사상을 통해서 진행되지도 않고 분열의 상태에 머물지도 않는다. 오히려 현실은 현실의 파멸(Verderben)의 우둔함(Torheit) 속에서 표현되기는 하지만 현실이 자기 자신 속에서 스스로 파괴되는 방식으로 표현되기에 이른다. 그렇게 하면 〔현실적으로〕 정당한 것의 이러한 자기 파괴 속에서도 〔정말로〕 진실한 것은 확고한 지속적인 위력으로 드러날 수 있을 것이며, 우둔함과 비이성의 측면에게는 그 자체로 진실한 것에 대한 직접적 대립의 힘이 허용되지 않을 것이다. 이런 종류가 고대 그리스인들 가운데서 아리스토파네스가 자기 시대 현실의 가장 본질적인 영역과 관련하여 분노하지 않고 순수하고 명랑한 즐거움으로(in reinen, heiteren Lustigkeit) 다루었던 것과 같은 희극이다."[27)]

당시의 퇴락한 민주주의에 대해 비판적 의식을 지니고 있었던 아리스토파네스를 고려해보면, 자기 모순적 상황을 연출하는 현실의 모습을 보여주고자 한 아리스토파네스의 의도는 그의 여러 작품들을 통해 어렵지 않게 이해될 수 있다. 헤겔도 이 점을 놓치지 않고 있으며, 아리스토파네스라는 극작가의 현실에 관한 진지한 관심을 인정하고 있다. 그의 희극과 거기에 등장하는 인물들은 극도로 가볍고 명랑하지만, 그렇다고 아리스토파네스 자신이 현실에 관해 무관심하거나 진지하지 않았던 것은 아니라는 것이 헤겔의 평가이다. 오히려 아리스토파네스는 현실에 관한 자신의 진지한 관심을 웃음을 자아내는 가벼운 방식으로, 새로운 예술의 방식으로 표현했다고 헤겔은 본다. 헤겔은 1826년 어느 짧은 글에서도 다음과 같이 말하고 있다.

"희극에서 단순히 명랑하기만 한 것이 아닌 점에서 권위가 중요하다고 한다면, 누구보다도 나는 아리스토파네스를 인용하고 싶다. 우리에게 적어도 웃음을 주는(farcenhaft) 그의 대부분의 작품들에는 동시에 극도의 진지함, 더구나 모든 진지함들 가운데서도 정치적인 진지함(der politische Ernst)이 주요 관심사를 이루고 있다."[28)]

헤겔은 아리스토파네스가 사형선고를 무릅쓰면서까지 가장 진지하게 애국자의 모습을 보여준 사람이라는 것을 잊지 않고 있다. 헤겔이 보기에 아리스토파네스의

27) Ästhetik2, 120쪽. 두행숙2, 311쪽.
28) TW11, 74쪽. 이 글은 "개종자에 관하여"라는 제목이 붙어 있으며, 「베를린 슈넬포스트」(Berliner Schnellpost)에 실렸다.

애국심에는 "자기희생적인 한 민족이 보여주는 자기 확신적이며 지복에 찬 향유"가 잘 드러난다.[29) 『호토판 미학』에서도 헤겔은 아리스토파네스가 아테네의 안위를 진지하게 생각한 "참된 애국자"이자 "탁월한 시민"이라고 평가한다. 아테네를 진정으로 사랑한 아리스토파네스의 본래 의도는 "신적이며 인륜적인 것"을 웃음거리로 만들려고 한 것이 아니라, "실체적인 위력들이 가상으로 펼쳐지는 관행적인 전도된 상황(die durchgängige Verkehrtheit)", "처음부터 본래적인 사태는 깃들어 있지 않은 형태와 개별적 현상"을 비판하려던 것이다.[30) 이러한 헤겔의 해석은 아리스토파네스에 관한 일반적인 평가에서 크게 벗어나지 않는다. 왜냐하면 보통 희극론에서 아리스토파네스의 희극을 해석할 때에도, 아리스토파네스는 아테네의 본래적인 정치적 목적을 회복하기를 원하는 '보수주의자'로 그려지며, 당대의 정치가들이나 시인들, 철학자들에 대한 신랄한 비판은 이러한 맥락에서 이해될 수 있다고 판단되기 때문이다.[31)

그런데 아리스토파네스에 대한 헤겔의 의미 부여는 여기에 머물지 않는다. 정작 헤겔의 관심은 아리스토파네스의 정치적 성향 등을 밝히는 데 있지 않다. 오히려 헤겔은 아리스토파네스 자신의 본의와는 상관없이, 아리스토파네스의 희극이 도달한 시대의 정신사적 단계를 조망하는 데 초점을 맞추려 한다. 헤겔은 다음과 같이 말한다.

> "아리스토파네스는 신들의 참된 본질, 정치적이며 인륜적인 현존과 이 내용을 실현해야 하는 시민들과 개인들의 주체성 사이에 초래된 절대적인 모순(absoluter Widerspruch)을 보여주는데, 바로 이 같은 주체성의 승리 속에는 〔아리스토파네스의〕 모든 통찰에도 불구하고 그리스 몰락의 가장 큰 징후 하나가 들어 있다. 그래서 이처럼 어디에도 얽매이지 않는 매우 행복한 상태(unbefangenes Grundwohlsein)를 나타내는 〔아리스토파네스의 작품 속의〕 모습들은, 사실상 풍부한 정신을 소유하여 교양이 풍부하고 기지가 넘치던 고대 그리스 민족의 포에지(Poesie)로부터 도출된 최후의 위대한 결과물들이다."[32)

---

29) TW18, 483쪽. 철학사, 549쪽.

30) Ästhetik3, 554-555쪽. 두행숙3, 711쪽.

31) 아리스토파네스의 희극의 보수적 성향에 대해서는 다음을 참조할 것. Robert W. Corrigan, "Aristophanic Comedy: The Conscience of a Conservative", in: *Comedy. Meaning and Form*, ed. by Robert W. Corrigan, San Francisco: Chandler Publishing Company, 1965, 353-362쪽. 여기서 코리건은 아리스토파네스가 전쟁의 혼란과 점점 더 제국주의적으로 변하는 시대를 살면서 이미 상실되어버린 전통적인 행위의 가치와 형태, 사회질서를 복원하는 데 주요 관심이 있었던 "낭만적 반동주의자"(a romantic reactionary)라고 부른다.

이 인용문을 통해 우리는 아리스토파네스 자신보다는 아리스토파네스에게 스며들어 있는 시대 정신을 조명하는 일이 헤겔에게는 분명히 더 관심거리라는 것을 알 수 있다. 헤겔은 아리스토파네스의 작품에서 자기 파괴적이며 모순적인 상황에 처해도 명랑하며 웃음을 잃지 않는 '주체성의 탄생'과 더불어 '고대 그리스 몰락의 징후'를 보고 있다. 그러면 이 주체성은 구체적으로 어떤 의미를 지니며, 왜 주체성의 탄생이 고대 그리스의 몰락의 징후를 내포하는 것일까?

이 점과 연관해서 우리는 이미 앞서 제기된 물음들 속에서 헤겔이 '참으로 희극적인 것'과 더불어 '주체성'을 특별히 강조하고 있다는 점을 되새길 필요가 있다. 즉, 헤겔은 아리스토파네스를 언급하면서 "진정으로 희극적인 것"은 "심정의 절대적인 자유(die absolute Freiheit des Gemütes)"이며,[33] "최고의 희극적인 것"은 "자기 자신의 완전한 향유(vollkommener Genuß seiner selbst)"와 "모든 성과와 실재가 곧바로 무산되는 가운데서도 자기 자신에 대해서 품는 이렇게 맑고 투명한 확신(diese ungetrübte Gewißheit seiner selbst)" 속에서 파악될 수 있다고 주장한다.[34] 그리고 "희극적인 것"에서 맞이하는 "예술의 종말"과 함께 "자신의 목적이 몰락할 때에도 언제나 자기 그대로인 바로 남아 있는 주체성의 온전한 확신(vollkommene Sicherheit der Subjektivität)",[35] "주체가 자기 자신에 대해 지니는 강건한 확신(unverwüstbare Sicherheit)",[36] "주체성이 그 자신을 확신하는 자립성(ihrer selbst sichere Selbstständigkeit)" "자기의식의 자체 내로의 복귀(dieses Zurückgehen des Selbstbewußtsein in sich)", "지적인 내면적 세계 직관"[37] 등과 같은 표현들이 사용되고 있다. 이 점에서 '참으로 희극적인 것'의 의미를 '주체성'을 중심으로 해석해 볼 수 있다. 특히 헤겔은 비극과 희극을 비교하면서 희극에서 두드러지는 주체성의 의미를 강조하고 있다. 헤겔에 의하면 자기 스스로에게 안주할 수 있는 주체성의 탄생이라는 측면에서 희극은 비극보다 좀 더 높은 단계에 있다. 헤겔은 다음과 같이 비극과 희극을 비교한다.

"비극에서는 영원히 실체적인 것(das ewig Substantielle)이 투쟁하는 개별성으로부터

---

32) Ästhetik3, 555쪽. 두행숙3, 711쪽.
33) Hotho, 310쪽. 권정임, 405쪽.
34) TW18, 483쪽. 철학사, 549쪽.
35) Hotho, 311쪽. 권정임, 406쪽.
36) Ascheberg, 330쪽.
37) Ascheberg, 331쪽.

그릇된 일면성만을 제거하고, 개별성이 원했던 긍정적인 것은 더 이상 분열되지 않고 긍정적으로 매개되는 가운데 유지되어야 하는 것으로 표현함으로써, 영원히 실체적인 것이 화해하는 방식으로 승리를 거두는 것으로 등장하는 반면에, 역으로 희극에서는 주체성(Subjektivität)이 무한한 확신(Sicherheit)의 상태에서 우세하게 드러난다. 왜냐하면 극시가 다른 종류들로 갈라져 나갈 때 행위의 기본이 되는 두 가지 계기〔실체적인 것과 주체성〕만이 서로 대립할 수 있기 때문이다. 비극에서 개인들은 그들의 굳건한 의욕과 성격의 일면성에 의해 스스로를 파괴하거나, 또는 그들이 실체적인 방식으로 대립하고 있는 것〔실체적인 것〕을 체념적으로 자신 속에 받아들여야 한다. 그러나 희극 속에서는 모든 것을 자신을 통해 자신 속에서 해소해버리는 개인들의 웃음(Gelächter) 속에서 그들이 확실하게 자신들 속에 머물러 있는 주체성(sicher in sich dastehende Subjektivität)의 승리를 관조할 수 있다."[38)]

여기서 헤겔은 비극에서는 '개인들을 지배하는 운명'이라는 실체적인 것을 강조하고, 희극에서는 '모든 것을 자신의 웃음 속에서 해소해버리는' 주체성을 강조한다. 그렇지만, 헤겔의 이러한 비교는 상대적인 것으로 이해해야 한다. 즉, 헤겔은 희극과 비교해 비극에서 주체성이 전혀 나타나지 않는다고 주장하는 것은 아니다. 하지만 헤겔에 의하면 자기 파멸적 상황에서 '처절한 고통으로 절규하는 자'와 '여유 있게 웃을 수 있는 자'는 구분될 수 있다. 헤겔은 다음과 같이 말한다.

"고대 그리스의 조형적인 위대성을 띤 비극은, 인륜적인 실체와 필연성을 유일한 본질적인 토대로 삼아 가치를 부여하고, 이에 비해 행동하는 성격들이 그 자체 속에 지니는 개인적이고 주체적인 심오함은 완성되지 않은 것으로 보려는 일면성에 여전히 머물러 있다. 그러나 희극은 전도된 조형성 속에서 주관성을 완성된 상태에 이르게 하며, 주체성이 자신의 전도 상태(Verkehrtheit)를 자유롭게 감내하고 조형성이 해체되는 모습을 표현한다."[39)]

이처럼 헤겔이 비극보다는 희극에서 주체성이 완성된 형태로 표현된다고 생각하는 가장 결정적인 이유는, 희극에서는 관객들뿐만 아니라 주인공들이 자기 파멸적 상황을 자유롭게 즐길 수 있는 의식 상태에 다다랐다는 점에 있다. 헤겔이 생각

---

38) Ästhetik3, 527쪽. 두행숙3, 687쪽.
39) Ästhetik3, 555쪽. 두행숙3, 711 −712쪽.

하는 "참으로 희극적인 것"의 정체도 바로 이 주체성에 맞닿아 있다. 헤겔은 다음과 같이 말한다.

> "주체의 행동을 그 행동 자신을 통해서 모순에 빠뜨리고 다시 해소시키면서도, 자기 자신을 확신하면서 거기에 고요하게 머무는 주체성은 이미 보았듯이 전반적으로 희극적이다. 따라서 희극은 비극이 종결될 수 있는 것을 근거와 출발점으로 삼는다. 즉 〔희극은〕 자체 내에서 절대적으로 화해된 쾌활한 심정(das in sich absolut versöhnte, heitere Gemüt)으로서, 비록 자기 자신으로부터 자기 목적의 대립자를 불러와 자신의 의욕을 그 자신의 수단을 통해 파괴하며 자기 자신에게 좌절하더라도 자신의 쾌활한 심정(Wohlgemütheit)을 잃지 않는다."[40]

모순과 자기 분열, 자기 파괴의 상황에 처해도 쾌활한 웃음을 잃지 않고, 오히려 웃음 속에서 절대적으로 대립자들을 화해시키는 모습, 이 모습을 헤겔은 아리스토파네스의 희극에서 읽어내고 있다. 헤겔에 의하면 시문학의 전개 과정은 의식의 발전과 함께 맞물려 있다. 서사시에서는 신들이 끊임없이 인간의 세계에 개입하지만, 비극에서는 이러한 경향이 사라지면서 신들은 더 이상 인간의 정신에 수용될 수 없는 것으로 격하되며, 신들의 힘이 약화되면서 도리어 인간의 힘은 강해진다. 인간은 이제 호메로스의 영웅들처럼 자기 스스로 삶에 의미를 부여하는 인륜적 강령을 만들어내야 한다. 인간이 점점 더 자의식을 갖추어나감으로써 이제 더 이상 신이 아니라 인간 자신의 개별 정신의 가치가 부각되기에 이른다. 인간은 인간 자신이 만든 것이 전적으로 덕스럽고 존경할 만한 것이라는 사실을 의식한다.[41] 헤겔은 "희극의 보편적 토대는, 인간이 주체로서 자신이 알고 실행하는 것의 본질적 알맹이가 되는 모든 것을 완전하게 지배할 수 있는 대가가 되는 그러한 세계다. 그렇기 때문에 이 세계는 이 세계의 목적들이 그 고유의 본질을 상실함으로써 파괴되어버리는 그러한 세계이다."[42]라고 말한다. 『미학 강의』에서 아리스토파네스의 희극을 바라보는 헤겔의 시선은 이러한 인간 의식의 발전 방향에 맞추어져 있다. 그리고 분명히 이 방향의 목적지는 주체성의 완성과 더불어 실현되는 자유의 이념이

---

40) Ästhetik3, 552쪽. 두행숙3, 709쪽.

41) Stephen C. Law, "Hegel and the Spirit of Comedy: Der Geist der stets Vernunft", *Hegel and Aesthetics*, ed. by W. Maker, New York: State University of New York Press, 2000, 115-116쪽 참조.

42) Ästhetik3, 527쪽. 두행숙3, 687쪽.

다. 헤겔에 의하면 비극에서 우리는 자유를 향한 욕구를 표현하지만, 그러나 여전히 우리가 운명의 필연성에 묶여 있다는 것을 시인할 수밖에 없다. 이에 비해 희극에서 인간의 정신은 마침내 자유를 획득한다. 희극은 필연성을 일소하고 어떤 실체적인 것의 환상도 제거한다. 희극의 정신은 객관의 세계가 정말 우리 자신이 만들어 낸 주관적인 세계 외에 다른 것이 아니라는 사실을 선언하는 데에서 탄생한다.[43] 다음과 같은 헤겔의 말은 이 같은 내용을 강하게 뒷받침해준다.

> "희극 속에서 주체성 자체는 파멸되어서는 안 된다. 다시 말해서 만약 실체의 가상과 착각만이 또는 그 자체로 비뚤어지고 하찮은 것만이 출현하면, 더 숭고한 원리는 자체 내에서 확고한 주체성으로 머문다. 이 주체성은 이 전체 유한성의 몰락을 초월한 자유의 상태에서 스스로 안전하고 지복한 주체성이다. 희극적 주체성은 현실 속에서 현상하는 것을 지배하는 자가 된다. 여기서는 실체가 실제로 적합하게 현재성을 띠는 일은 사라지고 만다. 만약 그 자체로 비본질적인 것이 자기 자신에 의해서 스스로 가상적 실존이 되어버리면, 주체는 이처럼 해체되는 것을 다시 지배하면서 자신 안에서 더할 수 없이 쾌적하게 머문다."[44]

앞서 언급했듯이 헤겔이 유독 아리스토파네스의 희극 속에 스며들어 있는 '참으로 희극적인 것'을 그렇게 강조한 이유는 바로 이 같은 주체성 때문이다. 헤겔의 관점에서 볼 때 고대 그리스 세계에서 인간의 주체적 의식의 탄생은 희극의 정신을 통해 결정적으로 완성된다. 애초에 가면과 하나였던 비극의 배우가 무대에 설 때, 그리스인들에게 무대 위에 선 자는 배우가 아니라 신이었다. 그러나 자의식의 발전과 더불어 가면의 페르소나(persona)와 배우가 분리되고, 배우가 신성한 가면의 배후로부터 뛰쳐나옴으로써 가면을 쓴 배우는 더 이상 신이 아니며, 신성한 가면은 그냥 하나의 가면으로 존재하게 된다.[45] 더 이상 신의 신성한 이미지는 자의식의 공격을 감당해낼 수 없게 된 것이다.[46] 아리스토파네스의 희극은 이처럼 신성

43) Stephen C. Law, "Hegel and the Spirit of Comedy: Der Geist der stets Vernunft", *Hegel and Aesthetics,* ed. by W. Maker, New York: State University of New York Press, 2000, 116쪽 참조.

44) Ästhetik3, 530–531쪽. 두행숙3, 690쪽.

45) 『정신현상학』의 '예술종교' 부분에 이 같은 내용이 구체적으로 서술되고 있다.

46) 헤겔은 '종교철학강의'에서 다음과 같이 말한다. "제우스의 지배의 몰락, 그것도 영웅들 속에 존립하는 신적인 것과 인간적인 것의 정립된 통일에 의한 몰락에 대한 이 같은 예언이 아리스토파네스에게서 언표된다." (TW17, 109쪽)

함에 대한 우리의 이미지가 무화되는 모습을 보여준다. 이 탈신화의 과정은 종교와 하나였던 고대 그리스 예술의 몰락의 과정이기도 하다. 헤겔이 보기에 이 같은 과정은 소박한 의식이 부정되는 과정이지만, 이 부정에는 자아가 자기 자기에게 고요하게 거할 수 있는 어떤 긍정의 힘, 웃음이 함께한다.[47] 이 웃음을 내면에 간직한 자가 바로 희극적 주체이다.

5. 희극적인 것과 사변적인 것

앞서 우리는 헤겔이 '참으로 희극적인 것'의 본질을 '자기 충족하며 자기 확신하는 주체'에서 찾고 있음을 알 수 있었다. 자기 목적의 상실과 고통의 상황을 여유 있게 웃음으로 맞이할 수 있는 자아의 탄생, 그것을 헤겔은 한편으로 담담하게 반기고 있는 것이다. 이미 언급했듯이 이 같은 주체성의 탄생은 자의식의 발전과 함께하며, 자의식의 발전을 통해 고전적 예술, 특히 감각적 표현을 기본으로 하는 조형예술은 종말을 맞이할 수밖에 없다. 이것이 '예술은 희극적인 것에서 그 종말을 맞이한다.'는 헤겔의 주장이 내포하고 있는 의미로 해석될 수 있다. 이제 남겨진 문제는 '왜 헤겔은 이 같은 희극적 주체를 반기는가?' '희극적인 것은 사변적인 것과 어떤 관계가 있는가?'라는 물음이다.

이 물음에 답하기 전에 우선 헤겔이 단순히 '우스꽝스러운 것(das Lächerliche)'과 '본질적으로 희극적인 것(das eigentlich Komische)'을 구분했다는 사실을 유의할 필요가 있다. 헤겔은 악덕과 덕의 대조에서 비롯되는 풍자(Satire), 우둔함, 무의미(Unsinn), 어리석음(Albernheit)에서 비롯되는 웃음, 아주 비속하고 무취미한 것에서 비롯되는 웃음, 일상적인 관습이나 관념과 모순되는 하찮은 면이 빚어내는 웃음, 조롱(Spott)이나 경멸(Hohn), 절망(Verzweiflung) 등에서 비롯되는 웃음은 참된 의미에서 희극적인 것과는 거리가 멀다고 주장한다.[48] 그에 따르면 본질적으로 희극적인 것은 다음과 같다.

"자기 본연의 모순을 초월하며, 그 와중에서도 비참하거나 불행에 빠지지 않는 무한

---

47) W. Desmond, *Beyond Hegel and Dialectic – Speculation, Cult, and Comedy*, Albany N. Y.: State Univ. of New York, 1992, 293–294쪽 참조.
48) Ästhetik3, 527–528쪽. 두행숙3, 687–688쪽.

한 기분 좋은 마음의 상태(Wohlgemütheit)와 자신감(Zuversicht), 즉 자기 자신에 대해 확신하며 주체성의 목적과 그 실현의 좌절도 견뎌낼 수 있는 주체성의 지복(Seligkeit)과 유쾌함(Wohligkeit)이 희극적인 것에 속한다." [49)]

헤겔은 '참으로 희극적인 것'을 극단적인 모순 상황을 지양한 긍정의 상태로 보고 있다. 그래서 일차적으로 희극적인 행동 속에서는 '즉자대자적으로 참된 것'과 '이 참된 것의 개별적인 실재' 사이의 '모순(Widerspruch)'이 심오하게 드러나야 하며,[50)] 주체의 행동이나 사태가 '자기 본연의 모순'에 처해야 한다.[51)] 이 모순적 상황보다 더 긍정적인 상태, 즉 대립자들이 화해하는 순간에 웃음은 터진다. 이 화해의 웃음이 터지는 순간, 그것은 곧 모순이 해소되는 때이기도 하다. 헤겔은 아리스토파네스의 모든 희극 속에는 이처럼 '지속적인 화해(stete Versöhnung)'로 작용하는 '매우 솔직 담백한 명랑함(eine so franke Lustigkeit)'이 나타난다고 주장한다. 이에 비해 모순을 자신 속에 담지 못하는 "경직된 오성(der steife Verstand)"은 결코 희극적일 수 없다고 헤겔은 주장한다.[52)] 경직된 오성은 일의적이며(univocal) 생명 없는 범주에 의해 마비되어 있는 추상적 사유이고, 살아 있는 정신을 숨막히게 한다는 것이다.[53)] 이 점에서 헤겔은 『철학사 강의』에서 아리스토파네스를 언급하는 자리에서 다음과 같이 말한다.

> "희극적인 것은 사람이나 사태가 자신이 펼쳐지는 과정에서(in seinem Aufspreizen) 자기 자신 속에서 해체되어버리는(sich in sich selbst auflöst) 것과 같이 그렇게 사람이나 사태를 드러내 보이는 일이다. 사태가 그 자체 내에서 자신의 모순이 아니라면, 희극적인 것은 피상적이며 근거 없는 것이 되고 만다." [54)]

여기서 헤겔은 희극적인 것의 본질이 일차적으로 자기모순적 사태에 있음을 강조하고 있다. 자연스럽게 우리는 '모순'과 '경직된 오성' 등의 용어를 접하면서 헤겔의 논리적 규정들을 떠올리게 된다. 헤겔은 『대논리학』에서 오성은 규정을 고수

49) Ästhetik3, 528쪽. 두행숙3, 688쪽.
50) Ästhetik3, 530쪽. 두행숙3, 689-690쪽.
51) TW18, 482-483쪽 참조. 철학사, 548쪽 참조. "빈궁한 익살(Witz)은 실체적이지 않은 것이며, 사태 자체 속에 존립하는 모순들에 의거하지 않는다."
52) Ästhetik3, 528쪽. 두행숙3, 688쪽.
53) W. Desmond, 앞의 책, 276쪽 참조.
54) TW18, 483쪽. 철학사, 548쪽.

하지만, 부정적이며 변증법적인 이성은 오성의 규정을 무로 해체하며, 긍정적인 이성은 보편자를 산출하여 그 보편자에 특수자를 포섭하는 '정신'이라고 표현한다.[55] 이 정신은 단순자를 부정하여 오성의 규정된 구별을 정립하면서 동시에 이 구별을 해체하며, 더 나아가 애초의 단순자를 보편자로서 산출해내는 운동으로 표현된다.[56] 이 같은 운동의 방식을 한편으로 의식을 서술하는 데 적용한 것이 『정신현상학』이며, 다른 한편으로 순수 본질성을 대상으로 삼아 이것의 운동을 서술한 것이 『대논리학』이라고 헤겔은 주장한다.[57] 또한 두 저서를 포함해 대부분의 글에서 헤겔은 세 번째의 '긍정적인 이성'을 '사변적 이성'과 동일시한다.

> "오성적인 것은 확고한 규정과 타자와의 구별 상태에 있는 개념들에 머무른다. 이에 비해 변증법적인 것은 이 개념들을 이행과 해체의 상태로 보여준다. 그리고 사변적 또는 이성적인 것은 이 개념들의 대립 상태에서 그들의 통일을 파악하며, 해체와 이행의 과정 속에서 긍정적인 것을 파악한다."[58]

헤겔에 의하면 "사변적인 것(das Spekulative)"은 대립자들을 그들의 통일 상태에서 파악하고 긍정태를 부정태 속에서 파악하는 데 존립한다.[59] 독단론처럼 분리된 규정들을 그 자체만으로 참된 것으로 고수하거나, 아니면 단순한 표상처럼 도리어 모순에 의해 사유가 일방적으로 지배되어 어떤 규정을 단순히 다른 규정으로 대체하거나 무로 해체시켜버리면 사유는 결코 사변적일 수가 없다. 모순을 고수하면서도 동시에 모순 속에서 자기 자신을 유지할 때에만 사유는 사변적일 수 있다.[60] 헤겔은 다음과 같이 말한다.

> "사변적인 것 또는 긍정적-이성적인 것은 규정들의 대립 상태에서 이 규정들의 통일을 파악한다. 즉, 대립의 해체와 이행 과정 속에 포함되어 있는 긍정적인 것을 파악한다."[61]

---

55) GW11, 7쪽.
56) GW11, 7-8쪽.
57) GW11, 8쪽.
58) TW4, 12쪽.
59) TW5, 52, 168쪽 참조.
60) TW8, 99쪽, TW6, 76쪽 참조.
61) TW8, 176쪽.

우리는 사변에 대한 이상과 같은 논의를 통해 앞서 언급한 희극적인 것의 본질을 어렵지 않게 떠올릴 수 있다. 헤겔은 목적이나 행동이 자기 스스로에 의해 부정되고 해체되는 모순적 상황에서도 동시에 자기 확신하며 스스로에게 머물 수 있는 주체성을 통해 희극적인 것의 본질을 규정한다. '참으로 희극적인 것'은 이러한 주체의 절대적 자유에 의해서만 가능하다. 만일 어떤 행위가 자기모순적 사태를 유발하지 않는다면, 또는 이 모순적 사태의 해체과정에서도 행위의 주체가 대립의 계기들을 자체 속에 통합하여 포괄할 수 없다면 '참으로 희극적인 것'은 발생할 수 없다. 그래서 사변과 마찬가지로 희극적인 것은 대립과 통일, 부정과 긍정의 두 계기를 모두 요구한다. 이 같은 비교를 통해 헤겔이 아리스토파네스를 통해 '참으로 희극적인 것'의 본질을 두드러지게 강조한 이유가 드러난다.

물론 시문학의 희극이라는 장르 자체는 사변과 동일시될 수 없다. 헤겔도 이를 분명하게 의식하고 있다. 그렇기 때문에 헤겔은 모든 희극을 '참으로 희극적인 것'이라고 주장하지는 않는다. 어떤 희극 작품보다도 아리스토파네스의 작품을 통해서 헤겔이 강조하는 '참으로 희극적인 것'에 관한 논의는, 단순히 시문학의 희극이라는 장르에 한정될 수도 없고, 또한 고대 그리스라는 시대에만 한정될 수도 없다.[62] 이 점에서 '참으로 희극적인 것'의 탄생은 특정한 역사적 시기인 '고대 그리스 몰락의 가장 중요한 징후'로만 해석되어서는 안 된다. 더 나아가 '참으로 희극적인 것'은 헤겔에게는 예술과 철학의 관계를 해명하는 데 결정적인 역할을 한다. 다시 말해 '참으로 희극적인 것'에 관한 헤겔의 주장에는 예술과 철학의 본질적 관계에 대한 반성이 담겨 있는 것이다. 희극적인 것에서 종말을 맞이하는 것은 고대 그리스 예술이나 고전적 예술 형식만이 아니다. 헤겔은 분명히 희극적인 것에서 그 종말을 맞이하는 것은 특정한 예술만이 아니라 '예술 자체'라고 선언한다. 그리고 이 예술 자체의 종말은 '참으로 희극적인 것'을 가능케 하는 '주체성'의 탄생으로 인해 초래된다고 주장한다.[63] 이 주체성은 예술을 대상으로 삼고 예술을 이해하고 사유할 수 있는 주체성이다.

이 즈음해서 서론에서 언급한 데리다의 주장으로 되돌아가볼 필요가 있다. 그의

62) 헤겔은 『23년 미학강의』에서 다음과 같이 말한다. "우리는 그리스인들 자체에서 한편으로는 굉장히 가볍게 그리스신들을 헐뜯는 아리스토파네스를 보게 된다. 이것은 노여움이 아니라 오히려 다분히 우스움이라는 유쾌한 태도이다. 여기에 좀더 적합한 것은 로마 세계의 고유한 입장이다."(Hotho, 178쪽. 권정임, 263-264쪽) 이러한 주장은 헤겔 자신이 아리스토파네스의 희극의 의미를 고전적 예술형식에 제한하지 않고 오히려 낭만적 예술형식으로 확대 해석하고 있음을 잘 보여주는 말이다.

63) Hotho, 311쪽. 권정임, 406-407쪽. Ästhetik3, 572쪽. 두행숙3, 726쪽.

헤겔 비판과 관련해서 우리의 물음은 다음과 같은 것이었다. '과연 헤겔 철학에는 어떤 종류의 웃음도 부재하며 의미를 지니지 못하는가?' 지금까지의 논의를 통해 우리는 헤겔 철학에도, 변증법에도, 사변 철학에도 웃음이 매우 중요한 의미를 지닌다는 것을 확인할 수 있었다. 오히려 헤겔은 희극적인 것과 사변적인 것의 밀접한 연관성에 집중한 나머지, 아리스토파네스의 희극을 어쩌면 지나칠 정도로 자기 입장에서 자의적으로 해석한 측면도 없지 않다. 헤겔은 아리스토파네스의 작품을 직접 읽지 않고서는 인간이 어쩌면 그리도 유쾌할 수 있는지 알 수 없다고 했지만,[64] 반대로 과연 우리가 아리스토파네스의 희극을 읽고 유쾌하게 웃으면서 그 속에서 헤겔의 흔적을 찾을 수 있을지는 장담할 수 없기 때문이다. 그럼에도 불구하고 아리스토파네스의 희극에 대한 헤겔의 해석은 역설적으로 헤겔의 사변 철학이 노동과 그로 인한 고통과 절망 못지않게 분열과 모순을 웃음으로 여유 있게 대처하는 참으로 희극적인 태도를 배제하지 않고 있다는 점을 분명히 보여준다.

앞서도 언급했지만, 희극적인 것에서 비롯되는 웃음이 터지는 순간 바로 부정적이며 변증법적인 상태를 초월하는 긍정의 측면이 열린다. 이 긍정의 측면이 바로 사변적인 것이다. 따라서 희극적인 것과 그로부터 비롯되는 웃음은 헤겔적인 사변적 사유와 결코 적대적이지 않으며 오히려 매우 친근하다.[65] '자유로운 주체성'을 매개로 한 희극적인 것과 사변적인 것의 만남이라는 점에서 헤겔의 사변은 결코 웃음을 잃어버린 개념의 자기 연출이 아니다. 그렇기 때문에 절대지의 폐쇄성을 초월하려는 전략으로서 헤겔에 대한 바타유의 조소를 수용하는 데리다의 입장은, 일차적으로 헤겔 자신의 웃음을 경청하는 데 성공적이지 않다. 노동에 대한 코제브식의 강조로 인해, 데리다는 시문학과 희극, 그리고 거기에 내재하고 있는 웃음에 대한 헤겔의 통찰을 충분히 천착하지 못했다는 평가가 가능한 것이다.[66] 오히려 헤겔은 자신의 체계 내에서 예술과 종교, 그리고 철학을 절대정신의 단계에 함께 위치시키면서, 예술과 철학의 상호 연관성을 지속적으로 고민했다. 헤겔은 『미학 강의』에서도 다음과 같이 말한다.

> 사변적 사유가 오성적 표상과 일상적 직관의 이 같은 결점을 말끔히 없애버림으로써, 한편으로 사변적 사유는 시적인 상상력(poetische Phantasie)과 친근한 관계를 맺는다.[67]

64) Ästhetik3, 553쪽. 두행숙3, 709-710쪽.
65) W. Desmond, 앞의 책, 282쪽 참조.
66) W. Desmond, 앞의 책, 291쪽 참조.
67) Ästhetik3, 243쪽. 두행숙3, 441쪽.

만일 예술과 사변 양자가 모두 '신을 위한 예배(Gottesdienst)'라고 한다면, 신을 위한 예배에서 벌이는 한 판 굿의 향연과 축제에서 터지는 웃음, 이 웃음이 없다면 헤겔이 주장한 사변도 제대로 가능하지 않을 것이다. 하지만 이 같은 웃음의 가능성이 다양한 종류의 웃음들의 가능성을 부정하는 것은 아니다. 즉, 웃음에도 여러 가지 종류가 있을 수 있다는 점을 고려한다면, 헤겔 철학 내에서 희극적인 것과 웃음이 유의미하다고 해서 반드시 그것을 데리다식의 웃음과 동일시할 수는 없을 것이다. 만일 헤겔과 데리다가 서로 마주 보고 웃는다고 하더라도, 그 웃음의 의미는 제각기 전혀 다를 수도 있을 것이다. 헤겔이 주제로 삼고 있는 웃음은 제한적 경제와 마찬가지로 제한적 웃음일 뿐이라고, 그래서 헤겔 철학은 그냥 아무 이유 없이 호탕하고 가볍게 웃을 수 없는 사변에만 계속 머문다고 데리다는 비판하지 않을까? 그러나 오히려 헤겔은 데리다식의 웃음이 진정으로 희극적인 웃음은 아니라고, 삶의 진지함을 반영하지 않는 비웃음이거나 실소이거나 조소일 뿐이라고 비판하지 않을까? 의미의 절대적 포기, 죽음의 절대적 위험에서 비롯되는 웃음과, 개념의 생동적인 의미, 삶의 진지한 반성에서 비롯되는 웃음은 분명 동일하지 않다.[68] 과연 이 두 웃음들은 서로 섞일 수 없는 불협화음만을 유발하는 것인지, 아니면 또 다른 가능성에 열려 있는 것인지, 그리고 어느 쪽이 이 시대를 살아가는 우리에게 정말 필요한 웃음인지, 이 같은 물음들은 여전히 우리에게 유의미하게 남겨져 있다.

---

68) 헤겔은 다음과 같이 말한다. "삶은 동시에 이 모순의 해체이며, 이 속에 사변적인 것이 존립한다."(TW9, 338쪽) 이처럼 헤겔에게 사변적인 것은 절대적 죽음보다는 모순을 극복하는 총체적 삶으로 향하고 있다.

참고 문헌

1. 1차 문헌

Hegel. G. W. F., *Gesammelte Werke*, in Verbindung mit der Deutschen Forschungsgemeinschaft, hrsg. von der Reinische-Westfälischen Akademie der Wissenschaften, Hamburg, 1968ff.(=GW)

____ , *Theorie Werkausgabe in zwanzig Bänden*, Redaktion von E. Moldenhauer & K. M. Michel, Frankfurt am Main, 1969ff.(=TW)

____ , *Vorlesungen über die* Ästhetik I, in TW13, 1970.(=Ästhetik1)

____ , *Vorlesungen über die* Ästhetik II, in TW14, 1970.(=Ästhetik2)

____ , *Vorlesungen über die* Ästhetik II, in TW15, 1970.(=Ästhetik3)

____ , *Vorlesungen über die* Ästhetik, *Berlin 1820/21*. hrsg. von H. Schneider, Frankfurt am Main: Peter Lang, 1995.(=Ascheberg)

____ , *Vorlesungen über die Philosophie der Kunst, Berlin 1823 Nachgeschrieben von Heinrich Gustav Hotho*, hrsg. von Annemarie Gethmann-Siefert, Hamburg: Felix Meiner Verlag, 1998.(=Hotho)

____ , 권정임 · 한동원 옮김, 『헤겔 예술철학』, 미술문화, 2008.(=권정임)

____ , 두행숙 옮김, 『헤겔미학I』, 나남출판, 1996.(=두행숙1)

____ , 두행숙 옮김, 『헤겔미학II』, 나남출판, 1996.(=두행숙2)

____ , 두행숙 옮김, 『헤겔미학III』, 나남출판, 1996.(=두행숙3)

____ , 박병기 옮김, 『헤겔의 자연철학2』, 나남, 2008.

____ , 서정혁 옮김, 『미학강의』, 지만지고전천줄, 2008.(=서정혁)

____ , 임석진 옮김, 『철학사I』, 지식산업사, 1996.(=철학사)

Platon, Symposion(=Das Gastmahl), in: *Platon Werke in Acht Bänden Griechisch und Deutsch*, Bd.3, hrsg. von G. Eigler, Darmstadt: Wissenscaftliche Buchgesellschaft, 1974.(=Symposion)

____ , 박희영 옮김, 『향연-사랑에 관하여』, 문학과 지성사, 2003.

Nietzsche, F. W., *Jenseits von Gut und Böse*, in: *Nietzsche Werke. Kritische Gesamtausgabe*, hrsg. von G. Colli und M. Montinari, VI-2, Berlin: Walter de Gruyter, 1968.

____, 김정현 옮김, 『선악의 저편 · 도덕의 계보』, 책세상, 2002.

2. 2차 문헌

Aristoteles, 천병희 옮김, 『시학』, 문예출판사, 1997.

Corrigan, Robert W., "Aristophanic Comedy: The Conscience of a Conservative", in: *Comedy. Meaning and Form*, ed. by Robert W. Corrigan, San Francisco: Chandler Publishing Company, 1965.

de Moliére, J.-B. P., 백선희 · 이연매 옮김, 『타르튀프 · 서민귀족』, 동문선, 2000.

Derrida, J., *Writing and Difference*, trans. by A. Bass, Chicago: The Univ. of Chicago Press, 1978.

____, 남수인 옮김, 『글쓰기와 차이』, 동문선, 2001.

Desmond, W., *Beyond Hegel and Dialectic - Speculation, Cult, and Comedy*, Albany N. Y.: State Univ. of New York, 1992.

Flay, J. C., "Hegel, Derrida and Bataille's Laughter", in: *Hegel and His Critics - Philosophy in the Aftermath of Hegel*, ed. by W. Desmond, Albany, N. Y.: State Univ. of New York Press, 1989.

Law, Stephen C., "Hegel and the Spirit of Comedy: Der Geist der stets Vernunft", *Hegel and Aesthetics*, ed. by W. Maker, New York: State University of New York Press, 2000.

Meier, Ph., *Autonomie und Souveränität oder das Scheitern der Sprache - Hegel im Denken von Georges Bataille*, Bern: Peter Lang, 1999.

Strauss, L., *Socrates and Aritophanes*, Chicago: The Univ. of Chicago Press, 1966.

윤병태, 「아리스토파네스와 니체의 반소크라테스주의의 본질」, 한국헤겔학회 펴냄, 『헤겔연구』, 제23호, 용의 숲, 2008.

이정린, 『아리스토파네스와 고대그리스 희극공연』, 한국학술정보(주), 2006.

황설중, 「헤겔의 『정신현상학』에서 죽음과 의식의 경험-노동과 에로티즘의 관계를 중심으로」, 한국헤겔학회 펴냄, 『헤겔연구』, 제23호, 용의 숲, 2008.

Das Komische und das Spekulative
–G. W. F. Hegel' s Interpretation über Aristophanes' Komödie

Seo, Jeong-Hyok

Zusammenfassung

In seiner *Vorlesungen über Ästhetik* betrachtet Hegel Aristophanes als besten Komödieschreiber. Und Hegel behauptet, daß es ist möglich, 'das echte Komische' in Aristophanes' Komödie zu finden. Zuerst gründet diese Behauptung darauf, daß Hegel 'die echte Komödie' von 'die moderne Komödie', z. B. Moliére's *Le Tartuffe ou L'Imposteur* unterscheidet. Hegel behauptet, daß in Aristophanes' Komödie sowohl Zuschauer als auch Held gern über sich lachen kann. Darum sagt Hegel, in Aristophanes' Komödie liegt "vollkommene Sicherheit der Subjektivität, die beim Zugrundegehen ihres Zwecks immer bleibt, was Subjektivität ist". Ich will diese Bedeutung der 'Subjektivität' in Ansehung des 'echte Komische' betrachten. Zweitens bezieht Hegel 'das echte Komische' auf 'das End der Kunst'. Aber im Hegel's System enthält 'das End der Kunst' das Verhältnis zwischen Kunst und Philosophie, d.i. Spekulation. Darum kommt es darauf hier an, daß das Verhältnis zwischen das Komische und das Spekulative erläutert wird. In diesen Erläuterungen wird es sich herausstellen, daß Derrida's Behauptung, 'es gibt kein Lachen in Hegel's Philosophie', falsch ist.

Schlagwörter : das echte Komische, das Spekulative, End der Kunst, Lachen, Subjektivität, Aristophanes, Hegel, Derrida.

제2부

일반 논문

인간의 자기인식의 가능성과 그 양태에 관한 연구
― 플로티누스의 사례를 중심으로*

이 상 섭

요약문

만일 인간이 자기 자신을 인식할 수 없다면, "너 자신을 알라?"는 소크라테스의 모토는 어떠한 의미를 가질 수 있는가? 이러한 문제와 관련해서 이 글은 플로티누스의 텍스트에 나타난 인간의 자기인식의 가능성과 양태를 살펴보려는 목적을 갖는다. 이를 위해서 먼저 정신의 자기인식을 살펴봄으로써 엄밀한 의미에서의 자기인식의 가능성의 조건들과 양태를 분석한 후에, 그 조건들에 비추어 인간의 자기인식의 가능성과 그것의 가능한 양태에 대해서 숙고하고 있다. 플로티누스에 따르면 엄밀한 의미에서 자기인식은 '전체로서의 자기'가 '전체로서의 자기'를 인식하는 한에서만 주장될 수 있다. 이에 따라 전체의 한 부분이 다른 부분을 인식하는 방식으로 이루어지는 자기인식은 받아들일 수 없는 것으로 배제된다. 따라서 엄밀한 의미에서 자기인식은 오직 인식주체와 대상, 그리고 작용이 구분되면서도 동일한 존재자인 정신에게만 속할 수 있는 작용이다. 반면 인간에게는 엄격한 의미에서 자기인식이 속할 수 없다. 왜냐하면 자기 자신을 인식하는 정신과는 달리 '우리' 자신인 추론적 이성은 외적인 것을 인식하는 능력이기 때문이다. 그러나 추론적 이성은 자기의 근거인 정신을 통해서 자기 자신이 정신으로부터 파생된 존재자임을 인식하며,

더 나아가 스스로 자기 자신의 근거인 정신이 됨으로써 그 안에서 '참된 자기' 자신을 인식할 수 있는 가능성이 열려 있다. 인간은 자기 자신을 인식하기 위해서 완전히 다른 존재자, 즉 자신의 근거인 정신이 되어야만 한다. 그러나 이제 영혼이 자기인식을 통해서 알게 되는 참된 자기는 더 이상 "자기"가 아니라, "자기의 밖"에 있고, 자기를 "초월한 것"이 된다. "참된 자기"는 "자기"가 지양될 때에야, 즉 더 이상 "자기"가 아닐 때 도달할 수 있다는 자기인식의 역설적인 상황에서 플로티누스가 이해하는 인간의 자기인식의 양태가 분명하게 드러나게 된다.

● **주요어 : 영혼, 자기인식, 정신, 참된 자기, 추론적 이성**

I. 머리말

소크라테스의 "너 자신을 알라"라는 모토 이래로, 자기 인식의 문제는 고대에서부터 중세에 이르기까지 주요 사상가들의 주석의 대상이 되어 왔으며[1] 현대에 와서도 이 문제의 중요성은 결코 약화되지 않았다. 자기인식의 문제가 중요한 이유 중의 하나는 소크라테스의 사례에서 알 수 있듯이 이 문제가 윤리적 · 실천적 함의를 갖기 때문일 것이다.[2] 인간이 자기 자신을 무엇으로 이해하고 규정하는가에 따라, 인간은 서로 다른 실천적 규범을 갖게 된다. 한편으로는 인간의 본질을 "정신"으로 파악하고, 신체적-감각적인 것을 비본질적이고 부수적인 것, 심지어 장애로까지 규정하는 인간관과 신체를 인간의 본질적인 구성 원리로 파악하는 인간관이, 다른 한편으로는 인간을 통일적이고 단일한 의식을 지닌 존재로 파악하는 입장과 인간의 의식을 다층적이고 통일되지 못한 분열적 구조로 파악하는 입장이, 인간을

* 이 논문은 2007년도 정부재원(교육인적자원부 학술연구조성사업비)으로 한국학술진흥재단의 지원을 받아 연구되었음(KRF-2007-332-A00062).

1) 고 · 중세 철학의 자기인식의 이론에 대한 역사적 연구로는 P. Courcelle, *Connais-toi toi-même. De Socrate à saint Bernard*, 3 Vols., Paris 1974 참조.

2) 자기인식에 해당되는 그리스 suneidesis의 라틴어 번역은 *conscientia*이다. *conscientia*의 문자적 의미인 "함께 인식함"은 이론적인 '동반적인 인식'만을 가리키지 않고 자기 자신을 통제한다는, 윤리적인 의미의 인식을 뜻하기도 한다. 이에 대해서는 K. Gloy, *Bewusstseinstheorien. Zur Problematik und Problemgeschichte des Bewusstseins und Selbstbewusstseins*, Freiburg 2004, 78-85 참조.

둘러싼 철학적인 문제들, 예컨대 인간의 자유와 존엄성, 삶의 태도와 윤리규범 및 법과 제도, 국가 등의 문제에 있어서 서로 다른 이해와 대안을 제시하리라는 것은 분명한 일이다.

그런데 이러한 논의의 바탕에는 중요한 인식론적인 전제가 깔려 있다. 인간이 자기 자신이 어떠한 존재인가라고 묻고 대답하며, 또 그 대답에 상응하는 실천적인 규범을 제시할 수 있기 위한 전제조건은 근본적으로 인간이 자기 자신을 인식할 수 있어야 한다는 것이다. 그러나 인간이 자기 자신을 인식할 수 있다는 것이 그렇게 자명한 일인가? 철학사를 일별해 보면 반드시 그렇지만은 않다는 것을 쉽게 알 수 있다. 자기인식의 중요성을 설파했던 플라톤은 그의 대화편 『카르미데스』에서 – 비록 해석에 따라 이론의 여지는 남아 있지만 – 소크라테스의 입을 통해 "인식의 인식"(epistēmē heautēs)이 이론적인 측면과 유용성의 측면에서 불가능하다는 논증을 전개하였다.[3] 보다 전형적인 자기인식의 불가능성 논변은 고대의 회의주의자 섹스투스 엠피리쿠스(Sextus Empiricus)에게서 찾아볼 수 있다.[4] 그러나 자기인식의 불가능성을 주장하는 것은 섹스투스와 같은 과거의 철학자에게만 국한된 일은 아니다. K. 뒤징이 보고하고 있듯이 우리는 오늘날에도 여전히 '섹스투스 엠피리쿠스'를 만날 수 있다.[5]

자기인식에 대한 회의주의는 어떠한 철학적 결과를 가져올 것인가? 만일 인간이 자기 자신을 인식할 수 없다면, 인간이 자기 자신에 대해 내린, 예를 들어 '이성적 동물'이나 '생각하는 갈대' 등과 같은 정의들은 그것이 사실과 부합하는지 알지 못하고 내린 그야말로 허구적인 규정들이 될 것이고, 그러한 규정에 바탕을 둔 실천적 규범들은 문자 그대로 사상누각이 될 것이다. 자기인식의 가능성에 대해 회의적이었던 섹스투스 엠피리쿠스와 같은 회의주의가 자기와 세계에 대해 취했던 실존적이고 실천적인 태도가 "판단중지"(Epoche)였다는 사실은 자기인식의 가능성에 대한 정초 없이는 인간과 세계에 대한 적극적인 실천적 태도 표명이 가능하지 않음을 시사해주는 것이라 할 수 있다.

따라서 인간이 자기 자신의 본질에 대해 질문을 던지고 의미 있는 진술을 구성하기 위해서는, 이러한 회의주의적인 태도에 직면해서 자기인식의 가능성을 정초하는 일이 반드시 필요하다고 할 수 있다. 그러나 자기인식의 가능성 자체가 정초

3) 이에 대해서는 Gloy, *Bewusstseinstheorien.*, 106–144 참조.
4) 회의주의 논변에 대해서는 이 글 II장 서문 참조.
5) K. Düsing, *Selbstbewusstseinsmodelle. Moderne Kritiken und systematische Entwürfe zur konkreten Subjektivität*, München 1997, 1.Teil 참조.

되었다고 해서 곧바로 인간의 자기인식의 가능성이 확립되는 것은 아니다. 왜냐하면 인간은 다양한 측면과 부분들을 가진 복합적 존재로 보이기 때문이다. 특수한 경우를 도외시하면 인간을 이질적인 요소들로, 즉 영혼과 신체로 구성된 복합적인 존재로 보는 것은 고 · 중세 철학, 특히 플라톤주의의 전통에 서 있는 일반적인 인간의 이해이다. 더 나아가 플라톤의 영혼 삼분설이나 아리스토텔레스의 영혼개념에서 쉽게 확인할 수 있듯이 자기 자신에 대한 사유를 수행하는 인간의 혼(psychē) 자체도 순일한 것이 아니라 자신 안에 다양한 층위를 가지고 있다. 내용면에서는 차이가 있겠지만 현대철학에서도 인간의 복합성이나 심지어 다중적 인격성에 주목한다. 그러한 존재로서 인간의 자기이해는 알려지는 부분보다는 알려지지 않은 부분이 더 많은, 부분성과 불충분성을 함유하고 있는 자기이해일 수밖에 없을 것처럼 보인다. 과연 복합적인 존재인 인간은 전체로서의 자기 자신에 대한 인식을 가질 수 있을까? 있다면, 어떠한 양태로 가능할 수 있을 것인가? 만일 인간에게 자기 자신을 인식하는 것이 결코 가능하지 않다면 '자기인식'에 대한 논의가 인간에게 어떠한 의미를 가질 수 있겠는가? "너 자신을 알라!"는 델피의 권고는 분명히 인간을 향한 권고일 텐데, 이 권고는 그저 인간은 자기 자신을 인식할 수 없는 존재라는 자각, 자기 자신의 유한성에 대한 자각을 가지라는 권고일 뿐인가?

이러한 문제의식 하에서 우리는 이 글에서 인간의 자기인식의 가능성과 양태를 플로티누스의 사례를 통해 살펴보려 한다.[6] 이를 위해서 먼저 플로티누스가 개진한 본래적인 의미에서 자기인식의 가능성의 조건들과 양태를 살펴볼 것이다(II). 그리고 나서 비로소 그 조건들에 비추어 인간의 자기인식의 가능성을 타진해보고 그것의 가능한 양태에 대해서 살펴볼 것이다(III). 마지막으로 결론에서 플로티누스에게서 인간의 자기인식이 갖는 의미에 대해 숙고해 볼 것이다(IV).

II. 정신의 자기인식에 나타난 자기인식의 가능조건과 양태

플로티누스는 V 3.1에서 자기 인식의 가능성을 부정하는 것은 많은 불합리성을 낳기 때문에 일단 영혼에 대해서는 유보적인 태도를 보이면서도 적어도 정신(nous)에게 자기인식을 부여하는 것은 당연하다는 입장을 취한다. 그에 따르면 "정신에게 그것〔=자기인식〕을 부여하지 않는 것은, 〔즉〕 정신이 외적인 사물들에 대한 인식을 하면서 자기 자신에 대해서는 아무런 인식을 할 수 없다면, 그것은 불합리하다."(V 3.1.17-20) 이와 함께 그는 이미 같은 곳에서 자기 인식과 관련해서 제기될 수 있는 여러 가지 문제들을 다루면서 자기인식이 가능하기 위한 조건들을 제시하였다. 그 중에서 가장 결정적인 것은 자기 인식은 "자기가 자기를"(auto heauto)인식하는 것이지 "다른 것이 다른 것을"(allo allō) 인식하는 것이 아니며, 그렇기 때문에 자기인식은 다수의 부분들로 이루어진 복합체에게는 불가능하며 오직 '단순한 것'에게만 가능하다는 것이다(V 3.1.10–14).[7)]

이러한 조건들은 회의주의와의 대결을 통해 확립된 것들이다. 플로티누스가 대결하고 있는 회의주의자 섹스투스 엠피리쿠스에 따르면 자기인식은 부분들로 구성된 복합적 존재자뿐만 아니라 단순한 존재자에게도 역시 불가능하다. 복합체의 경우 자기인식은 전체 복합체의 한 부분이 다른 한 부분을 인식하는 방식으로 일어날 수밖에 없는데, 이것은 엄밀한 의미에서 자기인식이라 할 수 없다는 것이다. 이는 전체로서의 자기가 전체로서의 자기를 인식하는 것이 아니라 자기의 한 부분이 다른 한 부분을, 결과적으로 '다른 것'이 '다른 것'을 인식하는 것과 같기 때문이다. 한편 단순한 존재자의 경우에는 인식주체와 인식대상간의 관계가 성립될 수 없다는 이유에서 자기인식이 거부된다. 자기인식도 인식인 한에서 주체와 대상의 구분이 필수적인데, 단순한 존재자가 자기 자신을 인식하려면 주체나 대상 중 어느 하나는 될 수 있지만 동시에 주체이면서 대상일 수는 없다. 단순한 존재자인 한에서 자기 자신이 주체와 대상으로 나뉠 수 없기 때문이다. 이와 같은 자기인식의 가능성에 대한 회의적인 입장은 정신의 직관적 인식모델이 아니라 추론적 이성의 모델에 기초하고 있다.[8)]

---

6) 우리가 분석하려는 텍스트는 특히 엔네아데스 V 3, ch. 4–5이다. 4장에서는 영혼의 자기인식이, 5장에서는 정신의 자기인식이 논의된다. 번역서로는 W. Beierwaltes, *Selbsterkenntnis und Erfahrung der Einheit. Plotins Enneade V 3. Texte, Übersetzung, Interpretation, Erläuterungen*, Frankfurt a. M. 1991, K. Kremer, *Plotin. Seele–Geist–Eines. Griechisch–Deutsch*, Hamburg 1990 등을 이용하였다. 이 부분의 자기인식의 문제에 대해서 W. Beierwaltes, *Das wahre Selbst. Studien zu Plotins Begriff des Geistes und des Einen*, Frankfurt a. M., 2001, H. Oosthout, *Modes of Knowledge and the Transcendental. An Introduction to Plotinus Ennead 5.3 [49] with a Commentary and Translation*, Amsterdam/Philadelphia 1991, J. Halfwassen, *Geist und Selbstbewußtsein. Studien zu Plotin und Numenios*, Mainz 1994, M. Dixaut, P. M. Morel et K. Tordo–Rombaut (ed.), *La Connaissance de Soi. Études sur le traité 49 de Plotin*, Paris 2002 등의 연구들을 참조하였다. 또한 이상섭, 「자기인식의 역설. 고 · 중세의 정신철학적 관점을 중심으로」, 『헤겔연구』 21(2007), 239–264, 특히 242–245 참조.

7) 이 조건들에 대해서는 Beierwaltes, *Selbsterkenntnis*, 101–102 참조.

8) Beierwaltes, *Das wahre Selbst* 89 참조. 회의주의 논증은 V 3.1에서 소개되고 있다. 이에 대해서는 I. Crystal, *Self–intellection and its Epistemological Origins in Ancient Greek Thought*, Aldershot 2002, 155–160, Halfwassen, *Geist und Selbstbewußtsein*,12–14 참조.

플로티누스는 V 3.5에서 이와 같이 확립된 자기인식의 조건들에 대한 증명을 시도하면서 정신의 자기인식의 가능성을 확고히 정초한다. 여기에서 그는 한편으로는 회의주의에 동의하면서 자기인식은 복합적인 존재자들에게는 가능하지 않다는 것을 보여주고, 다른 한편으로는 회의주의의 논증이 추론적 사유의 영역에서는 타당할지라도 "절대적이고, 무시간적인 정신의 사유"에는 적용되지 않는다는 것을 보임으로써 회의주의의 입장을 최종적으로 거부하고 단순한 존재자인 정신에게는 자기인식이 가능하다는 것을 증명하는 전략을 취한다. 이제 V 3.5의 논변에 대한 자세한 분석을 통해서 어떠한 조건하에서 자기인식이 가능할 수 있는지 살펴보려 한다.[9]

1. 부분을 통한 부분의 인식의 불가능성

복합적 존재자, 예를 들어 인간, 즉 혼과 신체로 구성된, 더 나아가 그 혼도 절대적 단순성을 갖지 않고 여러 가지 능력들의 총체로 이루어진 인간에게는, 적어도 복합적인 존재자인 한에서는 엄밀한 의미에서의 자기 인식이 가능하지 않다. 이것은 회의주의자뿐만 아니라 플로티누스도 동의하는 바이다. 이 경우 복합적 전체의 한 부분이 다른 부분을 인식하는 양태를 띨 수밖에 없기 때문이다. 이것은 플로티누스가 V 3.1에서 말하듯이 '자기가 자기를 인식'하는 것이 아니라 '다른 것이 다른 것'을 인식하는 것이다. 플로티누스는 세 단계의 복잡한 논증을 통해서 만일 한 부분이 다른 부분을 인식하는 방식으로 자기인식이 수행된다면 어떠한 불합리한 결론들이 도출될 수 있는지 보여줌으로써 자기인식은 그러한 방식으로 일어날 수 없다는 주장을 한다.

첫째 단계의 논증은 다음과 같은 간단한 구절로 이루어져 있다. "정신은 자기의 한 부분으로 다른 한 부분을 관조하는가? 그러나 그렇다면 한 부분은 보고 다른 부분은 보이게 될 것이며, 이것은 자기가 자기를 보는 것이 아니다."(V 3.5.1-3) 그런데 어떤 한 부분이 다른 부분을 인식하는 것이 자기가 자기를 인식하는 것이 아니라 다른 것이 다른 것을 인식하는 것인 까닭은 그 부분들이 서로 다르기 때문이다. 그러므로 만일 이 부분들이 모두 동질적이라면 사정은 달라질 것처럼 보인다.

---

9) 이 부분의 상세한 분석에 있어서 특히 Beierwaltes, *Selbsterkenntnis*, 108-113, Halfwassen, *Geist und Selbstbewußtsein*, 24-30 및 W. Köhn, "Comment il ne faut pas expliquer la connaissance de soi-même" (Ennéade V, 3〔490, 5.1-17), in: M. Dixaut(ed.), *Connaissance de soi même*, 229-266에 크게 의존하였다.

이에 대한 지적이 둘째 단계 논증의 출발이 된다. "그렇다면, 만일 정신이 동질적인 부분들로(homoimeres) 이루어져 있어서, 보는 부분이 보이는 부분과 결코 다르지 않다면 어떠한가? 그러한 경우, 정신은 자기의 한 부분을 보고, 이 부분이 그것과 동일하다면 정신은 자기 자신을 보는 것일 것이다. 보는 부분과 보이는 부분이 결코 다르지 않을 것이기 때문이다."(V 3.5.3–7) 그러나 플로티누스는 각 부분들의 동질성도, 그것이 여전히 '부분들'의 동질성인 한에서 자기 인식을 보장하지는 못한다고 생각한다. 그 이유는 두 가지로 말할 수 있다. 먼저 (1) 플로티누스는 정신을 이렇게 인식하는 부분과 인식되는 부분으로 나누는 것이 불합리하다고 지적한다. 정신 자체가 그 자체로 단순하므로 가분적이지 않을 뿐만 아니라, 나뉜다 하더라도 어느 부분이 주체가 되고 어느 부분이 대상이 되는지, 또한 정신을 나누는 것은 정신 자신인지 또는 정신과 다른 것인지와 같은 많은 난제들이 이와 관련해서 제기될 수 있다.(V 3.5.7–9) 또한 (2) 인식하는 부분이 인식되는 부분 안에서 인식하는 부분 자신을 인식할 수 있어야만 인식하는 부분이 자기를 인식한다고 말할 수 있을 텐데, 이것은 가능하지 않다는 것이다. 왜냐하면 '인식되는' 것에게는 '인식됨'이 있지 '인식함'이 있는 것이 아니기 때문이다.(V 3.5.10–12) 즉, 대상으로 정립된 부분에게는 '〔대상으로서〕 인식됨'이 귀속되지만 인식주체의 '인식함'은 속하지 않는다. 그러므로 이러한 방식으로 자기 자신에 대해 인식하게 된다면, '인식되는' 자기에 대해서만 알게 되고, '인식하는' 자기에 대해서는 알지는 못하게 된다. 간단히 말해 이러한 방식으로는 오직 대상으로서의 자기 자신에 대한 인식만 있지, 인식주체로서의 자기 자신에 대한 인식은 있을 수 없다는 것이다. 이 경우 자기 자신을 인식한다고 하면서도, 실제로는 자기의 모든 면에 대해서 그리고 전체로서의 자기 자신에 대해서 알지 못하며 결과적으로 자기 자신이 아닌 어떤 것에 대해 인식하는 것과 같다는 결론이 도출될 수밖에 없다.(V 3.5.12–15) 이는 또 다시 자기인식이 아니라 다른 것이 다른 것을 인식하는 것이 된다.

이러한 난점을 해결하기 위해서 '인식되는 자기'에게 결여된 '인식하는 자기'의 계기를 더해볼 수 있을 것이다. 플로티누스는 세 번째 단계의 논증에서 이러한 시도를 하고 있다. 그런데 그에 따르면 자기 자신에 대한 완전한 인식을 얻기 위해서 인식하는 자로서의 자기를 더하게 되면, 인식하는 자기와 인식되는 자기의 동일성의 확보를 넘어서서 필연적으로 '인식되는 것(대상)'이라는 계기가 더해지게 된다. 인식작용은 대상관련성을 포함하기 때문이다(VI 7.40.5–6). "그래서 보여지는 것들이 봄 안에 현전해 있다고 가정해 보자. 그 경우 현전해 있는 것이 그 사물들의 인상들(typoi)이라면, 정신은 사물들 자체를 소유하지 않는다. 반면에 그 사물들 자체를 소유한다면, 정신은 나뉘어졌기 때문에 그 사물들을 보는 것이 아니고 정신이 나뉘기 이전에 관조하고 소유할 것이다."(V 3.5.18–21) 인식되는 자기에게 더해진 인식하는 자기의 계기 안에 인식 대상이 이미 포함되어 있다면, 인식되는 자기는 대상을 인식하는 자기 자신이어야만 한다. 그런데 인식대상은 인식주체에게 두 가지 방식으로 현전할 수 있다. 즉 인식대상이 인식주체에게 인식될 때, 대상 자체가 아니라 그것과 구별되는 대상의 인상이 파악된다고 할 수 있다. 그러나 이 경우 대상을 그 자체로 파악하지 못하고, 따라서 '자기 자신'을 파악하지 못하고 자신의 인상만을 파악할 뿐이다. 반면에 인식대상 자체가 파악된다면, 인식되는 '인식하는 자기 자신'은 인식하는 자기와 인식되는 자기에로의 구별 이전에 이미 대상을 그 자체로 인식하는 자기 자신이 된다. 그런데 이 경우, 자기 인식은 '〔자기라는〕 대상을 그 자체로 인식하는 자기 자신'에 대한 인식이므로, 주체와 대상의 구별이 이전에 이미 자기 자신이 자기 자신을 인식하고 있다는 말이 된다. 부분들 간의 관계가 부분들의 구별 이전의 관계로 환원된다는 것이다.

세 번째 단계의 논증과 함께 플로티누스는 자기인식과 관련하여 인식하는 자기와 인식되는 자기를 서로 다른 부분으로 분리시키고, 인식하는 자기가 인식하는 자기의 인식작용을 통해서 인식되는 자기와 관계를 맺게 되는, 일종의 추론적 사고 모델에 기초하는 설명 방식은 좌초할 수밖에 없음을 최종적으로 확인한다. 이와 함께 플로티누스는 부분들로 구성된 복합적인 존재자에게는 자기인식이 있을 수 없다는 회의주의의 주장에 동의하고 있는 셈이다. 이러한 주장은 만일 자기 인식이 가능하다면 그것은 오직 부분들로 구성되지 않은 단순한, 그래서 자기 관계가 자기의 한 부분이 다른 부분과의 관계로 환원되지 않는 그러한 존재자에게만 가능할 것이라는 주장으로 이어질 수 있다. 그러나 회의주의는 단순한 존재자에게는 자기관계성이 성립할 수 없기 때문에, 역시 자기인식이 가능하지 않다는 주장을 한다.

플로티누스는 세 번째 단계의 논증 마지막 부분에서 일단 주체와 대상의 구분 이전의, 주체와 대상의 동일성에 따르는 자기인식의 가능성을 시사하고 있다. 그러나 단순한 존재자에게만 자기인식이 가능하다는 주장이 복합적인 존재자의 자기인식의 부정을 통해서 도출되었다고 해서, 그것만으로 단순한 존재자의 자기인식의 가능성이 충분히 확립된 것은 아니다. 이것은 단순한 존재자의 '자기-관계'가 어떻게 가능한지 보여준 이후에야 이루어질 수 있다. 이제 그에게 남은 문제는 단순한 존재자의 자기 관계가 어떻게 가능한지를 설명하는 것이다.

2. 전체로서의 자기를 통한 전체로서의 자기의 전체로서의 자기에 대한 인식

복합적인 존재의 자기인식이 불가능하다면 부분들로 구성되지 않은 단순한 존재일 경우에만 자기인식이 가능하다는 결론이 나올 수 있다. 그러나 이 단순성이 '무-관계성'을 함축하는 한에서 자기 인식은 성립될 수 없다. 자기인식도 인식인 한에서 인식하는 자와 인식되는 것의 구분을 전제하기 때문이다.[10] 이 점은 플로티누스가 일자의 자기인식을 인정하지 않는 것을 고려하면 이해할 수 있다. 그에 따르면 일자, 즉 절대적 단순성을 향유하는 일자는 '주체와 대상의 구분'까지 넘어서 있기 때문에 자기 자신을 '인식'한다고도 말할 수 없다.[11] 이런 맥락에서 플로티누스는 자기인식의 경우에도 어떤 특정한 방식으로 인식주체와 인식대상의 구별이 있어야만 한다고 생각한다. 그러나 물론 그 구별은 동일성, 그것도 '거의' – 일자의 절대적 단순성과는 구별된다는 의미에서 – 완전한 상태의 동일성을 통해서 통일될 경우에만 자기인식을 보장하게 된다.[12] 엄밀한 의미에서의 자기인식은 자기가 자기 자신을, 그것도 '전체로서의 자기 자신'이 '전체로서의 자기 자신'을 인식하는 것이기 때문이다.

이와 관련하여 플로티누스는 단순한 존재인 정신의 자기인식을 설명하기 위해서 주체와 대상의 구분성을 포함하는 단순성과 통일성을 보여주고자 한다. 그는 먼저 정신의 대상을 규정하고, 그것이 정신 자체와 다르지 않은 것임을 천명한다. 그에 따르면 "정신(nous)과 정신의 사유대상(to noēton)이 하나이고, 이것이 존재자, 제일 존재자이고 동시에 존재하는 것들을 소유하고 있는 또는 그것들과 동일한 제일 정신이다."(V 3.5.26-28) 정신과 정신의 사유대상이 동일하다면, 정신은 자기의 대상을 인식하면서 자기 자신을 인식할 수 있게 된다. 이는 위의 세 번째 단계의 논증에서 간접적으로 주장하는 바이기도 하다.

그러나 정신과 정신의 사유대상의 동일성 주장이 그 자체로 정신의 자기인식을 설명할 수 있는가? 이와 관련하여 플로티누스 역시 다음과 같은 의문을 제기한다. "사유(noēsis)와 사유대상이 동일하다면, 어떻게 이 동일성 때문에 사유하는 자(to

10) Crystal, *Self-Intellection*, 180이하에서 이러한 관점에서 자기인식을 설명한다.

11) V 6.5.1-5 등 참조. 이와 다른 견해로는 Ch. Horn, "Plotins Philosophie des Geistes. Ideenwissen, Selbstbewusstsein, Subjektivität", in: U. Meixner/A. Newen (hrsg.), Seele, *Denken, Bewusstsein*, Berlin/New York 2003, 57-89, 특히 70-81 참조.

12) Oosthout, *Modes of Knowledge*, 144 참조.

noun)가 자기 자신을 사유하는가? 즉, 사유는 사유대상을 포괄할 수 있고 또는 사유대상과 동일할 수 있는데, 그러나 여전히 정신이 자기 자신을 사유하는 것이 분명하지는 않다."(V 3.5.28-31) 이 문제는 인식이 성립되기 위해서 서로 구분되어야만 하는 두 계기인 인식주체와 인식대상의 동일성의 양태에 관한 물음으로 이해될 수 있다. 앞 절에서 플로티누스는 이미 서로 동질적인 '부분들'의 관계의 관점에서 주체와 대상의 동일성에 대해 숙고하고, 그것들이 '부분'들 간의 관계인 한에서 여전히 – 동일한 것이 아니라 – 다른 것과 다른 것의 관계로 환원될 수밖에 없다고 말하였다. 그러므로 정신의 자기인식을 설명할 수 있기 위해서는 정신과 대상간의 동일성이 동질적 부분들의 동일성이 아닌 전체로서의 자기 자신과 전체로서의 자기 자신 간의 동일성으로 파악될 수 있어야만 한다.[13]

플로티누스는 이 문제를 "현실성(energeia)" 개념을 통해서 해결하려 한다. 플로티누스에 따르면 정신의 사유대상은 이데아들이며(V 9.8.1-4), 따라서 사유는 다름 아닌 이데아들에 대한 관조이다.[14] 그런데 바로 이 이데아들은 현실성으로 특징지어진다. "... 사유대상은 현실성이다. 그것은 단순히 가능성이 아니고, 사유되지 않는 것은 아니다. 생명으로부터 분리되지 않았고, 마치 돌이나 생명 없는 것들에게처럼 생명과 사유를 어떤 것에 더해진 것으로 갖지도 않는다. – 제일실체가 사유대상이다."(V 3.5.32-35) 플로티누스에 따르면 정신의 사유 대상은 어떠한 종류의 가능성도 지니지 않은 순수 현실태로서 모든 종류의 존재활동성을 포함하고 있다. 가능태로부터 자유로운 이데아들이 '사유의 대상이 될 수 있음'이라는 의미에서의 가능성으로부터도 자유로운 것은 당연한 일이다. 이데아들은 가지적이며, 그것도 현실태의 의미에서 그렇다. 그런데 어떤 것이 현실태에 있어서 가지적이라는 사실은 단순히 그것이 정신의 사유 '대상'이 된다는 것만을 의미할 수도 있다. 그러나 플로티누스는 더 나아가 순수 현실태로서의 사유대상에게 생명작용을 부여한다. 즉 이데아는 그 자체로 가지적이며 살아 있는 존재이다.[15] 또한 우리의 논의에 있어서 결정적으로 중요한 것은 플로티누스가 이데아에 '사유작용' 자체를 부여한 것이다. "사유대상이 현실태이고, 제일현실태이고, 가장 아름다운 현실태라면, 그것은 사유이고 본질적으로 사유이다. 그리고 가장 참된 것이다."(V 3.5.36-37) 여기에서 플로티누스는 '질료를 갖지 않은 존재자들의 경우 사유와 사유되는 것은 동일하다'는 아리스토텔레스의 명제를 엄격하게 적용하고 있다. 아리스토텔레스에게서 이 명제는 대략 비-가지성의 요소인 질료로부터 추상된 사물의 형상적 요소들이 가능적인 지성의 형상이 된다는 의미에서, 사유와 사유대상의 형상적 동일성을 뜻하는 것으로 이해된다. 그러나 플로티누스는 이 명제를 질료가 없는 순수

정신적 존재에게는 '현실태에 있어서 알려질 수 있음' 뿐만 아니라 그 자체로 '앎'이 속한다는 의미로 해석한다. 즉 이데아들은 사유를, 마치 우유적 속성처럼 '외적이고 우유적으로 더해진 것'으로 갖는 것이 아니라, 다시 말하자면 '알려짐'만이 속하는 것이 아니라, 그것들 자체가 "본질적으로 사유"라는 것이다. 플로티누스에게서 이데아들은 단순히 정신의 사유와 마주하고 있는 것(대상)만이 아니라 사유 자체인 것이다.

더 나아가 플로티누스는 정신, 사유작용 그리고 사유대상의 동일성을 천명한다. "그러한 종류의, 일차적이고 근원적으로 존재하는 사유, 그것은 제일 정신이다. 제일 정신은 분명히 가능적이지 않고 사유와 구분되지 않는다. 그 경우 그것의 본질적인 것이 가능적이 되기 때문이다. 그것(정신)이 현실성이고(energeia) 그것의 본질(ousia)이 현실성이라면, 정신은 현실성과 하나이고 동일하다. 그리고 존재자(to on)와 사유대상(to noēton)은 현실성과 하나이고 동일하다. 이와 함께 정신, 사유 및 사유대상, 이 모든 것이 하나가 될 것이다." (V 3.5.38-44) 순수 현실태인 정신에게 사유는 외적이고 우유적인 것으로 속해 있는 어떤 것이 아니다. 정신은 완전하게 실현된 사유의 현실태 그 자체이고 그런 한에서 정신과 사유는 분리될 수 있는 것이 아니라 하나이고 동일한 것이다. 현실태에 있는 사유와 현실태에 있는 사유대상은 하나이고 동일한 것이기 때문에, 정신과 정신의 사유작용 그리고 사유대상은 모두 하나이고 동일한 것이고 서로 분리될 수 없는 것이다.

바로 이러한 방식으로 인식주체와 인식대상의 자기-인식에서의 동일성과 일치가 확보된다. 그럼으로써 또한 정신의 자기인식이 설명된다. "이제 정신의 사유가 사유대상이라면 그리고 사유대상이 정신 자체라면, 정신은 자기 자신을 사유하게 될 것이다. 왜냐하면 정신은 자기 자신과 같은 사유를 통해서 사유하고, 정신은 자기와 같은 사유대상을 사유하기 때문이다. 그래서 정신은 두 가지 방식으로 자기 자신을 사유한다. 정신이 사유인 한에서, 그리고 정신이 사유대상인 한에서, 즉 정신이 자기와 동일한 사유를 통해서 인식하는 사유대상인 한에서 자기 자신을 사유한다." (V 3.5.44-48)[16]

정신은 그 자체로 현실태에 있어서의 사유작용 자체이며 사유대상 자체이고, 사유대상인 이데아들은 그 자체로 현실태에 있는 사유작용이고 정신 자체이다. 정신

13) 이에 대한 강조는 Horn, "Plotins Philosophie des Geistes", 특히 70-81 참조.

14) Halfwassen, *Geist und Selbstbewußtsein*, 27

15) 이와 관련된 플로티누스의 플라톤의 『소피스테스』에 대한 의존성은 Halfwassen, *Geist und Selbstbewußtsein*, 28 참조.

은 자기에게 속한 어떤 것으로서의 인식작용을 통해서 자기와 다른 것으로서의 대상을 인식하는 것이 아니라, 자기 자신과 동일한 인식작용을 통해서 자기 자신과 다른 것이 아닌 이데아를 인식한다. 그러므로 정신은 인식작용을 통해서 이데아를 인식하면서, 전체로서의 자기 자신이 전체로서의 자기 자신을 통해서 전체로서의 자기 자신을 인식한다. 정신의 이데아에 대한 관조는 정신의 자기 관조이며 정신과 동일한 이데아 자체의 자기 관조인 것이다.[17] 이러한 종류의 동일성은 플로티누스가 거부했던, 서로 분리된 것들 간의 병렬적 동일성과 구별되어야 한다. 주체와 대상의 차이의 통일성이되, 차이를 보존하는 통일성이다. 차이가 완전히 지양된다면 그래서 주체와 대상의 구분이 전적으로 지양된다면 이와 함께 자기인식도 지양될 수밖에 없다.

플로티누스는 정신과 인식작용 및 대상의 동일성을 바탕으로 정신의 자기인식을 설명하면서, 회의주의자와 함께 부분을 통한 부분의 인식이라는 의미의 자기인식의 불가능성을 인정한다. 그러나 전체로서의 자기 자신을 통한 자기 자신 전체의 인식'(holos holō)을 주장한다는 점에서는 회의주의와 구별된다. 그는 추론적 사유와 구별되는, 사유와 사유된 것의 차이를 보존하면서도 그러한 차이를 포괄하고 넘어서는 통일성에서 정신의 자기인식의 특징을 발견한다.[18] 이와 함께 엄밀한 의미에서의 자기인식의 가능조건과 양태가 확립되었다.

III. 인간의 자기인식

앞 절의 논의를 통해서 플로티누스에게서 엄밀한 의미에서의 자기인식은 '단순

16) 여기에서 플로티누스가 플라톤의 『카르미데스』의 논의를 암묵적으로 포함하고 있는지는 직접적으로 드러나지는 않는다. 그러나 '전체-전체'의 주장, 동일성의 주장은 『카르미데스』에서 플라톤이 자기인식의 불가능성에 대한 논거를 역으로 차용하고 있는 듯이 보인다. 『카르미데스』와의 비교를 위해서는 M.-F Hazenbroucq, "La connaissance de soi-même et ses difficultés dans l'Ennéade V, 3 et le Chéarmide de Platon", in: Dixaut(ed.), *Connaissance de soi même*, 107-131 참조.

17) Halfwassen, *Geist und Selbstbewußtsein*, 29. 정신은 이데아들을 자기 안에 형성하고 있기 때문에 일자와 같이 절대적 단순성을 소유하지는 못하며, 그런 점에서 정신은 "일자이면서 다자"(hen polla, VI 2.15.14)이다. 그러나 다수의 이데아들은 각각의 이데아가 모두 동일하게 전체로서의 이데아이며, 정신 자체이다.(I 8.2.15-19참조) 그러므로 이데아들의 다수성은 정신의 자기인식을 "부분-부분"의 관계로 환원시키지 않는다. 이에 대해서는 Horn, "Plotins Philosophie des Geistes", 66-67 참조.

18) Beierwaltes, *Das wahre Selbst*, 90 참조.

한 존재'에게만 가능하며, 그것도 "전체가 전체를" 인식하는 방식으로만 가능하다는 것이 드러났다. 이제 이러한 엄밀한 의미에서의 자기인식의 조건을 바탕으로 인간에게 자기인식이 가능한지, 가능하다면 어떠한 양태를 갖는지 살펴보기로 하자.

1. 추론적 이성으로서의 '우리'

인간의 자기인식과 관련하여 먼저 살펴보아야할 점은 플로티누스가 이해하는 '인간'은 무엇인지에 대해서이다. 플로티누스는 인간을 가리키기 위해서 '우리'(hēmeis)라는 용어를 사용한다. 그에게서 'hēmeis'는 "참된 의미에서 그리고 본질적인 의미에서의 인간"을 가리키는 전문용어라고 할 수 있다.[19] 플라톤주의자로서 플로티누스는 인간의 정체성과 관련하여 "영혼이 인간이다"(IV 7.1.25)라고 단언한다. 이 점에서 그는 『알키비아데스 I』의 전통을 충실히 따르고 있다.[20] 이에 따라 '우리'의 본질적 정체성을 구성하는 요소들로부터 '신체'가 배제된다. 신체에서 일어나는 사건들은 우리에게 '외적인 것'으로 여겨지기 때문이다.(V 3.2.4-5 참조). 그러므로 플로티누스에게 '우리', 즉 인간은 일차적으로 영혼을 의미한다. 그러나 영혼으로서의 '우리'가 정신이나 이성 및 감각 등과 같은 다수의 요소들로 구성된 복합체인지, 아니면 그 중에서도 특히 어떤 요소가 지배적인 것인지에 관해서 플로티누스는 애매한 입장을 취하고 있다.[21] 그러나 많은 곳에서 플로티누스는 '우리'는 영혼으로부터 비롯되는 모든 심리작용을 통괄하는 전체를 가리키며, 그 중에서 추론적 이성(dianoētikon)은 중심적인 작용을 한다고 말한다.[22] 이러한 맥락에서 추론적 이성은 '참된' 영혼(I 1.9.21), '제일' 영혼(I 1.8.6.)이라고 불리기도 한다.[23] 그런 한에서 '우리'는 추론적 이성과 동일한 것으로 여겨진다. 플로티누스에 따르면 "우리는 바로 추론적으로 사유하는 자이며, 우리는 추론적 이성 안에 있

19) 자기인식과 '우리'의 개념에 대해서는 Oosthout, *Mode of Knowledge*, 31-42 참조, 여기에서는 32.

20) 『알키비아데스 I』의 전통에서의 '자기'의 문제에 대해서는 R. L. Fetz, "Dialektik der Subjektivität: Die Bestimmung des Selbst aus der Differenz von Ich und Mein, Sein und Haben: Alkibiades I, Epiktek, Meister Eckhart", in: R. L. Fetz & Hagenbüchle & P. Schulz (ed.), *Geschichte und Vorgeschichte der modernen Subjektivität*, Berlin-New York 1998, 177-203 참조.

21) 이에 대해서는 R. Sorabji, *Self. Ancient and Modern Insights about Individuality, Life and Death*, Chicago 2006, 118이하 참조.

22) Oosthout, *Modes of Knowledge*, 37.

는 사유들을 사유한다. 그것이 바로 우리이다."(V 3.3.35-36.)

'우리' 인간 자체는 이성적 영혼, 즉 추론적 사유를 하는 영혼이다. 그러나 '우리'의 작용에는 '정신'(nous)이나 '감각'(aisthēsis)에서 비롯되는 것들이 있다. 작용에 있어서 추론적 사유능력은 위로부터(정신) 그리고 아래로부터(감각) 그것에게로 오는 인상(typoi)들을 받아들인다.(V 3.2.24-25) "정신의 작용들은 위로부터 온다. 이는 감각지각의 작용들이 아래로부터 오는 것과 같다. 그런데 '우리'는 하위와 상위의 능력 사이의 영혼의 주된 부분이다. 감각지각은 하위의 능력이고 정신은 상위의 능력이다."(V 3.3.36-40) 이러한 규정은 '우리'의 사유방식으로부터 알 수 있다. 우리는 감각지각을 통해서 인식한 사물들에 대해 그것이 '좋다' 또는 '그렇지 않다'는 판단을 내린다. 이러한 판단은 우리가 판단의 기준을 우리 안에 가지고 있을 때 가능한 것이다. 이와 같은 판단의 기준은 정신으로부터 우리에게 주어지는 것이다. 정신은 우리가 감각을 통해 지각된 사물들에 대한 판단을 내릴 수 있도록 기준과 개념들을 우리에게 부여해준다. '우리'는 추론적 이성으로서 감각이 전달해주는 인상들을 수용하고 '정신'이 부여해준 판단 기준을 가지고 그것들에 대해 판단함으로써 외적인 사물들을 인식한다.(V 3.3.7-14) 바로 그러한 의미에서 정신은 우리의 "왕"이고, 감각은 우리의 "심부름꾼"이라고 할 수 있다.(V 3.3.44-45) 그러나 정신이나 감각이나, 어느 경우에나 우리가 그것들로부터 '받아들인다'는 점에서, 우리는 그것들에 대해 수동적인 위치에 있다. 그리고 바로 그렇기 때문에 정신과 감각은 '우리'가 아니라 '우리에게 속하는 것'이라고 말할 수 있다. 물론 이것들이 우리에게 속하는 방식에 대해서는 차이가 있다. 그러나 어느 경우에든 이러한 것들은 우리의 본질을 이루는 것이 아니며, 우리의 본질을 이루는 것은 추론적 사유능력인 것이다.

'우리'의 사유방식은 일차적으로 추론적 사유이다. 추론적 사유는 일차적으로 외적 사물들에 대한 인식을 추구하며, 또 그것들을 탐구하는 일에 바쁘다(polupragmonein)(V 3.3.16-17). 이런 한에서 외적 사물들에 대한 정보를 추론적 이성에게 전달하는 감각지각은 항상 우리의 것으로 여겨지지만 정신에 대해서는 그렇게 말하기 어려운 점이 있다. 플로티누스에 따르면 "감각이 항상 우리의 것이라는 점은 인정되는 것 같지만 – 우리는 항상 지각하기 때문이다 – 정신과 관련해서는 논란이 있다. 우리는 항상 정신을 이용하는 것이 아니기 때문이며, 또 정신은

---

23) 추론적 이성의 여러 명칭들에 대해서는 Th. A. Szlezák, *Platon und Aristoteles in der Nuslehre Plotins*, Basel/Stuttgart 1979, 197 참조.

분리되어(chōristos) 있기 때문이다. 정신은 우리를 향하지 않는다는 점에서 분리되어 있다. 오히려 그것을 향하는 것이 우리이다."(V 3.3.40-44)

'우리'의 정체성에 대해 해석의 여지가 있다 하더라도, 적어도 우리가 단순한 존재가 아니라는 것은 분명해 보인다. '우리'가 다수의 요소들로 구성된, 다수의 자아라고 한다면 물론 재론의 여지가 없지만, 만일 '우리'가 본질적으로 영혼이고, 추론적 이성이라고 하더라도, '우리'가 단순하게 추론적 이성인 것만은 아니다. 작용에 있어서 추론적 이성은 정신과 감각지각에 의존적이다. '우리'에게는 비록 외적인 것이지만 '신체'가 속하며, 추론적 이성에게도 감각과 이성이 속한다. 그런 한에서 '우리'는 본질적으로는 '추론적 이성'이지만 그것만으로 존재와 작용에 있어서 완결적일 수 있는 단순한 존재가 아니라, 기능과 존재를 위해 여러 가지 자기 아닌 것들을 필요로 하고, 그것들을 자기에게 속하는 것으로 포함하고 있는 복합적 존재라 할 수 있다.

2. '우리'와 참된 자기로서의 정신

'우리'와 정신의 관계는 조금 더 자세히 살펴봐야만 한다. 정신은 '우리'를 이해하는데 결정적으로 중요하기 때문이다. 플로티누스는 우리는 정신이 아니라고 말한다(V 3.3.31). 정신은 '우리'로부터 분리되어 있으며 우리에게 왕이다. 그러나 동시에 정신은 우리에게 속한 것이며, 그 뿐만 아니라, 우리, 즉 추론적 이성은 바로 '정신' 때문에 우리의 능력과 작용을 갖게 되고 또 그로 인해 추론적 이성이라고 불리게 된다는 점에서 우리를 우리이게 해주는 것이기도 하다. "... 어떤 면에서 정신적인(noēron) 영혼의 저 부분을 가르쳐야 한다. 우리는 그 부분을 '추론적으로 사유하는 것'(dianoētikon)으로 부르며 이 이름은 그것이 일종의 정신이거나 또는 '정신을 통해' 그리고 정신으로부터 자기의 능력을 갖게 된다는 것을 시사해준다."(V 3.6.19-22) 추론적 이성은 그 자체로는 정신이 아니지만, 정신과 닮아 있으며 그렇기 때문에 그것의 활동이 비록 외적인 대상들을 향하고 있을 때조차도 정신에 기반하고 있다. "영혼은 정신을 향하는 한에서 자기의 내면을 향하고, 정신의 밖에 있는 한에서 외부세계를 향한다. 전자의 관점에서 영혼은 그것으로부터 자기가 유래한 바로 그것과 닮아있다. 후자의 관점에서는 닮지 않게 되지만 그럼에도 여전히 ... 그것과 유사한 채 남아 있다."(V 3.7.25-29) 그렇기 때문에 우리의 영혼은 "정신의 모상"(eikōn nou)이며(V 1.3.7), 추론적 사유는 정신의 외화된 양태(prophora, V 1.3.7)라고 말할 수 있다.[24]

정신은 '우리' 자신은 아니지만, 그것의 모상인 우리의 존재와 작용의 근거로서 우리 안에 있다. 그러나 정신은 어떤 면에서 우리 안에 있는 것이지만 우리의 부분은 아니고, 다만 우리에게 속한 어떤 것일 뿐이다. "순수정신이 영혼 안에 있는 것을 막는 것이 있는가? 없다. ... 그러나 이것을 영혼의 부분이라고 불러야 하는가? 아니다. 우리는 이것은 영혼의 부분이 아니라고 말한다. 비록 정신이 영혼에 속하는 것이라고 말한다 하더라도 말이다. 정신은 추론적 요소와 다르며 그것 위에 있다. 비록 그것을 영혼의 부분으로 보지 않더라도 그것은 우리의 것이다."(V 3.3.21-26) 정신은 추론적 사유를 가능하게 하는, 추론적 사유의 원형으로서, '우리'의 근거로서 우리 안에 있으면서 또한 동시에 우리 자신이 아닌 한에서 우리를 초월해 있다. 그렇기 때문에 정신은 우리의 것이면서도 우리의 것이 아니다. "사실 정신은 우리의 것이면서 우리의 것이 아니다. 그래서 우리는 정신을 이용하면서 이용하지 않는다. ... 우리가 그것을 사용하는 한 우리의 것이고, 사용하지 않는 한, 우리의 것이 아니다."(V 3.3.26-29)

순수한 정신이 우리 안에 있으면서 우리를 초월해 있듯이, 우리 자신도 정신으로부터 하강해 있으면서 또한 정신으로부터 완전히 하강해 있지는 않는다. 이와 관련하여 플로티누스는 감각의 세계 안에 잠겨 있지 않고 우리를 넘어서 가지적 세계에 머물러 있는, "감각의 영역으로 하강하지 않은 영혼의 부분"에 대해서 말한다.[25] "우리의 영혼은 완전히 〔감각의 영역으로〕 가라앉지 않았다. 영혼 안에는 여전히 가지적 세계에 머물러 있는 부분이 있다."(IV 8.8.2-3) 우리는 본질적으로 외적인 세계와 교통하는 추론적 이성이지만, 우리 영혼의 하강하지 않은, "영혼의 이보다 탁월한 부분"(V 3.4.13)은 여전히 정신 안에 머물러 있으면서 간단없이 이데아의 세계를 관조하고 있다. 하강하지 않은 영혼의 부분은 추론적 이성으로서의 우리에게 '의식되지 않은', '순수한' 정신성의 영역이다.[26]

---

24) 플로티누스는 때때로 '추론적 이성(dianoētikon, logistikon, logizomenon)'을 '영혼의 누우스(nous tes psyches)'라고 부르기도 한다(V 3.2.14). 즉 플로티누스에게서 누우스는 일차적으로는 '두 번째 본질(hypostasis)'을 가리키지만, 보다 넓게는 숙고와 추론적 사유라는 인간의 능력을 지칭하기도 한다. 이러한 용어사용에서도 정신과 영혼(추론적 이성)간의 존재론적 친연성을 엿볼 수 있다. (Szlezák, *Nuslehre Plotins*, 167참조).

25) 이에 대해서는 Szlezák, *Nuslehre Plotins*, 167-205 및 Kremer, *Seele-Geist-Eines*, XI-XII 참조. 이 이론은 "정신의 영혼 안의 내재와 ... 작용에 대한 생각을 보충"(Beierwaltes, *Selbsterkenntnis*, 105)해 준다. 그리고 바로 이 이론을 통해서 영혼으로서의 인간이 자기초월을 통해 정신으로 고양되고-궁극적으로 일자와의 합일로 향할 수 있는 근거가 놓여진다. Szlezák, *Nuslehre Plotins*, 167 참조.

26) Szlezák, *Nuslehre Plotins*, 168.

비록 정신은 '우리'가 아니며 '우리에게 – 그것도 때때로 – 속하는 것'이지만, 추론적 사유로서의 우리가 정신에 근거하고 있는 한에서 그리고 우리가 – 비록 그것을 의식하지 못한다 하더라도 – 여전히 정신에 머물러 있는 한, 우리는 근원에 있어서는 정신이라고 할 수 있다. 그런데 "자신의 근원에 긴밀히 의존하지 않는 한, 타자에게 귀속되어 타자 안에서 존재하는 것이 모상의 본질적 규정에 속한다." (V 3.8.13–14) '정신의 모상'으로서의 '우리'가 정신에게로 향하지 않는 한, 우리는 자신을 잃어버리고 우리로부터 소외되어 우리가 아닌 것으로 남아 있게 된다. 반면에 우리가 우리의 근원이고 원형으로서의 정신을 향하고 정신에 의존하는 한에서 우리는 우리 아닌 것으로부터 우리 자신에게로 되돌아온다. 그런 한에서 정신은 우리의 근거이며 우리를 참된 의미에서 우리이게 해주는, "참된 자기"라고 말할 수 있다.[27]

3. '정신이 됨'(noēthenai)으로서의 '우리'의 자기인식

'우리' 인간이 이렇게 규정되었을 때, 과연 우리는 '우리' 자신을 인식할 수 있는가? 우리는 우리 자신을 통해서 우리 자신을 '추론적으로 사유하는 영혼'으로서 인식할 수 있는가? 정신의 자기인식을 논의할 때 우리는 이미 플로티누스가 영혼의 자기인식에 대해 유보적인 태도를 취했다고 말했다. 가장 큰 이유는 추론적 이성의 일차적 기능이 외적인 사물들의 인식이라는 점에서 찾을 수 있다. "왜 우리는 이 부분〔=추론적 이성〕에 자기에 대한 사유를 인정해서는 안 되는가? –우리는 그것에게 외부사물들을 탐구하는 과제를 부여하고 그것은 이것들에 바쁘기 때문이다." (V 3.3.15–17) 그런 한에서 추론적 이성은 자기 자신에로 되돌아갈(epistrophei) 능력을 갖고 있지 않고, 바로 이러한 이유 때문에 플로티누스는 '우리'에게 자기인식을 허용하지 않는다. "영혼의 저 추론 기능은 자기 자신을 향하는가? 아마도 그렇지 않다." (V 3.2.23–24) 플로티누스는 자기 자신을 인식하는 능력을 오직 정신에게만 인정한다. "우리는 자기에게 속하는 것, 자기 안에 있는 것을 탐구할 수 있는 능력을 갖는 것이 정신에게 고유한 것으로 인정한다." (V 3.3.17–18) 정신과 같이 단순한 존재자만이, 오직 순수하고 비추론적으로 사유하는, 그리고 감각표상에 매여 있지 않은 순수한 정신만이 자기와 다른 것의 매개를 통하지 않고 전체로서의 자기 자신을 통해서 전체로서의 자기 자신을 직접적으로 인식할 수 있다.[28]

---

27) '참된 자기'로서의 정신에 대해서는 Beierwaltes, *Das wahre Selbst*, 84–122 참조.

그렇다면 '우리'는 우리 자신에 대해서 알 수 있는 길이 전혀 없다는 것인가? 그러나 그 경우 '우리'가 추론적 사유작용을 하는 이성임은 어떻게 알 수 있는 것인가? 만일 우리에게 자기 자신으로 되돌아갈 능력이 없다면, 혹시 다른 어떤 것을 통해서 우리 자신에 대해서, 그리고 우리 자신에 속하는 것에 대해서 탐구할 수 있는 가능성은 없는가? 이와 관련하여 플로티누스는 정신을 통한 추론적 이성의 자기인식의 가능성을 인정한다. 그러나 미리 말하자면 이와 같은 방식의 영혼의 자기인식에 대한 탐구는 더 이상 영혼에 대한 탐구라기보다는 정신에 대한 탐구가 된다. 이와 관련하여 플로티누스는 "누군가가 '영혼의 부분이 어떤 다른 능력을 가지고 자기에게 속한 것을 탐구하도록 막는 것이 무엇인가?'라고 묻는다면, 그는 추론적 이성을 탐구하는 것이 아니라, 순수정신과 관계하는 것이다." (V 3.3.19–21)라고 말한다.

플로티누스는 영혼이 정신을 통해서 자기 자신을 인식하는 두 가지 방식에 대해서 말한다.[29] "우리는 우리 자신을 다음과 같은 방식으로 인식한다. 즉 〔우리에게〕 보여지는 그것〔=정신〕을 통해서 우리가 '다른 것들'[30]에 대해서 인식함으로써, 또는 그것을 인식하는 능력을 그 능력을 통해서 인식함으로써 혹은 우리가 그것이 됨으로써 〔우리를 인식한다.〕" (V 3.4.4–7) 우리는 정신을 통해서 우리 자신에게 속해 있는 것들을 인식함으로써 우리를 인식하거나, 또는 우리 자신이 정신 자체가 됨을 통해 정신을 인식함으로써 우리 자신을 인식하게 된다. 이에 따라 "자기를 인식하는 자에는 두 종류가 있다. 첫째 영혼의 추론적 이성의 본성을 인식하는 자, 둘째는 첫째보다 높이 있는 자인데, 저 정신이 됨으로써 정신에 따라 자기 자신을 인식하는 자가 있다." (V 3.4.7–10)

첫 번째 종류의 자기인식을 통해서 우리는 우리 자신이 다름 아닌 '추론적 이

---

28) Halfwassen, *Geist und Selbstbewußtsein*, 18 참조.

29) 엄밀하게 말하면 '우리가 갖고 있는 영혼에 대한 인식'이라고 해야 할 것이다. 왜냐하면 영혼은 자기 자신을 통해서 자기 자신을 인식하지 못하기 때문이다. 추론적 이성의 자기인식은 V 3.4에서 논의된다. 이에 대한 분석을 위해서는 특히 Halfwassen, *Geist und Selbstbewußtsein*, 21–24, Beierwaltes, *Selbsterkenntnis*, 106–108, Oosthout, *Modes of Knowledge*, 95–103 참조.

30) '다른 것들'이 의미하는 것은 '정신'이 아닌 다른 것들, 즉 외적인 사물들을 인식하는 '우리'의 정신작용들을 의미하는 것으로 여겨진다. 이에 대해서는 Oosthout, *Mode of Knowledge*, 99와 103 참조. 그러므로 첫 번째 방식은 우리 안에 – 어떠한 방식으로든 – '우리의 것'으로 있는 정신을 통해서 우리의 다른 정신 작용들을 인식함으로써 우리를 인식한다는 말로 이해할 수 있다. 우리의 정신작용들, 특히 추론적 이성은 스스로에 의해서 스스로를 인식할 수 없기 때문에 그러할 수밖에 없다.

성'이라는 것을 알게 된다. 우리는 "자기 자신이 추론적 이성이라는 것, 〔자기의〕 외부 세계에 대한 인식을 추구한다는 것, 자기가 판단하는 것에 대해 정신으로부터 부여받은 자기 안에 있는 기준을 통해 판단을 내린다는 것, 그리고 자기 자신보다 더 좋은 힘이 있으며, 그것은 찾아다닐 필요가 없고 이미 자기 자신 안에 완전히 소유하고 있다는 것을 잘 모르겠는가?" (V 3.4.15–19) 추론적 이성은 정신을 통해서 자기 자신의 존재론적 위상과 존재방식 및 자기 자신의 작용방식에 대해서, 즉 자기 자신이 정신의 모상으로서 정신으로부터 유래했다는 것, 단순한 정신이 다수성으로 외화된 모습이라는 것, 정신에 의해 제공되는 선험적 척도들을 판단의 기준으로 삼아 외부 세계에 대해 인식하고 판단한다는 것 등을 인식하게 된다.[31)]

그런데 이러한 방식으로 수행되는 자기 인식이 엄밀한 의미에서의 자기인식의 조건들을 충족시키지 못하는 것은 분명하다. 엄밀한 의미에서의 자기 인식은 전체로서의 자기 자신이 전체로서의 자기 자신을 통해서 전체로서의 자기 자신을 인식하는 것이다. 그러나 정신을 통해서 우리가 추론적 이성임을 인식하는 것은 '자기 자신이 자기 자신을 인식'하는 것이 아니라, 자기와 다른 것〔=정신〕을 통해서 자기 자신을 인식하는 것이다. 정신은 영혼 안에 있는 어떤 것이고, '우리의 것'이기는 하지만, 영혼의 한 부분, 영혼의 한 능력은 아니기 때문이다. 따라서 이것은 인식하는 자기와 인식되는 자기의 직접적 동일성이 아니라 자기 아닌 것의 매개를 통한 일종의 단계적이고 추론적인 인식인 것이다. 더 나아가 추론적 이성은 그러한 인식을 통해서 자기 자신이 정신의 모상으로서 정신으로부터 기원했다는 것을 인식하기는 하지만, 자기의 기원인 정신 자체에 대해서는 아직 알지 못한다. 그런데 플로티누스에 따르면 "자기 자신을 인식하는 자는 자기 자신의 근원 또한 인식한다." (VI 9.7.33) 그러므로 존재론적으로 정신으로부터 비롯된 추론적 이성은 자기의 근원인 정신을 관조함으로써만이 자기의 본질 규정(logos)을 충분한 의미에서 충족시킬 수 있게 된다.(V 1.3.12–16) 추론적 이성의 자기인식에는 정신에 대한 인식이 본질적인 계기로써 포함되게 된다.

그러므로 추론적 이성은 자기 자신이 정신으로부터 파생된 것이며 외적인 사물을 인식하는 능력이라는 인식을 넘어서서, 자기의 근원인 정신 자체를 인식할 때에야 비로소 충분한 의미의 자기인식을 하게 된다. 그러나 정신은 어떠한 경우에도 추론적인 인식을 통해서는 인식될 수 없다. 정신은 오직 정신을 통해서만이 인식될 수 있을 뿐이다. 그렇다면 추론적 이성으로서의 '우리'는 어떻게 정신을 인식

31) Halfwassen, *Geist und Selbstbewußtsein*, 23 참조.

할 수 있는가? 플로티누스에 따르면 '우리'가 정신을 인식함으로써 '우리' 자신을 인식하기 위해서는 우리 자신이 정신이 되어야 한다. 이것이 위에서 구분한 두 번째 방식의 영혼의 자기인식이다. "우리가 그것이 됨으로써 우리를 인식한다."(V 3.4.10) '우리'는 '저 정신이 됨으로써 정신에 따라 자기 자신을 인식하는 자'이다.

이제 영혼의 자기인식은 영혼의 '정신화'(noēthenai)를 의미한다.[32] '정신화'라는 것은 무엇을 의미하는가? 추론적 이성이 존재에 있어서 정신 자체가 된다는 것인가? 그러한 존재론적 전환이 어떻게 가능한가? 만일 이것이 가능하다면, 그것은 오직 정신과 추론적 이성의 존재론적 유사성에 근거할 것이다. 물론 추론적 이성은 정신에 의해서(dia nou) 그렇게, 즉 dianoia라고 불린다. 그러나 추론적 이성이 정신이 되기 위해서는 양자 간의 '유사성' 만으로도 충분한가? 예컨대 토마스 아퀴나스의 관점에서 신과 피조물은 유비적 유사성을 갖지만, 이 유사성에 근거해서 피조물을 신이라고 할 수는 없다. 만일 영혼이 정신이 되려면, 영혼은 단순한 유사성을 넘어서는 근거로서의 '동일성'을 자기 자신 안에 가져야만 한다. 다시 말해 영혼 자체가 '어떤 관점에서' 정신이어야만 한다.

영혼의 정신화는 위에서 언급한 '우리에게 의식되지 않은 채 우리 안에서 작용하는', '하강하지 않은 영혼의 부분'에 대한 이론이 설명해줄 수 있다. 감각의 영역으로 하강하지 않은 영혼의 부분, 정신 안에 머무는 영혼의 보다 탁월한 부분, 우리의 근거로서 우리 안에 있으면서도 우리 자신이 아닌 한에서 우리를 초월하는, 그렇기 때문에 우리에게 의식되지 않은 바로 이 부분이 그 자체로 드러남, 즉 추론적 이성에 의해 가려지지 않은 채 그 자체로 드러남이 바로 '정신화'라고 할 수 있다.

영혼의 관점에서 보면 하강하지 않은 영혼의 부분인 정신은 추론적 이성에게 속하는 것이지만, 정신의 관점에서 보자면 영혼은 '순수한 정신에게 더해진 것'이고 정신 자체가 순수하게 드러나기 위해서 덜어내야만 할 부분이다. 영혼이 '더해진 것'인 한에서, 그것은 참된 의미의 자기 자신의 인식을 불투명하게 하는 것이고 따라서 참된 의미에서 '자기 자신'을 인식하기 위해서, 즉 정신이 되기 위해서는 덜어져야할 것이 된다. 이러한 맥락에서 플로티누스는 "인간은 자기에게 속하는 것들을 버리고, 정신을 통해서 정신을 인식하고, 그렇게 자기 자신을 통해 자기 자신을 인식할 때 정신이 된다. 인간은 정신으로서 자기 자신을 관조한다."(V 3.4.29-31) 이제 플로티누스에게서 인간의 자기인식은 정신의 자기인식이 되며, 이는 추

32) "noethenai"라는 용어는 VI 8.5.35 참조. 이에 대해서는 Beierwaltes, *Das wahre Selbst*, 97–102 참조.

론적 이성이 항상 자기 자신을 통해 자기 자신을 인식하는 순수한 정신으로 고양되는 것을 의미한다.[33)]

그러나 이와 함께 인간의 자기인식의 역설적인 상황이 도래한다. "정신을 통해서 자기 자신을 인식하는 자는 더 이상 인간으로서 자기 자신을 인식하는 것이 아니다. 그는 완전히 다른 사람이 되었고 영혼의 탁월한 부분과만 함께 높은 곳으로 고양된다."(V 3.4.10-13) 이제 '우리'는 우리 자신을 인식하면서 우리를 영혼으로, 추론적 이성으로 인식하지 않고, 자기 자신을 인식하는 정신으로 인식한다. '우리' 인간은 우리를 인간으로 인식하는 한에서 '우리 자신'을 인식할 수 없다. 오히려 우리 자신을 버리고 우리 아닌 것이 될 때, 인간이 더 이상 자기 자신을 인간으로 인식하지 않을 때 인간은 참된 의미에서 자기 자신을 인식하게 된다.[34)]

인간에게는 두 가지 방식의 자기인식이 열려 있다. 그러나 인간은 엄밀한 의미에서 어느 방식으로도 자기 자신을 인식할 수 없다. 인간은 자기 아닌 다른 것을 통해서 자기가 다른 것으로부터 기원했다는 것을 알뿐이거나 엄밀한 의미에서 자기 자신을 인식하는 순간, 인간은 더 이상 자기 자신이기를 그치게 된다.

Ⅳ. 결론

플로티누스는 엄격한 의미에서의 자기인식은 '전체로서의 자기'가 '전체로서의 자기' 자신을 인식하는 한에서만 성립된다고 주장한다. 이는 회의주의자들의 주장을 일정 부분 수용한 결과이다. 전체의 한 부분이 다른 부분을 인식하는 방식으로 이루어지는 자기인식은 엄밀한 의미에서의 자기인식이라고 말할 수 없다는 것이다. 플로티누스에게서 자기인식은 여러 부분들로 구성된 존재자들에게는 속할 수 없는 작용이다. 또한 자기인식은 단계적이고 추론적으로 진행하는 인식에게도 속할 수 없다. 이 경우에도 전체로서의 자기에 의해서 전체로서의 자기 자신이 인식되지 않기 때문이다. 그러므로 엄밀한 의미에서 자기인식은 오직 인식주체와 대상, 그리고 작용이 직접적으로 동일한 그러한 존재자에게만 속할 수 있는 작용이다. 이런 맥락에서 플로티누스는 오직 정신만이 자기 자신을 인식할 수 있다고 생

33) Beierwaltes, *Das wahre Selbst*, 103.

34) Hazebroucq, "La connaissance de soi même", 126. 필자는 이미 「자기인식의 역설」에서 플로티누스를 포함하는 고대와 중세의 정신철학에서 나타난 자기인식의 역설적인 상황에 대해서 언급하였다.

각한다. 반면에 그에 따르면 인간에게는 엄격한 의미에서 자기인식이 속할 수 없다. 왜냐하면 인간은 비록 '추론적 이성'과 동일시될 수 있지만, 추론적 이성은 자기 자신이 아닌 외적인 것을 인식하는 능력이며 자신의 작용을 위해서 자기 아닌 다른 것들에 의존하는 능력이기 때문이다. 그러한 종류의 존재자인 인간은 자기 자신이 그러한 존재자임을 인식하기 위해서 자기 아닌 다른 것, 즉 자기 안에 있는 정신에 의존한다. 추론적 이성은 자기 자신의 근거인 정신으로부터 파생된 존재자임을 자기의 근거인 정신을 통해서 인식하며 – 이미 이 단계에서도 자기 아닌 것을 통해서 자기를 인식한다 –, 자기의 근거를 인식함으로써 자기 자신을 충분히 인식하기 위해서는 자기 자신을 떠나서 스스로 자기 자신의 근거가 되어야만 한다. 그러므로 인간은 자기 자신을 인식하기 위해서 자기와 다른 존재자, 즉 자신의 근거인 정신이 되어야만 한다. 이것이 인간에게 열려 있는 자기인식의 가능한 양태라 할 것이다.

그러나 이제 영혼이 자기 인식을 통해서 알게 되는 참된 자기는 더 이상 "자기"가 아니라, "자기의 밖"에 있고, 자기를 "초월한 것"이 될 것이다. "참된 자기"는 "자기"가 지양될 때에야, 즉 더 이상 "자기"가 아닐 때 도달할 수 있다는 자기인식의 역설적인 상황이 도래한다. 인간은 '참된 자기'를 자기를 넘어서 있는 자기의 근거에서 발견한다. 그러므로 플로티누스에게서 자기 인식은 자기에게 비본래적인 것을 '추상'하고 본래적인 자기를 추구하는 과정임에 다름 아니다. 자기인식이 "추상"(aphelon/aphairesis)[35]을 통해서 자기 내면으로 향하고, 근원으로 올라가는 도정으로 이해된다면, 유한한 영혼에게 자기인식은 인식론적인 의미 이상의 것을 갖게 될 것이다. 오히려 자기인식은 특히 유한한 의식을 갖춘 인간의 경우에, 자기 자신 안에 있는 정신성을 의식하고 그것이 원리로서의 일자로부터 유출된 것임을 자각함으로써, 자기 안에 있는 정신성과 초월성에 대한 자각을 이룩해 나가는 과정이 된다. 결국 자기인식은 V 3.17의 마지막에서 플로티누스가 권고(aphele panta)하고 있듯이 자기 정화의 길이기도 하다. 이런 의미에서 플로티누스에게 인간의 자기인식은 '참된 자기'를 찾는 "자기 수양"의 길이며, 인간의 본질적 "삶의 양태"이기도 하다.[36]

---

35) '추상'에 대해서는 Beierwaltes, *Selbsterkenntnis*, 170, 175 참조.
36) Beierwaltes, *Das wahre Selbst*, 103 이하 참조.

참고 문헌

1. Plotinus의 원전

Opera, I–III, ed. P. Henry & H.–R. Schwyzer, Paris, Bruxelles 1951–1973 〔=Editio maior〕.

Opera, I–III, ed. P. Henry & H.–R. Schwyzer, Oxford 1964–1982 〔=Editio minor〕.

2. Plotinus의 번역본

Plotinus, *Greek Text with an English Translation by A. H. Amstrong, vol. I–VII*, London 1966–1988.

Plotin, *Seele–Geist–Eines. Enneade IV 8, V 4, V 1, V 6 und V 3, Griechisch–Deutsch*, uebers. v. R. Harder, in einer Neubearbeitung fortgefuert von R. Beutler und W. Theiler, eingeleitet, mit Bemerkungen zu Text und Uebersetzung und mit bibliographischen Hinweisen versehen von K. Kremer, Hamburg 1990.

Plotin. *Geist–Ideen–Freiheit. Enneade V 9 und VI 8*, hg. v. W. Beierwaltes, Hamburg 1990.

3. 연구서

Beierwaltes, W., *Selbsterkenntnis und Erfahrung der Einheit, Plotins Enneade V 3, Text, Übersetzung, Interpretation, Erläuterungen*, Frankfurt a. M., 1991.

_____ , *Das wahre Selbst, Studien zu Plotins Begriff des Geistes und des Einen*, Frakfurt a. M., 2001.

Courcelle, P., *Connais-toi toi-même. De Socrate à saint Bernard*, 3 Vols., Paris 1974.

Crystal, I., *Self-Intellection and its Epistemological Origins in Ancient Greek Thought*, Aldershot 2002.

Dixaut, M., Morel, P., et Tordo-Rombaut, K., (ed.), *La Connaissance de Soi. Études sur le traité 49 de Plotin*, Paris 2002.

Düsing, K., *Selbstbewußtseinsmodelle.* Moderne Kritiken und systematische Entwürfe zur konkreten Subjektivität, München 1997.

Fetz, R. L, "Dialektik der Subjektivität: Die Bestimmung des Selbst aus der Differenz von Ich und Mein, Sein und Haben: Alkibiades I, Epiktek, Meister Eckhart", in: R. L. Fetz & Hagenbüchle & P. Schulz (ed.), *Geschichte und Vorgeschichte der modernen Subjektivität*, Berlin-New York 1998, 177-203.

Gloy, K., *Bewusstseinstheorien. Zur Problematik und Problemgeschichte des Bewusstseins und Selbstbewusstseins*, Freiburg 2004

Halfwassen, J., *Geist und Selbstbewusstsein.* Studien zu Plotin und Numenios, Mainz 1994.

Hazenbroucq, M. -F., "La connaissance de soi-même et ses difficultés dans l'Ennéade V, 3 et le Charmide de Platon", in: Dixaut(ed.), *Connaissance de soi même*, 107-131.

Horn, Ch., "Plotins Philosophie des Geistes. Ideenwissen, Selbstbewusstsein, Subjektivität", in: U. Meixner/A. Newen (hrsg.), *Seele, Denken, Bewusstsein*, Berlin/New York 2003, 57-89.

Kühn, W., "Comment il ne faut pas expliquer la connaissance de soi-méme (Ennéade V, 3〔490, 5.1-17)", in: M. Dixaut(ed.), *Connaissance de soi méme*, 229-266.

Oosthout, H., *Modes of Knowledge and the Transcendental. An Introduction to Plotinus Ennead 5, 3 〔49〕 with a Commentary and Translation*, Amsterdam/Philadelphia 1991.

Sorabji, R., *Self. Ancient and Modern Insights about Individuality, Life and Death*, Chicago 2006.

Szlezák, Th. A., *Platon und Aristoteles in der Nus-Lehre Plotins*, Basel 1979.

이상섭, 「자기인식의 역설. 고 · 중세의 정신철학적 관점을 중심으로」, 『헤겔연구』 21(2007), 239-264.

A Study on the possibility and mode of self-cognition of the human being according to Plotinus

Lee, Sang-Sup

Abstract

If the human being could not know themselves, the socratic motto 'know yourself' would be pointless in a sense. Faced with this problem, this study has as its objective to consider the mode as well as the possibility of self-cognition of the human being explained especially in the *Ennead* V 3 of Plotinus.

For this purpose this paper first analyzes the condition and mode of self-cognition in a strict sense by considering the self-cognition of *nous*. According to Plotinus, the self-cognition in a proper sense could only occur, when the 'self' as a whole would be known by the 'self' as a whole. It does not come about in the way the one part of the whole knows another part of it. Accordingly, the self-cognition is considered as the operation proper to the pure, simple spiritual being for which knowing subject, known object and operation are not different, but same in every respect. It is, therefore, clear that it cannot be attributed to the human. It is proper for 'us' (hemin) who are identified with 'discursive reason'(*dianoia*) to know extramental things. 'We' are too busy in knowing them to reflect ourselves. But through *nous*, which is the transcendental principle of *dianoia*, 'we' come to know that we are discursive reason and stem from the *nous*. And by becoming *nous*, we know the *nous* and the 'true self' in it. It means that the human should become a totally different being sc. *nous* in order to know himself. And that is the mode of self–cognition available to the human being. But now the 'self' whom the human being comes to know through self–knowledge is no more him 'self'. The mode of self–cognition of the human being is put in a paradoxical situation.

Key Words : Discursive Reason, Nous, Self–Cognition, Soul, True Self

인문학에 대한 G. 비코의 이념과 교육방법

이 광 모

요약문

본 논문에서는 인문학에 대한 비코의 이념과 방법을 고찰한다. 본 논문이 18세기 사상가인 비코를 중점적으로 고찰하는 이유는, 그가 기획한 인문학의 이념과 방법이 다양성과 미결정성을 특성으로 하는 현대사회에 보다 적합한 인간이해를 제공해 줄 수 있으리라 생각되기 때문이다. 특히 본 논문에서는 비코의 나폴리 대학의 학기 개시 강의안을 기초로 근대학문의 방법에 대한 비판과 인문교육의 내용이 무엇인지를 고찰한다.

비코에 따르면 데카르트적 전통에 서 있는 근대학문은 명석, 판명한 진리를 원리로 하여 '비판주의'(criticism)와 '기하학적 방법'을 사용한다. 하지만 이러한 학문의 방법으로는 인간의 삶에서 중요한 '실천적 지혜'(phronesis)를 얻을 수 없다. 실천적 지혜를 얻기 위해서는 오히려 '공통감각'(sensus communis)에 근거하는 '논거 발견술'(ars topica)에 대한 교육이 이루어져야 한다.

논거 발견술에 대한 교육이 이루어졌다면 비로소 인문교육으로 나아갈 수 있는데, 이때 비코가 제시하는 모든 인문교육은 자기 자신에 대한 앎(knowledge of oneself)에 기초한다. 여기서 자신에 대해 안다는 것은 자기의 실체인 정신(animus)을 자각하는 것인데, 이러한 자각에 근거하여 자유교양(liberal arts)과 학문(science)은 인간본성의 세 가지 계기, 즉 정신(mind), 영혼(spirit), 언어능력에 부합하여 지식(sapientia), 덕(prudentia), 능변(eloquentia)을 교육해야 한다.

● **주요어 : 비코, 인문학, 학문의 위기, 공통감각, 수사학**

I. 여는 말

인문학(humanities)의 위기에 대한 논의는 이제 더 이상 새로운 것이 아니다. 그것이 대학의 학문 분야로서의 존립위기를 의미하든 아니면 그 자체 내적 정체성의 위기를 의미하든 상관없이 그 위기의 의미를 이해하는 것은 이미 '현대 사회'를 이해하는 하나의 코드가 되었다. 물론 이 위기의 원인은 인문학 자체의 내적 논리에 있을 수도 있으며 혹은 학문 외부에, 즉 사회, 문화적 환경에 있을 수도 있다. 만일 인문학을 역사적 정신으로부터 유래하는 세계의 제 현상을 탐구하는 것이며, 그런 한에서 인간 자신이 인식의 주체이자 동시에 객체라는 전제 위에서 발생한 학문이라고 규정한다면, 행위의 주체로서 세계에 의미를 부여하는 자유로운 주체로서의 인간에 대한 이해를 거부하는 현실은 곧 인문학의 내적 토대 자체를 허물어뜨리게 된다. 이러한 논의는 특히 1970년대 이후 포스트모던 논의 속에서 활발히 전개된다.[1)]

포스트모더니스트들의 이론에 따르면, 모더니즘은 인간을 '자기 자신을 인식하는 주체'로 설정함으로써 인문학의 커다란 담론을 발전시켰다. 하지만 현대에 오면서 이 주체는 더 이상 고정된 것이 아니라 통신위성을 매개로 전 지구를 부유하는 '유목민적' 존재로 변하였다. 그와 더불어 지식의 획득도 보편적 주체를 위한 교양(bildung, formation) 혹은 인격의 도야가 아니라 단지 지적 생산력의 확대가 되었다.[2)] 따라서 반성적 자기성찰의 준거점을 상실한 인문학은 스스로를 지탱할

1) 이진우, '포스트모던 사회와 인문과학의 과제', 『인문과학의 이념과 방법론』 성균관대학교 출판부, 1995, S. 42-43.

토대를 상실하였을 뿐만 아니라 탐구의 대상도 잃어버리게 되었다.

이와는 달리, 인간 자신이 인식의 주체이며 동시에 객체라는 이념은 여전히 타당하지만 학문이 수행되는 환경이 변화되었기 때문에 인문학은 더 이상 존속할 수 없다는 주장도 제기된다. 즉 인문학은 산업사회의 문화적 기반이었던 활자문명을 기초로 성립한 학문인데 반해 정보사회는 그 기초를 하이퍼미디어에 근거한 사이버문화에 구축하고 있다. 따라서 인쇄된 활자가 체현하고 있는 고정된 진리에 근거하고 있는 인문학은 원천적으로 용도 폐기되어야한다는 것이다. 이 경우 인문학은 시대에 뒤진 과거의 추억물일 뿐이며 인문학자들이란 시대적 변화에 적응하지 못하는 낙후된 사람들이 된다.[3]

하지만 인문학의 위기가 이처럼 내재적인 것이든 아니면 외재적인 것이든 상관없이, 다음과 같은 사실은 분명해 보인다. 즉 다양성과 '미결정'(underdetermination)[4]을 특징으로 하는 현대사회에서 보편적인 인간상에 근거해서 필연적 진리를 추구하려는 형태의 인문학은 통용되기 어렵다는 것이다. 그러나 그렇다고 해서 그것이 곧 인문학 자체의 위기와 동일시되는 것은 아니다. 왜냐하면 이때 문제가 되는 것은 단지 고정된 주체를 상정하고 그에 기반하여 보편적 진리를 추구하는 학문으로서의 인문학이지 인문학적 이념 자체는 아니기 때문이다. 오히려 불확실성과 다양성이 팽배하여 가는 현대사회에서 인문학적 이념에 대한 탐구는 더욱 요청되는 것일 수도 있다. 따라서 '인문학의 위기'란 우리로 하여금 인문학을 포기하도록 요구하는 것이 아니라 오히려 그 이념과 정체성에 대한 진지한 탐구로 나아가게끔 하는 시대적 요청으로 해석될 수도 있다. 사실 어찌 보면 인문학의 역사 자체는 끊임없이 그 학문의 이념과 정체성을 탐구하는 과정 자체였다고 해도 과언이 아니다. 왜냐하면 근대철학의 창시자로 알려진 17세기 데카르트의 학문 이론뿐만 아니라 18세기 고전주의 인문학 역시 자기 시대의 인문학적 이념에 대한 저항과 고뇌의 산물들이기 때문이다.

그리스적 전통 인문학이 새로운 학문의 성격을 나타내기 시작한 것은 15세기 르네상스 시대이다. 이 시기에 이탈리아 인문주의자들에 의해 사용되기 시작한 인문

2) 마크 포스터, 『뉴미디어의 철학』, 김성기 역, S. 38-42, 장 프랑수아 리오타르, 『포스트모던적 조건』, 이현복 역, 서광사, 1992, S. 20-24.

3) 박찬길, '정보시대와 인문학의 위기', 『디지털시대의 인문학, 무엇을 할 것인가』, 사회평론, 2001, S. 19.

4) 마크 포스터, 『미네르바의 올빼미가 날기 전에 인터넷을 생각한다』 김승현, 이종숙 역, 이제이북스, S. 30-31. 이때 '미결정'이란 사회적 객체들(예를 들면 하이퍼텍스트)이 복합적이면서 불확정적으로 서로 얽혀있음을 의미한다.

학이란 '인간성에 대한 연구'(studia humanitas)로서 신에 대한 연구인 스콜라철학에 반대하는 세속적 학문을 일컫는 말로 이해된다. 그렇기 때문에 그 내용에 있어서도 신에 대한 고찰이 아니라 문법, 시, 수사, 역사, 도덕철학 등 인간사에 관한 것들이 주를 이루게 된다. 하지만 이러한 과정 속에서 출발한 인문학은 곧 그 이념을 상실하게 된다.[5] 왜냐하면 17세기에 등장하는 데카르트에 의해 체계화된 학문의 방법은 이탈리아 인문주의자들에 의해 기획되던 인문학의 모습을 불확실하며 개연성에 근거한 것으로서 결코 학문일 수 없음을 선포하기 때문이다.

그 후 수학적 방법론에 근거해서 보편성과 필연성에 대한 추구가 학문의 이념임을 선포하는 데카르트적 전통은 근대를 거쳐 현대에 이르기까지 모든 학문의 전형으로서 받아들여졌을 뿐만 아니라 현대 인문학의 근간을 형성하기에 이른다. 하지만 르네상스 인문주의자들의 이념 속에서 이러한 데카르트적 전통을 거부하고 인문학을 인간성에 대한 연구로 복귀시키려는 노력이 18세기 초반 나폴리 대학 수사학 교수인 G. 비코(1668-1744)에 의해 다시 나타나게 된다. 현대 인문학의 정체성과 관련해서 우리가 주목하려는 것은 바로 비코의 이론이다. 나폴리 대학의 법학 교수직을 원했지만 그 꿈을 이루지 못하고 평생을 인문교양 가운데 하나인 수사학 교수로서 학문생활을 마감한 비코가 주목받아야 하는 이유는, 그가 구상한 인문학의 이념과 방법은 사회적 관계가 미결정되어 있고 불확실성이 보편적인 소통양식으로 자리 잡는 정보사회에서, 인간에 대한 이해를 제공해주는데 있어 보다 교훈적이며 적합하다고 생각되기 때문이다.[6]

비코는 수사학 교수로서 나폴리 대학의 학기 개시 강의들을 10여 차례 이상 하면서 인문주의 교육의 이념과 방법에 대해 구체적인 의견을 제시한다. 연설문의 형식인 비코의 강의를 그 내용에 따라 재구성하면, 학생들로 하여금 자유교양(liberal arts)와 학문(science)에 매진하도록 독려하기 위한 것으로서 크게 다음과 같이 세부분으로 나누어진다. 첫째, 근대학문의 방법에 대한 비판, 둘째, 인문학의 기초,[7] 셋째, 인문학의 교육내용이 그것이다. 따라서 비코가 제시하는 인문학의 이념과 방법을 고찰하려는 우리의 논의도 이러한 순서에 따라 근대학문의 방법에 대한 비판과 인문학의 기초 및 그 내용을 살펴볼 것이다.

---

5) 스티븐 툴민, *Cosmopolis, the hidden agenda of modernity*, 『코스모폴리스』, 이종흡 역, 경남대학교 출판부, 2장 참조.

6) 본 논문은 1699-1708년 나폴리 대학 개강기념 연설문을 분석의 대상으로 한다.

7) 여기서 학문이란 7개로 구성된 자유기예와 신학, 법학, 의학을 의미한다.

II. 데카르트 및 동시대 학문에 대한 비코의 비판

비코는 개강 축하 연설문에서 데카르트를 명시적으로 언급하지는 않지만 그 내용에 비추어 볼 때 충분히 짐작케 하는 어조로 데카르트 및 그 전통에 근거한 학문들에 대하여 비판한다. 우선 데카르트 및 그 전통에 근거한 학문들이란 『방법서설』에서 전개된 내용에 토대를 둔 학문이론인데, 이에 따르면 학문이란 명석, 판명한 진리를 원리로 하여 분석과 종합의 방법을 통해 이루어진 하나의 연역적 체계라고 할 수 있다. 이 체계에서 결론의 진리치는 수학에서 그러하듯이 그 원리로부터 보장된다. 따라서 이러한 체계에서는 참이 아닌 어떤 것도 참이라고 받아들이지 않고, 또 어떤 것을 다른 어떤 것으로부터 연역할 때에 언제나 올바른 순서를 지키기만 한다면 아무리 멀다 해도 마침내 도달하지 못할 인식은 없으며 아무리 숨겨있다 해도 못 찾을 인식은 없게 된다.[8] 이처럼 모든 인식이 추리의 긴 연쇄 고리를 통해 기하학적 연역체계처럼 얽혀져 있다면, 그때 중요한 것은 연역체계의 첫 번째 원리인데, 데카르트에게 그 원리는 다름 아닌 'cogito ergo sum'이 된다. 왜냐하면 이 명제는 더 이상 의심할 수 없는 명석하고 판명한 진리로 간주되기 때문이다.

이러한 연역체계로서의 학문에 대해 비코가 비판하는 것은 '명석 판명한 관념'이라는 첫 번째 진리이다. 왜냐하면 그가 볼 때, 데카르트의 명석 판명함 속에서 나타나는 불변적 보편성이라는 진리규준은 수학과 자연과학의 영역에는 적용될 수 있을지 몰라도 우리 삶의 실천적 영역에는 적용될 수 없기 때문이다.[9] 그렇다면 우리 삶의 실천적 영역이란 어떤 것인가? 삶의 실천적 세계란 다양한 견해와 세계관을 가지고 있는 사람들이 서로의 관심과 이해에 따라 그때마다 서로 다르게 소통하는 곳이다. 대부분의 사람들은 일상 속에서 논리적 추론과 같은 예측에 따라 행동하는 것이 아니라 상상적이고 우연적이며 때로는 수사학적인 형식들에 따라 행동한다. 따라서 이러한 세계 속에서 추구되어야 할 진리는 합리적으로 증명될 수 있는 것이 아니다. 하지만 데카르트는 이런 세계 속에서 합리적이며 영원한 진리를 찾는다. 다시 말해 데카르트가 생각하는 수학적 연역체계를 한 편의 이야기 혹은 예술품, 역사적 사건이나 법조문에 대한 분석에 적용한다는 것은 오히려 삶의 모습을 왜곡하는 결과만을 산출하게 된다. 결과적으로 학문의 영역에서 획득되는

8) 데카르뜨, 『방법서설』, 최명관 역, 서광사, 1985, S. 21.
9) 이사야 벌린, *Vico and Herder*, 『비코와 헤르더』, 이종흡, 강성호 역, 민음사, S. 50-51.

추론의 추상적 표준을 '삶의 사려 깊은 행위'(the prudent conduct of life)에 적용하는 것은 근본적으로 오류가 된다.[10)]

이러한 비판 속에서 비코가 주장하려는 구체적이며 현실적인 진리란 다음 아닌 '실천적 지혜'(phronesis)이다. 이 지혜는 논리적 분석과 비판에 근거하는 것이 아니라 인간의 의지에 방향을 제시해 주고 공공의 복리를 깨닫게 하는 '공통감각'(sensus communis)에서 비롯된다. 이때 공통감각이란 진리와 오류 사이에 위치하는 개연성에 기초한 지각으로부터 형성되는 것으로서,[11)] 이러한 공통감각은 인간이면 누구에게나 있는 일반적인 능력일 뿐만 아니라 인간의 의지에 방향을 지시해 주고 한 집단 또는 인류 전체의 공동성을 만들어 내는 감각이라고 할 수 있다.[12)]

만일 삶의 실천적 세계 속에 사는 사람이 추상적 진리에만 만족하고 공통감각을 결여한다면, 그는 자신의 의견이 일반적으로 지지되고 있는지 그리고 그에게 진리로 보이는 것이 또한 다른 사람에게도 그러할 것인지에 대해서 결코 생각하지 못할 것이며 결국 그것으로부터 독단만이 나오게 된다.[13)] 따라서 공통감각은 실천적 판단의 표준이 될 뿐만 아니라 또한 인간들이 소통함에 있어 기초가 되는 능변(eloquence)을 이끌어 가는 표준이 되기도 한다.[14)] 물론 이때 능변(eloquence) 즉 '말을 잘 한다는 것(eu legein)'은 단순히 수사학적 이상으로서 말의 기술 즉 무엇을 잘 말하는 기술이 아니라 올바른 것, 즉 참된 것을 말하는 것을 의미한다.[15)]

실천적 세계 속에서 학문이 추구해야할 진리가 공통감각에 근거한 실천적 지혜라면, 이 지혜를 얻기 위한 방법 또한 데카르트 및 그 전통에 근거하는 학문이 사용하는 것과는 달라야 한다.[16)] 우선 비코가 볼 때, 데카르트적 전통에 근거하는 학문이 진리를 탐구하는 방법은 '비판주의'(criticism)와 '기하학적 방법'이다. 그는 다음과 같이 말한다. "우리가 젊은이들에게 받아들이기를 강요하는 첫 번째 것은 철학적 비판주의이다. 이때 사변적 비판주의의 주요 목적은 모든 거짓으로부터 그리고 오류의 의혹으로부터 근본적인 진리를 깨끗이 하는데 있으며, 이 비판주의는 거짓된 사고나 개연성에 근거하는 부차적인 진리(verity)나 이념들을 마찬가지로

---

10) Giambattista, Vico, *On the study Methods of our time*, trans. by Donald Phillip Verene, Cornell Uni. 1990, 차후 *Study Methods* S. 35.

11) 같은 책, S. 13.

12) G. 가다머, 『진리와 방법』, 이길우 역, 문학동네, 2000, S. 61.

13) *Study Methods*, S. 35.

14) *Study Methods*, S. 13.

15) G. 가다머, 『진리와 방법』, S. 59.

16) 데카르트적 전통이란 분석과 종합을 통하여 확실한 것만을 진리로 간주하는 전통을 말한다.

거짓으로 간주함으로써 우리에게 그러한 것들로부터 우리의 마음을 깨끗하게 정화할 것을 요구한다."[17] 문제는 비코가 볼 때, 이러한 비판주의가 청년기의 교육에 있어 유익한 것이기는 커녕 오히려 해로운 것이라는 점이다. 왜냐하면 자연과 삶은 명석하고 판명한 진리가 아니라 불확실한 것들로 가득 차 있으며, 그렇기 때문에 공통감각(sensus communis) 속에서의 훈련이 필요한데, 오히려 당시의 비판을 중심으로 하는 교육은 공통 감각의 성장을 방해하기 때문이다.[18]

이런 이유로 비코는 "철학적 비판주의 속에서 심화된 교육은 추상적 지성주의를 비정상적으로 성장시키며, 젊은이들로 하여금 능변적 실천을 하는데 있어서 부적절하게 만든다."고 말한다.[19] 그리고 더 나아가 성년들에게 이성적 능력이 중요하듯이 청년기에 있어서 중요한 것은 미래의 발전을 생각할 수 있는 상상력과 기억력이라고 주장하며 청년들은 비판하는 것 이전에 상상력과 기억력을 훈련시켜야 한다고 말한다.[20] 그는 다음과 같이 말한다. "비판주의는 젊은이들의 상상력을 마비시키고 그들의 기억력을 둔하게 한다." 따라서 "젊은이들이 상상력과 기억력을 강화시키고 난 후에 철학적 비판주의를 배우게 된다면 그들의 내면적 능력은 그 과정에서 큰 유용성을 창출하게 될 것이다."[21]

특히 비코가 볼 때, 젊은이들이 상상력과 기억력을 훈련시키기 위해 논리적 비판 이전에 배워야 하는 것은 '논거 발견술'(ars topica)이다. 전통적으로 '토픽'이라는 것은 매개 항(medium)을 발견하는 기술인데,[22] 스콜라주의의 관례적인 언어사용에서 보면 매개 항이란 곧 논증(argumentum)을 의미한다. 그렇다면 논증을 주어 혹은 주제에 대하여 전개되는 추론의 계열이라고 한다면, '논거를 발견하는 기술'이란 "일련의 논증 묶음을 능숙하게 배열하는 기술"로서[23] 곧 설득의 기술이 된다.[24] 이러한 '논거 발견술'에 익숙한 사람, 즉 사용된 논거들의 계열을 정확히 아는 사람은 어떤 문제 상황 속에서든지 그때 중요한 설득의 요소가 무엇인지를 정확하게 파악할 수 있게 됨으로써 실천적 삶의 개연성 속에서 거짓에 빠지지 않고 올바르게 소통할 수 있는 능력을 갖추게 된다.

---

17) *Study Methods*, S. 13.
18) *Study Methods*, S. 15.
19) *Study Methods*, S. 13.
20) *Study Methods*, S. 14, S. 19
21) *Study Methods*, S. 42.
22) *Study Methods*, S. 15.
23) *Study Methods*, S. 17.
24) *Study Methods*, S. 16.

그러나 데카르트적 전통에 근거한 근대 학문에서는 "논거 발견술이 커리큘럼에 먼저 오기는커녕 철저하게 무시된다."[25] 왜냐하면 이 학문은, 대부분의 사람들이 논거 발견술을 익히지 않을지라도 어떤 일상적인 주제를 둘러싸고 있는 개연성을 충분히 구분할 수 있을 뿐만 아니라 진리를 추려내는데 있어 동일한 표준을 갖고 그것들을 평가할 수 있으므로 결국 비판적이기만 한다면 각 주제 속에서 진리를 발견할 수 있다고 생각하기 때문이다. 하지만 비코가 볼 때, 문제는 어떤 주제에 대하여 논거들의 계열에 대한 총체적인 이해 없이 어떻게 모든 문제를 검토하였다고 확신할 수 있겠는가 하는 점이다. 이것은 결국 불확실한 것으로 가득 찬 실천적 영역에서 거짓에 빠지지 않기 위해서 논거 발견술이 왜 필요한지에 대한 이유가 된다. 결국 아무리 비판적이라고 할지라도 비판의 대상인 논거들의 전 계열을 통찰할 수 있는 능력이 없다면 그 비판은 오히려 독단이 될 수 있다. 따라서 논증의 타당성을 판단하는 비판주의보다 먼저 논거 발견술(invention of arguments)이 교육되어야 한다. 그리고 그렇게 될 때 청년들은 자신의 인격적 판단을 그들이 배운 것에 대해 올바르게 적용할 수 있게 될 뿐만 아니라, 그들에게 제안된 논거 어느 쪽에서든 상관없이 정확하게(exact) 판단하고 현명하게 말할 수 있게(eloquence) 되는 것이다.[26]

데카르트와 그 전통에 근거한 학문에 대한 비코의 두 번째 비판은 기하학적 방법에 관한 것이다. 기하학적 방법이란 참인 원리로부터의 연역 과정인데, 만일 비약이 없다면 그 결과 또한 참이 되어야 한다. 비코가 볼 때, 이러한 기하학적 방법은 분명 기하학의 영역에서는 그 진리를 증명하는데 있어 탁월한 수단이다. 하지만 만약 고찰하려는 주제가 연역적 절차에 적절치 않다면, 다시 말해 그렇게 필연적인 연쇄 고리로 이어진 것이 아니라면 그때 기하학적 방법을 적용하는 것은 잘못된 추론이 될 것이다.[27] 물론 이때 비코가 비판하려는 것은 기하학적 방법 자체가 아니라 그 방법이 고찰하려는 대상에 대한 구분 없이 무조건 적용된다는 점이다. 그는 다음과 같이 말한다. "기하학적 방법은 우리로 하여금 문제들을 순수 기하학적 즉 형상적 형식들 속에 넣고 그것들을 어떤 감성적 매력과는 무관하게 명백하고 꾸밈없는 방식으로 가르칠 수 있는 가능성을 제공한다."[28] 하지만 이처럼 한 걸음 한 걸음 연관된 과정 속에서 문제를 해결하도록 요구하는 기하학적 방법

---

25) *Study Methods*, S. 14.
26) *Study Methods*, S. 19.
27) *Study Methods*, S. 22.
28) *Study Methods*, S. 24.

은 학생들에게 있는 특별한 능력, 즉 따로 떨어져 있으면서 전혀 다르게 보이는 사물들 간에 존재하는 '유비를 파악할 수 있는 능력'을 퇴화하게 만든다. 문제는 바로 이러한 유비를 파악하는 능력이 인간의 삶에 있어서 독창적이며 정확하고 영민한 표현형식들의 원리와 원천을 구성한다는 점이다.[29)]

비코가 볼 때 실천적 삶은 하나의 일의적으로 해석될 수 없다. 그럼에도 불구하고 그 삶은 파편적이며 흩어진 것은 아니다. 다양한 모습 속에서 삶은 유비적으로 통일되어 있으며 실천 속에서 조화를 이루고 있다. 그렇기 때문에 이러한 삶에 대한 이해는 수학적 추론이 아니라 상이한 것들 사이의 유비를 파악하는 능력에 의해서 주어질 수 있다. 결국 기하학적 엄밀성은 실천적 삶의 연관을 파악하기에는 부족하다. 왜냐하면 삶은 항상 전체이기 때문이다.[30)]

기하학적 방법이 아무리 엄격하고 엄밀하다고 할지라도 전체로서의 삶을 파악할 수 없다는 것은 곧 기하학적 방법에서 통용되는 사유의 날카로움과 예민함(subtle)은 삶의 신중함과 섬세함(acuteness)과는 다른 것임을 말한다. 기하학적 방법에서 나타나는 논리적 정교함 즉 논거에 의해 하나의 진리로부터 다른 진리로 이행함에 있어 나타나는 각 조각들은 '예민하다'(subtle)고는 할 수 있지만 '섬세하다'고는 할 수 없다. 왜냐하면 섬세하다는 것은 두 종류의 고찰방식이 서로 수렴되는 것을 의미하기 때문이다. 다시 말해 특수자를 보편적 진리와의 연관 속에서 이해하려는 것과 특수자를 그 자체 특수성 속에서 바라보려는 관점이 서로 수렴되었을 때에 그것은 '섬세하다'(acuteness)고 말할 수 있다.[31)] 서로 떨어져 있어 전혀 다르게 보이는 사물들 간의 유비를 파악하는 능력이 바로 섬세함과 관련되며 그러한 섬세함을 표현해내는 능력이 곧 능변(eloquentia)이 된다.[32)]

III. 모든 학문의 근원으로서 '자기 자신에 대한 앎'

비코는 데카르트적 전통에 기초한 동시대의 학문 방법을 비판한 후에, 보다 적극적으로 인문학뿐만 아니라 모든 학문의 기초가 되는 원리가 무엇인지를 제시한

29) *Study Methods*, S. 24.
30) G. Vico, *On humanistic education*, trans. by Giorgio A. Pinton and Arthur W. Shippee, Cornell Uni. 1993. 차후 humanistic education, S. 3.
31) humanistic education, S. 24.
32) humanistic education, S. 24, 역자 주 참조.

다. 그에 의하면, 인문교양(liberal arts)뿐만 아니라 학문(science)의 모든 지식은 한 가지 근본적인 앎에 근거하는데, 이 앎이란 다름 아닌 자기 자신에 대한 앎(knowledge of oneself)이다. 마치 "천구가 그 축을 중심으로 회전하는 것"처럼 그렇게 모든 인간들에 관한 지식은 이 앎을 중심으로 전개된다.[33] 비코에게 이 앎은 전혀 새로운 것이 아니다. 이 앎은 고대 아폴론 델피 신전의 초석에 새겨진 '너 자신을 알라'는 문구로부터 유래한 것이며, 로마 시대에 오면서 키케로에 의해 강조되었고 르네상스 인문주의자들에 의해 다시 재발견 된 앎인 것이다.

비코는 자신에 대해서 아는 것은 사물에 대해 아는 것과 근본적으로 다르다고 말한다. 왜냐하면 사물에 대한 앎이 직선적인 앎이라면, 그에 반해 자신에 대한 앎은 반성적인 앎이기 때문이다.[34] 이것은 소크라테스가 자신에 대한 앎의 중요성을 말하였을 때, 그의 관심이 더 이상 자연에 놓이는 것이 아니라 자연을 고찰하는 인간에 놓이게 되는 것과 같은 이치이다. 이처럼 자기 자신에 대한 앎이 인간의 자기 이해를 요구하는 것이라면, 모든 학문적 인식이 '자기 자신에 대한 앎'에 근거한다는 것은 학문의 주체는 인간이며 그렇기 때문에 인간에 대한 이해가 모든 지식에 대해 가장 근원적이라는 것을 이해해야 함을 의미한다.

그렇다면 인간이 스스로를 이해한다는 것은 무엇을 의미하는가? 비코는 인간이 스스로를 이해한다는 것은 이미 소크라테스가 내면 속에 있는 정신을 깨닫는 것이라고 말한 것과 마찬가지로 인간 내면 속에 정신을 파악하는 것이라고 말한다. 그에 따르면 인간의 본성이란 정신(spirit)이며 육체란 단지 정신을 담고 있는 그릇 혹은 숙소와 같은 것이다. 그렇기 때문에 육신을 가진 우리가 무엇인가를 한다면 그것은 모두 정신에 의해 이루어지는 것이다.[35] 따라서 자신에 대해 안다는 것은 자기의 실체인 정신(animus)을 자각하는 것을 의미한다.[36]

비코는 이때 인간의 본성을 이루는 정신을 소크라테스와 마찬가지로 인간에게 있어서 신적인 것으로 이해한다. 그는 다음과 같이 말한다. "정신이란 신의 명백한 이미지이다."[37] 신이 피조물과 우주 안에 담겨진 많은 사물들을 통해 알려지는 것과 마찬가지로 정신은 이성과 그 총명함(sagacity), 능력(ability), 기억(memory), 발견적 능력(ingenuity) 그리고 그중에서도 뛰어난 이성에 의해 알려진다."[38] "인간

33) humanistic education, S. 37.
34) humanistic education S. 46.
35) humanistic education, S. 39.
36) humanistic education, S. 39.
37) humanistic education, S. 40.

정신은 귀 속에서 들으며 눈 속에서는 보고 위 속에서는 분노한다. 그리고 비장 속에서는 웃으며 가슴 속에서는 구분하며 뇌 속에서는 이해한다. 하지만 이러한 정신이 육체의 어느 한 부분에 특정한 위치를 갖고 있는 것은 아니다. 신이 모든 사물을 감싸듯 정신은 모든 것을 다스린다. 그 외부에는 어떤 것도 존재하지 않는다. 정신은 살루스트가 말하듯이 모든 인류의 지배자이며 모든 것을 움직이게 하고 소유한다. 그렇지만 정신은 어떤 것에 의해서도 소유되지는 않는다."[39] 이러한 정신을 설명할 수 있는 방법은 신의 전능에 비유하는 방법 밖에 없다. 따라서 비코는 "정신은 사유의 어떤 신적인 힘이다."라고 말한다.[40]

이러한 신적인 힘으로서의 정신은 모든 인식작용 및 감각작용의 근거가 된다. 이에 대해 비코는 다음과 같이 말한다. "여러분에 의해 행해지는 것은 무엇이든지 간에 여러분의 정신에 의해 행해지는 것입니다."[41] 그렇다면 결국 정신의 신적인 힘을 깨닫는 것은 모든 인식의 근거를 깨닫는 것이 된다. 특히 비코에 의하면 이와 같은 신적인 힘으로서의 정신이 가장 극명하게 드러나는 것은 이성적인 추리능력 속에서가 아니라 상상력(phantasia) 속에서이다. 이때 상상력이란 단순히 거짓된 혹은 비현실적인 사고를 의미하는 것이 아니라 감각을 통해 우리가 어떤 사물을 인식할 때 그 사물의 차이들 그리고 하나의 사물 내에서의 질적 차이들뿐만 아니라 개별적 특성들을 모두 파악하는 힘을 말한다. 그렇기 때문에 "상상력이란 사물들의 이미지를 형성할 뿐만 아니라 동시에 새로운 형상들을 산출하고 그 신적인 근원을 드러내고 확증하는 힘이며", 동시에 "사물들의 형상을 구분하고 때로는 그것을 분리하고 함께 결합하는 힘"이라고 말한다.[42] 따라서 상상력에 대한 훈련을 통해 우리는 우리 가운데 있는 신적인 힘으로서의 정신을 잘 실현시킬 수 있는 것이다.

여기서 우리는 잠시 다음과 같은 물음을 던져볼 수 있다. 즉 모든 인식이 정신의 활동에 근거하며 그렇기 때문에 정신이 모든 진리의 근원이라고 한다면, 수학, 혹

38) humanistic education, S. 40.
39) humanistic education, S. 41.
40) humanistic education, S. 42.
41) humanistic education, S. 39.
42) humanistic education, S. 42–43. 특히 비코에게 상상력은 *scienzia nuova*에 오게 되면 인식론적 원리가 되는 '시적 지혜'를 형성하는 개념이 된다. 인간은 상상력을 통해 근원적 경험을 신화 혹은 우화로 구체화한다. 그리고 세계는 바로 그렇게 구체화된 신화나 우화를 통해 인간에게 하나의 형상을 갖게 된다. 따라서 상상력이란 사물의 형상과 모습을 드러내는 힘이라고 할 수 있다. Donald Phillip Verene, *Vico's Science of Imagination*, Ithaca and London 1987, S. 70–71 참조

은 자연과학적 진리 또한 모두 정신에 의해 산출되는 것인가? 인간의 실천적 삶의 영역 속에서 타당한 진리의 근원은 정신일지 몰라도, 자연에 대한 이론적 영역 또한 그 진리성을 정신에 두고 있다고 말할 수 있는가? 이러한 물음들에 대해 비코가 어떻게 대답하는지 알려면 먼저 그가 진리를 무엇으로 생각하는지 이해해야 한다. 그는 진리에 대해 다음과 같이 말한다. "진리(verum)란 정밀하게 만들어진 것(factum)이며, 신이야말로 제 1의 제작자이므로 신 안에 제 1진리가 존재한다는 것, 신은 만물의 제작자이기 때문에 그 진리 또한 무한한 것이며, 신은 사물의 외적 요소와 내적 요소를 함유하고 있으므로 그 진리는 완벽하다는 것이 그들〔이탈리아 선현들〕의 일치된 견해이다."[43] 이 말에 따르면 진리(verum)란 첫째, 만들어진 것(factum)이다. 장인이 어떤 물건을 만든다고 할 때, 그 만들어진 것에 대해서는 만든 장인만이 가장 잘 알고 있을 것이다. 만들어진 물건을 세계라고 한다면 신은 세계상의 조각가이며 그런 한에서 세계의 원인으로서 그 진리를 아는 자이다. 마찬가지로 인간들이 진리를 알 수 있다면 그 진리는 인간들에 의해 만들어진 것이어야 한다. 역사적이며 실천적 세계 속에서 파악되어야 할 진리란 물론 인간의 삶 속에서 인간의 정신에 의해 만들어진 것이다. 진리가 만들어진 것이라는 비코의 생각은 수학 혹은 자연과학에서도 마찬가지이다. 물론 이때 수학이란 신적인 학문이다. 그럼에도 불구하고 인간이 신의 자연의 창조 행위를 모방하는 한, 창조의 원리인 수학적 진리를 인간도 획득할 수 있다. 예를 들어 기하학 속에서 인간은 점과 선과 평면을 자신의 정신적 능력(ingenuity)으로부터 만들어 냄으로써 자신의 진리를 만들어 얻는 것과 같은 이치이다.[44]

이것은 물리학에서도 마찬가지이다. 물론 물리학과 수학의 차이는 존재한다. 수학에서 진리(verum)란 전적으로 만들어진 것(factum)인데 반해, 물리학에서의 진리란 정신을 통해 이해된 한에서의 자연적 사건에 대한 진술이다.[45] 즉 물리학의 대상은 실험 속에서 만들어지며, 그런 한에서 진리를 갖는다. 그러나 만일 물리적 대상 자체가 정신적으로 환원될 수 없다면 그때 인간은 결코 완전한 진리는 얻을 수 없으며 단지 개연성만을 얻을 수 있을 뿐이다. 물론 이때 비코는 자연과학적 진리보다 도덕적 진리가 더 확실하다고 생각지는 않는다. 왜냐하면 도덕의 경우 정

43) G. Vico, *De antiquissima italorum sapientia*『이탈리아인의 태고의 지혜』, 이원두 역, 동문선, 1996, S. 25-26.

44) Donald Phillip Verene, *Vico's Science of Imagination*, Ithaca and London 1987, 2장, S. 39.

45) 같은 책, S. 39.

신은 욕망과 관계하는데 이때 욕망 자체가 전혀 고정된 것이 아니기 때문이다. 하지만 이러한 한계에도 불구하고 진리는 기본적으로 만들어진 것이라고 생각하는 한에서 모든 학문이 추구하는 진리란 오로지 정신에 의해서 파악 가능한 것이고 그런 한에서 인간의 정신에 대한 앎은 모든 인식의 기초라고 할 수 있는 것이다.

이처럼 모든 인간의 인식이 정신에 근거한다면, 그리고 정신이 인간적 삶의 주체라고 한다면 자신에 대해 아는 것은 결국 삶 전체 속에서 지혜를 얻는 것이다. 이때 지혜란 "삶의 방식"(the art of living)으로서의 실천적 지혜(phronesis)이다.[46] 이러한 지혜를 비코는 "신이 인간에게 부여한 법률"이라고도 말하는데,[47] 이러한 법률을 얻는 것이 인문교양을 포함한 모든 학문이 추구해야할 궁극적인 목표가 된다. 물론 이때 지혜를 얻는 것 자체가 최종목적은 아닐 것이다. 왜냐하면 다시 이러한 지혜를 통해 도달하고자 하는 것은 삶의 행복이며 그런 한에서 인간의 모든 행정의 최고 목표는 행복이라고 할 수 있다. 이때 행복한 삶이란 커다란 기쁨과 영구적인 평화와 편안함이 있는 삶이다. 그리고 이러한 삶은 곧 조화롭고 동시에 변하지 않는 삶이 유지될 때 가능한데, 이러한 삶의 유지는 실천적 지혜를 통해 이루어진다.[48]

이제 문제는 다음과 같은 것이다. 즉 대부분의 사람들은 행복하기를 원할 텐데, 왜 우리 가운데 많은 사람들은 실천적 지혜를 얻는데 많은 열정과 노력을 쏟지 않는가? 비코는 누군가 학문적 지성이 없는 경우, 다시 말해 누군가 학문의 지혜를 얻지 못한다면, 그는 본성이 허약해서가 아니라 자신을 알려고 하는 의지가 없기 때문이라고 말한다. 따라서 그는 다음과 같이 말한다. "그렇습니다. 오! 가장 행운의 젊은이들이여, 만일 여러분들이 여러분들 자신을 올바르게 알려고 한다면, 모든 학문은 여러분들의 것입니다. 오! 나태한 자들에게 넘쳐나는 부끄러움, 그것은 지혜를 얻으려 하지 않는 것입니다. 왜 그렇습니까? 지혜롭게 된다는 것은 전적으로 그들의 의지에 달려 있다는 것이 명백함에도 불구하고 그들은 원하지 않기 때문입니다."[49] 이때 의지가 박약하여 지혜를 얻지 못하는 자들에게 필요한 것이 바로 교육이다. 이런 연유로 비코는 "앎은 바로 교육을 받은 자와 그렇지 못한 자를 구분한다. 교육을 받은 자와 받지 못한 자 둘 다 모두 알지는 못한다. 그러나 일반인들은 안다고 주장하는데 반해, 교육을 받은 자는 그가 모르고 있다는 것을 안다."고

46) 같은 책, S. 63.
47) humanistic education, S. 58.
48) humanistic education, S. 68.
49) humanistic education, S. 50.

말한다.[50] 이 말을 통해 비코는 소크라테스와 마찬가지로 모든 지혜의 출발은 무지의 지로부터 시작된다고 생각한다.[51] 왜냐하면 무지의 지는 비단 관용 및 존중과 상호신뢰로 이루어져야 하는 인간사회의 원리로서만 작용하는 것은 아니라 자연에 대한 탐구에서도 마찬가지로 유효하기 때문이다.[52] 그렇다면 이제 이러한 실천적 지혜를 얻기 위하여 교육되어야 할 내용은 구체적으로 무엇인가?

VI. 인문교육의 내용

비코에 의하면 자유교양(liberal arts)과 학문(science)이 추구해야할 내용은 우연히 주어지는 것이 아니라 인간 본성에 기인하는 것이어야 하며 동시에 그것에 의해 삶의 지혜가 얻어질 수 있는 것이어야 한다. 그에 따르면 인간의 본성은 정신(mind), 영혼(spirit) 그리고 언어능력이라는 세 가지 계기 속에서 드러난다. 문제는 인간이 아담의 죄 이후 근원적으로 '타락한 본성'(corrupted human nature)을 가지게 되었다는 점이다.[53] 따라서 정신, 영혼, 언어능력의 계기들을 통해 드러나게 되는 정신도 많은 결점을 지니게 되었다. 타락하기 전의 인간들은 하나의 언어를 가지고 있었으며 소통하는데 문제가 전혀 없었다. 하지만 타락한 후 그들은 서로 다른 언어를 가지게 되었고 그 결과 서로 다른 민족으로 흩어지게 되었다. 근원적인 언어에 대한 상실은 단순히 민족으로의 분열이라는 결과만 아니라 삶 속에서의 근원적 소통부재를 낳게 되었다. 자식은 아버지의 언어를 이해할 수 없게 되었고, 진리와 정론이 있어야 할 곳에는 개인의 성향에 따른 사견이 횡행하게 되었다.[54]

서로 소통하지 못하는 언어는 단순히 의사소통에만 영향을 미치는 것이 아니라 정신(mind)에게까지도 영향을 미치게 된다. 왜냐하면 애매하고 모호한 말로 성립된 거짓 이미지와 섣부른 판단은 정신으로 하여금 성급한 결론에 이르게 하고 잘못된 추론에 도달하게 하여 마침내 사물에 대한 혼돈을 낳게 하기 때문이다. 또한

---

50) humanistic education, S. 89.

51) 이러한 견해는 분명히 데카르트적 합리주의에 반하는 것이다. 왜냐하면 합리주의적 학문에 따르면 학문이란 확실한 첫 번째 원리로부터 올바른 추론에 기초하여 도출되는 앎의 총체이기 때문이다.

52) 자연을 탐구하기 위해 하나의 가설을 세우는 것도 정신의 겸손한 태도로부터 기인하는 것이기 때문이다.(humanistic education, S. 80–83 참조)

53) humanistic education, S. 127.

54) humanistic education, S. 127.

정신의 혼돈은 더 나아가 영혼(spirit)을 타락시켜 인간들 사이의 불신과 불행을 가져오게 된다. 왜냐하면 소통하지 못하는 인간들은 함께 모이지만, 마치 감옥에 죄수들이 각각의 독방에 감금되어 있듯이 그렇게 서로의 영혼은 분리됨으로써 서로를 신뢰하지 못하기 때문이다. 결국 타락한 인간의 본성은 사견에 빠진 정신(mind)과 악덕(vice)에 오염된 영혼(spirit), 그리고 언어의 부적절성의 모습으로 나타나게 되었다.[55] 인문교육의 목표는 이러한 인간의 모습을 치유하고 원래의 본성을 회복하는데 놓여야 한다. 따라서 비코는 "타락한 인간성에 대한 같은 고려가 우리로 하여금 인문학과 제학문의 모든 영역을 감싸도록 훈계해야한다." 고 말하면서,[56] 다음과 같은 세 가지 교육 내용을 제시한다. 즉 첫째, 지식(sapientia), 둘째는 덕(prudentia), 마지막으로 능변(eloquentia)이 그것이다.[57]

이와 같은 세 가지 교육 내용은 인문교양(liberal arts)과 학문(sciences)이 그 주위를 순환하는 천체와 같은 것으로서 "모든 지혜는 바로 이 세 개의 가장 뛰어난 것, 즉 확실성을 가지고 아는 것, 올바르게 행하는 것, 그리고 품위(dignity)를 갖고 말하는 것 속에 들어 있게 된다."[58] 그러므로 타락한 인간본성을 치유하려는 인문교양과 모든 학문은 인간들로 하여금 지식(knowledge)을 통해 오류로부터 벗어나게 해야 하며, 덕(virtue)을 통해 선의지를 함양하게 하고, 능변(eloquence)을 통해 무례함을 떨쳐버리도록 해야 한다. 이렇게 될 때, 고립된 인간들은 하나로 결합되며, 이기심으로부터 벗어나 인간 공동체를 함양하는데 애쓰게 될 뿐만 아니라 게으른 태도를 버리고 목적적으로 행위하며 나약한 사람들과 함께 동등한 권리를 가진 인간으로서 함께 살아갈 줄 알게 된다.

특히 비코는 이러한 교육이 인간의 자연적 발전에 적합하게, 즉 소년기와 청년기 그리고 장년기에 따라 순차적으로 이루어져야한다고 생각한다. 가장 기억력이 좋을 때인 소년기에는 언어를 먼저 배워야 한다. 언어를 닦은 후 사견을 극복하기 위해서는 이성을 활용할 줄 알아야 한다. 이성을 활용하기 위해서는 수학을 배워야 하며 이러한 배움을 통해 감각의 영향으로부터 벗어나야 한다. 그 후에는 자연적 현상의 원인을 탐구하는 물리학을 공부해야 하며 그것이 이루어지면 최고의 지식인 신학을 공부해야 한다. 이러한 모든 것들은 결국 지혜(sapientia)로서 신적인 것에 대한 앎에 도달하기 위한 것들이다. 이처럼 힘든 노력을 통해 신적인 것에 대

55) humanistic education, S. 127.
56) humanistic education, S. 132.
57) humanistic education, S. 129.
58) humanistic education, S. 129.

한 앎에 도달하게 되면 마지막으로 인간사에 있어서 신중한 판단(prudentia)을 배워야 한다. 이것은 도덕과 공론 그리고 법률학을 통해 이루어지게 된다.[59]

이런 것들을 배우고 난 후 이것을 통해 자신뿐만 아니라 인간 사회에 도움을 주기 위해서 최종적으로는 수사학(eloquence)을 배워야 한다. 수사학을 배움으로써 우리는 이제까지 배운 것을 잘 활용하여 사회에 적절하게 적용할 수 있게 될 뿐만 아니라 앞에서 배운 수학, 물리학, 형이상학 등의 내용을 잘 해석할 수도 있게 된다.[60] 이렇게 본다면 수사학(eloquence)은 배움의 수단이 될 뿐만 아니라 지식을 활용하기 위한 방법이 되기도 한다. 결국 수사학은 배움을 실천적으로 사용하기 위한 근본적 방법인 한에서 실천적 지혜의 완성이라고 할 수 있다.

V. 맺는말

스티븐 툴민이 지적하듯이 근대의 학문과 문화는 두 갈래의 서로 다른 기원을 갖는다.[61] 그 하나가 15-16세기 르네상스 인문주의자들의 사상이라고 한다면, 다른 하나는 17세기 데카르트를 중심으로 성립된 과학주의이다. 전자가 인간 경험에 비추어 이론의 관점보다는 실천의 관점을 중요하게 여기고 삶의 복합성과 다양성을 존중하고자 하였다면, 후자는 수학적 객관성에 근거하여 보편적 진리를 추구하고자 하였다. 이제까지의 논의를 통해 볼 때, 비코의 주장은 바로 실천적 삶 속에서 도움이 되는 지혜(phronesis)를 추구하려는 인문주의자들의 사상을 계승한 것이다. 인문주의자들이 학문을 함에 있어 어떤 논증의 내적 논리에 대한 형식적이고 철학적인 분석보다는 그 논증에 대한 수사학적 분석을 존중하였듯이,[62] 비코도 학문에서 중요한 것은 논리적이며 추상적인 사고가 아니라 공통감각(sensus communis)에 근거한 인간 이해와 삶의 다양성에 대한 배려라고 생각한다.

이러한 비코의 생각은 '인문학의 위기'가 말해지고 있는 현대에 있어 특별한 의미를 갖는다. 왜냐하면 '인문학의 위기'란 앞서 말했듯이 인간의 불변적 본성과 그에 근거해서 보편적 진리를 추구하려는 학문적 이념이 그와 부합하지 않는 현실

---

59) humanistic education, S. 136-137.

60) humanistic education, S. 137-138.

61) Stephen Toulmin, *Cosmopolis - The hidden agenda of modernity*, 이종흡 역, 『코스모폴리스』, 경남대학교 출판부, S. 46.

62) 같은 책, S. 50-55.

상황과 충돌함으로써 발생되는 현상 이외에 다른 것이 아니기 때문이다. 특히 현대 사회가 불확정성과 '미결정'(underdetermination)의 구조로 이루어져 있다면, 이러한 사회 속에서 필요한 학문의 이념은 일의적 진리에 대한 추구가 아니라, 인간 자신에 대한 성찰을 근거로 삶의 다양성과 개연성을 이해할 수 있는 지평을 열어주는 것이어야 한다. 바로 이런 점에서 비코가 제시하는 인문학적 교육의 이념과 방법은 '인문학의 위기'를 불러오는 현대의 상황 속에서 인문학의 새로운 정체성을 제시하는데 도움이 될 수 있다. 왜냐하면 비코가 주장하는 것은 우리와 타자들 사이의 차이를 줄이는 것조차 힘든 상황 속에서, 우리들로 하여금 타자의 입장을 이해하는 곳으로 나아가게 할뿐만 아니라 하나의 공통감각 속에서 서로 다른 관점들을 수렴시켜 이러한 차이들을 포용할 수 있기를 요구하기 때문이다.

참고 문헌

Giambattista, Vico, *On the study Methods of our time*, trans. by Donald Phillip Verene, Cornell Uni. 1990.

_____ , *De antiquissima italorum sapientia*『이탈리아인의 태고의 지혜』, 이원두 역, 동문선, 1996.

_____ , *On humanistic education*, trans. by Giorgio A. Pinton and Arthur W. Shippee, Cornell Uni. 1993.

Donald Phillip Verene, *Vico's Science of Imagination*, Ithaca and London 1987.

가다머, G.,『진리와 방법』, 이길우 역, 문학동네, 2000.

데카르뜨,『방법서설』,최명관 역, 서광사, 1985.

마크 포스터,『뉴미디어의 철학』, 김성기 역, S. 38-42, 장 프랑수아 리오타르,『포스트모던적 조건』, 이현복 역, 서광사, 1992.

마크 포스터,『미네르바의 올빼미가 날기 전에 인터넷을 생각한다』김승현, 이종숙 역, 이제이북스, 2005.

박찬길, '정보시대와 인문학의 위기',『디지털시대의 인문학, 무엇을 할 것인가』, 사회평론, 2001.

스티븐 툴민, *Cosmopolis, the hidden agenda of modernity*,『코스모폴리스』, 이종흡 역, 경남대학교 출판부, 1997.

이사야 벌린, *Vico and Herder*,『비코와 헤르더』, 이종흡, 강성호 역, 민음사, 1997.

이진우, '포스트모던 사회와 인문과학의 과제',『인문과학의 이념과 방법론』성균관대학교 출판부, 1995.

G. Vicos's idea and method on the humanities

Lee, Kwang-Mo

Abstract

This article deals with the idea and method of G. Vico on the humanities. The reason why I here bring the thought of 18th century philosopher Vico into focus, is that his idea and methode on the humanities could supply us the more adequate understanding of human being in the contemporary society which is characterized by diversity and 'underdetermination'. And this article aims to introduce, clarifying Vico's critique against the modern science, his idea and method of education of the humanities.

According to Vico, modern science which stands in the tradition of Descartes, takes the clear and distinct truth to the principle of science and uses criticism as its methode. But through the criticism, the phronesis(practical wisdom), which is of importance in the life, can't be accquired. We can obtain the phronesis only by ars topica which is grounded in sensus communis.

After mastering ars topica, we can make steady progress toward the education of humanities. The goal of all the humanities is the knowledge of oneself. To know oneself is to be aware of animus as one's substance. The animus consists of three elements, mind, spirit and language. Therefore corresponding to that elements, sapientia, prudentia, eloquentia must be educated in the humanities.

Key Words : Vico, humanities, crisis of science, common sense, rhetorics

민족주의와 세계시민주의

– 자유주의적 민족주의를 중심으로

나 종 석

1. 들어가는 말
2. 탈민족주의 담론의 문제점과 근대 민족국가의 이중성
3. 민주주의와 경계의 도덕성
4. 민족주의와 세계시민주의의 양립가능성
5. 나가는 말

요약문

이 글은 무엇보다도 민족주의가 가지는 도덕적 위상에 관한 논의이다. 이 글에서 필자는 자유주의적 민족주의(liberal nationalism)를 중심으로 어떤 점에서 민족주의가 민주주의 및 세계시민주의와 만날 수 있는가를 모색하고자 한다. 글의 주된 내용은 다음과 같다. 우선 탈민족주의 담론의 여러 주장들을 비판적으로 살펴본다. 이 과정에서 근대 민족국가의 이중성을 민주주의와 민족주의 사이의 연관성의 맥락에서 서술한다. 그 다음으로는 근대 민족국가의 경계가 갖고 있는 정당성이 어떤 점에서 옹호될 수 있는가를 자유주의적 민족주의를 중심으로 살펴본다. 마지막으로는 민족주의와 추상적이고 공허한 세계시민주의 이상의 양극단을 지양하고 세계시민주의에 열려 있는 민족주의의 가능성을 제안한다.

● 주요어 : 민족주의, 민족국가, 민주주의, 자유주의적 민족주의, 세계시민주의, 탈민족주의 담론, 순화된 애국주의

1. 들어가는 말

민족주의와 민족국가는 쇠퇴하고 있다는 이야기가 널리 유포되고 있다. 이는 서구 근대의 부정과 극복이라는 보다 큰 움직임의 일환으로 등장하고 있다. 탈민족주의 담론을 주장하는 여러 학자들은 서양사, 한국사의 영역에서만이 아니라 국문학과 정치학의 영역에서 활동하면서 기존의 소위 민족주의 중심의 학문적 태도를 비판하고 있다.[1] 민족주의에 대한 비판은 임지현이나 권혁범과 같은 진보적 성향의 학자들에 국한된 현상이 아니라 이영훈과 같은 뉴라이트 계열의 학자들에게서도 발견된다.[2] 이영훈에 의하면 "1920년대에 성립한 민족주의 역사학이 한국인을 두고 유사 이래 혈연-지연-문화-운명-역사의 공동체로서 하나의 민족이었다고 선언하였을 때, 그 위대한 선언은 본질적으로 신화의 영역에 속하는 명제"에 지나지 않았다.[3] 이제 민족주의는 근대의 산물이고 한국사회에서의 민족주의도 역사적 구성물이라는 점이 널리 받아들여지게 되었다.

현재 민족주의를 둘러싸고 진행되는 논쟁을 보면 크게 보면 대략 두 가지가 핵심 쟁점이 되고 있다. 민족주의는 대내적으로 볼 때 억압적이며 대외적으로도 공격적인 담론 인지가 그것이다. 민족주의를 대내적으로 억압적이고 대외적으로는 팽창적 내지 공격적이라고 보는 탈민족주의 담론의 주된 주장을 통해서도 이 두 쟁점은 주된 쟁점으로 부각되어 있다. 달리 말하자면 민족주의는 대내적으로 볼 때 억압적이라는 비판은 민족주의와 민주주의 사이의 연관성을 부정하는 것이고, 대외적으로 볼 때 민족주의가 공격적이라는 주장은 민족주의와 세계주의(세계시민

1) 한국에서 탈민족주의 담론을 주도한 학자는 임지현이다. 그는 서양사 전공자로 한국 민족주의 사학이 안고 있는 문제점을 폭로하고 비판하여 탈민족주의 담론의 확산에 크게 기여한 사람이다.(임지현, 『민족주의는 반역이다』, 소나무, 2005) 그 외에도 정치학자로서 권혁범과 한국사 전공자로서 윤해동 등이 있다. 윤해동, 『식민지의 회색지대-한국의 근대성과 식민주의 비판』, 역사비평사, 2003, 그리고 권혁범, 『민족주의와 발전의 환상-개인 지향 에콜로지 정치의 모색』, 솔, 2000. 국문학의 영역에서 탈민족주의 담론을 제기하는 학자로서는 신형기가 있다.(신형기, 『민족이야기를 넘어서』, 삼인, 2003)

2) 이영훈, 「민족사에서 문명사로의 전환을 위하여」, 『국사의 신화를 넘어서』, 임지현·이성시 엮음, 휴머니스트, 2004. 신채호, 박은식 등에 의해 20세기 초에 확립된 민족주의는 시민적 민족주의였고 역사서술의 주체로서 '민족'을 발견해 낸 것은 한국근현대사에서 시민적 민족주의의 기반을 마련했다는 점에서 크게 평가받아야 한다는 입장에 대해서는 박찬승, 「20세기 한국사학의 성과와 반성」『한국사학사학보』 제1집, 2000, 185쪽 참조.

3) 같은 글, 92쪽 이하. 이영훈과 안병직 등의 민족주의 비판이 민족에 비해 대한민국을 우선시하려는 관점에 서 있다는 점에 대해서 그리고 이들의 논리적 문제점에 대해서는 김기협, 『뉴라이트 비판』, 돌베개, 2009 참조 바람.

주의) 사이를 양립 불가능한 것으로 보고 있는 것이다. 그러므로 민족주의를 보다 객관적인 시각에서 다루자고 한다면 이 핵심 쟁점이 얼마나 근거가 있는 것인가를 살펴보아야 한다.

이 글은 무엇보다도 민족주의가 가지는 도덕적 위상에 관한 논의이다. 이 글에서 필자는 민족주의가 민주주의 및 세계시민주의와 어떤 점에서 결합될 수 있는가를 자유주의적 민족주의(liberal nationalism)를 통해 옹호하고자 한다. 이는 크게 두 부분으로 나뉜다. 하나는 민족주의의 모든 형태가 아니라 특정한 형태의 민족주의는 정당화될 수 있다는 것이며, 다른 하나는 민족주의의 옹호는 늘 도덕적 비판과 세계시민적 가치 및 이상에 열려 있어야 한다는 것이다. 앞의 명제는 모든 민족주의는 위험하고 국수주의적이며 대외적으로는 공격적이라고 모는 사람들이 거부하고, 뒤의 명제는 민족주의는 그 어떤 방식으로든지 정당하며 옹호되어야 한다고 생각하는 편협한 민족주의자들이 반대한다. 따라서 이 글의 주된 목적은 편협한 민족주의와 추상적이고 공허한 세계시민주의 이상의 양극단을 지양하고 민주주의 및 세계시민주의와의 연관성에 입각하여 민족주의를 옹호하는 방안을 모색해보는 것이다.

2. 탈민족주의 담론의 문제점과 근대 민족국가의 이중성

탈민족주의 담론의 여러 주장들과 그 문제점은 다음과 같이 정리될 수 있다.[4] 첫째, 탈민족주의 담론은 민족주의와 그에 토대를 둔 근대 민족국가(nations-state)를

4) 최근 한국사회에서의 민족주의와 관련된 논의의 흐름은 크게 세 가지이다. 첫째는 세계화론에 입각한 탈민족주의론인데, 이는 한국사회를 '민족' 중심으로 보는 것을 반대하고 자본주의적 근대 문명을 지향하는 것을 최고선으로 보는 입장이다. 두 번째 흐름은 민족주의를 재구성하려는 것으로, 이는 민주화 운동 과정에서 형성된 저항적 민족주의의 흐름을 발전적으로 계승하려는 것이다. 이 흐름은 배타적 민족주의를 극복할 대안으로 개방적(열린) 민족주의와 시민적 민족주의를 내세운다. 세 번째 흐름은 탈근대론적 관점의 탈민족주의론인데, 이는 민족주의의 위험한 형태를 바람직한 형태로 재구성하는 시도에 대해서 회의적이다. 이 흐름은 민족주의 자체의 위험성을 지적하면서 이를 해체하자는 입장이다. 한국사회에서 민족주의를 둘러싼 논쟁을 불러일으키고 주도한 것은 바로 탈근대론적 민족주의 비판이었다. 이에 대해서는 홍석률, 「민족주의 논쟁과 세계체제, 한반도 분단문제에 대한 대응」『역사비평』 80, 2007, 151쪽 이하. 본 글에서 주로 비판의 대상으로 삼고 있는 것은 탈근대론적인 탈민족주의 담론이다. 탈민족주의 담론의 중요 내용 및 그 문제점에 대한 설명은 올해 12월에 나올 예정인 영남대학교 『인문연구』 제57호에 실린 필자의 글 「탈민족주의 담론에 대한 비판적 성찰」을 기반으로 해서 요약한 것이다.

대단히 부정적으로 평가한다.[5] 예를 들어 임지현은 민족국가의 억압성을 강조하고 그것을 각 개인의 개성을 말살하고 획일화하는 권력으로 본다. 그는 자신이 한때 주장했던 시민적 민족주의든 김동춘이 주장한 '개방적 민족주의'든 모두 "형용모순"으로 본다.[6] 이제 임지현은 민족주의를 파시즘적 요소를 갖고 있는 것으로 생각한다. 이런 생각의 일단을 우리는 그가 근대 민족국가에 대해서 내리는 판단, 그러니까 "합의독재를 〔……〕 국민국가의 완성 형태"라고 결론짓는 데에서 잘 포착하게 된다. 이제 임지현은 영미식의 대중민주주의와 독일 · 이탈리아식의 대중독재의 차이가 거의 없다는 결론에 이른다. 이 둘은 "국민독재"라는 범주로 한데 분류될 수 있다고 생각한다.[7] 그러나 이 입장은 근대 민족국가의 긍정성을 과소평가한다는 반론을 야기한다. 이는 뒤에서 상세하게 다룰 것이다.

둘째, 탈민족주의 담론은 민족주의 여러 형태들에 대한 인식을 추구하기보다는 민족주의의 특정한 형태, 즉 인종적 민족주의나 억압적이고 공격적인 민족주의를 민족주의의 본래 모습으로 간주하는 경향을 보인다. 예를 들어 임지현은 자신이 한 때 옹호했던 시민적 민족주의를 '혈통 혹은 종족적 민족주의'(ethnic nationalism)와 구별하지 않고 시민적 민족주의는 배타성과 폐쇄성의 측면에서 종족적 민족주의와 다를 바 없다고 결론짓는다.[8] 민족주의를 배타적이고 폭력적인 이념으로 보는 것은 임지현이나 윤해동 등 좌파 성향의 이론에서 출발한 사람들에게 국한되어 있지 않다.[9] 예를 들어 뉴라이트 계열의 학자들도 탈민족주의 담론의

5) nation-state, nation 그리고 nationalism의 용어를 어떻게 번역해야 하는지는 현재 학계에 통일된 입장이 없다. 학계에서는 '국민', '국민주의' 혹은 '내셔널리즘'으로 번역해야 한다는 입장이 우세하다고 한다. 그러나 정문석에 의하면 nation을 국민으로 번역하면 이 용어에 함유되어 있는 "종족의 문화적 측면(민족)"이 제거되고 "국가라는 정치 공동체의 성원(국민)이라는 측면만이 부각된다는 점에서 문제가 있다." 정문석은 근대의 모든 '네이션'(nation)에는 "종족의 문화적 논리와 시민의 정치적 논리가 공히 존재한다"고 주장한다. 민족과 구별되는 '종족'이란 용어는 "혈연적 · 문화적 공동체"의 의미를 갖고 있다는 점에서 '민족' 개념을 '종족'과 '국민'의 중간적 의미를 지니는 것으로 사용할 수 있다고 제안한다.(『민족주의 길들이기』, 지식의 풍경, 2007, 10쪽) 필자는 이 글에서 장문석의 제안을 따른다. 그러나 인용문의 경우 '국민국가'를 그대로 둔다.

6) 김동춘, 『1997년 이후 한국사회의 성찰 – 기업사회로의 변환과 과제』, 도서출판 길, 2007, 505쪽.

7) 임지현 · 사카이 나오키, 『오만과 편견』, 휴머니스트, 2005, 172쪽.

8) 임지현, 「포스트 민족주의 대 열린 민족주의」, 『제8회 인문학 학술대회 : 인문학은 말한다』, 이화여대 인문학연구원, 2004, 28쪽 참조.

9) 사회민주주의자인 주대환 역시 한국의 민족주의가 공격적이고 대외팽창적이고 배타적인 민족주의로 변질되었다고 질타한다. 「나라 우습게 아는 지식인, 대중이 우습게 본다」 『시민과 세계』 제15호, 2009, 247쪽.

민족주의 비판과 상통하는 관점을 제기한다. 박지향에 의하면 "민족주의는 본래 배타적이고 폭력적인 이념이다."[10] 따라서 한국의 민족주의도 예외가 아니다.[11] 이처럼 한국의 탈민족주의 담론은 민족주의의 다양성에 대한 객관적 태도를 보이지 않고 다양한 형태의 민족주의를 싸잡아 비판하는 단순화의 오류를 범하고 있다.

셋째, 탈민족주의 담론은 민족주의 및 민족국가에 대한 부당한 평가를 바탕으로 민족국가가 앞으로도 상당기간 대단히 중요한 역할을 수행할 것이라는 점을 소홀히 한다. 이런 관점은 세계화의 진전이 민족주의와 민족국가의 기능을 무력하게 만들 것이라는 생각을 전제한다. 달리 말하자면 세계화의 시대로 인해 민족국가의 시대는 종말에 이르렀다는 입장에서 탈민족주의 담론은 출발한다.[12] 그런데 이 입장은 세계화의 흐름을 지나치게 과대평가한다는 반론에 직면한다. 물론 민족국가라는 틀을 초역사적인 것으로 받아들일 필요도 없겠지만 민족국가라는 틀이 역사적으로 주어진 현실임을 인식하지 않는다면 그 인식 역시 일면적이라는 비판을 면하기 힘들다. 게다가 인종적 민족국가의 형태이든 시민적 민족국가의 형태이든 민족국가라는 현실을 수용하지 않고서는 인류가 당면한 여러 과제들은 결코 해결될 수 없다는 것은 분명하다. 세계화의 흐름 속에서도 근대 국가의 긍정적인 역할은 무시할 수 없다. 예를 들어 비록 한계가 있다고 할지라도(한계가 없는 존재가 이 지구상에 존재할리 없지만), 국가는 시장의 파괴적 경향에 대해 개입하고 조정할 수 있는 아주 중요한 행위자이다.

넷째, 탈민족주의 담론은 신자유주의적 세계화로 인해 위축되는 민족국가가 사회적 불평등 질서 및 민주주의의 위축과 함께 나타나고 있다는 점을 외면한다. 그리하여 이 담론은 세계시민사회의 미래에 대해 지나치게 낙관적인 태도를 보이고 있다. 달리 말하자면 세계주의가 새로운 형태의 야만으로 귀결될 가능성에 거의 주목하고 있지 않다는 한계를 보여준다. 세계화의 흐름을 주도하는 미국식 신자유주의가 민족국가의 틀 내에서 형성된 민주주의를 후퇴시키고 전 세계에 걸쳐서 새로운 "프롤레타리아트가 형성되는 추세, 즉 국민은 결여된 채 세계시장만"[13]을 형성하고 있는 사실을 외면해서는 안 된다.

---

10) 박지향, 「머리말」『해방전후사의 재인식 1』, 박지향 외, 책세상, 2006, 131쪽.
11) 한국 민족주의가 배타적이고 폭력적이라는 주장에 대한 비판에 대해서는 배영순의 글 「세계화 이후의 한국사 인식의 탈민족주의적 경향-근현대사 인식의 보수우경화를 중심으로」『민족문화논총』 제40호, 영남대학교 민족문화연구소, 2008, 63쪽 이하 참조.
12) 임지현 · 사카이 나오키, 『오만과 편견』, 앞의 책, 187쪽 참조.
13) 세일라 벤하비브, 『타자의 권리- 외국인, 거류민 그리고 시민』, 이상훈 옮김, 철학과현실사. 2008, 47쪽.

다섯째, 탈민족주의 담론은 민족주의와 세계주의를 양립 불가능한 것으로만 바라본다. 이런 태도는 한편으로는 민족국가에 대한 협애한 이해 및 그에 대한 편협한 부정적 평가와 다른 한편으로는 세계주의의 미래에 대한 근거가 약한 낙관적 태도의 상호작용의 결과이다. 예를 들어 임지현은 "건강한 내셔널리즘과 나쁜 내셔널리즘을 구분하는 것이 사실상 불가능하다"고 주장한다.[14] 그리고 전지구적 연대를 민족국가의 틀을 넘어서는 것으로 판단한다. 따라서 "국민국가를 자명한 것으로 전제하고 그 틀 안에 사유와 실천을 가두어 놓았던 과거의 대안 추구방식"과는 구별되는 근대적 국민국가 공동체의 틀을 넘어설 수 있는 연대의 방식"을 모색하는 것이 필요하다고 임지현은 역설한다.[15] 그런데 그가 꿈꾸는 연대는 동아시아의 연대에 머물지 않는다. 그가 궁극적으로 상정하는 연대는 "전지구적 자본에 저항하는 전지구적 연대"이다. 그리고 임지현은 이런 연대를 "세계화 시대의 새로운 연대 방식에 대한 대안 모색"의 일환이라고 평가한다.[16]

이하에서 보듯이 민족주의와 세계주의를 양립 불가능한 것으로 보는 입장이나 민족국가를 단지 부정적으로 보는 입장은 한계가 있다. 우리는 민족주의를 진정한 세계시민주의적 가치를 지향하는 방향으로 재구성할 수 있는 대안들을 소홀히 할 필요가 없다. 물론 모든 형태의 민족주의가 정당화될 수 없는 것처럼 민족주의와 모든 형태의 세계주의가 양립 가능하다고 볼 수는 없을 것이다. 이제 이 두 쟁점을 다루어보자.

우선 이 단락에서는 근대 민족국가의 이중성으로부터 시작해보자. 근대 민족국가의 이중성은 널리 알려져 있다. 그래서 사람들은 이 양 측면 중 어느 한 측면만을 부당하게 부각하여 자신의 주장을 뒷받침하는 오류를 범하기도 한다. 앞에서 강조했듯이 임지현 류의 탈근대 탈민족주의 이론은 바로 이런 오류의 한 사례이다. 주지하듯이 현대 국제 정치사회는 민족국가로 구성되어 있다. 프랑스 혁명과 미국 혁명을 통해 전면적으로 등장한 이 국가 형태는 근대 국가의 모델로 전세계적으로 확산되었다. 오늘날 국제 정치사회에서 보편적으로 확인되는 민족국가는 '국민'(nation)의 발명 내지 고안을 통해 "민주공화국으로 탈바꿈하는데 촉매제 역할을 했다"고 하버마스는 지적한다. 하버마스의 설명에 의하면 국민을 형성하는 과정에서 '국민'에 소속한다는 감정을 특징으로 하는 국민적 정체성은 그 동안 서로 낯

---

14) 임지현 · 사카이 나오키, 『오만과 편견』, 앞의 책, 187쪽.
15) 같은 책, 437쪽과 462쪽.
16) 같은 책, 462쪽.

설었던 그 구성원들 사이의 "연대적 연결을 창출" 함에 의해 정치적으로 능동적 주체로 활동할 수 있는 "문화적 맥락" 을 형성했다.[17] 달리 말하자면 근대의 민족국가는 민주적 원리를 승인하고 이를 통해 국가의 정통성을 확인함과 더불어 인민의 자유로운 통치 이념을 구체적으로 실현할 동력을 자율적 개인들을 국민들의 일원으로 변형함에 의해 확보할 수 있었다는 것이다. 이렇게 공통의 혈통 및 공통의 언어와 역사적 경험 등을 중심으로 자각적인 국민의식, 즉 "같은 인민(국민)에 속한다는 의식" 을 형성함으로써 인민주권과 모든 인간은 자유롭고 평등하다는 보편주의적 도덕원리의 법적 표현인 인권을 제도적으로 정착할 수 있는 사회적 통합을 이룩할 수 있었다.[18] 그리하여 근대의 민주적 입헌국가는 민족주의와 결합되어 전개되어 왔다고 하버마스는 지적한다. 이렇게 민족국가의 역사적 성과를 설명하면서 하버마스는 민주적 공화주의와 민족주의의 결합에 주목한다.

물론 하버마스는 이 결합이 위험성을 안고 있음을 부인하지 않는다. 공화주의와 민족주의 사이의 긴장과 모호한 결합이 바로 근대 민족국가의 내적 모순을 형성하는 것으로 하버마스는 이해한다. 그는 다음과 같이 말한다. "Nation〔국민(민족)〕은 두 얼굴을 가지고 있다. 공적 시민들의 의욕된 Nation(국민)은 민주적 정통성의 원천인 반면, 동포들의 탄생적 Nation(민족)은 사회적 통합을 받쳐준다. 시민들은 자기의 독자적인 힘으로 자유롭고 평등한 정치적 결사체를 구성한다. 동포들은 공통된 언어와 역사에 의해 만들어진 공동체 속에 이미 존재한다. 평등한 권리 공동체의 보편주의와 역사적 운명 공동체의 특수주의 사이의 긴장이 Nationalstaat(국민국가이기도 하고 민족국가이기도 한 이 단어)의 개념 속에 박혀 있다."[19]

근대국가는 시민적 민족주의의 측면과 종족적 민주주의의 양 측면을 모두 갖고 있다. 달리 말하자면 근대국가는 "국민정치 공동체로서의 성격" 과 아울러 "문화 공동체로서의 성격" 을 갖고 있다.[20] 하버마스가 주장하듯이 개인의 자율성과 공적 자율성이라는 규범적인 이념, 즉 인권과 인민주권은 민주적 입헌국가의 필수적 구성요소이다. 그렇지만 이 규범적 이념만으로는 구체적으로 살아 숨 쉬는 민주적 공동체를 형성할 수는 없다. 여기에 바로 사회문화적인 동질성을 지닌 민족주의적 개념이 등장하는 이유가 있다. 즉 "입헌국가의 법적 구성 속에는 자연주의적 인민(민족)개념으로 메워져야 할 개념적 간극이 있다. 순수하게 규범적 개념들만으로

17) 위르겐 하버마스, 『이질성의 포용』, 황태연 옮김, 나남출판, 2000, 141쪽 .
18) 같은 책, 143쪽.
19) 같은 책, 145쪽.
20) 이용희. 『미래의 세계정치』, 민음사, 1997, 17쪽.

는, 자신들의 공동생활을 규제하기 위해 함께 모인 사람들을 어떤 방식으로 실증법의 수단을 통해 구성해낼 수 있는지 설명할 수 없다. 규범적 관점에서 보자면, 자유롭고 평등한 구성원들이 〔.....〕 사회적 경계를 만들어 내는 것은 전적으로 우연한 일이다."[21)]

지금까지 살펴본 것처럼 근대 민족국가는 결코 악마적 요소만을 갖고 있는 것은 아니다. 이런 맥락에서 근대 민족국가의 붕괴의 과정이 궁극적으로는 전체주의로 귀결되었다는 아렌트의 주장은 많은 시사점들을 우리에게 제공한다.[22)] 근대 민족국가의 긍정성을 우리는 아렌트가 말하는 무국적성(statelessness)과 제국주의가 서로 긴밀하게 연결되어 있다는 지적에서 분명하게 인식할 수 있다.

> "인권의 근본적인 박탈은 무엇보다 세상에서 거주할 수 있는 장소, 자신의 견해를 의미 있는 견해로, 행위를 효과적 행위로 만드는 그런 장소의 박탈로 표현되고 있다. 어떤 사람이 자신이 태어난 공동체에 소속되는 것이 더 이상 당연한 문제가 아니고 그것에 속하지 않는 것이 더 이상 선택의 문제가 아닐 때, 또는 어떤 사람이 범죄를 저지르는 경우를 제외하고는 다른 사람이 그를 어떻게 취급할지가 그의 행위에 의해 좌우되지 않을 때, 자유와 정의보다 훨씬 더 근본적인 것인 시민의 권리가 위험에 처하게 된다. 인권을 빼앗긴 사람들은 바로 이런 극단적인 궁지에 처해 있는 것이다. 〔.....〕 전 세계적으로 새로운 정치 상황이 출현하면서 수백만 명의 사람들이 권리를 가질 수 있는 권리 〔.....〕, 그리고 어떤 종류의 조직된 공동체에 속할 수 있는 권리를 잃고 다시 얻을 수 없게 되면서, 우리는 비로소 그런 권리가 존재한다는 사실을 깨닫게 되었다."[23)]

'권리를 가질 수 있는 권리' 혹은 '어떤 종류의 조직된 공동체에 속할 수 있는 권리'가 박탈될 때 바로 보편적 인권이 송두리째 파괴된다는 점을 위의 아렌트의 글은 감동적으로 전해준다. 당연한 말이지만 특정한 공동체는 이 지구상에 다수로 존재하고 앞으로도 인류가 존속하는 한 그러할 것이다. 그렇다고 이 특수한 공동체의 존립 자체가 언제나 타자를 배제하고 억압하고 이질적인 것을 파괴하는 모습만을 보여주는 것은 아니다. 만약 그렇다면 인류는 그런 문제들을 영원히 해결할

---

21) 위르겐 하버마스, 『이질성의 포용』, 앞의 책, 145쪽 이하. 번역을 일부 바꾸었음.
22) 물론 아렌트가 근대 민족국가의 이중성을 파악하지 못했던 것은 아니다. 민족국가의 붕괴는 사실 민족국가에 의해 배제된 사람들을 무국적인 난민들로 만드는 민족국가의 행위에 의해 초래된 것이라고 아렌트는 생각했다.
23) 한나 아렌트, 이진우 · 박미애 옮김, 『전체주의의 기원1』, 한길사, 2006, 532쪽.

수 없을 것이다. 특수한 공동체의 다수성은 인류의 영원한 존재 조건인 것처럼 보이기 때문이다. 문제는 이 특수성을 매개로 하여 어떻게 하면 보편적인 것을 실현할 수 있는가를 고민하는 것이다. 달리 말하자면 문제 해결의 실마리는 탈민족주의 이론이 보여주는 것처럼 특수한 형태의 집단성을 싸잡아 비판하고 이를 송두리째 파괴하는 것에서 구해질 수 없다. 인간의 인간다움을 아무런 매개체 없이 직접적으로 실현할 수 있는 존재는 없다. 그러므로 아렌트는 정치적 공동체 속에서 비로소 인간은 보편적 인권을 보장받을 수 있다고 보는 것이다. "평등은 우리에게 그저 주어지는 것이 아니다. 평등은 인간 조직이 정의의 원칙에 의해 지배를 받는 한, 그 결과로 나타나는 것이다. 우리는 평등하게 태어나지 않았다. 우리는 상호 간에 동등한 권리를 보장하겠다는 우리의 결정에 따라 한 집단의 구성원으로서 평등하게 되는 것이다."[24] 아렌트가 생각하는 정치적 공동체는 시민적 민족국가였다. 그가 모델로 보았던 것은 종종 시민적 민족주의(civic nationalism) 국가의 전형이라고 평가받는 프랑스이었다. 그에 의하면 프랑스는 "탁월한 민족"(la nation par excellence)이었다.[25] 따라서 아렌트는 "최근의 사례인 이스라엘 국가가 입증하듯이, 인권의 복구는 국민적 권리의 확립이나 복구를 통해서만 이루어질 수 있다"고 말한다.[26]

앞에서 본 것처럼 하버마스는 민주적 공화주의의 이념이 지향하는 보편주의와 일정한 한계와 경계를 통해 구성된 '인민' 내지 '국민'의 역사적 사실 사이에는 아무런 논리적이고 규범적인 연관성이 없다고 주장한다. 그러므로 민족주의와 공화주의의 공생이 일시적인 것이고 우연적인 것이다. 즉 민족주의는 공화주의적 국가의 탄생에서 촉매 역할을 담당했지만 "민주적 과정의 필수적 구성요소가 아니"라는 것이다.[27] 지역적이고 왕조적인 경계를 넘어서 근대 민족국가의 맥락 속에서 확장된 시민적 연대성은 유럽 통일의 길에서 그 민족적 편협성을 극복해야 한다는 것이 그의 입장이다. 유럽적 차원에서 작동할 수 있는 시민적 연대성의 창출이 중

24) 같은 책, 540쪽.

25) 세일라 벤하비브, 『타자의 권리- 외국인, 거류민 그리고 시민』, 앞의 책, 87쪽.

26) 한나 아렌트, 이진우 · 박미애 옮김, 『전체주의의 기원1』, 앞의 책, 537쪽. 아렌트의 정치사상의 모순 혹은 복잡성을 분명하게 하기 위해 그가 시오니즘에 의해 영향을 받아 민족적 · 종교적 정체성에 기반하고 있는 이스라엘 건국을 비판했다는 점도 아울러 지적되어야 할 것이다, 즉 그는 인종적 민족주의에 토대를 두는 민족국가의 방식에 대해 비판적이었던 것이다. 또한 그는 유대인과 팔레스타인이 공동으로 참여하는 정치제도를 희망했다. 같은 책, 90쪽 이하. 주디스 버틀러 · 가야트리 스피박, 『누가 민족국가를 노래하는가』, 주해연 옮김, 산책자, 2008, 53쪽 참조.

27) 위르겐 하버마스, 『이질성의 포용』, 앞의 책, 163쪽.

요한 과제라는 것이다.[28)]

3. 민주주의와 경계의 도덕성

그러나 하버마스의 입장은 문제가 있다. 인권의 보편주의적 성향과 인민주권의 행사에서 나타나는 배제적이고 제한적인 성격 사이의 긴장은 하버마스가 주장하듯이 그렇게 쉽게 부인될 수 없다. 사회적 경계 설정이 규범적으로 우연한 일이라는 하버마스의 입장은 재검토가 필요하다. 인권의 보편성은 모든 인간을 포괄하는 반면에 자치(self-governance)에 기반하고 있는 인민주권은 "일정하게 테두리 지어진 국민(demos)를 만들어낸다"는 점에서 일정한 의미의 배제를 동반한다.[29)] 근대 민주주의 역사가 보여주듯이 민주주의적 자치는 영토국가와 밀접하게 관련되어 있다. 민주주의가 인민의 자기 결정과 자기 통치를 이념으로 삼는 한에서 무한히 열려 있을 수 없다. 민주주의는 명백히 자기 완결적인 구조를 필수적으로 요구한다. 그렇지 않다면 어떤 민주주의도 정당성을 확보할 수 없을 것이다. 즉 "민주주의는 적법하게 입법과정에 참여한 사람들을 묶어서 한 법의 테두리 내에 두는 바로 그 이유 때문에, 주어진 영토 내에서 스스로를 국민으로 규정하는 국민"을 요청하는 것이다.[30)]

좀 더 쉬운 예를 들어 설명해보자. 한 국가의 정치적 정당성을 그 구성원들이 민주적 방법에 의해 해결하자고 합의했다고 보자. 물론 이 합의 역시 구성원이 일정하게 정해지지 않는다면 해결될 수 없는 것이긴 하지만 여기서는 이 문제가 해결되었다고 가정하자. 그런 정치 공동체에서 심각한 정치적 갈등이 발생하는 경우, 예컨대 대통령을 선출하는 과정에서 찬반이 거의 차이가 없어서 재검표를 통해 이 문제를 해결해야 하는 경우를 상정하자. 이 경우는 조지 부시 2세와 엘 고어 사이의 2000년 대선에서 실제로 일어났다. 이 때 재검표에 들어가고 각 시민의 투표가 동등한 가치를 갖고 산출되었을 때 정치적 정당성은 확보될 것이다. 그런데 그 공동체의 구성원 자격이 무한히 열려 있다고 한다면 이 문제는 결코 해결될 수 없을 것임은 자명하다.

---

28) 위르겐 하버마스,『분열된 서구』, 장은주 · 하주영 옮김, 나남, 2009, 89쪽.
29) 세일라 벤하비브,『타자의 권리- 외국인, 거류민, 그리고 시민』, 앞의 책, 42쪽.
30) 같은 책, 251쪽.

이렇게 본다면 현대 사회에서 여러 집단들 사이의 배제와 그에 대한 저항의 근원에는 민주주의가 그 근저에 자리 잡고 있음이 드러난다. 배제를 유발하는 것은 바로 민주주의라는 것이다. 테일러가 지적하듯이 현대 민주주의는 인류 역사상 가장 "포용적인 체제" 이지만 동시에 배제를 유발하는 이중적 특성을 갖고 있다. "**모든** 국민의 통치라는 특징이 민주주의를 포용적인 것으로 만드는 동시에, 모든 **국민**의 통치라는 점에서 배제가 발생하는 것이다. 스스로 통치하는 사회에서 고도의 응집성이 요구되는데 배제는 바로 그 필요성의 부산물인 것이다. 민주국가는 공통의 정체성 비슷한 것을 요구한다."[31] 그러므로 하버마스의 이론을 수용하는 벤하비브(S. Benhabib)조차도 "보편적 인권관에 내재해 있는 팽창적이고 포괄적인 도덕적, 정치적 보편주의와 개별주의적이고 배제적인 민주적 제한이라는 두 요소 사이의 해결 불가능한 모순" 이 존재한다는 점을 인정한다.[32] 달리 말하자면 벤하비브에 의하면 "민주적 정통성을 유지하기 위해서는 〔정치적 공동체의-필자 삽입〕 닫힘이 필요하다는 민주적 대의제도의 논리" 를 중요하게 다룬다.[33] 그러므로 과연 민족국가적 통합의 틀을 넘어서 민주주의적 자치와 자율성의 이념이 지속적으로 존립할 수 있을까하는 의구심이 존재하는 것도 우연이 아니다. 이는 하버마스도 인정하는 것이다.[34]

경계의 도덕성 문제는 민주적 정당성의 영역에 국한되어 있지 않다. 이 문제는 사회적 연대 및 인간의 정체성 형성의 문제와도 긴밀하게 연결된 문제이다. 앞에서 지적했듯이 자유롭고 평등한 시민들 사이의 정치적 연대와 시민적 연대망은 민족의식과 결합되어서만 형성될 수 있었지만, 민족국가적 연대를 전체 유럽의 차원으로 확대하는 문제에 직면해서 시민적 연대의 변형이 필요하다는 것이 하버마스의 입장이다. 그는 민족의식으로부터 벗어난 확장된 "시민적 연대성은 자유롭고 평등한 시민들이 민주적으로 형성한 정치 공동체의 성원의식에서 자라난다" 고 믿는다.[35] 달리 말하자면 문화적 동질성에 의해 지탱되는 사회통합의 힘이 없다고 해도 시민들의 정치적 의지형성을 가능케 하는 민주적 절차가 정당성과 함께 사회적 통합의 힘으로 작동할 수 있다는 것이다.[36]

---

31) 찰스 테일러, 『세속화와 현대문명』, 김선욱 외 옮김, 철학과현실사, 2003, 245쪽.
32) 세일라 벤하비브,『타자의 권리- 외국인, 거류민, 그리고 시민』, 앞의 책, 42쪽.
33) 같은 책, 252쪽.
34) 위르겐 하버마스, 『이질성의 포용』, 앞의 책, 157쪽.
35) 위르겐 하버마스, 『분열된 서구』, 앞의 책, 106쪽.
36) 위르겐 하버마스, 『이질성의 포용』, 앞의 책, 169쪽.

그러나 문제는 바로 하버마스의 주장, 즉 "민주적 정통성 양식을 가진 입헌국가의 형식과 절차가 동시에 사회적 결속의 새로운 차원을 산출한다"는 주장이 얼마나 타당한가하는 것이다.[37] 민주적 헌법의 원칙에 동의하는 시민들 사이에 형성된 민주적 절차를 매개로 한 의지형성 과정이 과연 사회통합의 힘으로서 충분한가 하는 물음이 제기되는 것이다. 윌 킴리카(Kymlicka)에 따르면 "공유된 정치적 원칙들은 정치적 통합–사람들이 정의 문제에 대해 매우 심각하게 불일치하는 곳에서는 결과적으로 내전이 일어날 것이다–을 위한 필수적 조건"일지 모르지만, 그것은 "연대성, 사회통합 또는 정치적 정당성을 유지하기에는 충분하지 않다."[38]

자유주의적 정의에 입각한 정치적 공동체 역시 정의의 원칙에 대한 합의 이상의 사회적 통합을 전제로 해서만 제대로 작동할 수 있다. 정의의 원칙에 대해서 공유하는 시민들로 구성된 정치적 공동체가 오로지 공유된 정의 원칙에 대한 심정을 바탕으로 해서 그 지속적 존립을 위한 연대성을 창출하는데 성공할 수 없다는 점은 다음 세 가지 예를 통해서 분명해진다. 첫째로 동일한 정의의 원칙들을 공유하는 다수의 자유 민주주의 국가들이 존재하지만, 이들 국가들의 구성원들은 자신들의 동료 시민들에게 우선적인 의무감을 느낀다. 즉 외국인들에 대해서보다 동료시민들에게 보다 강한 의무를 지닌다. 이 태도는 민족국가에 의해 창출된 인위적인 감정이거나 극복되어야 할 병리적인 것은 아니다. 만약에 그렇다고 한다면 왜 다수의 자유 민주주의 국가들이 서로 독립된 상태를 유지하면서 살아가려고 하는지를 설명할 수 없다. 테일러가 지적하듯이 왜 독일인들은 자유로운 나폴레옹 제국의 성원이 되는데 만족하지 않았는지 그리고 알제리인들은 독립투쟁 대신 왜 명실상부한 프랑스 시민권을 요구하지 않았던 것일까 하는 의문을 설명할 길이 없다.[39]

둘째로 정의의 원칙들을 공유한 집단들 사이에서도 긴장과 갈등이 해소되지 않는 것을 보면 공유된 정의 원칙들은 사회를 통합하고 유지하는 데 충분하지 못하다. 캐나다의 퀘벡 분리 운동의 사례는 이를 잘 보여준다. 캐나다 안에서 퀘벡주에 사는 불어 사용자의 상당수가 캐나다의 자유 민주주의적 정의의 원칙에 불만이 있어서 분리주의 운동에 찬성하는 것은 아니다. 정의의 원칙들을 공유하지만 이 공유의식이 분리주의적 감정을 감소시키지 못한 것으로 보아 사회의 통합은 전적으로 정의의 원칙에만 의존하고 있지 않다는 것이 분명해진다. 이런 현상은 영국의

37) 같은 책, 190쪽.
38) 윌 킴리카, 『현대 정치철학의 이해』, 장동진 외 옮김, 동명사, 2008, 354쪽.
39) 찰스 테일러, 『세속화와 현대문명』, 앞의 책, 255쪽.

스코틀랜드인들이나 스페인의 카탈로니아인들의 점증하는 분리 요구나 더 많은 자치의 요구에서도 드러난다.[40] 마지막으로 정의 원칙에 대한 공유만으로 사회적 연대성이 창출될 수 없다는 점은 사회정의와 관련된 문제들에서도 드러난다. 서구의 많은 시민들이 동료 시민들의 사회복지를 위해 왜 희생을 해야 하는지는 정의의 원칙의 공유만으로는 충분히 설명할 수 없다는 것이다.[41]

앞에서도 언급했듯이 민주주의는 정의 원칙에 대한 동의 이상의 강력한 응집력과 강한 연대의식을 요구한다. 정의의 원칙은 모든 인류에 대한 평등한 도덕적 의무만을 내세우지 왜 우리가 특정한 집단의 구성원을 동료시민들로 여기고 그들과 함께 하는 삶의 방식을 유지하기 위해 헌신하고 어떤 경우에는 생명도 바쳐서 공동체를 수호하는 마음가짐을 요구하는지에 대해 적절한 해답을 주지 못한다.

앞에서 언급한 세 가지 이유로 정의의 원칙과 구별되거나 그것으로 환원되지 않는 사회 통합의 힘이 필요하다는 것이 분명해졌다. 그리고 사회 통합은 "정치 원칙들의 공유보다 훨씬 깊게 들어가는 공동체에 대한 감각을 필요로 한다는 것"을 보여준다. 그렇다면 이 사회통합은 어디에서 구해질 수 있는가? 이에 대한 해답의 하나가 바로 공동의 민족 정체성이다. 이 공동의 민족 정체성에서 중요한 것은 인간이 어디엔가 소속되고 싶어 하는 욕구를 해결해주고 있다는 점이다. 벌린(I. Berlin)은 민족주의에 동기를 불어넣는 정서로 이 소속에 대한 욕망과 더불어 "집에 대한 인식"을 꼽고 있다.[42] 이러한 인간의 욕구는 결코 무시되어서는 안 되는 근원적인 욕구라는 것이 벌린의 생각이었다. 어느 집단에 소속되어 집안에서와 같은 편안함을 향유하려는 인간의 욕망은 인간의 정체성 형성과 밀접한 관련이 있다. 자신이 속해 있는 집단의 특수성에 따라 그들의 삶의 방식이나 사고방식이 달라질 것이 때문이다. 따라서 벌린은 민족주의가 근대에서 인간의 정체성 형성에 차지하는 긍정성을 인정했다. 벌린에 의하면 "민족주의는 본질상 극단적이기 때문에 언제 어디서나 그것에 반대해야 한다는 주장을 거부했다."[43]

찰스 테일러(Charles Taylor)는 벌린의 소속감에 대한 인간의 근원적인 본능에 대한 이론을 받아들여 인간의 존엄성은 사회와 독립해서 혹은 사회 외부에서가 아니라, 오로지 상호 간의 인정을 가능하게 해 주는 사회적인 결합 속에서만 존재할

---

40) 윌 킴리카, 『현대 정치철학의 이해』, 앞의 책, 357쪽 참조.

41) 같은 책, 432쪽.

42) 아비샤이 마갈릿, 「민족주의라는 뒤틀린 나무」, 마크 릴라 외, 『이사야 벌린의 지적 유산』, 서유경 옮김, 동아시아, 2006, 184쪽 이하.

43) 같은 책, 199쪽과 212쪽.

수 있는 것이라고 주장한다. 이로부터 그는 인간의 권리의 "사회적인 테제"(the social thesis)를 주장한다. 그는 이러한 테제를 가지고 개인들은 특정한 권리를 지니며 사회의 개인들에 대한 요구나 주장에 비해 개인의 권리의 우월한 지위를 강조하는 자유주의적인 전통 속에 있는 권리와 의무의 비대칭적인 관점을 비판하고자 한다. 그에 의하면 인간의 권리는 무조건적으로 타당한 것이 아니라, 어떤 "공동체에 속할 의무"(the obligation to belong)를 전제하고 있다는 것이다.[44]

테일러의 사회적 테제 이론은 인간의 자율성은 공허한 진공상태에서 이루어지는 것이 아니라 "특정한 종류의 사회적 환경 안에서"만 형성되고 발휘되는 것이라는 점을 강조한다. 즉 자율성의 능력을 배양하고 그것의 행사를 가능하게 하는 사회적 전제 조건들에 대해 숙고해야 할 필요성에 대한 테일러의 강조는 1980년대 이후 서구 정치철학의 중요한 쟁점을 구성했다.[45] 테일러의 사회적 테제는 한편으로는 인간의 삶에서 차지하는 언어문화공동체의 중요성에 대한 자각과 다른 한편으로는 자유주의적 정의 실현에 필수적인 구성요소로서의 시민들 사이의 공동체적 감각 내지 연대감의 중요성을 일깨어주었다. 이 두 가지는 자유주의자들은 흔히 망각해버리는 요소이었으며 이런 망각으로 자유주의는 특정한 영토로 경계 지워진 공동체의 "도덕적 의미"를 제대로 통찰하지 못했던 것이다.[46]

하버마스와 달리 롤즈와 드워킨 같은 사람들은 정치적 공동체의 경계 설정의 문제가 역사적으로 우연적이라는 사실을 인정하면서도 그 경계가 중요한 의미를 지닌다는 점을 수용하면서 자신의 이론을 전개한다. 즉 세계정부가 없는 상황에서 국가의 "경계의 역할이 정당화될 수 있다"고 생각한다. 그래서 롤즈는 이민을 제한할 수 있는 제한된 조건을 국민이 갖고 있다는 점을 강조하면서 이민제한의 이유의 하나로 "해당 국민의 정치문화와 이들의 헌법 원칙들을 보호하기" 위한 조치라는 점을 든다. 이와 관련하여 그는 다음과 같은 마이클 왈저의 논변을 긍정적으로 인용한다. "국가의 장벽을 무너뜨리는 것은 시지윅(Sidgwick)이 우려하듯이 장벽이 없는 세계를 창조하는 것이 아니다. 오히려 수천의 작은 장벽을 창조하는 것이다. 이 성벽들 역시 무너질 수 있다. 그렇지만 여기에 필요한 것은 지역 공동체들을 압도할 수 있을 정도로 충분히 강력한 전 지구적 국가이다. 그렇게 되면 그 결과란, 시즈윅이 묘사하였듯이 정치경제학자의 세상이 되거나(또는 전 지구적 자본주

44) Ch. Taylor, "Atomism", in: *Philosophy and the Human Sciences. Philosophical Papers 2*, Cambridge 1985, 198쪽.
45) 윌 킴리카, 『현대 정치철학의 이해』, 앞의 책, 343쪽.
46) 같은 책, 355쪽.

의 세상이 될 것이라고 나는 첨부하고 싶다) 고향을 상실한 단순한 남녀들의 세상이 될 것이다."[47)]

그러나 롤즈나 드워킨은 정치 공동체의 윤리적 특성과 특정 공동체에서 살아가는 시민들이 서로에게 느끼는 연대감의 근원이 "공통의 정의 원칙에 대한 공유된 헌신"에서 구할 수 있다고 생각했다. 그렇지만 이 생각은 테일러가 지적하듯이 지나치게 순진한 생각으로 설득력이 없다.[48)] 이미 앞에서 상세하게 살펴본 것처럼 자유민주주의적 원칙들을 공유한다는 것으로부터 특정한 공동체에 대한 헌신과 유대성이 도출될 수 있다고 생각하는 것은 명백히 틀린 것이다. 우리는 "사회통합이 정치 원칙들의 공유보다 훨씬 깊게 들어가는 공동체에 대한 감각을 필요로 한다는 것"을 이미 살펴보았다. 그러므로 킴리카는 다음과 같이 말한다. "시민들은 자신들이 같은 공동체에 속해 있다고 느껴야만 한다. 그들은 자신들만의 분리된 국가를 형성하기를 바라거나 다른 외국에 합병되기를 바라기보다, 함께 생활하고 통치하며 같은 운명을 공유하기를 지속하려는 욕구를 가지고 있어야만 한다. 요컨대, 사회통합은 시민들이 서로를 동일시하며 자신들의 동료 시민들을 '우리들' 중 하나로 바라보아야만 한다. 이처럼 공유된 소속감과 공유된 일체감은 시민들이 (비록 어떤 특정 결정에 대하여 소수자의 처지라고 하더라도) 민주적인 결정들의 결과들을 수용하는 데 요구되는 신뢰관계와 연대성, 그리고 자유주의적 정의 의무들을 유지하는데 도움을 준다."[49)]

주지하듯이 앞에서 언급한 사회 통합을 형성하는 방법으로 근대 국가들이 채택한 것이 바로 민족적 정체성의 형성이었다. 그래서 킴리카는 현실 세계의 대부분의 자유민주주의 국가들이 채택해 온 사회적 통합에 대한 접근 방식을 "자유주의적 민족주의"(liberal nationalism)의 접근 방식으로 본다. 자유주의적 민족주의는 원래 그 전통이 오래된 것이었다. 킴리카에 의하면 서구의 자유 민주주의적 국가들의 실제 관습들을 탐구해 보면, 이들 국가들은 "국민성(nationhood)에 호소하는 방식으로 연대성을 개발하려고" 노력했다. 즉 근대의 자유 민주주의적 "국가는 시민들로 하여금 그들이 '국민'을 형성하며, 따라서 단일한 정치 공동체 안에 함께 소속되어 있고 각자가 특별한 의무들을 지고 있다는 점을 확신시키려고 노력한다."[50)] 이렇게 근대의 자유 민주주의 국가들은 "민족주의"를 통해 "영토 안에 있는

---

47) 존 롤즈, 『만민법』, 장동진 외 옮김, 이끌리오, 2000, 68쪽 그리고 같은 쪽 주 48에서 재인용.
48) 윌 킴리카, 『현대 정치철학의 이해』, 앞의 책, 353쪽과 356쪽
49) 같은 책, 358쪽.
50) 같은 책, 364쪽.

모든 계급을 포괄하는 단일한 국민 공동체라는 개념을 창조했다." 더구나 자유 민주주의는 "민족 만들기"(nation-building)를 통해 아주 놀라울 정도로 효과적인 결과를 산출했다고 킴리카는 주장한다.

물론 공유된 민족 정체성을 무엇으로 만드는가는 상황에 따라 다를 것이다. 따라서 공유된 민족 정체성이 반드시 인종 내지 종족이나 종교 등과 같은 것들로 구성될 필요는 없다.[51] 킴리카에 의하면 "자유주의 국가의 시민들이 스스로를 함께 소속되어 있으며 같은 국민 구성원이라고 느끼게 하는" 대표적인 것들은 "공유된 역사, 영토, 공동의 언어 그리고 공동의 공적 제도들"이다.[52] 이 사회문화적 토대들이 바로 정의 원칙에 기초하는 사회통합의 무기력을 보완하여 공유된 민족의식 혹은 국민의식을 함양하는 역할을 담당한다는 것이다. 따라서 많은 사람들이 민족주의는 그 정의상 "비자유주의적"이라고 생각하여 자유주의적 민족주의를 형용모순이라고 단정 짓는 경향에 반대하면서 킴리카는 다음과 같이 주장한다. "하지만 사람들이 사회 통합을 유지하려고 노력하는 자유주의적 민주주의의 실제적 실천을 검증해볼수록, 사람들은 국민 정체성과 개인의 자유 사이의 연관성에 대해서 보다 주목했으며, 국민성이라는 이상들이 정의와 자유라는 자유주의의 이상들을 달성하기 위한 중요한 기반을 제공해 준다는 결론을 내리는 사람들이 많아지게 되었다."[53]

그런데 민족적 정체성을 형성하는 데 결정적인 요인들로 작용하는 것은 인종적인 것뿐만 아니라 언어적이고 문화적인 정체성들이었다. 근대에서도 이 문화적 유

51) 물론 한국에서의 민족주의의 특성이 '혈통에 바탕을 둔 민족주의'인가는 문제가 된다. 예를 들어 신기욱은 최근의 주목할 만한 저서 『한국 민족주의의 계보와 정치』(이진준 옮김, 창비, 2009)에서 한국의 민족주의를 같은 피와 선조 의식에 바탕을 두고 형성된 민족적 정체성을 결정적 요소로 하는 종족적 민족주의라고 주장했다. 물론 그는 종족적 민족주의를 한국 민족주의의 부정적인 측면이라고 비판하면서 민족주의 자체를 거부하는 탈민족주의 담론 이론가들과 달리 그 부정적 측면과 긍정적 측면을 동시에 강조한다. 즉 그에 의하면 종족적 민주주의를 좀 더 민주적이고 시민적인 정체성으로 변동시키려는 노력을 소홀히 해서는 안 되지만, 그렇다고 종족적 민족주의가 가져다 준 긍정적 측면에 대해서도 눈을 감아서는 안 된다는 것이다. 많은 연구자들이 종족민족주의를 위험하고 분열적이며 파괴적인 것 일색으로 보는 관점이 한국의 종족적 민족주의의 복잡성을 적절하게 파악할 수 없는 단순화된 입장이라고 비판하면서 종족민족주의는 근대 한국에서 분열적인 역할을 한 것이 아니라 통합기능을 수행했음을 강조한다. 아울러 그는 종족민족주의가 통일과정에서의 통합의 역할을 할 수 있음을 주장한다. 신기욱의 책 중에서 특히 결론 부분을 참조 바람. 종족민족주의가 한국사회에서 그리고 분단극복에서 어떤 긍정적 역할을 할 수 있는지에 대해서는 추후 논의가 필요할 것으로 보인다.

52) 윌 킴리카, 『현대 정치철학의 이해』, 앞의 책, 369쪽.

53) 같은 책, 370쪽. 물론 킴리카는 자유주의적 민족주의의 문제점들에 대해서도 지적한다.(같은 책, 371쪽과 373쪽 이하 참조 바람.)

대와 인종적 정체성이 지속적으로 영향력을 행사한다는 점을 무시하는 사람들은 민족주의의 생명력과 함께 특히 언어 · 문화적 정체성이 자치하는 도덕적 및 정치적 중요성에 대해서도 맹목적인 태도를 취하는 것이다. 공유된 역사, 공동의 언어 등으로 구성된 공동체의 유대감은 근대에 들어와 갑자기 형성된 것은 아니다. 이것들의 기원은 적어도 근대 이전으로 올라간다. 그러므로 민족주의를 오로지 근대적인 현상으로 국가에 의해서 혹은 산업사회의 성장과 더불어 형성된 것으로 바라보는 것은 일면적이다.[54] 이런 입장이 민족을 초역사적으로 전해져 오는 항구적 실체로 보는 주장을 옹호하려는 것은 아니다. 다만 "전 근대의 유산과 기억이라는 요인" 을 소홀히 하면서 민족을 오로지 "근대의 발명 · 변혁" 으로만 접근하려는 근대주의적 입장의 지나친 단순화를 지적하고자 함이다.[55]

한국에서도 자유주의적 민족주의의 흐름이 존재한다. 민족주의와 민주주의는 반드시 대립하지 않는다는 점을 입증하는 것이 한국현대사이다. 최원식이 주장하듯이 1960년의 4월 민주주의 혁명이 민족주의를 각성시켰다면, 3 · 1운동은 민족주의가 민주주의를 일깨운 사례이다.[56] 올해 세상을 떠난 김대중 대통령은 자유주의적 민족주의자의 전형이라고 할 수 있을 것이다. "나는 내 자신을 철저한 민족주의자라고 확신하고 있다" 고 말하면서 그는 동시에 다음과 같이 말한다. "그러나 나는 결코 국수주의자는 아니다. 나는 민주주의를 신봉하고, 국제주의를 지지한다. 진정한 민족주의자는 당연히, 이와 같은 입장에 서지 않으면 안 되며, 이것이야말로, 우리의 민족주의를 승화 발전시키게 된다."[57] 김대중의 삶과 그와 연동된 한국의 민주화 운동의 역사는 인권, 평화 그리고 민주주의와 같은 인류의 보편적 가치를 우리나라 역사의 특수한 맥락에 접목시키려는 노력이 양립할 수 있다는 점을 보여준다.

4. 민족주의와 세계시민주의의 양립가능성

자유주의적 민족주의는 전 지구적(global) 차원에서의 정의의 문제를 소홀히 한

54) 앤소니 스미스, 『세계화시대의 민족과 민족주의』, 이재석 옮김, 남지, 1997, 73쪽 참조.
55) 김홍규, 「신라통일 담론은 식민사학(植民史學)의 발명인가」, 『창작과비평』 제145호, 2009년 가을, 393쪽.
56) 최원식, 『제국 이후의 동아시아』, 창비, 2009, 43쪽.
57) 김대중, '민족에의 경애와 신뢰', <씨알의 소리>, 1975년 4월호.

다는 비판을 받을 수 있다. 따라서 많은 사람들이 전지구적 차원에서 자유와 평등의 이념을 실현할 방안을 모색하는 것도 당연하다. 예를 들어 존 롤즈의 이론을 받아들이는 여러 사람들, 특히 베이츠(Charles Beitz)와 포게(Thomas Pogge)는 전 지구적 차원에서의 불평등을 해소하기 위해 전 지구적 분배정의 개념을 모색하면서 롤즈의 정의이론의 원칙(특히 차등원칙)을 전 지구적 차원에도 적용해야 한다고 주장한다.[58] 이들이 볼 때 어느 나라에 태어나는 것은 전적으로 우연에 속하는 일인데도 이 사실은 당사자의 운명에 지나치게 큰 영향을 준다는 점에서 시급히 시정되어야 할 정의롭지 못한 상황이다. 그래서 이들은 정의의 원칙들이 특정 국가의 경계 내에서 머무르는 것은 시급히 시정되어야 한다고 본다.

전 지구적 정의의 모색 차원을 도외시하더라도 민족국가가 많은 문제점들을 보여주고 있는 이 시기에 민족국가의 틀을 넘어설 가능성을 진지하게 모색하는 작업의 중요성은 부인하기 어렵다. 우리나라에서도 동아시아 지역주의에 대한 관심이 높아가고 있다. 그러므로 민족국가의 틀이 안고 있는 문제들을 해결하는 과정에서 동아시아라는 지역을 다시 화두로 삼는 흐름도 매우 진지하게 검토되어야 한다. 동아시아론을 주장하는 흐름에는 크게 온건한 흐름과 급진적 흐름이 존재한다. 백영서와 최원식 등의 동아시아론은 온건한 흐름으로 규정될 수 있다. 이들은 사실상 한국사회에서 동아시아론을 내세운 선구적인 인물들이자 주도적인 인물들이다. 이들의 입장은 민족국가의 틀을 전적으로 거부하지 않으면서 동아시아 연대를 모색한다는 점에서 온건하다. 백영서는 "국민국가를 감당하면서 그것을 극복하려는 이중과제를 동시에 수행하려는" 문제의식을 견지하고 있다는 점에서 근대 국민국가의 틀을 전적으로 부정하지는 않는다.[59] 최원식은 그가 제시하는 동아시아론을 "서구주의와 민족주의를 가로질러 〔……〕 평화통일의 길을 모색하는 한반도의 새로운 생존전략"이라고 생각한다. 달리 말하자면 동아시아론의 기초는 "분단체제의 극복"이라는 것이다. 따라서 그 역시 민족주의의 변형을 요구하고 탈민족주의의 민족의식을 수용하면서도 "그 관념성에 대해서는 선을 긋는" 편이다.[60] 이처럼 백영서와 최원식은 근대 민족국가의 해방과 억압의 양면성에 대한 인식 위에서 민족국가를 전적으로 뒤로 하지 않고 지역주의를 모색한다는 점에서 임지현

58) 존 롤즈, 『만민법』, 앞의 책, 184쪽 참조. 그런데 흥미롭게도 롤즈 자신은 자신의 정의원칙을 전 지구적 차원에 적용하는 것에 반대한다.

59) 백영서, 『동아시아의 귀환—중국의 근대성을 묻는다』, 창비, 2002, 16쪽.

60) 최원식, 「동아시아론의 좌표–서구주의와 민족주의 사이」, 『인문학연구』, 충남대학교 인문과학연구소, 2004, 184쪽 이하.

류의 동아시아 연대의 흐름과 다르다. 앞에서 본 것처럼 임지현이 주장하는 동아시아론은 철저하게 민족국가와 근대성의 틀을 해체하고 이를 넘어설 새로운 전지구적 및 동아시아적 연대를 주장하기 때문이다.[61)]

우리가 보기에 동아시아 공동체, 더 나아가 세계 시민 공동체에 기여할 방향으로 민족국가의 틀을 개방적으로 변형하는 방안을 모색하는 것이 민족주의의 문제점을 지적하는 것만큼이나 중요하다. 달리 말하자면 지역 공동체와 매개될 수 있는 유연하고 개방적인 민족국가의 틀을 형성하는 작업이 선행되거나 동시에 진행되지 않는다면, 탈민족 이론과 마찬가지로 동아시아 공동체 이론 역시 공허한 말장난으로 그치고 말거나 해체된 민족국가의 틀을 대신하여 제3의 곳에서 출현하는 제국주의적 혹은 패권주의적 욕망을 정당화하는 기제로 전락할 운명을 벗어나지 못할 것이기 때문이다. 그런 의미에서 민족국가의 틀을 과격하고 거칠게 해체하는 것이 아니라 보다 유연한 방식으로 개혁 · 재편해야 하는 과제를 해결하기 위해 노력하는 것이 바람직하다.

필자는 세계시민적 정의의 추구 자체를 반대하지 않는다. 다만 이 정의가 하늘에서 떨어지듯이 아무런 바탕이나 전제조건이 없이 실현될 수 없다는 점만을 강조할 따름이다. 특히 정치적 공동체로서의 민족국가의 틀을 완전히 무시하면서 세계시민적 가치를 실현하고 모색할 수 있다고 생각하는 유형의 세계시민주의에 대해 회의적일 뿐이다. 이 점에서 필자는 세계 공화국에 대한 칸트적 회의주의를 따른다. 실제로 영구 평화론을 주장한 칸트조차도 세계 공화국이 가장 야만적인 정치제도가 아닐지 의문시했음을 기억할 필요가 있다.[62)] 모든 국가적 경계를 완전히 허물어뜨리고 유일한 세계국가를 통해서만 세계시민주의가 실현될 수 있다고 생각

61) 이남주에 의하면 기존의 동아시아 협력론에는 민족주의를 이 지역의 평화적 발전에 저해요인으로 생각하면서 민족국가의 틀을 넘어서는 지역질서의 모색이라는 문제의식이 작동했다. 동아시아 지역질서를 민족국가의 틀을 넘어서는 것을 지향하지 않고 민족국가들 사이의 협력의 문제로 접근하는 학자들도 다수 존재한다. 그는 이런 학자들로서 한국의 최장집, 중국의 왕후이 그리고 일본의 와다 하루키를 들고 있다. 이남주, 「동아시아 협력론에 대한 비판적 검토– 국민국가들의 협력인가, 국민국가의 극복인가」, 백영서 외, 『동아시아의 지역질서』, 창비, 2005, 399쪽 이하. 동아시아에서는 성숙한 민족국가 건설이 여전히 중요한 과제라는 최장집 등의 문제의식에 동의하면서 이남주 역시 최원식 및 백영서와 마찬가지로 민족국가의 틀을 변형하면서 새로운 지역질서의 모색을 시도하는 관점을 보여준다.(같은 글, 399쪽 그리고 402쪽 이하 참조)

62) 칸트의 영구평화 이론과 그것의 문제점에 대해서는 나종석, 『차이와 연대–현대 세계와 헤겔의 사회 · 정치철학』, 길, 2007, 제11장 참조 바람. 존 롤즈도 세계정부의 위험성과 취약성에 대한 칸트의 주장을 반복하고 있다. 『만민법』, 앞의 책, 63쪽 이하.

한다면, 이런 방안은 민족주의와 양립하기 힘들 것이다. 이런 방안은 그 자체로도 규범적으로나 현실적으로나 설득력이 없다고 본다. 이점을 전제하고 민족주의와 세계시민주의가 양립할 수 있는 가능성에 대해 몇 가지를 설명하면 다음과 같다.

우선 설령 세계적 차원에서의 보편적 정의가 실현되어 있지 않다 해도, 제한된 영역에서 실현된 인권보호와 민주주의의 실현의 가치가 손상되는 것은 아니라는 점을 강조하고 싶다. 이런 맥락에서 마사 누스바움(Martha Nussbaum)은 다음과 같이 주장한다. "강력한 형태의 국가 주권을 비롯하여 국민국가(nation-state)는, 만약 그 국가가 어떤 일정한 (자유주의적, 민주주의적) 형태를 취한다면, 모든 인간들에게 하나의 중대한 좋음이다."[63] 뒤에서도 강조되듯이 민족과 그 역사를 향한 사랑이나 헌신적 태도 등과 같은 도덕적 정서는 그 자체가 전체 인류에 대한 도덕적 의무가 아니라고 해서 폄하될 성질의 것이 아니다. 특수한 애착을 모든 사람들을 불편부당하고 동등하게 고려해야 한다는 것을 명령하는 도덕과 반대되는 것으로 평가하고 이를 부정하려는 것은 대단히 문제가 있는 발상이다. 그런 태도는 많은 사람들의 의미 있는 삶의 지평을 파괴한다는 점에서 인간성에 대한 폭력에 지나지 않는다는 것이 필자의 생각이다.[64] 즉 구체적 개인이나 자신이 속한 공동체에 대한 사랑과 그 정서의 반복된 경험으로 체현되는 사랑하는 사람과 공동체를 다른 대상에 비해 특별하게 생각하고 배려하려는 마음가짐은 인간의 본성에 깊게 뿌리박혀 있는 것으로, 이는 그 어떤 고상하고 아름다운 추상적 이념의 이름으로도 부인되거나 억압되어서는 안 된다. 여하튼 인권을 존중하고 민주주의적 정치제도들을 건강하게 하는 것은 세계시민주의로 나가는 첫걸음이 될 수 있다. 즉 누스바움이 주장하듯이 진정한 세계시민주의는 "(자유주의적이고 민주주의적인) 국민국가들의 지속적 주권과 자율성을 증진해야 하며, 그것들에 참여하는 시민의 권리들을 보호해야 하"기 때문이다.[65]

민족국가에서 세계시민주의로의 이행을 가능하게 할 조건에서 특히 필자가 염두에 두는 것은 민주국가의 평화 지향적 성격이다. 존 롤즈는 칸트 및 몽테스키외의 전통을 이어 받아 상업에 종사하는 민주주의 국가들 상호간에는 전쟁에 호소하는 경우가 줄어드는 경향이 있다고 주장한다.[66] 실제로 칸트는 영원한 평화의 가능성을 공화국들의 평화로운 특성, 자유무역의 평화 조성적 성격 그리고 세계적 차

63) 마사 누스바움, 「석학과 함께하는 인문강좌. 제1강연 순화된 애국주의는 가능한가?」, 강준호 옮김, 2008년 8월 25일 고려대학교 강연, 4쪽.
64) 이와 유사한 주장으로는 누스바움의 위의 글, 11쪽 이하 참조,
65) 같은 쪽.

원의 공론장이 맡은 비판적 기능에서 구한다.[67] 세계시민사회와 민족 및 민족주의에 토대를 둔 자유적 민주국가 사이의 양립 가능성은 자유 민주국가가 배양하는 평화 지향적 성격에 기대고 있다. 그래서 롤즈는 도일(Michael Doyle)의 주장을 따라 자유 민주주의적 사회들이 비민주적 사회와 전쟁을 한 경우는 왕왕 있었으나 민주적 사회들 사이에는 전쟁을 한 사례가 없다는 점을 강조한다.[68]

또 하나 앞에서 언급한 자유주의적 민족주의는 민족주의와 세계시민주의를 양립 가능한 것으로 만드는 대안의 하나로 이해될 수 있다. 사실 자유주의적 민족주의의 전통은 오래된 것이긴 하나 요즈음 이 이론은 새로이 많은 사람들의 관심의 대상으로 등장했다. 이에 기여한 인물은 벌린이 말년에 지도했던 야엘 타미르(Yael Tamir)이고, 그의 박사학위논문 제목이 바로 『자유주의적 민족주의』(*Liberal Nationalism*)이다. 그는 다원주의에 입각하여 보편적 선의와 특별한 애착을 포기하지 않고 이 둘을 결합할 가능성을 추구한다. "개인적 정체성의 구성을 위해 특수한 환경이 갖고 있는 중요성에 대한 민족주의자의 강조는 인간 본성의 보편주의 관점과 모순되지 않는다. 오히려 민족주의자는 이 관념을 인정할 수 있다."[69] 왜냐하면 자유주의적 민족주의는 인간의 권리의 보편성을 긍정하면서 인간의 자율성이 특수한 언어적이고 문화적 공동체에 소속되어 사회화의 과정을 거침으로써만 획득될 수 있다는 입장을 견지하기 때문이다.[70] 그러므로 그는 자유주의적 민족주의를 "개인의 자유와 개인적 자율성의 고귀함에 대한 이론"이자 "민족적-문화적 소속과 역사적 지속성 그리고 한 개인이 현재의 삶과 미래의 발전을 타인들과 공유된 경험으로 이해하는 것의 중요성"을 긍정하는 이론으로 정의한다.[71]

자유주의적 민족주의에서 가장 전형적인 자유주의적 민족주의자로 간주되는 사람은 이탈리아의 민족주의자인 주세페 마찌니(Giuseppe Mazzini)이다. 그는 이탈리아 민족주의만을 긍정한 것이 아니라 유럽의 모든 민족주의자를 지지할 수 있다고 생각했고 실제로 그러했다.[72] 이렇게 그는 민족주의자로서 자신이 속한 이탈

66) 존 롤즈, 『만민법』, 앞의 책, 80쪽 참조, 물론 필자는 이 입장이 많은 사람들에게 받아들여지고 있지만 매우 논쟁적임을 알고 있다. 다만 여기서는 잠정적으로 이 가설을 받아들인다.
67) 위르겐 하버마스, 『분열된 서구』, 앞의 책, 161쪽 참조.
68) 존 롤즈, 『만민법』, 앞의 책, 87쪽 이하.
69) Yael Tamir, *Liberal Nationalism*, Princeton: Princeton University Press, 1993, 7쪽.
70) 같은 책, 79쪽 참조.
71) 같은 책, 79쪽.
72) 마이클 월저, 「자유주의, 민족주의 그리고 개혁」 『이사야 벌린의 지적 유산』, 앞의 책, 209쪽 이하 참조. Yael Tamir, *Liberal Nationalism*, 앞의 책, 79쪽 참조.

리아에 대한 애국심과 특별한 애착을 소중히 생각하면서도 다른 국가들을 존중해야 하는 의무를 지고 있다는 점을 소홀히 하지 않았던 것이다.

마지막으로 자유주의적 민족주의가 세계주의와 선순환 관계에 놓일 수 있는 가능성을 자유주의적 민족주의가 필요로 하는 '순화된 애국주의'(purified patriotism)에서 구할 수 있다. 순화된 애국주의는 본래 독일의 철학자 헤르더(Herder)에서 유래한 것이지만 최근 마사 누스바움이 이를 새롭게 전개하고 있다. 누스바움은 주지하듯이 한 때 적극적으로 세계시민주의를 주장했던 인물이다. 그러나 이제 그는 애국심에 회의적인 태도를 보이면서 모든 인간들이 품위 있는 삶을 추구할 기회들을 보장하는 세계를 지향하는 세계시민주의자들과 거리를 취한다. 그들은 애국심이 인간의 마음을 탐욕과 과도한 이기주의로부터 벗어나 공동생활에 수반되는 의무와 희생들을 수용하도록 폭넓게 확장시켜 주는 역할을 담당한다는 통찰을 보지 못했다고 그는 말한다.[73]

이제 누스바움은 애국심이 궁극적으로는 정의로운 세계라는 목적을 지향하는 보편적 감정을 강화하는데 유용하다는 이탈리아 민족주의자이자 공화주의자인 마찌니의 주장을 적극 수용한다. 그래서 그는 세계시민주의와 특수한 공동체에 대한 애정과 몰입의 감정 사이의 연결에 주목한다. 이제 애국심은 "세계정의를 향한 노력에 유익한, 심지어 본질적인 버팀목을 제공할 수 있다"는 마찌니의 결론을 누스바움은 옹호한다.[74] 애국심에 대한 마찌니의 논증을 누스바움은 다음과 같이 요약한다. "1. 전 인류의 좋음에 대해 강한 관심을 갖는 것은 궁극적으로 모든 인간에게 좋은 것이다. 2. 인간들은 본성적으로 그들의 관심들에 있어서 다소 편협하고 특수주의적이며, 전 인류에게 직접적으로 강한 애착을 품을 수 없다. 3. 그러나 인간들은 공동의 미래를 위한 과거의 투쟁들과 헌신들에 대한 기억의 체현(體現)으로 여겨지는 국가에 대해서는 강한 애착을 품을 수 있다. 4. 국가가 그렇게 강한 애착을 직접적으로 품을 수 있는 가장 큰 단위인 이유는 그것이 공동의 기억, 수난의 사건들, 그리고 공동의 희망들과 연결되어 있기 때문이다. 5. 만일 그런 애국심들이 인간의 자유와 필요처럼 진정 중요한 것들에 옳게 겨냥된다면, 그것들은 지나치게 만연한 이기주의로부터 사람들을 거칠게 끌어내어 그들이 전 인류의 자유와 행복에 대한 확대된 관심에 대비(對備)하게 하면서, 그들에게 자기 자신보다 더 큰 무언

73) 마사 누스바움, 「석학과 함께하는 인문강좌. 제1강연 순화된 애국주의는 가능한가?」, 앞의 글, 2쪽 참조.

74) 같은 글, 3쪽.

가에 대해 관심을 갖는 습관을 줄 것이다. 6. 인간들은 세계적 관심의 토대로서 애국심을 배양해야 한다." 이와 같은 마찌니의 논증은 "민족주의를 통해 이기주의로부터 벗어나 세계적 관심에 이르는 하나의 매력적 통로를 보여준다."[75]

그런데 민족과 국가에 대한 사랑인 애국심은 특수한 공동체에의 몰입과 헌신적 사랑이라는 점에서 특수주의적일 수밖에 없다. 그러나 그것은 세계정의와 연결될 수 있는 매체이다. 다른 집단이나 국가에 대한 호전적인 심정에 호소하지도 않고 동시에 내부의 특정 집단들에 대한 증오와 원한 감정에 휩싸이지도 않는 순화된 애국심을 시민들에게 육성하는 것은 도덕적으로 타당한 이유가 있다. 품위 있는(decent) 혹은 순화된 애국주의 및 시민적 공화주의의 요소를 강화하고 이를 통해 건전한 시민의 덕성을 배양하는 교육을 진행한다면 민족주의는 세계시민주의와 만날 수 있다. 왜냐하면 자유주의적 민족주의와 결부된 순화된 애국심과 시민의식은 민족적 정서를 편협한 틀로 가두는 것이 아니라 그것을 인권, 관용, 국제적 평화 그리고 상호 협력과 같은 세계시민적 보편적 가치에 열린 것으로 만들 것이기 때문이다. 그러므로 윌 킴리카는 자유주의적 민족주의를 세계시민주의를 거부하는 것으로 보는 입장은 잘못이며 마찬가지로 세계시민주의를 민족주의와 전적으로 다른 것으로 보는 입장도 틀린 것이라고 주장한다. 그에 따르면 몇몇 민족주의자들이 외국인 혐오증, 불관용, 국수주의 그리고 식민주의 등을 찬성하지만, 그럼에도 "민족주의자가 되는 것이 그러한 악덕들을 소유하는 데 필요한 조건도 아니며 충분한 조건도 아니다." 따라서 그는 자유주의적 민족주의를 "세계시민주의의 재정의(redefinition)"로 이해할 수 있다는 입장을 옹호한다.[76]

앞에서 다룬 성찰이 설득력 있다면 우리는 이제 근대 민족국가의 틀을 급진적인 방식으로 해체하면서 동아시아의 공동체를 구상하려는 시도를 비판적으로 검토할 필요가 있다. 우선 우리는 동아시아적 차원에서 근대적인 민족국가의 틀 내에서 가능했던 민주적 자치와 인권의 보호 그리고 사회적 연대의 망 등을 어떻게 확보할 수 있는가에 대한 고민과 모색을 진지하게 수행해야 한다. 그렇지 않다면 온갖 종류의 탈민족국가적 이론은 사실상 근대 민족국가의 업적을 상실케 하는 것으로 귀결될 가능성이 크다. 우리는 "민족국가들이 민주적 시민권 행사의 우선적 장소"로 유지되는 현상이 당분간은 계속될 것임을 의심할 수 없다. 그러므로 지역주의

---

75) 같은 글, 3쪽.

76) Will Kymlicka, *Politics in the Vernacular. Nationalism, Multicultralism, and Citizenship*, Oxford: Oxford University Press, 2001, 220쪽.

와 세계시민주의를 지향하는 모든 노력은 "민족국가의 성취"를 기반으로 해서만 유효한 성과를 가져올 것이라는 점을 명심해야 한다. 따라서 세계시민사회를 통한 인류의 영원한 평화를 위해서라도 현재 민족국가가 이룩한 민주주의를 더욱 건강하게 만드는 노력을 게을리 해서는 안 된다. 즉 "초국가적 민주주의 성공은 현재의 민족주의적 민주주의의 건강성에 좌우될 수 있다"는 점을 명심해야 한다.[77)]

앞에서 본 것처럼 우리에게 필요한 것은 추상적 보편주의도 배타적 특수주의도 아니다. 근대 민족국가 체제의 종말에 대한 과장된 주장에 현혹되지 않으면서도 동시에 민족국가가 변화를 요구받고 있다는 사실에 눈을 돌리지 않는 이중적 자세가 요구된다는 것이다. 세계시민적 이상에 대한 희망을 포기하지 않고 그것에 구체적 실현의 가능성을 보장하는 길은 특수한 공동체의 존립이 갖고 있는 중요성을 십분 인정하면서도 그것에 대한 과도한 열정이 분출하지 않도록 하는 것이다. 그러기 위해서 우리는 우선 특수성을 악이나 질병으로 보는 관점으로부터 벗어나지 않으면 안 된다. 특수성이 악인 경우는 보편성과의 연결성을 상실하는 경우이다. 반대로 특수성 없는 보편성은 존재하지 않는다는 점 역시 진실이다. 우리는 나무 일반이 존재함을 경험할 수 없다. 다만 이 나무 저 나무를 보면서 그것이 나무임을 인식할 뿐이다. 마찬가지로 인간 일반이나 인류라는 이름이 지니는 보편적 의미는 그 자체 모든 역사적 맥락이나 특수한 차원을 지워버리고 없애버리는 텅 빈 공간에서 구해질 수는 없는 것이다. 우리가 왜 인민의 이름으로 혹은 역사발전의 이름으로 자행된 과거 좌파의 폭력성에 동의할 수 없는가? 우리는 인류의 이름으로 개개인의 삶과 생명을 유린하는 것을 보아 왔고 또 그런 개별적인 개인들이 존재하지 않는다면 인류 자체도 존재할 수 없다는 사실을 인식하고 있기 때문에 그렇다. 유사한 방식으로 우리는 특수한 집단, 예를 들면 근대의 민족국가의 성원으로 살아가면서 자신의 능력을 배양할 기회를 근원적으로 박탈당한 사람이 명목상으로는 인간이라고 불리지만 실질적으로는 무의미한 존재, 즉 아렌트의 용어를 빌리자면 자신을 의미 있게 해주는 근원적인 삶의 "장소"로부터 "박탈"된 자임을 경험한다. 이런 인식이 없이는 왜 정체성의 문제나 차이의 문제가 첨예한 정치적 문제로 되고 있는가를 전혀 이해할 수 없으며 결국은 왜 그리고 어떤 동아시아 공동체 내지 세계 시민 공동체인가 하는 물음이 지니는 의미를 이해할 수 없다.

77) 윌 킴리카, 『현대 정치철학의 이해』, 앞의 책, 437쪽.

5. 나가는 말

우리는 민족주의와 민주주의 그리고 민족주의와 세계주의 사이의 연결 가능성에 대해 살펴보았다. 민족주의가 안고 있는 문제점들을 도외시하지 않고 그것들을 순화시켜 보다 건전하게 만들고 순화된 민족주의를 바탕으로 세계시민지향의 세계질서를 도모해보는 것이 규범적으로도 바람직할 뿐 아니라 실천적인 관점에서도 더 현실성이 있는 대안이라는 점이 얼마나 정당화되었는지는 알 수 없다. 이 글의 출발점은 배타적이고 호전적인 민족주의가 위험한 것만큼이나 추상적이고 공허한 세계시민주의의 일방적 옹호로 표출되곤 하는 탈민족주의 담론 역시 자체적으로 대단히 위험한 잠재성을 띠고 있지 않은가 하는 의구심이었다. 민족주의에 대한 공격을 인류의 보편적 이상과 도덕의 이름으로 비판하기에 바쁜 사람들은 민족주의를 악으로 몰아세우기에 여념이 없지만, 이데올로기적인 악용의 가능성으로부터 벗어난 어떤 이념도 존재하지 않는다는 냉정한 사실을 잊어서는 안 된다.

현실적인 정치적 맥락을 고려할 때 모든 이념은 야만을 정당화하기에 동원될 가능성이 있다. 정치적으로 논쟁적인 맥락에서 벗어나 존재하는 이념이나 담론은 존재하지 않는다. 따라서 민족주의가 야만이라면 모든 이념 역시 (잠재적으로) 야만이다. 야만으로 전락할 운명에 처한 것은 민족주의만이 안고 있는 고유한 문제가 아니다. 고상한 것으로 들리는 이념이나 담론일수록 정치적으로 악용될 잠재력이 크고 그 파괴적인 힘 역시 가늠하기 힘들다. 따라서 어떤 고상한 이념도 야만적인 정치적 악용의 가능성으로부터 벗어날 수 없다는 현실에 대한 인식을 토대로 할 때 비로소 우리는 민족주의 대 세계시민주의의 양자택일적인 이원론의 무익함을 벗어나 이 둘 사이의 상생적인 매개와 결합의 가능성을 모색할 수 있을 것이다. 이제 우리는 민족주의 대 세계주의의 대립을 넘어서 지역적 협력질서와 세계시민사회에도 열려 있는 민족적 민주주의의 공공성을 재구축할 길을 모색할 때이다.

참고 문헌

권혁범, 『민족주의와 발전의 환상－개인 지향 에콜로지 정치의 모색』, 솔, 2000.

김기협, 『뉴라이트 비판』, 돌베개, 2009.

김대중, '민족에의 경애와 신뢰', 〈씨알의 소리〉, 1975년 4월호.

김동춘, 『1997년 이후 한국사회의 성찰－기업사회로의 변환과 과제』, 도서출판 길, 2007.

김홍규, 「신라통일 담론은 식민사학(植民史學)의 발명인가」 『창작과비평』 제145호, 2009년 가을.

나종석, 『차이와 연대－현대 세계와 헤겔의 사회 · 정치철학』, 길, 2007.

_____, 「탈민족주의 담론에 대한 비판적 성찰」 『인문연구』 제57호, 영남대학교 인문과학 연구소 편, 2009 12월 예정.

박지향, 「머리말」 『해방전후사의 재인식 1』, 박지향 외, 책세상, 2006.

박찬승, 「20세기 한국사학의 성과와 반성」 『한국사학사학보』 제1집, 2000.

배영순, 「세계화 이후의 한국사 인식의 탈민족주의적 경향－근현대사 인식의 보수우경화를 중심으로」 『민족문화논총』 제40호, 영남대학교 민족문화연구소, 2008.

백영서, 『동아시아의 귀환－중국의 근대성을 묻는다』, 창작과비평사, 2002.

신기욱, 『한국 민족주의의 계보와 정치』, 이진준 옮김, 창비, 2009.

신형기, 『민족이야기를 넘어서』, 삼인, 2003.

윤해동, 『식민지의 회색지대－한국의 근대성과 식민주의 비판』, 역사비평사, 2003.

이남주, 「동아시아 협력론에 대한 비판적 검토－ 국민국가들의 협력인가, 국민국가의 극복인가」, 백영서 외, 『동아시아의 지역질서』, 창비, 2005.

이영훈, 「민족사에서 문명사로의 전환을 위하여」, 『국사의 신화를 넘어서』, 임지현 · 이성시 엮음, 휴머니스트, 2004.

이용희. 『미래의 세계정치』, 민음사, 1997.

임지현, 「포스트 민족주의 대 열린 민족주의」, 『제8회 인문학 학술대회 : 인문학은 말한다』, 이화여대 인문학연구원, 2004.

_____, 『민족주의는 반역이다』, 소나무, 2005.

임지현 · 사카이 나오키, 『오만과 편견』, 휴머니스트, 2005.
장문석, 『민족주의 길들이기』, 지식의 풍경, 2007.
주대환, 「나라 우습게 아는 지식인, 대중이 우습게 본다」『시민과 세계』 제15호, 2009.
최원식, 『제국 이후의 동아시아』, 창비, 2009.
_____, 「동아시아론의 좌표–서구주의와 민족주의 사이」, 『인문학연구』, 충남대학교 인문과학연구소, 2004.
홍석률, 「민족주의 논쟁과 세계체제, 한반도 분단문제에 대한 대응」, 『역사비평』 80, 2007.

마사 누스바움, 「석학과 함께하는 인문강좌. 제1강연 순화된 애국주의는 가능한가?」, 강준호 옮김, 2008년 8월 25일 고려대학교 강연.
존 롤즈, 『만민법』, 장동진 외 옮김, 이끌리오, 2000.
마크 릴라 외, 『이사야 벌린의 지적 유산』, 서유경 옮김, 동아시아, 2006.
아비샤이 마갈릿, 「민족주의라는 뒤틀린 나무」, 마크 릴라 외, 『이사야 벌린의 지적 유산』, 서유경 옮김, 동아시아, 2006.
주디스 버틀러 · 가야트리 스피박, 『누가 민족국가를 노래하는가』, 주해연 옮김, 산책자, 2008.
세일라 벤하비브, 『타자의 권리– 외국인, 거류민 그리고 시민』, 이상훈 옮김, 철학과현실사. 2008.
앤소니 스미스, 『세계화 시대의 민족과 민족주의』, 이재석 옮김, 남지, 1997.
한나 아렌트, 이진우 · 미애 옮김,『전체주의의 기원1』, 한길사, 2006.
마이클 월저, 「자유주의, 민족주의 그리고 개혁」『이사야 벌린의 지적 유산』, 마크 릴라 외 편집, 서유경 옮김, 동아시아, 2006.
Will Kymlicka, *Politics in the Vernacular. Nationalism, Multicultralism, and Citizenship*, Oxford: Oxford University Press, 2001.
_____, 『현대 정치철학의 이해』, 장동진 외 옮김, 동명사, 2008.
Ch. Taylor, "Atomism", in: *Philosophy and the Human Sciences. Philosophical Papers 2*, Cambridge 1985.
_____, 『세속화와 현대문명』, 김선욱 외 옮김, 철학과현실사, 2003.
위르겐 하버마스, 『이질성의 포용』, 황태연 옮김, 나남출판, 2000.
_____, 『분열된 서구』, 장은주 · 하주영 옮김, 나남, 2009.
Yael Tamir, *Liberal Nationalism*, Princeton: Princeton University Press, 1993.

Nationalism and Cosmopolitanism
-Focusing on 'liberal nationalism'

Na, Jong-Seok

Abstract

The main goal of this article is to criticise some crucial doctrines of 'post-nationalism discourses in South-Korea and propose an alternative which is able to overcome them and can be compatible with some forms of cosmopolitianism focusing on 'liberal nationalism'. To actualize this goal, I dealt with some arguments of post-modern nationalism discourses and critisied that such arguments are not convincing. Furthermore, I dealt with the double character of modern nation-state in the context of the relation between liberalism and democracy at the first section. At the second section I dealt with the morality of the boundaries of political community such as modern nation-state must be recognised. Therefore, the assumption that nationalism is necessarily inconsistent with autonomy and democracy is, so I argued, profoundly mistaken. Finally, I attempted to make clear some reasons why it is necessary to search for an alternative which can be consistent with cosmopolitanism. In other words, it is stressed that the liberal nationalism can be understood as such an alternative.

Key Words: nationalism, nation-state, democracy, cosmopolitanism, liberal nationalism, post-nationalism discourses, purified patriotism.

피히테의 자기의식론

─ 선험론적[1] 자기의식론에 대한 하나의 시론

권 기 환

요약문

이 글은 피히테에 있어서 자기의식론의 선험론적 성격이 어떠한 것인지를 시론적으로 다룬다. 피히테 철학에서 자기의식의 주제화는 근본적으로 자아의 정립에 대한 이해로부터 출발한다. 자기정립이 자아의 실행행위를 원리로서 설정함으로써, 학론은 인간정신의 활동을 체계적으로 서술한다. 인간정신의 활동이 자아의 행위와 그 결과에 일치하는 한, 자아의 모든 행위는 실행행위로 환원된다. 실행행위의 실재성에 대한 규정은 첫 번째 원칙에서 자기의식의 원리를 발견하는 데에 중요한 단서를 제공한다. 실행행위 자체는 첫 번째 원칙 내에서 증명 가능한 원칙이 아니라, 자아의 모든 행위의 활동이 종결되는 최종지점에서 궁극적으로 자기 자신으로 복귀되는 가운데 증명된다. 그러나 실행행위에 대한 규정은 우리의 의식을 통해 파악될 수 없고, 오로지 반성하는 철학자의 지적 직관을 통해 파악가능하다. 그와 같은 직관은 순수한 자기 직관, 즉 자기 봄이자 자기 관조다. 실행행위에 근거한 자기의식은 이제 자아의 정립 행위에서부터 자아의 비아에 대한 반정립행위, 그리고 양자의 종합행위에까지 이성의 무제약적 힘에 의해 수행하는 의식이다. 그런데 이러한 종합행위는 한계에 제한된 행위고, 그 한계는 이론자아의 자기 한계를 의미한다. 따라서 자기의식은 무한성의 의식이 아니라, 유한성의 의식이고 전자의 의식을 피안에 남겨 놓는 의식이다. 절대아는 이상이기 때문에 이론자아에서는 규정불가능하고, 절대아의 연역은 절대아의 적극적 요청에 의해 자기의식의 조건이 됨으로써 가능하다. 자기의식을 정의한 명제인 '나 즉 나다'의 명제의 성격은 최초로 설정된 원칙이 아니다. 따라서 첫 번째 원칙은 완전한 명제에 귀결되지 않는다. 만약 첫 번째 원칙인 '나는 있다'는 명제가 완전한 명제라면, 그것은 첫 번째 원칙 안에서 증명되지 않을 이유가 없다. 그리고 그렇다면 그 이후에 다른 어떠한 원칙들의 전개도 불필요하다. 오히려 첫 번째 명제는 단지 증명되지 않은 명제일 뿐이고, 그 증명은 첫 번째 원칙 이후의 전개과정을 통해 수행된다. 이것은 '나'의 의식의 관점에서는 단순한 자기 확실성을 의미한다. 자기 확실성은 이제 절대아의 도입으로 더욱 공고하게 된다. 왜냐하면 절대아는 자아의 이상으로서 이성의 적극적 활동을 통해 요구된 것이기 때문이다. 이러한 이성의 활동은 두 번째 원칙과 세 번째 원칙을 종합하는 이성의 무제약적 힘이고, 가분적 자아와 가분적 비아를 종합하는 행위이고, 마지막으로 대립자들의 모순을 지양해서 다음단계에서 새로운 모순을 산출하는 행위다.

● 주요어 : 자기의식, 실행행위, 자아의 정립, 지적 직관, 선험론 철학

1. 들어가는 말

한국에서 독일 관념론 연구는 주로 헤겔 철학에 의해 진행되어 왔다. 헤겔 철학은 칸트 철학 비판의 실질적 토대를 형성하였고, 그러한 토대 아래에서 피히테 철학과 셸링 철학은 헤겔의 저작들에 의해 간접적으로 소개되었다. 최근에 피히테의 저작들과 셸링의 저작들이 일부 번역되었지만, 우리의 연구 상황은 양쪽 철학에 대한 세밀한 연구보다는 헤겔 철학에 대한 이해를 보충하거나 혹은 헤겔 철학에 도달하는 통로 정도로 간주되고 있는 실정이다. 이러한 상황은 우리의 독일 관념론에 대한 이해가 헤겔 철학에 뿌리 깊게 의존하고 있음을 보여준다. 그러나 이러한 이해 방식을 통해 이해된 피히테 철학과 셸링 철학은 어디까지나 헤겔에 의해서 비판적으로 수용된 피히테 철학이고 셸링 철학일 뿐이다. 우리가 이러한 입장

을 그대로 고수한다면, 피히테 철학이나 셸링 철학에 대한 고유하고도 독자적인 특성을 파헤치고 심화된 연구를 진행하기에는 어려움이 있을 수밖에 없다.

피히테 철학과 셸링 철학에 대한 연구의 부족이 칸트 철학에 대한 분명한 결별을 통해 나타난 칸트 사후 발생한 일련의 철학적 논쟁을 과소평가하게 함으로써, 독일 관념론과 구(舊)칸트주의에 대한 상호관계 역시 제대로 규명되지 못하는 한계로 드러난다. 물론 그렇다고 해서 철학사적 흐름 속에서 독일 관념론 철학에 대한 일반적 연구마저 전혀 없었던 것은 아니다. 그러나 이러한 연구양상은 독일 관념론에 대한 연구의 심화된 측면에서가 아니라 다른 방향으로 진척하는 것에 일조할 뿐이었다. 칸트 철학 연구자들이 '칸트로의 복귀'라는 기치 아래에 칸트 자신의 본래적 의미를 파악하는 데에 집중했고, 칸트 철학에 대한 이해를 촉진하는 데에 기여하였으나, 칸트 철학을 전혀 넘어서지 못하였고, 독일 관념론을 통한 칸트 철학의 극복에 관심을 더 이상 가지지 않았기 때문에, 칸트와 독일 관념론의 커다란 간극은 그대로 견지되었다. 반면에 헤겔 철학 연구자들은 칸트 철학에 대한 극복과 독일 관념론의 완성을 헤겔 철학에서 발견함으로써, 그들은 피히테 철학과 셸링 철학을 헤겔 철학의 전(前)단계 혹은 과도기적으로 평가하였고 헤겔의 피히테 철학과 셸링 철학에 대한 비판에 동조하는데 그치는 경향을 보여 왔다. 이러한 두 가지 연구경향은 독일 관념론에 대한 체계적 연구를 전반적으로 축소시켰고, 칸트 철학과 헤겔 철학 사이의 간극을 메우기에는 미흡하였을 뿐만 아니라, 헤겔의 비판적 관점이 아닌 피히테 철학과 셸링 철학 사이의 고유한 철학적 논쟁에 대한 연구도 등한시하는 결과를 초래하였다.

칸트 철학을 제외하고 파악해 보더라도 헤겔 철학을 통해 나타난 피히테 철학과 셸링 철학에 대한 이해는 헤겔에 의해 각색된 논의만으로 그 둘의 철학적 특징이 평가되어 왔다. 이것은 헤겔 철학에 대한 이해가 바로 독일 관념론의 완성이고, 독

1) 최근 한국에서 'tanszendental' 이라는 용어는 '(선)정험적' 혹은 '초월론적' 이라고 번역되기도 한다. '(선)정험적'이라는 번역은 '경험을 정한다'는 의미에서 'transzendental'이라는 용어와 'transzendent'('초월적')이라는 용어를 명확하게 구분하는 데에 도움이 된다. 그러나 이러한 번역은 아직 우리에게 낯설다. 반면에 '초월론적'이라는 번역은 'transzendent'('초월적')이라는 번역과 명확하게 구분되고 있지 않는데, 그 이유는 여전히 '초월'의 개념에 '경험을 넘어 선다'는 의미가 포함되어 있기 때문이다. 그러나 후자의 시도는 기존의 '초월적'이라는 번역을 되도록 살리자는 의도가 강하게 보인다. 필자는 'transzendental'이라는 용어를 기존의 '선험적'이라는 번역을 살리면서도 'a priori'(선험적)와 구분되는 번역으로 '선험적'이라는 말에 '론'(論)자를 집어넣어 '선험론적'이라고 번역하는 것이 좋다고 본다. 기존의 필자의 견해에 대해서는 졸고,「피히테의 셸링 철학 비판」, 칸트 연구 22집, 2008년 126쪽에 주4를 참조할 것.

일 관념론에 대한 이해의 모든 척도는 헤겔의 잣대로 가늠하는 것만이 유일한 길임을 전제하는 것이다. 그러나 우리가 이러한 전제에 과도하게 집착한다면, 한편으로 헤겔 철학에 대한 어떠한 반박이나 비판의 여지 — 말하자면 독일 관념론 내에서 헤겔 철학에 대한 비판 — 는 사전에 봉쇄되어버리고, 다른 한편으로 피히테 철학과 셸링 철학 자체에 대한 이해가 등한시 될 수밖에 없다. 따라서 독일 관념론에 대한 심도 있는 연구를 하기 위해서, 우리는 이제 헤겔에 의해 각색된 피히테 철학과 셸링 철학에 머물러 있기보다는 그들의 고유한 철학적 특성에 좀 더 집중할 필요가 있다.

헤겔 철학에 의한 독일 관념론의 완성 모델에 이르는 길은 사실상 헤겔 철학에 의한, 헤겔 철학을 위한 도정(導程)이었다. 헤겔이 추구한 철학 체계와 그의 변증법적 사유는 실재와 개념을 일치시키는 거대한 철학 체계의 완결을 통해 더 이상 그 어떠한 다른 철학도 헤겔 철학을 넘어설 수 없으며 넘어서서는 안 되는 것으로도 간주되기도 했다. 그러나 이러한 관점은 독일 관념론의 역사적 맥락에서 볼 때, 지극히 일면적 평가다. 물론 이렇게 평가된 이유는 한편으로 헤겔의 '절대 정신'의 위력 앞에 피히테 철학과 셸링 철학의 고유한 진면목이 오랫동안 가려져 있었기 때문이고, 다른 한편으로 많은 헤겔 연구자들이 독일 관념론에 대한 신 헤겔주의자들의 해석을 오랫동안 받아들였기 때문이다.

헤겔은 자신의 주저들 중 하나인『정신현상학』이후에 더 이상 피히테 철학이나 셸링 철학에 대한 관심이 없었고 오직 자신의 철학의 체계적 완성에만 집중하려고 했던 점을 감안해 볼 때, 헤겔 철학과 피히테 철학 혹은 셸링 철학과의 간극은 크다. 많은 헤겔주의자들 역시 헤겔 철학의 시기별 연구를 통해, 헤겔에 의한 독일 관념론의 완성을 어느 정도 타당하게 받아들이고 있다. 헤겔은 피히테의 철학을 주관적 관념론으로, 셸링 철학을 객관적 관념론으로,[2] 그리고 자신의 철학을 절대적 관념론으로 규정했고 더 나아가 모든 관념론의 정점에 세웠다. 따라서 헤겔 철학이 최종지점이고, 앞의 두 철학은 헤겔 철학을 위한 단지 계기적 단계일 뿐이다. 이

---

2) 주관적 관념론 혹은 객관적 관념론이라는 명칭은 엄밀히 말하자면 셸링이 자신의 철학을 피히테 철학과 구분하면서 붙인 것이다. 헤겔은 셸링이 그렇게 명명한 것을 그대로 쓰고 있다. 한 가지 중요한 것은 피히테의 경우 자신의 철학을 '주관적' 관념론이라고 규정한 적이 없다는 사실이다. 피히테 철학의 대표하는 학론은 비판적 관념론으로서 실재-관념론(Real-Idealismus) 혹은 관념-실재론(Ideal-Realismus)이라고 지칭되는데, 피히테 는 독단적 관념론의 체계와 초월적 · 실재론적 독단론 체계의 중간 입장을 견지한다. 그러나 피히테는 후기로 갈수록 자신의 철학이 좀 더 실재론에 가까운 방향으로 흐르게 되는데, 그 이유는 학론에 대한 자기 비판적 개정과 학론에 대한 방법론의 변경 그리고 낭만주의 철학의 영향 때문이다.

러한 계기적 파악 아래에서 피히테 철학과 셸링 철학의 독자적 철학의 발전상은 존재하지 않는다. 그러나 헤겔 자신이 미처 간파하지 못한 피히테 철학의 독자성은 피히테 자신이 추구한 학론(Wissenschaftslehre)의 지속적 개정과 방법론의 변경을 통해 구축되었다. 특히 학론의 매 시기마다 '자아'에 대한 각기 다른 상들이 우리에게 제시됨으로써,[3] 피히테는 자신의 후기 철학을 통해 독일 관념론을 자신의 관점에서 완성하려고 시도하였다. 그리고 셸링은 '자유론'과 후기 철학에서 헤겔 철학과 전혀 다른 방향으로 독일 관념론의 또 다른 완성을 향해 나아갔다. 그러나 이 두 철학자들의 독자성이 어떠한 것인지 혹은 전반적 구도에서 그들의 철학적 관점 혹은 차이(관계)는 어떤 것인지에 대한 연구는 일부 진행되고 있기는 하지만, 아직 구체적으로 밝혀진 바는 없다. 반면에 양쪽 두 철학자들의 초기 철학에 대한 연구는 상당히 많은 성과를 올리고 있다. 그 이유는 구 칸트주의에 대한 연구가 일부 진척이 되면서 피히테 철학과 초기 셸링의 선험론 철학에 대한 연구에 활력소가 되고 있기 때문이다. 이러한 맥락에서 필자는 칸트, 라인홀트, 그리고 셸링의 피히테와 연관된 철학적 논의 일부를 이 글에서 소개하는 작업이 피히테 철학에 대한 연구에 보탬이 되리라고 생각한다.

무엇보다도 이러한 논의를 하는 첫 작업은 피히테의 선험론 철학에 있어서 자기의식론에 대한 연구다. 근대 철학사에 의하면, 자기의식은 데카르트로부터 칸트를 거쳐 피히테 그리고 헤겔에 이르러 정점에 도달한다. 그러나 피히테에 의한 자기의식 이론에 대한 연구는 사실상 다른 철학자들의 연구에 비해 뒷전으로 밀려나 있다. 피히테 철학에서 자기의식의 문제를 제기한 연구자는 1960년도에 헨리히가 유일하다. 헨리히를 통해 나타난 피히테의 자기의식론의 급속한 확산은 1970년대 말에 투겐트하트의 언어분석적 해석에 의한 피히테의 자기의식론에 대한 비판과 맞물리면서 많은 논쟁을 야기하였다. 이러한 논쟁의 핵심은 주로 피히테의『전체 학론의 기초』에 대한 비판적 관점, 즉 '자아'의 개념과 반성적 자기의식 모델에 대한 문제다. 이 문제는 피히테적 자아 개념이 어떻게 자기의식에 대한 이론으로서

---

3) W. 얀케는 그의 저작인『피히테, 존재와 반성 – 비판적 이성의 기초들』에서 자아의 상들을 서술한다. 즉 얀케에 의하면 피히테의 자아의 상은 세 가지로 나누어 볼 수 있다. 즉 1794년의『전체 학론의 기초』에서 피히테의 자아개념은 자아의 정립이 지식이라는 차원에서 서술된다. 따라서 지식은 의식을 첫 번째 원칙으로써 설정된다. 그러나 1801년의 학론에서 자아 개념은 지적 직관 속에서 고찰되는 절재 지식으로서의 지식을 표현한다. 그리고 마지막으로 1804년 이후의 학론에서의 자아개념은 자아의 존재가 절대자의 상(Bild)으로써 설명된다. 필자는 얀케의 이러한 주장을 타당하다고 본다. 이것은 피히테 철학에 대한 그동안의 오해도 충분히 불식시킬 수 있다고 생각된다.

설명될 수 있는가에 대한 관점에서 출발한다.

피히테의 자기의식론에 대한 연구는 자아에 대한 피히테적 개념을 어떻게 설명할 것인가가 관건이다. 필자는 앞에서 제기된 비판의 핵심은 단지 '자아현상'을 설명하는 것일 뿐 피히테가 주장하는 '자아의 연역'에 대한 문제는 아니라고 생각한다. 피히테의 '자기의식'은 이미 '자아'의 개념 속에 규정되어 있고, 자아의 연역을 통해 구축된 학론은 이성의 통일성을 보증한다. 이러한 점에서 필자는 자기의식론의 주제함에 있어서 『전체 학론의 기초』의 원칙론을 벗어나지 않으려고 한다. 왜냐하면 원칙론에 대한 이해가 피히테적 자기의식론의 시론적 성격을 규정하는 데에 결정적 단서를 제공하기 때문이다. 이를 위해 첫 번째로 피히테의 학론이 '선험론 철학의 체계'임을 밝히는 일은 필요하다. 두 번째로 이러한 학론의 성격이 인간 정신의 활동에 관계되는 한, 필자는 피히테의 '첫 번째 원칙'의 의미를 밝혀내고 거기에서 자기의식에 대한 헨리히와 포타스트 그리고 투겐트하트 사이의 논쟁점을 다루면서 피히테 자신의 논리와 비교하는 방향으로 나아가고자 한다. 세 번째로 필자는 피히테의 자기의식론이 원칙들간의 종합에 의한 이성의 통일성을 밝히는 이론임을 제시하고자 한다.

2. 선험론 철학의 체계로서 학론

피히테의 학론[4]은 칸트의 선험론 철학(Transzendentalphilosophie)을 완성하고자 시도했던 체계적 기획의 산물이다. 이를 위해 피히테는 칸트뿐만이 아니라 라인홀트도 마찬가지로 넘어서야만 했다.[5] 칸트의 선험론 철학에서 '반박할 수 없는 확실성'(apodiktische Gewißheit)에 대한 요구는 소여된 전제들의 선험론적 반성이 수행한 절차와 연관되지 않는다. 만약 '선험론적 반성'(transzendentale Reflexion)

---

4) 학론은 'Wissenschaftslehre'라는 독일어의 번역이다. 지금까지는 한국에서 'Wissenschaftslhre'가 '지식학' 혹은 '학문론'이라고 번역하여 왔었는데, 필자는 그러한 번역이 적절하지는 않다고 본다. 'Wissenschaftslehre'는 'Wissen'(지식)과 '...schaft'(집합 명사 혹은 상태를 나타내는 어미)와 'Lehre'(학설 혹은 이론)가 결합된 단어이다. 따라서 우리가 'Wissenschaft'를 보통 '학문'으로 번역하기 때문에, 'Wissenschaftslehre'의 '학문론'이라는 번역은 좀 더 독일어상의 표현에 근접한 측면이 있다. 이것은 물론 '지식학' 이라는 번역보다 좀 더 진전된 번역이다. 그러나 '학문론'이라는 번역은 자칫 'Wissenschaftstheorie'의 번역과 혼동될 수 있다. 그렇기 때문에, 필자는 '학문론'(學問論)에서 문(問)이라는 글자를 빼고, 'Wissenschaftslehre'를 '학론'으로 번역하였다. 이에 대해서는 필자의 위의 졸고, 같은 논문, 같은 쪽에 주 3을 참고할 것.

이 이러한 전제들에 관여하게 된다면, 그 결과는 단지 비교(Komparation)에 의해 규정된 보편성만을 산출할 뿐이다. 이러한 방식으로는 범주들과 도식과 원칙들이 인식과 인식대상들을 위한 본질적 요소로서 증명될 수 없다. 선험론적 반성의 가능성 자체가 대상이 되지 못한다면, 반성 자체는 이성비판에 의해 소여된 전제들에 귀속한다. 이성의 통일성에 대한 칸트의 주장이 이것을 넘어서서 근거 짓는 것이어야 한다면, 그러한 통일성의 근거뿐만 아니라 선험론 철학의 인지 가능성도 폐기되어야 한다. 이러한 규정들에 대한 이성의 통일성과 체계적 발양의 필연성에 대한 칸트적 언표는 선언적 성격을 지닌다. 칸트의『순수이성 비판』은 이미 감성과 오성(Verstand)에 대한 인식능력의 기원에 관한 이론과 더불어 비판철학의 토대를 통해 나타난 칸트적 계획의 완수에 있어서 극복할 수 없는 어려움에 직면하게 된다. 왜냐하면 모든 인식은 감성과 오성의 결합으로 이루어지는 것이지만, 인식 자체는 그러한 결합을 통해 귀결되지 않기 때문이다.

칸트의 후계자들은 이러한 비판철학, 특히『순수 이성 비판』에 대한 결함을 명백하게 인식하고 있었다. 전제들의 정립적 기초는 이론적 측면에서 결코 우연적 방식에 의해 이루어지지 않는다. 이것은 칸트 철학의 비판적 결론, 즉 '나는 생각한다'(Ich denke)라는 모든 의식의 절대적 조건에 대한 발견을 멈추고 거기에서 더 이상의 모든 규정들에 대한 연역도 멈추는 것이다. 칸트는 이성의 규정들을 체계적으로 규정하는 하나의 원리인 '나는 생각한다'에서 연역하는 방식 대신에 상호 관계적으로 규정된 이성규정들에 하나의 집합체를 단지 외면적으로 제공했을 뿐이다. 라인홀트는 칸트철학의 잘못된 전제를 비판적으로 수용하면서 동시에 칸트에서 나타난 결함에 역사적 정당성을 다음과 같이 부여하면서 말한다. "하나의 학문에 대한 본래적 전제들이 이제야 비로소 학 자체에 의해 발견되었다라고 하는 사실은 새로운 것이 아니라, 인간정신의 진전이 인간 정신의 본성을 통해 지시된(vorgeschreiben) 것이다."[6]

칸트의 반박할 수 없는 확실성에 대한 선험론적 철학의 요구를 완수할 수 있기 위해서 우리는 칸트 철학을 넘어서야만 한다. 피히테는 슈테파니에게 보낸 한 편

5) 그 외에도 피히테에 영향을 준 철학자는 야코비와 슐쩨를 들 수 있다. 야코비는 칸트의 사물 자체에 대한 비판을 통해 피히테에게 영향을 주었던 반면에, 슐쩨는 라인홀트의 '의식명제'에 대한 비판을 통해 피히테에게 영향을 주었다. 피히테는 이들의 비판을 적절히 수용하면서 자신의 철학을 더욱 공고히 수행하였다.

6) K. L. Reinhold, *Versuch einer neuen Theorie des menschlichen Vorstellungsvermögens*, Prag/Jena (1789), Nachdruck Darmstadt 1963 67쪽.

지에서 칸트 철학을 다음과 같이 평가한다. "칸트는 일반적으로 올바른 철학이다. 그러나〔칸트 철학의〕결과들 속에서이지,〔칸트 철학의〕근거들에 의해서가 아니다. 이 유일한 사상가는 나에게 항상 더 경이로웠다. 나는 수호자를 지니고 있다고 생각한다. 그런데 그 수호자는 그 사상가에게 진리의 근거를 제시함이 없이, 진리를 계시한다!"[7] 청년 셸링도 헤겔에게 보낸 편지에서 마찬가지로 칸트 철학에 대해 비판적 견해를 제시한다. "철학은 아직 종결이 아니다. 칸트는 그 결과들을 제공했다.〔그럼에도 불구하고〕전제들은 아직도 실패한 것이다. 그리고 누가 그 결과를 전제(Prämissen)없이 이해할 수 있겠는가?"[8] 칸트의 실패한 전제가 무엇인지를 규정하는 작업을 누구보다도 먼저 시도한 철학자는 라인홀트다. 라인홀트에 의하면 이러한 전제에 대한 규정은 칸트로부터 설정된 인식의 원리를 인식의 배후에 관한 원리의 인식으로 환원하고, 원리 자체는 최초의 원칙에 귀결된다. 따라서 이러한 원칙에서 칸트적으로 대립적인 것, 말하자면 이론 철학과 실천 철학, 감성과 오성, 선험적인(a priori) 것과 후험적인(a posteriori) 것은 지양된다. 라인홀트는 철학의 본래적 개념의 체계적 규정을 통해 학으로서 철학의 기초를 놓는 철학을 "근원철학"(Elementarphilosophie)[9] 혹은 '철학의 철학'이라고 불렀다. 동시에 그는 근원철학에 대한 자신의 주장을 칸트의 전제에 대한 규정으로서 간주하면서, 그러한 규정에 대한 근거를 보완하였을 뿐만 아니라, 더 나아가 철학의 개념 자체를 결정적으로 변화시킨다. "그 때문에 근원철학은 본질적으로 순수 이성 비판과 다르고, 근원철학은 학적 기초로서 부분을 이루고, 그것을 자신의 그 밖의 부분들 속에서 근원 철학으로 근거 짓는 철학을 비판 철학 — 경험 철학, 합리주의 철학 혹은 회의주의 철학 — 이라고도 칭할 수 없다. 근원 철학은 이명(異名, Beinamen) 없는 철학이다."[10]

피히테는 철학을 전체적으로 하나의 첫 번째 원칙으로 근거 지으려고 했던 라인홀트의 요구를 나누어서 파악한다. 피히테에 의하면, 칸트 자신은 통각의 선험론적 통일과 함께 최고의 원칙을 명확하게 설정하지 않았으나 그것을 알고 있었다.[11]

---

7) J. G. Fichte, *Im Dezember 1793 an H. Stephani, GA. III/2*, 28쪽.

8) F. W. J. Schelling, *Im Januar 1795 an Hegel*, 119쪽. 덧붙여 청년 셸링의 초기 논문에서 칸트철학에 대한 비판적 언급을 한 대목도 눈여겨 볼 필요가 있다. 이에 대해서는 "Ueber die Möglichkeit einer Form der Philosophie überhaupt"(1794), Schelling Werke 1, Hg. W. G. Jacobs, Jörg Jantzen u. W. Schieche etc. Stuttgart 1976, 265쪽 참조할 것.

9) K. L. Reinhold, *Über das Fundament des philosophischen Wissens* (1791), Hg. von W.H. Schrader Hamburg 1978, 117-172쪽 참조.

10) K. L. Reinhold, 같은 책, 132쪽.

그러나 피히테는 칸트적 의미의 원칙에 대한 라인홀트의 해석을 '의식명제'(Satz des Bewusstsein)[12]에 의한 모든 철학의 최초의 원리로서 결코 인정하지 않는다. 왜냐하면 라인홀트에게 있어서 '의식명제'는 단지 "경험적 자기고찰"[13]에 근거하고 있는 원칙이며, 표상능력에 대한 이론을 '의식 명제'로써 설명하는 일은 실천이성의 규정을 선험론 철학의 체계 속에서 해석하는 것은 부적절하기 때문이다.[14]

피히테의 칸트 철학에 대한 극복은 이미 학론의 대상에 대한 규정 속에 드러나 있다. "학론의 대상은 (...) 인간 지식의 체계다."[15] 학론의 과제는 더 이상 『순수이성 비판』에서의 칸트적 추구, 즉 객관적 인식의 가능한 영역을 규정하는 데에서 성립하는 것이 아니라, 인간정신의 체계를 선험론적 반성을 통해 의식으로 서술하는 데에서 성립한다.[16] 칸트의 선험론적 관념론은 어떻게 선험적 종합 판단이 가능한가에 대한 답변이다. 왜냐하면 이것은 순수 오성의 원칙들을 현상계의 합법칙성에서 보편적 형식들로써 근거 짓기 때문이다. 그런데 이러한 형식들은 스스로에 대해서(für sich) 공허하고 어떤 것이 경험적으로 소여된 조건 아래에서만 특수한 대상영역과 대상들의 특수한 법칙에 상응한다. 그렇게 되면 칸트에서 인식형식과 인식내용의 이원론은 극복 불가능하게 된다. 왜냐하면 칸트는 자신의 인식론에서 인식의 이질적 계통의 본질을 이루고 있는 이론 속에 감성과 오성을 근거 짓기 때문이다. 선험적 형식의 내용은 근본적으로 직관의 형식들 속에서 경험적으로 소여된 잡다, 즉 하나의 소여된 질료다. 그러므로 형식과 내용은 선험론적 구성을 통해 매개되지 않고 이질적 두 개의 조각들(Stücke)로 남아 있다. 반면에 학론에서 "형식과 질료는 특별한 조각들이 아니다. 전체의 형식성은 질료이고, 이제야 비로소 우리는 분석 속에서 개별적 형식들을 얻는다."[17] 질료는 인간 정신의 "필연적 행위방

---

11) D. Henrich, *Konstellationen : Probleme und Debatten am Ursprung der idealistischen Philosophie* (1789–1795), Stuttgart 1991, 245–247쪽 참조.

12) K. L. Reinhold, 앞의 책, 82–83쪽 참조.

13) J. G. Fichte, *Rezension : Aenesidemus, oder über die Fundamente der von dem Hrn. Prof. Reinhold in Jena gelieferten Elementar–Philosophie. Nebst einer Vertheidigung des Skepticismus gegen die Anmassungen der Vernunftkritik*(1792), GA. I/2, 46쪽.

14) 피히테가 쮜리히 강연에서 라인홀트를 비판한 것도 이러한 이유 때문이다. 단순히 표상능력을 통해 규정된 학을 철학이라고 칭한 라인홀트에 대해 피히테는 다음과 같이 비판적으로 언급한다. "이것은 이론적인 것의 하나의 정의이지 전체 철학의 정의가 아니다"(J. G. *ZVL*(1794), Hg. von E. Fuchs, Neuwied 1996, 53쪽).

15) J. G. Fichte, *BWL*, *GA. I/2*, 140쪽.

16) J. G. Fichte. *ZVL*, 147쪽.

17) J. G. Fichte. *ErE* (1797), *SW. I/1*, 443쪽.

식의 체계 속에서"[18] 학론의 대상과 동일하게 된다. 이때 질료에 대한 규정이 경험적으로 주어지는 것이 아니라, 선험적으로 소여된 것이기 때문에, 그것은 학론 속에 설정된 학론의 대상에 대한 반성으로부터 독립적으로 존재한다.[19]

피히테는 학론 속에서 설정된 탐구의 대상, 즉 탐구된 자아와 탐구를 행하는 주체, (철학자 혹은 학론의 교사) 말하자면 탐구하는 자아를 구분한다. 전자가 이러한 구분을 반성하면서 수행하는 반면에, 후자는 그 구분을 단지 반성하면서 수행할 수는 없다. 학론의 대상은 자아 일반의 행위함(Handeln)이고, 학론에서 그러한 행위함이 의식으로 갖다 주는 매개물은 철학자의 반성이다. 이 경우에 피히테에 의하면, 철학자의 반성은 표상함(Vorstellen)의 방식에 의존한다. 표상함 속에서 자아는 그 대상과 이론적으로 관계한다. 만약 자아 자체가 탐구 대상이라면, 자아는 탐구하는 주체로서 표상하는 자아지만, 탐구하는 대상으로서 자아는 그 이상의 어떤 것이어야 한다. 이러한 점에서 피히테는 다음과 같은 두 가지 관점에서 비판한다. 첫 번째로, "전체 학론에서 그것이 학론인 한에서 지배하는 반성은 **하나의 '표상함'**(Vorstellen)이다. 그러나 그로부터 반성된 모든 것도 역시 단지 하나의 표상함이 되리라는 것이 따라 나오는 것은 전혀 아니다"[20]는 것이고, 두 번째로 "학론에서 자아는 **표상된다**. 그러나 그 자아가 단순히 표상하는 자로서, 단순히 지성으로서 표상되리라는 **사실이** 따라 나오지는 않는다"[21]는 것이다.

피히테가 염두에 두고 있는 것은 다음과 같은 진술에서 발견된다. "아마도 다른 규정들이 그 속에서 발견될 수 있을 것이다. 철학하는 **주체**로서 **그** 자아는 논쟁의 여지없이 단지 표상하고 있을 뿐"[22]이기 때문에, "철학함의 **대상**으로서 **자아**는 아마도 그 이상의 어떤 것일 수 있을 것이다."[23] 여기에서 "표상함은 그 철학자 자신의 최고이자 절대적 최초의 행위"[24]고, 그런 한에서 "인간정신의 절대적 최초의 행위는 아마도 다른 행위일 수 있을 것이다."[25] 학론의 대상으로서 자아의 규정과 이러한 탐구의 주체로서 설정된 자아의 규정 사이의 잠정적 구분은 체계로서 철학에 관한 최초의 개념으로서 표상의 개념에 대한 라인홀트의 테제에 반대되는 길일뿐

18) J. G. Fichte. 같은 책, 442쪽.
19) K. L. Reinhold (1791), 앞의 책, 70쪽 참조.
20) J. G. Fichte. *BWL, GA. I/2*, 149쪽.
21) 같은 책, 같은 쪽.
22) 같은 책, 같은 쪽.
23) 같은 책, 같은 쪽.
24) 같은 책, 같은 쪽.
25) 같은 책, 같은 쪽.

아니라, 칸트에 대해서도 반대되는 길이다.

라인홀트에 의하면, (이론철학과 실천철학) 철학 일반의 체계적 최초의 개념은 '표상'의 개념이다. 이것은 '의식의 사실'로서 모든 철학으로부터 독립적으로 소여된 것이고, 그 때문에 '의식의 사실'에 대한 단순한 반성을 통해 철학적으로 파악된 것이다.[26] 칸트는 (의식 속에서 현존하고 그 현존은 직접적으로 확실한) 이론철학과 실천철학의 원리들을 근거 짓는다. 그러나 칸트는 이러한 원리들에 관한 의식과 존재를 설명하지 않았다. 그리고 이러한 의식과 존재의 방식에 관해 규정하지도 않았다. 칸트의 이론 철학은 '통각의 종합적 통일'에서 '나 자신의 의식'이 최고의 정점이라는 측면에서 타당하다. 이 최고의 정점이란 바로 모든 오성사용을 전체 '논리학' 자체와 '선험론 철학'에 적용한 도달점인 것이다. 순수한 자기의식인 '나는 생각 한다'는 "논리적으로 단순한 주체"[27]로서 규정된다. 이러한 주체의 '철저한 자기 동일성'은 하나의 종합행위 속에서만 존재하고, 직관의 형식들 속에 소여된 잡다로부터 독립적일 경우에 가능하다. 따라서 순수한 자기의식은 자아가 자신을 자아로서 아는 지식이 아니라, 경험적 주체 각각의 인식의 근저에 선험적으로 놓여있는 종합행위를 통일하는 의식일 뿐이다. '나는 생각한다' 속에 자아는 사유와 모든 이론의 선험론적 주관으로서 하나의 이론적 대상이 아니다. 왜냐하면 그렇지 않을 경우에 인식하게 되는 자는 언제나 전제되고 있을 것이기 때문이다. 칸트는 이러한 순환을 지양되지 않는 '불편함'이라고 지칭하였다.[28] 그리고 비존재자는 생각될 수 없기 때문에, 논리적으로 확실한 주체의 현존은 필연적으로 무규정적인 것에 머문다. 중요한 것은 "(..) 통각의 근원적 종합의 통일에서는〔내가 나 자신을〕의식한다. 〔내가 의식하는 것은〕 내가 내 자신에게 현상하는 그대로도 아니고, 내가 나 자신에 있는 그대로도 아니라, 내가 있다는 사실을 의식할 뿐이다."[29] 그런데 칸트는 순수한 자기의 의식에 대한 존재와 그 의식을 성격 짓고 있다. "'나는 생각한다'는 (...) 하나의 경험 명제이고, 내가 현존한다는 명제를 그 자체로 포함한다. 그러나 나는 생각하는 모든 것이 현존한다고 말할 수 없다. 왜냐하면 거기에는 사유의 성질이, 그 성질을 갖는 모든 존재를 필연적〔으로 경험하게 하는〕존재로 만드는 것이 될 것이기 때문이다. 그러므로 나의 현존(Existenz)은 또한 데카르트가 그것에 대해 생각했듯이, '나는 생각한다' 는 명제에서 추론된 것으로

---

26) K. L. Reinhold (1791), 위의 책, 77–78쪽 참조.
27) I. Kant, *KrV* (1787), Hg. von R. Schmidt, Hamburg 1956, B 407쪽.
28) I. Kant, 같은 책, B 404쪽 참조.
29) I. Kant, 같은 책, B 157쪽.

서 간주될 수 없으며 (만약 그렇지 않다면 생각하는 모든 것은 현존한다 는 대전제가 선행해야 하기 때문이다), 오히려 '나는 생각한다' 는 명제와〔곧바로〕동일"[30]하게 된다. "'나는 생각한다'는 명제는 무규정적인 하나의 경험직관, 즉〔일상적〕지각을 표현하지만 (따라서 그 명제는 이미 그러므로 감성에 속하는 감각(Empfindung)이 그러한 현존명제(Existenzialsatz)의 근저에 놓여 있다 라는 사실을 증명한다) 그러나 지각의 대상을 시간에 관한 한 범주를 통해 규정해야 하는 경험에 선행한다. 그리고 현존은 여기에서는 아직 범주가 아니다."[31] 즉 "범주로서는 무규정적으로 주어진 하나의 객관에 관계하는 것이 아니라, 하나의 개념을 갖는 단지 하나의 객관에, 그리고 과연 그것이 개념 밖에 또한 정립되어 있는지 여부를 알고자 하는 객관에 관계하는 것이다."[32] 물론 "무규정적인 하나의 지각은 여기에서 소여된 어떤 실재적인 것이기는 하지만 사실은 사유일반에 대해 소여된 실재적인 것을 의미한다. 따라서 그 지각은 현상으로도, 또한 사상(事像) 자체(가상체)로서 표시된 것이 아니라, 사실상 현존하고 있는 어떤 것으로서 표시된 것"[33]일 뿐이다.

칸트는 전체 개념을『순수 이성 비판』의 그 밖의 규정들과 분명히 반대되는 방향으로 사용한다. 실재성과 현존은 질의 범주들, 특히 양태고, 그것들은 여기에서 선(先)범주적인 것들을 표시한다. 그렇지 않고 내감이 시간 속에서 나의 현존의 규정이라면, 그러한 규정은 하나의 직관과 지각은 시간 규정으로부터 독립되어 있어야 한다. 순수한 자기의식의 성격의 규정에서 모든 경험에 앞서 있는 무규정적인 경험적 직관에 대한 언급은 우리에게 상당한 당혹감을 일어나게 한다. 칸트가 인식에 있어서 감성적 직관과 개념만을 타당하게 생각하고 '지적 직관'(intellektuelle Anschauung)의 가능성을 비난했었다 하더라도, 이제 피히테에게 있어서 그러한 비난은 새롭게 전개된다.

"칸트의 용어 속에서 모든 직관은 하나의 존재(하나의 정립적 존재, 하나의 지속)에 관한 문제다. 그러므로 지적 직관은 하나의 비감성적 존재의 직접적 의식일 것이다.[34] 그것은 "사물 자체의 직접적 의식이고 심지어 단순한 사유를 통한 직접적 의식일 것이고 따라서 개념(대략 단순한 개념에서 신의 현존을 논증하는 개념들이 신의 현존을 자신의 사유의 단순한 추론으로 간주해야만 하는 것과 마찬가지로)을 통한 사물 자

30) I. Kant, 같은 책, B 422쪽.
31) I. Kant, 같은 책, B 422–423쪽.
32) I. Kant, 같은 책, B 423쪽.
33) I. Kant, 같은 책, B 424쪽.
34) J. G. Fichte, *ZwE*(1797), *SW. I/1*, 472쪽.

체의 창조함(Erschaffen)이다."[35] 이런 한에서 피히테는 지적 직관을 행위의 문제로 간주하고 칸트와 다른 입장을 분명히 견지하면서 다음과 같이 강조해서 말한다. "(…) 학론이 말하는 지적 긱관은 전혀 존재의 문제가 아니라 행위의 문제다. 그리고 그 지적 직관은 칸트에 있어서 전혀 특색을 지니고 있지 않다."[36]

이제 학론이 체계로서 원리를 설정해야 되는데, 그 원리는 이른바 '첫 번째 원칙'에서 제시되고 있는 '실행행위'(Tathandlung)이다. '실행행위'를 표현하고 있는 학론의 첫 번째 원칙의 성격은 근원적으로 '자아의 단적인 정립'이다. 따라서 "자아는 근원적으로 자신의 존재를 단적으로 정립한다."[37] 자아의 '실행행위'는 "자아가 행위하는 자(Handelnde)임과 동시에 행위의 산출"[38]이다. 이러한 '실행행위'의 성격은 행위의 '사실'(Tatsache)을 넘어서서 '행위'와 그 '결과'(Tat)가 하나의 동일한 것이어야 한다. 만약 '실행행위'가 단순한 '행위'의 '사실'이라면, 그리고 '행위'의 '결과'와 무관하다면, 그것은 '첫 번째 원칙'에서 '실재성'의 범주로써 증명되어야 한다. 그러나 피히테는 '첫 번째 원칙'에서 '실행행위' 자체에 대한 규정을 증명하고 있지 않다. 왜냐하면 '실행행위'의 '실재성'에 대한 규정은 우리의 인식으로는 파악불가능하고 단지 철학자의 '지적 직관'을 통해 파악되기 때문이다. 따라서 우리는 '실행행위'를 자아의 모든 활동, 말하자면 '정립' 행위, '반정립' 행위, 양자의 '종합' 행위, 그리고 자아의 '실재성'이 범주를 통해 도출하는 자아의 자기활동(Selbsttätigkeit)에 의한 이론적 행위와 '추구'에 의한 실천적 행위의 최종 지점에 도달하고, 마지막으로 자아마저도 자기 자신으로 복귀하고 나서야 비로소 규정할 수 있을 뿐이다. 첫 번째 원칙에서 나타난 실행행위는 자아 자신의 존재를 "우선 무엇을 가령 실행행위로 간주할 수 있는가에 대한 반성과 실제로 그 실행행위에 속하지 않는 것의 추상을 필연적으로 하는"[39] 데에서 일어나는 "모든 의식의

35) 같은 책, 같은 쪽.

36) 같은 책, 같은 쪽.

37) J. G. Fichte, *GWL, GA. I/2*, 261쪽. 필자는 여기서 기존의 한국어 번역과 다르게 표현하였다. 기존의 한국어 번역은 "자아가 근원적으로 단적으로 자기 자신의 존재를 정립하다"(Das Ich setzt ursprünglich schlechthin sein eignes Sein)" 인데, '근원적으로'와 '단적으로' 라는 부사가 반복적으로 표기됨으로써, 표현이 매끄럽지 않다. 독일어의 표현에서 'schlechthin'이 'ursprünglich' 보다 앞에 표기되었더라면, 한국어 번역은 '단지 근원적으로' 라는 식으로 되어야 타당하다. 그러나 피히테가 이러한 표현을 하지 않고 특별히 강조해서 표기한 것으로 보아, 필자는 'ursprünglich'가 꾸미는 말은 '자아 자신의 존재'이고, 'schlechthin'이 꾸미는 말은 '정립한다'로 보는 것이 더 적절하다고 본다. 왜냐하면 자아가 단적으로 정립하는 것은 다른 어떤 것이 아니라 근원적으로 자아 자신의 존재이기 때문이다.

38) J. G. Fichte, 같은 책, 259쪽.

기초"[40]로서 표현된다. 이런 한에서 실행행위란 "아직 타당한 것으로 증명된 것이 아니라 (...) 알려지고 확정된 것으로서 (...) 전제된 것일 뿐"[41]인 활동이다. 여기에서 전제가 "우리의 의식의 경험규정들 아래에서 일어나지 않고, 일어날 수도 없고, 오히려 모든 의식의 근저에 놓여 있는"[42] 순수 활동자체로서 '실행행위'를 표현한 '첫 번째 원칙'의 무조건적이고 단적인 명제이어야 하는 한, 그러한 원칙 자체는 규정되거나 증명될 수 없다.[43]

피히테의 첫 번째 원칙인 '나는 있다'(Ich bin)는 명제는 '자아가 자신을 단적으로 정립한다'는 의미를 지닌다. 만약 우리가 무엇을 정립하는가라고 묻는다면, 피히테의 답변은 '고유한 자신의 존재'라고 할 것이다. 그런데 이 양자는 순환논리다. '순환'은 전개의 출발점이 전개의 종결점에서 증명되는 원환운동이다. 원리로부터 철학의 근거에 대한 사유는 근거형식이 체계형식에 맞추어서 철학의 방법과 철학의 대상에 상응하는 피히테적 길을 제시해야 하는 데에서 성립한다. 이러한 맥락에서 피히테의 첫 번째 원칙에 대한 자기서술은 순환형식의 자기구조를 지닌다. 첫 번째 원칙의 원리로부터 출발하는 원환적 구상은 출발점과 동시에 결과까지도 포함한다. 이제 체계는 원리 아래에 학적 명제들에 의해 전체의 주관적 형식뿐 아니라, 인간 이성이 객관적으로 하나의 체계임을 분명히 한다. 철학은 인간 이성을 모든 지식의 근저에 놓여 있는 체계로서 서술해야만 한다. 이러한 체계는 사실상 철학의 서술로부터 독립적으로 현존한다. 왜냐하면 이성 체계는 서술 속에서 전제와 목적에 일치하기 때문에, 객관적 체계란 학 자체의 원환적 근거 구조를 지니는 것이어야 한다.[44] 이성이 단지 주관적으로 칭해지는 체계, 말하자면 체계화하는 것으로부터의 체계가 아닌 한, 이성 자신의 것에 속하는 체계는 또한 이성이 객관적으로 칭하는 체계다. 그러나 반대로 체계가 학의 참다운 명제들의 완전한 연관성을 서술하고, 동시에 학의 명제들이 하나의 원칙과 결합하고 그것 속에서 하나의 전체로 하나가 된다면, 체계는 지식, 특히 학론의 형식과 연관된다. 왜냐하면

39) J. G. Fichte, 같은 책, 255쪽.
40) J. G. Fichte, 같은 책, 같은 쪽.
41) J. G. Fichte, 같은 책, 같은 쪽.
42) J. G. Fichte, 같은 책, 같은 쪽.
43) J. G. Fichte, 같은 책, 같은 쪽.
44) 피히테의 후기 학론의 서술들은 이러한 사유방식을 완성하고 있기는 하지만, 원리에서부터 외견상 드러난 합리적 근거에 의해서 설명하는 방식이 아니라, 이러한 근거 자체를 포기하는 방향으로 진행된다. 그 때문에 후기 피히테 철학의 구도는 초기 학론에서 원리로 설정한 실행행위에 대해서는 더 이상 거론되고 있지 않다.

학론의 체계는 학적 명제들에 의해 제한된 채로 규정되고 형식적 수단으로써 역할하기 때문이다. 따라서 체계는 학의 목적이 아니고 학론은 체계의 서술이어야 한다.

이러한 체계에 대한 양자의 관점은 피히테에 있어서 통일적으로 규정된다.『전체 학론의 기초』는 인간정신의 활동을 통해 나타난 행위를 '원칙론'으로 표현한다. 피히테는 '원칙론'의 세 가지 원칙을 가지고 학론의 이론적 기초와 실천적 기초를 마련하면서 학론을 철학체계로서 전개한다. 세 가지 원칙에 대한 관계는 자아의 '자기정립', 비아의 자아에 대한 '반정립' 그리고 마지막으로 자아와 비아의 '종합'으로 나타난다. 이에 맞추어 범주도 '실재성', '부정', 그리고 '한계'의 순서로 설정된다. 그리고 판단도 범주에 맞추어서 '정립적 판단'[45] – '반정립적 판단' – '종합적 판단'의 순서로 규정된다. 세 번째 원칙을 통해 나타난 자아와 비아의 종합과 그 '한계' 범주는 세 가지 원칙에 기반으로 해서 '이론적 지식의 기초'와 '실천적 지식의 기초'의 전개 속에 새롭게 적용된다. 그런데 피히테의『전체 학론의 기초』의 이론적 부분은 자아와 비아의 '교호작용'에 근거해서 범주들의 연역을 수행한다. 이러한 교호작용은 원칙론에서 원칙들의 모순을 도출하고, 그것을 해결하는 세 번째 원칙에 의해 규정되고, 거기에 자아와 비아의 종합을 가능하게 하는 절대아는 필연적으로 요구된다. 그러나 자아와 비아 그리고 한계를 통해 규정된 가분적 자아와 가분적 비아를 종합하는 제3자로서의 '자아'에 대한 증명은 구체적으로 드러나지 않는다. 피히테는 단지 첫 번째 원칙에서 '절대아'를 "절대적 주체"[46]로서 선언적 언표만 하고 있기 때문에, 우리가 보통 첫 번째 원칙을 '절대아'에 대한 문제로 간주해 왔다. 그러나『전체 학론의 기초』이전의 저작인『학론 또는 이른바 철학의 개념에 관하여』에 의하면 '절대아'는 선험적으로 규정된다. 선험적으로 규정된 '절대아'는 자기정립하는 자아가 아니라, 자아와 비아를 양적으로 구분하면서 종합하는 제3의 자아다. "자아가 최고의 개념이라고 가정한다면, 하나의 비아가 그 자아에 반정립될 것이라고 가정한다면, 그 경우에 비아는 정립되고, 더욱이 최고의 파악함 속에서 자아 속에서 정립되어 있지 않고, 반정립 될 수 없다는

45) 피히테가 첫 번째 원칙에서 '정립적 판단'에 대해 언급하고 있지 않고, 오히려 세 번째 원칙에서 '정립적 판단'을 언급하고 있는 것은 주목해 볼 필요가 있다. 피히테는 '정립적 판단'의 규정을 '반정립적(부정적) 판단'과 '종합적(긍정적) 판단'과 대립되는 자기 자신과 동일하게 되는 판단이라고 설명한다. 그러나 이러한 판단은 처음부터 설정된 판단이 아니다. 왜냐하면 이것은 자아에 대해 아무 것도 설명할 수 없고, 오직 자기 자신만의 정립에 의해 모든 판단을 포함하는 판단이어야 하기 때문이다.

46) J. G. Fichte, *GWL, GA. I/2*, 259쪽.

사실은 분명하다."[47]

더 나아가 피히테의 다음과 같은 진술도 타당하다. "그러므로 자아는 두 가지로 고려될 수 있을 것이다 : 비아가 정립된 그와 같은 것으로서, 그리고 비아에 반정립될 그와 같은 것이고, 따라서 자신을 절대아 속에서 정립될 수 있는 것으로서 말이다."[48] 그 때문에 "최종적 자아는 양자가 절대아 속에 정립되어 있는 한, 그 안에서 비아와 동일해야 할 것이다. 그리고 그것은 동시에 바로 그 고려 속에서 비아에 반정립 되어야 할 것이다."[49] 이러한 점에서 "이것은 양자가 동일한 자아 속에 하나의 제3자의 조건 아래에서만 생각될 것이다. 그리고 이 3자는 양의 개념일 것이다."[50]

피히테가 양자를 제3의 조건으로 규정할 때, 그는 그 양자의 관계 혹은 차이를 질보다는 양에 비중을 두면서 다음과 같이 말한다. "양자는 자신을 반정립적인 것을 통해 하나의 규정가능한 양을 가질 것이다."[51] 피히테에 의하면, 여기에서 말하고 있는 자아의 개념과 비아의 개념, 그리고 상호 대립되어 규정된 '한계' 개념이 오직 선험적으로(a priori) 규정되는 한에서, "그 밖의 모든 순수 개념들은 이러한 개념에서 대립성(Gegensetzung)과 동일화하기(Gleichung)를 통해 도출되어야 한다."[52] 따라서 우리는 세 가지 원칙들의 관계도 마찬가지로 선험적으로 규정해야 한다.

피히테의 학론은 선험론 철학, 정확히 말하면 선험론적 관념론의 체계다. 인간 정신의 활동이 체계의 서술이어야 하는 한, 학론은 원리(Prinzip)와 입문(Propädeutik)이 설정되어야 할 뿐만 아니라 인간 정신의 활동이 필연적으로 연관관계를 이루는 가운데 학의 학이 되어야 한다. 그렇다면 과연 무엇이 이러한 체계적 서술을 가능하게 하는 것인가? 그 답변은 인간정신의 활동을 규정하는 자기의식이라고 해야 타당하다. 이제 이러한 자기의식의 구조가 어떻게 피히테에게서 규정되고 있는지 살펴보자.

---

47) 같은 책, 150쪽.
48) 같은 책, 같은 쪽.
49) 같은 책, 같은 쪽.
50) 같은 책, 같은 쪽.
51) 같은 책, 같은 쪽.
52) 같은 책, 같은 쪽.

3. 자기의식의 구조

피히테의 자기의식에 관한 모든 논의[53]는 자아의 활동으로부터 출발한다. 자아의 활동은 전적으로 인간정신의 활동이기 때문에, 이러한 활동을 체계적으로 서술한 학론은 "인간정신의 실제적 역사"(pragmatische Geschichte des menschlichen Geistes)[54]를 위한 학이어야 한다. 이제 학론의 서술이 합목적성을 통해 규정된 필연적 질서 속으로 가져다 준 '의식의 사실'[55]이어야 함은 분명하다. 라인홀트는 '의식명제'에 의해 표상이 주관과 객관을 구분하고 그 관계가 주관임을 밝히려 했다. '의식명제'는 지식의 대상들과 대상 일반들이 항상 의식에 대한 표상으로서 소여된 특징을 지닌다. 이러한 의미에서 '의식의 사실'은 원리의 서술이고, 학의 원리는 '의식명제'를 통해 규정된 표상에 근거한다. 따라서 철학이 학 일반으로 규정되기 위해, 철학을 하나의 유일한 원칙에 근거 짓는 일은 타당하다. 그러나 이러한 근거지움(Begründung)은 철학이 '최초의 것'이라는 점에서 보면 필연적인 것도 아니고 그렇다고 해서 인식된 것도 아니기 때문에, 철학함이란 처음에는 가설적이거나 개연적 단초(Ansatz)를 지닐 수밖에 없다.[56] 피히테는 라인홀트가 이처럼 철학을 하나의 원칙에 근거 지우려 했던 시도를 받아들이지만, 그러한 근거 지움이 '의식의 사실'을 통해 규정하려고 했던 주장에 대해 비판적 입장을 견지한다. 왜냐하면 '의식의 사실', 즉 '의식명제'를 유일한 원칙에 근거 지으려는 시도는 피히테에 의하면, 단지 표상을 인간의 영혼에 앞서 종(種)적인 것으로 만들려는 자(者)의 시도일 뿐이기 때문이다.[57] 그러한 사람은 자유와 실천적 명법에 대해 아무것도 알

53) 헨리히 이후에 H. 에델만, U. 클레스게스, E. 뒤징 그리고 R. F. 코흐 등이 피히테의 자기의식에 대한 연구를 하였는데, 그들은 주로 피히테의 텍스트에 대한 전반적 분석을 하면서 자기의식에 대해 설명하는 방향으로 진행하였다. 특히 클레스게네스의『자기의식의 역사, 피히테 학론의 사변적 문제의 근원』(1974)는 자기의식론의 테마와 관련해서 "기초" 저작에 대한 세밀한 분석을 한 단행본으로 M. 외쉬의『행위문제, 피히테의 첫 번째 학론에 체계사적 기여』(1981)와 함께 중요한 연구 성과물이다. 그러나 필자는 그들보다도 피히테 철학 전반에 대한 연구 속에서 피히테적 자기의식론을 위한 여러 관점을 제시하게끔 기반을 마련해 주었던 W. 얀케, W. H. 슈라더, J. 슈톨쩬베르크 그리고 R. 라우트 등의 단행본들과 개별 논문들에 대한 평가가 더 의미 있다고 생각한다.

54) J. G. Fichte, *GWL, GA. I/2*, 365쪽.

55) X. Tilliette, "Geschichte und Geschichte des Selbstbewusstsein," *Annalen der internationalen Gesellschaft für dialektische Philosophie-Societas Hegeliana* 1983, 93쪽 참조.

56) G. W. F. Hegel, *Wissenschaft der Logik* (1832), GW. Bd. 21, Hg. F. Hogemann u. W. Jaeschke, Hamburg 1985, 56-57쪽 참조.

지 못하는 자이고 결국 경험적 운명론자(empirischer Fatalist)일 뿐이다.[58] 경험적 운명론자에게 확실한 것은 단지 표상을 통해 규정된 '의식의 사실'이다. 따라서 우리가 그에게 철학의 원리가 무엇인가라고 묻는다면, 그는 그 원리를 표상이라고 답변할 것이다. 그런데 이것은 표상의 개념, 즉 표상에서 "표상함이란 존재의 본질이 아니라 존재의 특별한 규정"[59]이기 때문에, 과연 우리가 표상을 통해 규정된 전체 철학을 하나의 유일한 원칙에 기초 지을 수 있는지가 의문으로 남는다.[60]

피히테는 이러한 표상의 방식을 넘어서서, 표상과 다른 많은 규정들이 우리에게는 있다고 주장한다. 표상의 방식 이외에 인간의 존재를 규정하는 방식은 피히테에 의하면 바로 인간의 활동이다.[61] 인간의 활동은 자아의 단적인 정립을 하는 실행행위 속에 현존한다. 이러한 실행행위는 인간의 활동을 경험적 의식을 통해 규정되지 않고, 오히려 모든 경험적 의식의 근저에 놓여 있는 자아의 순수한 활동 자체를 통해 규정된다. 그러나 그렇다고 해서 경험적 의식은 폐기되지 않는다. 그 때문에 피히테는 다음과 같이 말한다. "(...) 경험적 의식에 도달하기 위해서는 다른 규정들이 표상의 매개를 거쳐서 주어져야만 한다."[62] 이러한 맥락에서 피히테는 표상이란 수단일 뿐 원리일 수 없다고 주장한다. 라인홀트처럼 표상이 원리라면, 표상에 연역이 속하는 것은 단지 이론 철학에만 국한될 뿐 더 이상 실천철학의 영역으로 나아가지 못한다. 왜냐하면 우리는 표상에 의해 '표상능력'을 이론적으로 규정할 수 있지만, 실천철학의 영역까지 규정하지 않기 때문이다.

이러한 점에서 피히테의 '실행행위'는 단지 '표상'의 사실에서 출발하는 라인홀트의 이론과 달리 제1의 무제약적 출발점이기 때문에, "의식 속에서 사실보다 더 근원적인 어떤 것"[63]이고 이론적 행위와 실천적 행위를 아우르는 개념이다. 이 개념에 의해 피히테는 "라인홀트가 요구한 것, 하나의 원리로부터 칸트 철학의 전 과정을 방법론적으로 성취"[64]했다고 평가한다. 이러한 맥락에서 자기의식에 대한 구조도 원리적으로 실행행위를 통해 규정되어야 한다. 이를 위해 피히테의 첫 번째 원칙에 대한 이해는 필수적 작업이다. 그런데 첫 번째 원칙을 논의한『전체 학론의

---

57) J. G. Fichte, *Im Dezember an Heinrich Staphani* (1793), GA. III/2, 28쪽 참조.
58) J. G. Fichte, 같은 책, 같은 쪽.
59) J. G. Fichte, *GWL, GA. I/2*, 262쪽.
60) J. G. Fichte, *ZVL*, 53쪽 참조.
61) J. G. Fichte, 같은 책, 같은 쪽.
62) J. G. Fichte, 같은 책, 263쪽.
63) N. Hartmann 지음, 이 강조 옮김,『독일 관념론철학 I』(1974), 서울, 서광사, 1989 76쪽.
64) W. Windelband, *Die Geschichte der neuen Philosophie, Bd, 2*, Leipzig 1922, 213쪽.

기초』의 §1은 피히테가 생각했던 것 이상으로 그 의미를 명확하게 이해하는 데에 어려움이 있어왔다. 이 어려움이란 단지 첫 번째 원칙에서 말하는 자아란 도대체 어떠한 자아인가 하는 단순한 물음에서 생긴다. 덧붙여 만약 첫 번째 원칙이 피히테 자신의 사유를 완결한 원칙이라면, 과연 첫 번째 원칙에서 두 번째 원칙으로 더 나아가 세 번째 원칙으로 전개될 필요가 있는가라는 물음도 더불어 제기된다. 만약 첫 번째 원칙에서 설정한 자아가 '절대아'라면, '절대아'란 형식에 있어서 뿐만이 아니라 내용에 있어서도 '단적으로 무조건적 원칙'으로 표현된 자아다. 그런데 문제는 이러한 원칙이 '증명되거나 규정될 수 없는 것'이기 때문에 거기에 '절대아'는 자기 자신을 통해서 파악될 수밖에 없다는 점이다. '절대아'는 첫 번째 원칙의 안에서만 그 구조를 파악할 수밖에 없는데,[65] 그 말은 다시 말해 절대아가 다른 어떠한 원칙을 통해서 규정될 수 없다는 것이고, 다른 원칙에서 설령 자아를 설정한다 해도, 그 자아는 '절대아'와는 다른 자아일 뿐이라는 것이다. 따라서 다른 원칙에 의해 설정된 다른 자아가 '절대아'로 환원되기는 불가능하다.

필자는 첫 번째 원칙에서 말한 자아란 '절대아' 자체를 논의한 것이 아니라고 주장한다. 피히테의 주장대로 설정된 '절대아'란 오직 선험적으로 규정된 한에서 의미를 지닐 수 있는 자아기 때문에, '절대아'는 '선험자아'에 의해 규정된 자아고 현실적 자아가 아니라는 의미에서 '이상'(Ideal)일 뿐인 자아다. "이상은 자아의 산물"[66]이고, 거기에서 '절대아'는 "단적으로 정립된 무한한 자아의 이념"[67]이다. 따라서 '절대아'는 실천자아에 의해 요청된 무한한 욕구에 근저에 놓여 있는 자아일 수밖에 없다. 이러한 점에서 필자는 첫 번째 원칙의 '자아'가 '자기의식'의 자아, 말하자면 자아의 순수한 활동을 수행하는 자아라고 주장한다.[68] 이 자아는 순수한 '활동'을 '행위'의 '실재성'으로써 정립하지만, 그 활동의 원리는 '실행행위'에 의해서 이루어진다. 그러나 '실행행위'에 대한 규정은 처음부터 증명되지 않는다. 오히려 '실행행위'에 대한 증명은 행위의 결과가 나타나는 최종지점에서 증명된다. 그러나 그렇다고 해서 '실행행위'에 대한 '의식의 사실'이 존재하지 않는 것은 아니다. '실행행위'에 대한 '의식의 사실'은 철학자의 자기반성하는 행위와 함께 '지

65) 이에 대한 연구로는 이 석윤, 「Fichte에 있어서의 절대적 자아의 구조」, 충남대학교 인문과학연구소 논문집 제7권 2호, 1980, 218쪽 참조.

66) J. G. Fichte, *GWL, GA. I/2*, 403쪽.

67) J. G. Fichte, 같은 책, 409쪽.

68) 필자는 피히테에 있어서 모든 의식은 자기의식의 조건이 된다고 생각한다. 결국 자기의식이란 '나'의 의식이 고 '나'의 행위와 활동에 전적으로 의존하는 의식이다.

적 직관'을 통해 파악된다. 이렇게 규정된 '지적 직관'은 신적 직관이 아니라 '순수한 자기 직관', 즉 '나'의 봄이고 '나'의 '자기관조'다. 그 때문에 피히테는 철학자의 지적 직관을 통해 수행된 "추상하는 반성"[69]이 절대아가 아닌 순수자아의 자기정립에 도달할 수 있다고 생각한다.

자기의식에서 중요한 것은 이러한 순수 자아의 자기정립이 자기직관과 자기의식의 순수성을 표현한 명제, 즉 '나 즉 나다'[70]에 대한 이해에 전적으로 의존한다는 것이다. 피히테 역시 이 명제를 바로 학론의 명제로 설정하였고,[71] 최고의 명제로서 생각한 것은 분명하다. 그렇다면 첫 번째 원칙은 '나 즉 나다'라는 최고의 명제를 증명하기 위한 명제다. 첫 번째 원칙 인 '나는 있다'의 의미는 "내가 단적으로 있다"[72]는 것이고, "내가 있기 때문에,"[73] 내가 수행하는 원칙이란 현존하는 것임에 틀림이 없는 가장 확실한 원칙이다. 그렇다면 이러한 원칙은 증명될 수 없는 원칙이 아니다. 그러나 피히테는 반대로 가장 확실한 원칙이기 때문에, 오히려 "증명되거나 규정될 수 없는"[74] 원칙이라고 말한다. '나는 있다'라는 첫 번째 원칙은 '정언판단'에 의해 "단적으로 자기 자신을 통해서 자아의 정립에 근거 짓는"[75] 원칙이기 때문에, '나'의 자기규정은 '나'의 '자아'에 속성을 부가하는 술어상의 표현으로서 설명 불가능하다. 따라서 이러한 '자아존재'는『전체 학론의 기초』에 의하면 증명될 수 없다. 그러나 '나는 있다'라는 첫 번째 원칙은 '의식의 사실'로써 증명 불가능한 것이 아니다.『전체 학론의 기초』이전에 쓴 피히테의 기록을 보면, '나는 있다'의 "명제는 도처에서 그러나 순환 속에서 증명되어져야만 한다"[76]라고 분명히 언급되어 있다. 그렇다면 우리는 '나는 있다'라는 첫 번째 원칙에서 드러난 모순을

69) J. G. Fichte, 같은 책, 255쪽.

70) 필자는 'Ich bin Ich'를 '나 즉 나'라고 번역했는데, 그 이유는 피히테의 이 명제는 '나'의 의식, 특히 '나' 자신의 의식을 말하기 때문이다. '나' 자신의 확신, 즉 '나'의 자기 확실성은 '나'는 '나'이기 때문에 가능하다. '절대아'는 이러한 자기 확신성을 가장 최고의 명제로서 지칭하는 명제 속에 존재한다. '나 즉 나'에서 필자가 '계사'를 '즉'으로 표현한 이유도 이 명제를 주어-술어관계로 설명하지 않으려고 하기 때문이다. 이 명제에 대한 번역은 사실상 유희상에 의해 시도되었는데, 필자도 그의 의견에 동의한다. 이에 대해서는 유희상, "피히테의 학문론의 성립과정"(인터넷 자료: 발표초고), 1999 2쪽 참조.

71) J. G. Fichte, *ZVL*, 93쪽.

72) J. G. Fichte, 앞의 책, 260쪽.

73) J. G. Fichte, 같은 책, 같은 쪽.

74) J. G. Fichte, 같은 책, 255쪽.

75) J. G. Fichte, 같은 책, 278쪽.

76) J. G. Fichte, *Eigne Meditationen über Elementarphilosophie* (1793/94), *GA. II/3*, 23쪽. 여기서 필자는 명제와 원칙을 구분하지 않고 같은 의미로 사용하였다.

어떻게 이해할 수 있는가? 필자는 '나는 있다'라는 첫 번째 원칙에 대한 피히테의 표현을 '의식의 사실'과 '실행행위'간의 단순한 비교의 차원으로서가 아니라, 자아의 '실재성'을 '의식의 사실'에 관한 차원을 넘어서서 '실행행위'와 관계로 이해한다. 첫 번째 원칙이 '실행행위'로 이해될 때, 자아의 '실재성'에 관한 규정은 '의식의 사실'의 차원에 머물지 않는다. '실행행위'의 변형에 의해 '나는 있다'의 자기 정립은 나의 활동이 '나 즉 나'라는 '나'의 자기 확실성에 의한 활동으로 이행한다. 이러한 이행은 '나'의 자기 확실성을 '절대아'에 의한 '나'의 '절대적 주체'로 끌어 올린다.

앞의 논의와 연관시켜 보면, '나는 있다'는 원칙은 라인홀트가 제기한 '의식명제'를 통해 나타난 '의식의 사실'로서 '내가 있음'을 보여준다. 피히테도 '의식의 사실'로서 표현된 '나는 있다'는 원칙을 경험적 의식에 관한 최고의 사실로서 간주한다. 이것은 경험적 의식의 모든 사실들이 "자아 속에서 모든 정립에 앞서 자아 자신이 정립되어 있다"[77]라고 하는 설명근거를 지니고 있다는 뜻이다. 따라서 '나는 있다' 는 원칙은 모든 사실들의 내면적 근거로서 규정되어야 한다. 그런데 이 주장은 독단적으로 이해될 수 있다. 만약 경험적 의식의 모든 사실들이 'S는 P이다'는 정언명제(kategorischer Satz)로 환원되어야 한다면, 동일성 관계가 'S'와 'P' 사이에 성립한다. 따라서 'X'는 단적으로 확실하게 정립된 것이다. 이러한 사실로부터 피히테는 '나는 있다'를 내용적으로 도출한다. 'A=A' 라는 명제로부터 '나는 있다'는 원칙을 연역해내는 피히테의 방법은 전자의 명제가 확실하게 규정된 명제라는 것에 근거를 두고 있기 때문에 가능하다. 전자의 명제에 단적으로 정립된 것이 'X'인데, 우리가 'X'의 정립을 통해 규정할 수 있는 것은 형식명제인 'A=A'에 내용을 부가한 것이 바로 '나는 있다'는 원칙이 된다는 점이다.[78] 동일률은 주어 'A'와 술어 'A'간의 필연적 연관성을 형성한다. 이 필연적 연관성이 'X'로 표시된다면, 'A'자체와 'X'는 정립하는 자로서 정립되지 않고 오히려 술어와 더불어 존재로서 정립하게 된다. 피히테에 있어서 'A=A'는 명제가 누구나 알 수 있는 확실한 사실인 한, 경험적 사실은 자아의 존재와 사실의 산출(Produkt)이 동일하다. 다시 말해 표상하는 자와 모든 표상들의 통일에 근저에 놓여 있는 것이 바로 '자아'이고, 자아의 존재는 '의식의 사실'로서 경험적 의식의 표현인 셈이다.

반대로 '나는 있다'는 원칙에서 실행행위를 수행하는 자아는 자기 자신을 정립

---

77) J. G. Fichte, *GWL, GA. I/2*, 258쪽.
78) J. G. Fichte. *GWL, GA. I/2*, 258쪽 참조.

하는 자, 다시 말해 자기 정립 속에서 동시에 자기 자신의 통일성을 정립하는 데에서 성립한다. 여기에서 자아는 자기 자신의 동일성의 속성을 다른 것에서 지니는 존재자일 수 없다. 따라서 행위의 측면에서 '나는 있다'는 원칙을 통해 우리가 알 수 있는 것은 모든 존재란 자아의 정립을 통해 특히 자아의 존재가 자기 자신을 통해 정립될 수밖에 없다는 것이다. 피히테는 다음과 같이 분명히 말한다. "그러므로 자기 자신을 통한 자아의 정립은 자아의 순수한 활동이다 — 자아는 자기 자신을 정립하고 자기 자신을 통해〔나타난〕이러한 단순한 정립으로 인해 자아는 존재한다. 그리고 그 반대도 성립한다. 자아는 존재한다. 그리고 자아는 자신의 단순한 존재로 인해 자신의 존재를 정립한다."[79] 즉 자아는 자신의 정립 방식을 자기 자신으로부터 자기 자신에 의해 자기 자신을 정립하고 근원적으로 자기의 존재에서 비롯된다라 는 의미를 포함한다. 여기에서 산출된 존재는 즉자존재(Ansichsein)일 수 없으며 대자존재(Fürsichsein)일 수밖에 없다.

이러한 모든 논의들은 피히테의 학론을 자기의식으로 이해하는 실질적 밑바탕이다. 이제 '나 즉 나다'에서 자기의식의 순수성을 표현한 명제의 의미가 무엇인지를 살펴보자. 자기의식은 적어도 대상의식처럼 어떤 것에 관한 의식이고 자기 지시성에 의해 자기 자신에 대한 의식이기 때문에 '동일성'의 명제로 표현된다. 이러한 점에서 피히테는 동일성 일반을 자기의식으로 환원하면서 자아를 비상관적 관계에 있는 자기정립으로 해석하였다.[80] 헨리히는 이것을 자기의식의 반성모델로서의 순환구조에 대한 통찰로써 이해한다. 이러한 모델이 순환론에 의해 객관화되고 반성된 자아를 곧 자기 자신이라고 말한다면, '나'는 '나'를 이미 '자아'로서 정립해야 한다. 다시 말하면 이것은 반성의 결과가 이미 전제 속에 미리 놓여 있음을 뜻한다. 자기의식이 상관자의 동일성 즉 '자아=자아' 속에서 성립하기 때문에, 반성하는 자아는 이미 자기 의식된 자아이어야만 하고, 그렇지 않을 경우 상관자의 동일성에 도달하지 못한다. 헨리히는 피히테의 근본적 관점을 자기의식론이라고 천명한다. 이를 입증하기 위해, 그는 '자아가 자기 자신의 반성이다'라는 테제를 설정한다. 이 테제에서 주목해 볼 것은 "자아반성의 이론은 자기 자신을 인식하는 자아주체에 대해 말한 것이다. 왜냐하면 자아는 자기 자신에 대한 관계 속에 나타나기 때문이다 — 자기 자신 속으로 되돌아가기 때문이다."[81] 여기에서 자아가 주

79) J. G. Fichte, 같은 책, 259쪽.
80) A. Arndt, 「동일성과 존재론」, 한국 철학 사상연구회 강연 자료, 2007 2쪽 참조.
81) D. Henrich, *Fichtes ursprüngliche Einsicht*, Frankfurt/M 1967 12쪽.

체의 기능 속에서 현실적으로 수용된다면, 우리는 순환운동을 피할 수 없다. 왜냐하면 반성을 통해 파악된 자기의식의 추구가 그 때마다 자아의 활동을 수행하는 주체와 자아의 자기관계를 전제한 것이기 때문에, 결국 주체는 무한한 반복(unendliche Iteration)에 빠지고 만다. 그런데 문제는 자아가 반성을 통해서는 결코 자기관계에 도달하지 못한다는 사실이다. 자기의식이 반성을 통해서만 알게 된다면, 직접적 자기관계는 불가피하게 의식에 부가되어야만 한다. 자기의식과 자기관계를 단순한 통일성에 의해 실행가능하게 만드는 근거는 의식에 내면적으로 선행한다. 자아에 대한 반성이론은 자기의식의 근원을 설명한다. 주체는 '나 즉 나다'의 명제에서 알게 된 것(Gewusste)과 아는 자(Wissende)의 관계에 의해 반성을 수행한다. 동시에 자아란 자기 자신에 대해 반성하는 자로 변경된 것이다. 그러나 자아주체는 자아와 다른 어떤 것이다. 그 때문에 의식의 통일성에 대한 반성이 '나 즉 나다'의 명제에 도달할 수 없다. 만약 자기의식이 상관자의 동일성을 표현한 것이라면, 반성이 수행하는 행위는 자기 자신을 의식해야만 한다. 그러나 행위의 대상은 이미 자아 속에 현존해 있어야 한다. 이 경우에 자아주체는 자아 속에 현존해 있고, 의식된 자아는 자아주체와 결코 동일하지 않다. 이제 헨리히는 자기 자신의 직접적 관계에서 자기의식의 현상을 도출한다. 자기의식의 현상이 자기 자신에 대한 무매개적 관계에 대한 증명이기 때문에, 자기의식의 발생은 제3자를 배제하고 상관자의 자기관계를 전제할 뿐이다. 이 경우에 자아반성은 자기 자신의 되돌아감 속에서 자기의식의 현상과의 일치를 통해서 파악된 것 속에 현존한다.[82] 따라서 반성은 제3자와의 관계가 아닌 자기관계를 뜻한다. 이렇게 되면 반성이전에 무매개적 자기 구성을 이루는 '절대아'는 이미 이런 자기관계의 기원으로서 전제된다.[83] 피히테에 있어서 이것은 선험적 의미에서 사유와 행동의 동일성을 위한 조건이다. 그러나 필자는 이러한 헨리히의 주장을 단지 첫 번째 원칙에 대한 이론적 설명에 국한되는 것이라고 생각한다. 따라서 실천철학에서 나타난 피히테적 '추구'(Streben) 개념은 첫 번째 원칙에서는 설명될 수 없다.[84] 왜냐하면 피히테에 의하면, '추구'의 정립은 자기 자신만의 활동이 아니라, 자아의 추구와 비아의 반추구가 균형적으로 정립될 경우에 가능하기 때문이다.[85]

포타스트는 '자아-말함'(Ich-Rede)의 '의미론'(Semantik)에 의한 순환으로서 반

82) 같은 책, 12-13쪽 참조.

83) 이것은 발생론적 관점으로 해석될 수 있다. '나 즉 나'의 명제에서 '나'가 '절대아'로 독해된다면, 자기의식은 '신적 자기의식'으로도 해석될 수 있다.

성적 자기의식의 규정 속에서 헨리히가 주장한 논리적 순환문제를 정식화한다. 포타스트적 시도에서 대문자 자아(Ich)의 의미는 그 때마다 화자에 의해 증명된다. 여기에서 이 화자는 자기 자신을 소문자의 자아(ich), 즉 '나'로서만 인식할 수 있고, 자기 자신을 단지 '나'라고 말할 수 있을 뿐이다.[86] 포타스트의 헨리히에 대한 비판은 자아의 정의 속에서 순환 즉 무한의 반복으로 되돌아간다는 데에 집중되어 있다. '나 즉 나다'는 자기의식도 자아도 아니라, 단지 의미론적으로 규정된 완전한 객관적 과정만 계획되어 있음을 보여준다.[87]

투겐트하트는 '나 즉 나다'의 명제에 자기의식을 설명하는 방식에 주목한다. 그에 의하면 이러한 명제는 지식의 의미를 지니고 있지 않다. 만약 모든 지식이 '문장의 형식'(propositionale Form)이라면, '나 즉 나다'의 명제에는 자기(Selbst)의 지식이 아니라, 술어형식의 지식에 상응하는 심리적 실상(psychologischer Sachverhalt)만이 존재한다. 따라서 피히테에 있어서 진술된 자기지식의 현상은 실제로 주어진 것도 아니고 개념적으로 파악가능하지도 않다. '나 즉 나다'라는 명제는 자기의식의 반성적 성격을 다루는 데에 있어서 두 가지 어려움이 생긴다. 첫 번째 어려움은 반성에 의해 자기 자신으로 되돌아가는 주체에게 발생하는 문제다. 자기 자신으로 되돌아갈 수 있기 위해서, 이러한 주체는 이미 하나의 자아가 존재해야만 한다는 데에서 성립한다. 이 이론은 '미해결의 전제에 기초를 두고 입론하는 오류'(petitio principii)에서 반성을 통해서 올 수 있는 자아를 전제한다. 따라서 투겐트하트에 의하면, 여기에서 논리적 순환의 오류가 발생한다. 두 번째 어려움은 '주관'으로서의 '자아'와 '객관'으로서의 '자아'의 '동일성'에 대한 지식이 전제되지 않을 경우, '나'는 '나 즉 나다'라는 사실을 알 수 없다는 데에서 존립한다. 만약 내가 하나의 상태에 있음을 안다면, 동일성 관계는 두 가지 형식으로써 진술된

84) 슈라더가 실천 자아와 경험자아에 주목했던 것도 바로 이 지점이다. 그는 "기초" 저작의 §5와 §1이 모순되게 해석될 수 있는 근거를 §5의 1에서 발견한다. 왜냐하면 피히테는 다음과 같이 말하고 있기 때문이다. "자아는 비아를 규정하는 자로서 정립"(J. G. Fichte, GWL, GA. I/2, 386쪽)하는 모든 실천적 학론의 주명제인 이 명제는 자아가 자기 자신을 단적으로 정립하는 첫 번째 원칙과는 모순된다. 왜냐하면 첫 번째 원칙에는 비아가 전혀 정립되지 않고 있기 때문에, 실천적 명제는 첫 번째 원칙으로 환원도 불가능하기 때문이다. 이에 대한 필자의 견해에 대해서는 「피히테의 '반정립' 구조」263쪽 주 29번 참조.

85) '추구'에 대한 연역은 "기초"의 §6–§7을 참조할 것.

86) 이것은 피히테적 관점에서 보아서도 적절하지 않다. 피히테에 있어 '자아의 연역'은 '자아에 대한 현상'을 다루는 문제와 분명히 다르다. 이 구분이 명확하게 되지 않는다면, 피히테 철학을 이해하는 데에 큰 장애가 발생한다.

87) U. Pothast, *Über einige Fragen der Selbstbeziehung*, Frankfur/M 1971 23f쪽 참조.

다. 첫 번째 형식의 경우에 해당되는 명제가 '나 즉 나다'의 형식이고, 두 번째 형식의 경우에 해당되는 명제가 '나(소문자 ich)=a' 라는 형식이다. 전자는 순수한 동어반복적 명제이기 때문에 지식이 아닌 반면에, 후자는 'a'가 부가하는 객관적 속성을 표시하는 인식가치를 지니고 있는 명제다. 투겐트하트에 의하면, 전통적 자기의식론의 오류란 진술된 동어 반복적 동일성을 인지적 관점에서 본질적(relevant) 동일성으로 혼동하는 것이다.[88]

필자는 '나 즉 나'라는 명제의 순환[89]이란 결코 자기의식에 대한 존재의 방식이 아니라, 지식의 방식이고[90] 사유의 방식이라고 생각한다. 사유의 순환구조는 자아의 무한한 활동이 나타나는 사유의 도정이다. '나 즉 나' 라는 명제의 순환추론은 주객관계의 정위(Orientierung) 속에 내포하고 있는 인식하는 자의 주관성에 대한 자기관계에 의해 비롯된다. 특히 투겐트하트의 비판에서 순환추론은 자연적 의식의 피할 수 없는 논리유형의 하나라는 것을 지적한 것일 뿐, 피히테가 주장한 '사유의 방식' 혹은 '지식의 방식'에 관한 문제는 아니다.[91] 왜냐하면 피히테의 '나 즉 나다'는 나의 자기 확실성을 표현한 명제이고 따라서 최초의 명제가 아닌 최고의 명제이기 때문이다. 그러나 이 명제는 최고의 명제지만, 처음부터 확실하게 설정된 명제는 아니다. '나'의 자기 확실성은 나의 모든 활동을 전적으로 '나'에게로 가져 올 때야 비로소 '나'의 실재성이 참다운 활동성으로 획득되는 확실성에서 규정된다. 그저 단순한 확실성은 '나는 있다'는 '의식의 사실' 속에서만이 아니라 '실행행위' 자체 속에도 현존한다. 후자는 그 자체로 증명불가능하고, '실행행위'가 활동으로 변양되는 가운데 인간의 정신적 활동의 최종지점에서 규정된다. 따라서 처음에 설정된 첫 번째 원칙은 가설적 명제의 성격을 지닌다.

'나 즉 나다'의 명제는 피히테적 자기의식을 단적으로 표현한 것[92]인데, 그 명제

---

88) E. *Tugendhat, Selbstbewusstsein und Selbstbestimmung*, Frankfurt/M 1979 50-90쪽 참조.

89) 피히테는 자아의 자기정립적 활동을 자기 자신으로 복귀하는 데에서 파악한다. 따라서 '나 즉 나'에서 발생하는 순환의 문제는 불가피한 자아활동의 이중적 결과 때문이다. 피히테의 이러한 이중적 활동은 구심적 방향과 원심적 방향에 의한 절대적 활동에 기인한다. 이에 관해서는 "기초"에서 실천적 지식의 기초를 다룬 405-407쪽 참조할 것.

90) 졸고,「피히테의 셸링 철학 비판」, 143쪽 참조.

91) C. Iber, "Kritische Bemerkungen zu Tugendhats Fichtekritik," *Fichte-Studien 22(2003)*, 208-222쪽 참조.

92) 특히 피히테는 그 근거를 "기초" 저작에서 두 가지로 제시한다. 첫 번째는 "자아가 전적으로 정립된다" (J. G. Fichte, *GWL, GA. I/2*, 258쪽)이고, 두 번째는 "첫 번째 의미에서의 자아와 두 번째 의미에서의 자아는 단적으로 동일하다" (J. G. Fichte, 같은 책, 같은 쪽)이다.

가 증명되기 위해서는 직접적으로 자기의식이 모든 다른 의식을 포괄하고 조건 짓는 최고의 의식이 존재해야 한다.[93] 이러한 상황에서 최고의 자아는 바로 다름 아닌 '절대아'다. 그런데 문제는 과연 자기의식이 '절대아'일 수 있는가? 물론 '나 즉 나다'의 명제가 '절대아'와 동일하게 표현된 명제[94]라고 하더라도, 피히테 초기 철학의 구도에서 과연 위의 주장이 타당한가? 초기 피히테 철학에서 자기의식이란 주체의 유한성에 의한 의식일 뿐 결코 무한의 성격을 지닌 의식이 아니다. 자기의식의 유한성은 '절대아'를 '무한한 자아의 이념'으로 이해하고자 했던 피히테의 초기 사유에 일치한다. 피히테는 자기의식론을 전개하면서, 이성의 자기구성을 통해 '자아'에 대한 의식을 최고의 정점으로 고양하고자 하였다. 이성의 자기구성 방식을 통해 수행된 자기의식은 '절대아'를 통해 이성에 대한 확신을 공고하게 한다. 왜냐하면 피히테의 주장처럼 "자아는 오직 자기 자신을 의식하는 한에서만 존재"[95] 하기 때문이다. 만약 자아의 자기정립이 '절대아'라면, '절대아' — 그러나 자아로서 스스로를 아는 원리로 되어야만 하는 '절대아' — 는 원리가 된다. 그런데 '절대아'는 흔히 말하듯 '절대자'가 아니다. 만약 '절대아'가 '절대자'라면, 첫 번째 원칙은 완전한 최고의 명제, 말하자면 어떠한 논의조차 필요 없는 원칙이어야 한다. 그런데 과연 이것이 피히테의 주장인가? 답변부터 하자면 아니다![96] 피히테가 첫 번째 원칙에서 말하고자 한 것은 순수 자아에 대한 인식의 가능성을 자아의 순수한 활동에서 규명하고, 그것을 자아의 '실행행위'로서 제시한 것일 뿐, '절대아'를 '절대자'로서 규정하는 데에 있지 않다.[97] 그러나 그렇고 해서 '절대아'의 기능이 전적으로 무시되고 있는 것은 아니다. 오히려 '절대아'는 세 번째 원칙에 의해 필연적으로 상정되고 이론 지식과 실천 지식으로 이행하는 가운데 새롭게 도출된다.

필자는 '자기의식'과 '절대아'의 관계에서 양자가 동일하지는 않지만, 적어도 '절대아'를 통해 규정된 주객관계의 문제가 의식의 차원이 아닌 보다 더 분명한 자기 확실성의 근거를 마련하는 것이라고 생각한다. 즉 이것은 단순한 주객동일성이 단지 주관성에만 국한해서 규정하는 주관주의에 그치는 입장이 아니라, 보다 더 근본적이고 철저하게 자기의식을 규정하는 데에 기여한다. 자기의식의 유한성이

93) J. G. Fichte, *Neue Bearbeitung der W.L. 1800, GA. II/5*, 259쪽 참조

94) J. G. Fichte, *GWL, GA. I/2*, 259쪽 참조. 여기에서 "절대적 주체로서 자아의 규정된 설명"(같은 쪽)이라는 피히테의 표현이 나오는데, 우리는 '규정된 설명'이 바로 '절대아'를 '절대자'로서가 아닌 선험적으로 규정된 것임을 알 수 있다.

95) J. G. Fichte, 같은 책, 260쪽.

96) 이것은 오히려 셸링의 주장에 일치한다.

97) '절대아'에 대한 논의와 오류에 대해서는 백 훈승,『피히테의 자아론』, 신아출판사, 2004, 144–147쪽 참조.

이론자아의 한계를 통해 자기제한으로 규정되는 한, 의식의 피안에 놓여 있는 어떤 것에 대한 규정은 이론자아가 아닌 실천자아의 적극적 요청에 의해 파악가능하다. 이러한 적극적 요청은 '절대아'마저도 자기의식의 조건으로 만드는 실천자아의 '추구'(Streben)에 의해 본질적으로 수행된다.

4. 이성의 통일성

『전체 학론의 기초』에 의하면, 자아와 비아의 근본적 종합행위로부터 더 이상의 모든 규정들은 전개되어야 한다.[98] 이것은 "동시에 그 종합에서 그 종합과 함께 착수된"[99] 더 이상의 종합이 근본적 종합에 놓여 있다는 것이고 철학자의 반성을 통해서 의식으로 고양될 수 있음을 전제한다. 왜냐하면 종합이 반정립을 함축하고, 더 이상의 종합의 전제는 또한 그에 상응하는 다른 대립자들의 발생을 뜻하기 때문이다. 대립으로부터 그 때 마다 종합을 추론하기 위해서 반성은 분석적으로 발견됨(Aufsuchen)에 의해 수행된다. 철학자의 반성을 통해 발견된 종합은 자아의 자기 규정함(Selbstbestimmen)이 가능할 때만 가능하다. 다시 말해 자아는 비아를 통해 규정되는 한에서만 가능하다. 반대로 자아의 규정되어짐 (Bestimmwerden)은 비아를 통해서만 규정 가능할 뿐이다. 이러한 의미에서 자아는 자기 자신을 규정한다. 피히테는 자아에 의해 범주화된 '실재성'과 비아에 의해 범주화된 '부정'을 통해 나타난 자아와 비아의 종합을 다음과 같이 말한다. "(...) 자아가 비아 속으로 실재성을 정립하는 한, 자아는 자신 안에 부정을 정립한다. 그리고 자아가 비아 속으로 부정을 정립하는 한, 자아는 실재성을 정립한다. 그러므로 자아가 **규정되는** 한, 자아는 자신을 **규정하면서** 정립한다. **그리고** 자아가 **규정하는** 한, 자아는 **규정되면서** 정립한다."[100] 피히테는 이러한 종합을 교호작용이라고 칭한다. 교호작용에 의해서 비아는 '실재성'을 자아 속에 '부정'의 방식으로써 정립한다. 반대로 자아는 '부정'을 비아 속에 '실재성'의 방식으로써 정립한다. 이것은 학론의 이론적 부분에 근원적으로 놓여 있는 절차(Verfahren)다. 주관적 반성은 그때마다의 종합 명제 속에 놓여있는 모순을 분석적인 방법에 의해 제거하고, 그것을 지양하는 종합에 의해서 찾는다. 이러한 절차는 반성이 이론적 학론의 모든 주요 명제들을 지양

98) J. G. Fichte, *GWL*, *GA*. *I/2*, 283쪽 참조.
99) J. G. Fichte, 같은 책, 275쪽.
100) J. G. Fichte, 같은 책, 289쪽.

하고, 어떻게 현실적 의식과 자기의식이 가능한가를 설명하는 최종지점에서 이루어진다. 따라서 이러한 절차에 상응한 자아의 활동, 즉 그 실재성은 체계적 범주 연역에 의해 구체적으로 전개되고, 동시에 상이한 범주들의 체계적 전개가 그 실재성을 증명한다.

이렇게 근원적 종합이 교호작용을 통해 범주적으로 이루어지는 것은 피히테에 의하면 "이성의 무제약적 힘"[101] 때문이다. '이성의 힘'은 행위의 과제가 첫 번째 원칙과 두 번째 원칙에 의해 주어지기는 하지만, 그 해결은 두 원칙에 의해 주어지지 않는다. 그 이유는 첫 번째 원칙과 두 번째 원칙 간의 비대칭적 구조 때문이다. 첫 번째 원칙은 형식이나 내용에 있어서 무조건적 원칙이었다. 첫 번째 원칙은 그 자체로 "증명되거나 연역될 수 없는 것이었다."[102] 반면에 두 번째 원칙은 형식에 있어서 무제약적인 원칙이었고 내용에 있어서 제약된 원칙이다. 두 번째 원칙에 의하면, "반정립된 것의 행위는 도출될 수 없다."[103] 첫 번째 원칙에서 실행행위가 증명될 수 없기 때문에, 자아의 반정립행위도 증명되는 행위일 수 없다. 첫 번째 원칙에서 말할 수 있는 것은 '자기 정립을 하는 자'가 '자아'라는 것밖에는 없다. 마찬가지로 두 번째 원칙에서 말할 수 있는 것은 자아에 '반정립된 것'이 '비아'라는 것밖에는 없다.[104] 그렇다면 문제는 첫 번째 원칙에서 자아가 자기정립만을 한다면, 두 번째 원칙에서 논의하고 있는 대립행위가 어떻게 설명되는가에 있다. 반정립의 구조에서 비아가 자아에 대립됨으로써, 비아가 자아를 정립하게 된다면, 그것은 결국 자아가 자기 자신을 지양해 버리게 되는 것이다.[105] 이러한 자기지양을 하는 '자아의 행위'는 자기정립을 하는 '자아의 행위'와 명백히 모순된다. 피히테는 이 모순을 해결하기 위해 세 번째 원칙을 제시한다.

세 번째 원칙은 형식에 있어서 제약된 원칙이지만 내용에 있어서 무조건적 원칙이다. 이러한 원칙은 자아가 자기 자신을 지양하지 않고 가분적으로 정립된 원칙에서 성립한다. 그렇기 때문에 비아도 가분적으로 정립된다. 피히테는 '제한'이라는 범주를 "어떤 것의 실재성을 부정을 통해 전적으로 지양하는 것이 아니라 오직 부분적으로만 지양"[106]하는 것으로 본다. '제한'의 범주를 통해 나타난 '분할가능

---

101) J. G. Fichte, 같은 책, 265쪽.
102) J. G. Fichte, 같은 책, 264쪽.
103) J. G. Fichte, 같은 책, 268쪽.
104) J. G. Fichte, 같은 책, 같은 쪽 참조.
105) 김 재호,『피히테「전체 지식학의 기초」』, 서울대 철학 사상연구소 2005, 57쪽 참조. 특히 에빙하우스의 논리를 정리한 대목에 주목할 필요가 있다.

성'의 개념이란 '한계' 개념 속에 놓여있는 규정된 양이 아니라 양능력(Quantitätsfähigkeit)인 것이다.[107]

이러한 피히테적 해결은 '이성의 힘'에 의해 무제약적이고 단적으로 성립한다. 그렇다면 세 번째 원칙을 통해 획득된 '이성의 힘'은 첫 번째 원칙의 실행행위와 어떠한 연관성이 있는가? 첫 번째 원칙은 형식에 있어서나 내용에 있어서나 무제약적 원칙인데, 완전한 명제는 아니었다. 그렇다면 형식에 의해서 제약된 원칙이지만, 내용에 의해서 무제약적 원칙으로 설정한 세 번째 원칙이 '이성의 힘'에 의해 무제약적 성격을 지닌다고 해서, 세 번째 원칙은 과연 첫 번째 원칙보다 더 나은 점이 있는가? 이에 대한 답변은 결국 첫 번째 원칙이 어떤 것인가라는 문제로 다시 환원된다. 피히테는 쮜리히 사설 강연에서 '나 즉 나다'는 명제의 성격을 다음과 같이 언급하고 있다. 1) "**나 즉 나다**는 철학이다."[108] 2) "**나 즉 나다** — 이미 명제의 형식은 질료적(materiell)이다."[109] 3) "**나 즉 나다**는 학론을 말한다."[110] 특히 여기에서 우리는 2)에 주목할 필요가 있다. 피히테는 첫 번째 원칙에서 대자 존재의 산출을 위한 두 가지 계기를 제시했는데, 그것은 "내가 있기 때문에 나는 단적으로 있다"[111]와 "내가 있는 바 나는 있다"[112]라고 표현된다. 이 두 가지 모두 '나'에게 있어서 실행행위의 규정방식이다. 바로 여기에서 '나는 있다'는 두 계기를 '나 자신의 정립' 안에서 '나'를 위해 정립하기 때문에, '나는 있다'는 '실행행위'이고 '나'의 존재를 대자존재로 만든다.

필자는 '나 즉 나다'의 명제가 이미 질료화된 명제라는 의미를 첫 번째 원칙에서 두 번째 원칙으로 이행 혹은 두 번째 원칙에서 세 번째 원칙으로 이행하는 가운데 구체화하는 것이라고 본다. 그 이유는 다음과 같은 맥락에서 추론해 볼 수 있겠다. 1) '나는 있다'의 첫 번째 원칙 속에 '나 즉 나다'는 명제는 '절대아'를 선험적으로 규정한 것이기 때문에, 여기에서 '절대아'의 의식은 바로 '순수자아'와 관계에서 형식 혹은 내용에 있어서 차이가 없게 된다. 그러나 그렇다고 해서 첫 번째 원칙 자

106) J. G. Fichte, *GWL, GA. I/2*, 270쪽. 피히테의 이러한 방식은 헤겔의 주장처럼 자아와 비아가 부분적으로만 대립해 있기 때문에 완전한 통일에 이르지 못한다고 비판될 수 있다. 이에 대해서는 강 순전,「헤겔 정신현상학에서 칸트와 피히테의 관념론 비판」철학 탐구 20집 2006, 8-9쪽 참조.

107) J. G. Fichte, 같은 책, 같은 쪽 참조.

108) J. G. Fichte, *ZVL*, 81쪽.

109) J. G. Fichte, 같은 책 89쪽.

110) J. G. Fichte, 같은 책 93쪽.

111) J. G. Fichte, *GWL, GA. I/2*, 260쪽.

체가 '절대아'에 대한 원칙을 말하는 것은 아니다. 2) 첫 번째 원칙은 증명될 수 없는 원칙이기 때문에, 그러나 그럼에도 불구하고 이러한 원칙은 더 이상의 원칙들의 전개를 통해 증명되어야 하기 때문에, 첫 번째 원칙인 '나는 있다'에서 '나 즉 나다'라는 최고의 명제로의 이행이 필연적으로 생길 수밖에 없다. 그러나 이것은 첫 번째 원칙 안에서 대립적 성격을 띠지 않는다. 오히려 두 번째 원칙에서 비아의 자아에 대한 반정립은 '자아=비아', '비아=자아'가 되는 모순을 초래한다. 피히테는 이러한 모순의 해결을 다음과 같이 서술한다. 이 모순의 해결은 세 번째 원칙에 의한 자아와 비아의 '가분성'을 통해 나타난 가분적 자아와 가분적 비아가 종합되는 가운데 성립한다. 가분적 자아와 가분적 비아의 '가분성'은 '한계' 범주를 통해 나타난 자아의 실재성을 단지 부분적으로만 지양한다. 이러한 피히테의 설명은 자아와 비아의 대립을 해소하는 데에 있는 것이 아니다. 피히테는 "정립된 것이 반정립된 것을 통해서 지양되는 한에서만,"[113] 두 번째 원칙의 모순, 즉 스스로를 지양하면서 동시에 스스로를 지양하지 않는 모순을 설명하고, 거기에서 첫 번째 원칙도 마찬가지로 모순임을 도출한다.[114] 양쪽의 원칙은 세 번째 원칙을 통해 종합되어야 한다. 그러나 이 종합은 원칙들의 종합일 뿐이고, 자아와 비아간의 완전한 종합은 아니다. 더욱이 '절대아'와 '절대 비아' 혹은 자아 자체와 비아 자체간의 종합 이루어지지 않는다. 왜냐하면 피히테에 있어서 '절대 비아'란 전혀 존재하지 않는 것이고, 비아는 자아 안에 정립되는 한에서만 비아로 정립되고 마찬가지로 자아도 비아 안에 정립되는 한에서만 자아로 정립되기 때문이다. 더 나아가 만약 '절대 비아'가 정립된다면, 그것은 '절대 자아'가 정립되지 않는다는 의미이기 때문에, 후자는 전자에 의해 완전히 지양된다.[115] 그러나 이것은 피히테의 입장이 전혀 아니다. 피히테는 비아의 정립에 자아와 다른 방식을 부여한다. 즉 자아 안에 대립될 수 있을 가능성이 있는 자아가 정립될 경우에만, 비아가 정립될 수 있기 때문에, 두 번째 원칙은 자기 모순적 성격을 지닌 원칙이고 결국 두 번째 원칙의 자기지양으로 귀결한다. 마찬가지로 이러한 두 번째 원칙의 지양은 첫 번째 원칙마저도 스스로 지양하게 한다. 그러나 '절대아'는 결코 지양될 수 없다. 두 번째 원칙에 의한 첫 번째 원칙의 지양에도 불구하고, '절대아'는 첫 번째 원칙을 넘어서서 자신의 위치를 이념으로서 확고히 세운다.

---

112) J. G. Fichte, 같은 책, 같은 쪽.
113) J. G. Fichte, 같은 책, 268쪽.
114) J. G. Fichte, 같은 책, 같은 쪽 참조.
115) J. G. Fichte, 같은 책, 같은 쪽 참조.

세 번째 원칙에 의하면, "자아가 자아 속에서 가분적 자아에 가분적 비아를 반정립"[116]하는 것은 자아와 비아의 모순이 근본적으로 해소되는 것이 아니라, 단지 부분적으로 해소되는 것을 뜻한다. 피히테는 이러한 가분성 개념을 'X'라고 칭한다. 이 'X'는 첫 번째 원칙의 추론에 의해 자아 안에 정립된 '나 즉 나'와 구분된다. 첫 번째 원칙의 'X'는 "자아의 근원적 행위의 산물"[117]과 인간 정신의 행위인 'Y'와 동일하다. 이러한 'Y'는 자아와 비아를 자기지양이 아닌 통합하는 행위의 형식이다. 피히테가 이러한 'Y'의 행위를 통해 주장하고자 하는 바는 자아와 비아가 대립으로 인해 '상호지양'하지 않고 오히려 '상호제한'하는 데에서 성립 한다. 인간정신에 의해 규정하는 행위는 '제한'이고, 이때 이러한 행위의 산물인 'X'는 자아와 비아의 '한계'를 나타낸다.[118] 그러나 가분적 자아의 다른 부분과 가분적 비아의 다른 부분은 어떻게 되는가에 대한 문제가 제기될 수 있다. 이에 대한 답변은 명백하다. 즉 이러한 부분들은 철저한 종합에 의해 지속적으로 수행되는 가운데 궁극적으로는 이성의 무제약적 힘을 통해 나타난 '절대아'에 의해 최후의 종합에 도달한다.[119]

이러한 의미에서 '절대아'는 가분적 자아와 가분적 비아의 상대적인 성격을 통일하는 역할을 한다. 즉 상대적 자아와 상대적 비아를 종합하는 '절대아'는 불가피하게 요청된 자아다. 이제 이성은 '절대아'의 이념을 통해 이 양자의 종합을 더 이상의 종합으로 나아가게 한다. 이성의 행동을 통한 '절대아'의 도입은 결국 '절대아'를 '절대적 주체'로 고양한다. 즉 피히테는 철학이 이러한 인식에 도달해야 하며, 그렇게 해야만 "인간정신의 체계 속에서 계획하고 있는 모든 것은 설정된 원칙들로부터 연역될 수 있다"[120]라고 주장한다.

이성의 통일성은 이러한 종합적 행위를 하는 활동 속에서 이루어진다. 이것은 이성의 "사용이 원리적으로 통일"[121]되는 가운데 하나의 체계로 결합하는 데에 기여한다. 피히테의 자기의식론도 어떻게 주관성이 이성의 자기구성을 통해 수행하는 이성의 활동을 '자아' 라는 최고의 이념으로까지 다가가는가의 문제에 대한 해

116) J. G. Fichte, 같은 책, 272쪽.

117) J. G. Fichte, 같은 책, 269쪽.

118) J. G. Fichte, 같은 책, 270쪽 참조.

119) 그런데 이 경우 '절대아' 역시 고정된 실체와 같은 것이 아니기 때문에, '절대아'는 '실행행위'에 의해 새롭게 변양된다. 이렇게 변양된 자아는 '절대아'와 전혀 상이한 자아, 즉 경험자아가 등장한다.

120) J. G. Fichte, 같은 책, 272쪽.

121) 이 광모,「이성의 자기구성과 독일관념론의 출발」, 헤겔연구 22집, 2008, 245쪽.

명이다. '절대아'는 이러한 증명과정에 대한 최종지점이고 '자아(나)'의 의식을 자기의식으로서 담보한다. 그러나 피히테의 초기철학에서 자기의식은 유한성으로의 의식일 뿐 결코 무한의 성격을 지니는 것이 아니다. 여기에서 '한계'의 범주도 이론 자아에 자기한계를 보여주지만, 실천 자아에 있어서 새롭게 전개된다.

5. 나가는 말

지금까지 필자는 피히테의 자기의식론을 선험론철학의 체계와 관련해서 살펴보았다. 요약해 보면, 피히테의 선험론적 자기의식론의 성격은 철학체계에 대한 문제의식으로부터 출발하고, 거기에 원리는 바로 자아의 실행행위에 전적으로 의존한다. 철학 체계는 '인간정신의 활동'을 통한 체계의 서술이기 때문에, 거기에 피히테가 제시한 원칙들은 궁극적으로 세 원칙들간의 관계에 대한 절차상의 문제와 연관되지만, 그 핵심은 첫 번째 원칙에 대한 심도 있는 이해에 있다. 첫 번째 원칙에 나타난 피히테적 사고의 역동성은 단지 첫 번째 원칙을 '절대아'에 관한 문제로 좁혀 보는 관점에 대한 비판적 시각을 분명하게 보여주었다. 더 나아가 피히테는 세 번째 원칙을 통해 나타난 '이성의 힘'을 종합행위의 원동력으로 삼아서, 어떻게 인간 정신의 활동에 의해 수행된 결과가 최종지점에 도달하는지를 제시하였다. 세 번째 원칙에서는 가분적 자아와 가분적 비아간의 종합이 '상호제한'을 통해 나타난 자아의 '실재성'을 비아의 '부정'에 의해 전면적으로 자아 자신을 지양하지 않는다. 따라서 자아도 비아도 단지 부분적으로만 지양된다. 이러한 부분적 지양이 자아와 비아의 대립을 그대로 남겨놓는 것이지만, 피히테는 이성의 힘을 통해 지속적으로 양자의 종합을 시도한다. 즉 상이한 범주들의 종합을 가능하게 하는 것은 모순을 통해 지양된 범주들이 다음 단계로의 이행 속에서 새로운 모순을 지속적으로 산출하는 데에 기인한다. 이러한 모든 전개는 자아의 행위를 통해 나타나고 '실행행위'에 대한 철학자의 자기반성적 행위에 의해 이루어진다. 인간 정신의 활동은 유한과 무한 사이의 문제를 일으키지만, '절대아'에 의해 정립된 무한성의 이념과 연관해서 실천적 자아의 무한한 요구는 우리의 의식에 있어 자기의식의 유한성을 평가절하하지 않는다. 오히려 유한과 무한을 종합하는 '절대아'의 이념에 제한된 자기의식의 유한성은 자기한계를 실천자아의 철저한 우위로 다지면서 심지어 '절대아'마저도 자기의식의 조건에 의해 연역될 수 있게 한다.

덧붙여 필자는 이 글에서 피히테의 자기의식론을 주객관계의 문제에 관련해서 하나의 피상적으로 규정된 주관-객관의 반성모델로 보는 시각에 대해서 헨리히와 포타스트 그리고 투겐트하트의 이론을 소개하였다. 거기에는 그들의 비판적 시각 — 헨리히를 제외하고서 — 이 피히테 자신의 입장의 차이가 있음을 보여주었다. 피히테가 주객문제를 주관성이론의 입장에서 고찰한다는 사실은 분명하다. '나 즉 나'의 명제는 최고의 명제이고, 그것을 증명한 것이 결국 피히테의 일관된 평생의 과업이었다. 따라서 이 명제가 '자기의식론'에 관한 피히테적 입장에 타당하다면, '학론'은 선험론적 자기의식론에 대한 이론적 단초를 마련하는 기반이다. 순수한 자기의식론에 관점에서 보자면, 바로 이 명제가 의미하는 바는 자기의식론의 전형이 무엇인지를 형식과 내용에 있어서 해명하는 것이다. 이 해명이 최후에 도달한 지점은 자기의식에 대한 '나' 자신의 단순한 자기 확실성이다. '나'의 자기 확실성은 이제 '절대아'와 관계에 의해 정립되고, 그 자기정립은 근본적으로 자기 자신으로 복귀하는 활동 속에서 규정된다. 자기 복귀하는 활동이 자기의식의 원리인 실행행위에 도달하고, 거기에서 실행행위의 실재성이 증명된다.

필자는 자기의식에 대한 문제를 피히테와 라인홀트에 대한 비교고찰을 통해 나타난 칸트와 라인홀트를 극복하는 피히테적 시도와 관련해서 살펴보았다. 그들은 칸트철학의 결함을 인식하였고, 그것을 극복하고자 했다는 점에서는 일치한다. 그러나 철학체계에 대한 이해에서 양쪽의 철학체계는 분명히 달랐음이 밝혀졌다. 이에 대한 연구가 부족한 한국적 상황에서 이 글은 차후에 구 칸트주의자들의 논쟁에 대한 연구를 촉발시킬 것으로 기대된다.

우리에게는 피히테 철학과 셸링 철학에 대한 연구가 많이 부족하다. 우리는 이제 기존의 칸트와 헤겔을 중심으로 한 독일관념론 연구를 넘어서서, 독일 관념론 철학자들 각각의 고유한 철학적 특징을 심도 있게 연구해야 한다. 그래야만 그들 사이의 간극을 메우고 독일 관념론에 대한 연구도 심도 있게 진행될 수 있다. 특히 피히테에 대한 연구가 아직 미흡한 상황에서 이 글이 조그마한 보탬이 되리라 본다. 자기의식에 대한 문제 역시 독일관념론을 이해하는 데에 한 축이기 때문에, 이 글은 셸링 철학과 헤겔 철학을 이해하는 데에도 가교역할이 될 것으로 생각된다.

참고 문헌

저서

Fichte, J. G., *Eigne Meditationen über Elementarphilosophie(1793/94), GA. II/3.*

____, *Erste Einleitung in die Wissenschaftslehre(1797), SW. I/1*, Hg. I. Fichte, Berlin 1971.

____, *Grundlage der gesamten Wissenschaftslehre(1794), GA. I/2.*

____, *Im Dezember1793 an H. Staphani, GA. III/2.*

____, *Neue Bearbeitung der W.L. 1800, GA. II/5.*

____, *Rezension : Aenesidemus oder über die Fundamente der von dem Herrn Prof. Reinhold in Jena gelieferten Elementar-Philosophie. Nebst einer Vertheidigung des Skepticismus gegen die Anmassungen der Vernunftkritik (1792), GA. I/2*, Hg. von R. Rauth und H. Jcob, Stuttgart-Bad Cannstatt 1965.

____, *Züricher Vorlesungen über den Begriff der Wissenschaftslehre(1794), Hg. von E. Fuchs, Neuwied 1996.*

____, *Zweite Einleitung in die Wissenschaftslehre(1797), SW. I/1.*

____, *Über den Begriff der Wissenschaftslehre oder der sogenannten Philosophie, als Einladungsschrift zu seinen Vorlesungen über diese Wissenschaft(1794), GA. I/2.*

Hartmann, N. 지음, 이 강조 옮김, 『독일관념론 철학 I』(1974), 서울: 서광사 1989.

Hegel, G. W. F., *Wissenschaft der Logik(1832), GW. I/1, Bd. 21*, Hg. F. Hogemann u. W. Jaeschke, Hamburg 1985.

Henrich, D., *Fichtes ursprüngliche Einsicht*, Frankfurt/M 1967.

____, *Konstellation: Probleme und Dabatten am Ursprung der idealistischen Philosophie* (1789-1795), Stuttgart 1991.

Kant, I., *Kritik der reinen Vernunft* (1787), Hg. R. Schmidt, Hamburg 1956.

Janke, W., *Fichte. Sein und Reflexion – Grundlagen der kritischen Vernunft*, Berlin 1970.

Pothast, U., *Über einige Fragen der Selbstbeziehung*, Frankfurt/M 1971.

Reinhold, K. L., *Versuch einer neuen Theorie des menschlichen Vorstellungsvermögen, Prag/Jena (1789)*, Darmstadt 1963.

_____, *Über das Fundament des philosophischen Wissens*(1791), Hg. von W. H. Schrader, Hamburg 1978.

Schelling, F.W.J., *Im Januar 1795 an Hegel.*

Tugendhat, E., *Selbstbewusstsein und Selbstbestimmung*, Frankfurt/M 1979.

Windelband, W., *Die Geschichte der neuen Philosophie, Bd. 2*, Leipzig 1922.

김 재호, 『피히테「전체 지식학의 기초」』, 서울대 철학사상연구소 2005.

백 훈승, 『피히테의 자아론』, 신아출판사, 2004.

논문

Arndt, A., 「동일성과 존재론」, 한국철학사상연구회 강연자료, 2007, 1–18.

Iber, C., "Kritische Bemerkungen zu Tugendhats Fichtekritik," *Fichte-Studien 22*(2003), 209–221.

Tilliette, X, "Geschichte und Geschichte des Selbstbewusstsein," *Annalen der international en Gesellschaft für dialektische Philosophie-societas Hegeliana*. 1983, 92–99.

이 광모, 「이성의 자기구성과 독일관념론의 출발」, 헤겔연구 23집, 2008, 241–272.

이 석윤, 「Fichte에 있어서의 절대적 자아의 구조」, 충남대학교 인문과학 연구소 논문집 제7권, 1980, 217–226.

Fichtes Selbstbewusstseinstheorie

–Versuch einer Interpretation
der transzendentalen Selbstbewusstseinstheorie

Kwon, Ki–Whan

Zusammenfassung

Diese Abhandlung beschäft sich im Versuch der Interpretation damit, welche der transzendentale Charakter der Selbstbewusstseinstheorie bei Fichte ist. Die Thematisierung des Selbstbewusstseins in der Philosophie Fichtes geht ursprünglich vom Verständnis für das Setzen des Ich aus. Indem das Selbstsetzen die Tathandlung des Ich als Prinzip stellt, stellt die Wissenschaftslehre die Tätigkeit des menschlichen Geistes systematisch dar. Insofern die Tätigkeit des menschlichen Geistes mit der Handlung des Ich und dem Resultat derselben übereinstimmt, sind alles Handlungen des Ich auf die Tathandlung reduziert. Die Bestimmung über die Realität der Tathandlung gibt einen entschiedenen Schlüssel, welcher in dem ersten Grundsatz das Prinzip des Selbstbewusstseins findet. Die Tathandlung an sich ist nicht innerhalb dem ersten Grundsatz zu beweisen, sondern wird schließlich auf sich selbst zurückkehrt bewiesen im letzten Punkt, in dem die Tätigkeit aller Handlungen des Ich beendet ist. Die Selbstbestimmung der Tatahandlung kann nicht durch unsers Bewusstsein aufgefasst werden, sondern ist nur durch die intellektuelle Anschauung des reflektiereden Philosophen begreifbar. Solche Anschauung heißt reine Selbstanschauung, nämlich Selbstsehen zugleich Selbstkontemplation. Das Selbstbewusstsein, das sich auf die Tathandlung gründet, ist nun das Bewusstsein, das von Setzenhandlung des Ich über die entgegengestzte Handlung von Ich und Nicht–Ich bis zur beiden synthetischen Handlung durch die unbedingte Kraft der Vernunft ausgeführt wird. Doch dieses synthetische Handlung ist die auf die Grenze einschränkte Handlung, und die Grenze bedeutet die Selbsterschränkung des theoretischen Ich. Also ist das Selbstbewusstsein kein Bewusstsein der Unendlichkeit, sondern das Bewusstsein der Endlichkeit und das Bewusstsein, das jenseits gelegt bleibt. Da absolutes Ich das Ideal vorhanden ist, ist es in theoretischem Ich unbestimmbar, und die Ableitung des absoluten Ich ist möglich, indem es durch das positive Postulat des absoluten Ich zur Bedingung des Selbstbewusstseins wird. Der Charakter des Satzes 'Ich bin Ich', das Selbstbewusstsein zu definieren, ist nicht primärer aufgestellter Grundsatz. Also folgt der erste Grundsatz nicht aus dem völligen Satz. Wenn der erste Grundsatz: 'Ich bin' der völlige Satz ist, gibt es keinen Grund, warum solcher Satz nicht im ersten Grundsatz erwiesen wird. Und auch die Entwicklung der folgenden anderen Grundsätzen ist unnötig. Vielmehr ist der erste Grundsatz nur unplausibler Grundsatz, und der Beweis wird durch den Entwicklungsprozess nachdem ersten Grundsatz geführt. Dies bedeutet bloß Selbstgewißheit im Hinblick auf mein Bewusstsein. Nun stellt die Selbstgewißheit mehr kraft der Einführung des absoluten Ich fest, denn das absolute Ich wird als dessen Ideal durch die aktive Tätigkeit der Vernunft auffordert. Diese Tätigkeit der Vernunft ist die unbedingte Kraft der Vernunft, welche den zweiten und dritten Grundsatz syntheisiert und ist die Handlung, das teilbare Ich und teilbare Nicht–Ich zu synthetisieren und ist letztlich die Handlung, den Widespruch der Entgegensätzen aufzuheben und den neuen Widerspruch in der folgenden Stufe zu produziern.

Schlagwörter : Selbstbewußtsein, Tathandlung, Setzen des Ich, intellektuelle Anschauung, Transzendentalphilosophie

니체 사유를 결정하는 19세기 중엽 시대 상황의 색조

윤 병 태

1. 머리말
2. 이성의 세계 지배와 그 종말의 사회사
3. 1830년대 문예운동
4. 1830년대 이후의 사실적 자연주의
5. 1830년대 이후의 산업화와 철학계의 동향
6. 1848년 혁명 이후의 실존적 염세주의의 심화

요약문

니체의 사유를 반형이상학의 성향과 반기독교주의로 압축할 수 있다. 이 두 성향을 지탱하는 것은 디오니소스적 근원 충동에 대한 생철학적 · 예술철학적 니체 고유의 이해이며 서술 방식이다. 니체의 이 같은 이해와 성향을 제대로 이해하기 위해서는 1830년 7월혁명과 1831년 헤겔의 죽음에서 1870년 보불전쟁에 이르는 다양한 정치 · 사회문화적 배경사를 살펴보아야 한다. 1830년 혁명은 이성의 세계 지배라는 축자적 헤겔 철학의 종말의 시작이며 1848년 시민혁명에서 1870년까지의 시간은 그 종말의 완성이라는 점, 그러나 이 시기는 동시에 새로이 해석되고 변형된 헤겔 철학의 시작이며 발전적 부정이라는 점에 우리는 주목해야 한다. 필자는 이 기간 중 특히 1830부터 보불전쟁 이전 1860년까지의 문예운동과 철학적 논의들을 사회사적 관점에서 분석함으로써 어떻게 반형이상학주의와 반종교주의와 염세주의가 그 시대사조로 발전하고 정착되는지 밝히고자 한다.

● 주요어 : 귀족, 단독자, 사회주의, 생, 시민, 부르주아, 염세주의, 의지, 자연주의, 자유

1. 머리말

모든 철학은 각기 "자기 시대의 아들"[1]이라는 말은 어떤 한 시대가 지나가면 그 때 생겨난 철학이 용도 폐기된다는 뜻이 아니다. 대부분의 이류 철학의 탄생과 소멸이 자기 시대의 종말과 더불어 쉽게 역사 속으로 사라지는 것과 달리 고전으로 남는 위대한 사상들은 자기 시대와 더불어 흘러가는 것이 아니라 축적되고 쌓여서 시대를 초월하는 정신문화의 이정표 역할을 한다. 앞으로 한두 세기가 지난 뒤에도 니체가 칸트나 헤겔 또는 맑스와 동렬의 위대한 철학자로 평가될 수 있는지는 의문이나 그가 죽고 난 뒤 한 세기를 넘긴 오늘날의 니체는 그 어떤 위대한 고전 철학자들보다도 높은 인기를 누리고 있다. 비록 현대 이후의 새로운 시대에는 평가가 달라져서 망각으로 그를 묻어버린다 해도 지금의 정신문화에 새겨진 그의 사상은 어떤 철학자의 것보다 크고 막강하다. 그 이유는 무엇일까?

필자는 오늘날의 사회 문화의 기본 형식이 헤겔의 죽음과 더불어 상징되는 정신주의의 몰락과 물질주의의 탄생에서 형성된다고 확신한다. 물론 이 형성은 아직 끝난 것은 아니라 지금도 여전히 강력한 진행 과정상에 있으며 그 시작은 산업혁명과 프랑스혁명이라는 정치경제사적 사건이다. 내세 구원이 아니라 이승에서의 구원을, 그리고 그 구원의 메시아를 인간 이성으로 인식하는 시점을 우리는 근대의 출발로 이해한다. 근대는 이성을 철학의 본성으로 확립하고 이에 따라 현상뿐 아니라 현상의 근거나 배후조차 합리적 이해 속으로 재편하며 이를 위해 수학과 물리학이 중세적 초월자의 권능을 위임받게 되는 시기이다. 여기서 이성은 오성적 수학의 원리이면서 동시에 경험적 현상과 물리학의 원리이다. 이제 이성은 일체의 자연현상과 사건들을 분석하고 종합하며 인과관계를 찾아내고 결과를 정리하는 정신의 실체로 격상되며 이와 함께 초월적 전능자의 권한을 가지게 된다. 더 이상 신이 아니라 신의 전능을 대신하는 인간이성이 우리의 생과 사, 은총과 구원과 번영과 부활을 약속하게 된다.[2] 일단 저승이 아닌 이승에서의 구원을 믿게 되자 그

---

1) Hegel, Rechtsphil., 26쪽. "개인에 관해 말하자면 누구나 개인은 각자 자기 시대의 아들이다. 철학 또한 마찬가지로 자기 시대를 사유로 파악한 것이다."

실현을 위한 방식은 신에게 기도하거나 은총을 갈구하는 것 대신 소시민적 실생활의 안락과 편안함을 추구하고 교회나 절대군주의 부당한 압제와 강제에서 해방되는 것이다. 영국의 산업혁명과 프랑스대혁명은 이러한 세속적 인간 욕구를 실현하기 위한 상징적이면서도 실질적인 사건이다. 데카르트에서 스피노자, 라이프니츠로 이어지는 대륙 이성론, 칸트에서 피히테, 헤겔로 대표되는 독일 관념론 철학은 각기 방법과 체계와 결말에 있어 다른 면을 가지지만 이성과 경험만이 우리 인간을 이승에서 구원하는 힘이라는 것, 그리고 그 구원의 십자군 노릇을 하는 것은 자연과학이라는 것을 다 함께 합창한다. 또 다른 편에서는 자연과학자들과 경제학자들이 안 들어도 그만인 철학적 합창 대신 부지런히 망원경과 현미경을 만들어 천체와 미시 세계를 탐색하고 인체를 해부하며 우주와 세계와 인간의 본성을 인간 자신의 눈으로 확인하며 가난과 빈곤에서 해방되는 길은 효과적인 노동과 노동의 결과물에 대한 정당한 보호라는 것을 직접적으로 확인하고 이론으로 입증한다. 과학과 기술의 발전은 무력으로 이웃 나라를 침략하고 강탈하는 데도 탁월한 효과가 있으며 이 경쟁에서 뒤처지면 나라는 물론 백성의 존재 자체가 위태롭다는 것을 깨닫게 되자 자본 축적을 통한 산업화와 식민지 쟁탈전에 불이 붙는다.

헤겔의 세계사적 역사이성이나 절대정신을 고지식하게 신학적 종교적 의미의 신이나 초월자로 이해하는 이는 이제 더 이상 존재하지 않는다. 그것은 산업혁명과 프랑스혁명 이념의 종합으로서 인간의 보편이성, 문화이성의 완결태이다. 이 이념은 역사적 실재로서 양 혁명의 부정적 측면이 지양된 최후의 결말로 가정된 인류의 미래상이다. 그것은 시작도 끝도 인간의 구체적 의식에 의해 형성된 물질적 · 정신적 통일체요 복합체이다. 이 이념을 물질의 관점에서 소외된 정신으로 이해하고, 또 반대로 정신의 관점에서는 물질적 토대 형성자로 간주하면서 그 형성자를 삶의 구체적 경영 방식으로 해석하면, 포이어바흐와 맑스의 유물론으로 변전한다.[3] 그들이 기독교를 유일한 종교가 아니라 무수한 종교 중 하나라는 것, 유일신이 더 이상 기독교만의 본성이 아니요 신의 상정은 종교 일반의 보편적 현상이라는 것, 그리고 그 내면에는 인간성이 도사리고 있으며 이것을 밝혀내어 왜곡된 신학을 세속적 인간학으로 바로잡아야 한다는 것을 강조하는 것은 그들의 시대가

---

2) L. Feuerbach, *Gedanken über Tod und Unsterblichkeit*, Nürnberg, 1830, Ludwig Feuerbach Werke in sechs, (=LFW), Bd. 1, Frankfurt/ M., 1975, 87쪽 이하 참조.

3) L. Feuerbach, *Das Wesen des Christentum*, 1841, LFW., Bd. 5, 317쪽 이하, K. Marx, *Zur Kritik der Hegelschen Rechtsphilosophie*, MEW., Bd. 1, 378쪽 이하, K. Marx, F. Engels, *Deutsche Ideologie*, MEW., Bd. 3, 17쪽 이하, 25쪽 이하 참조.

이미 철저한 물질적 합리주의로 전환되고 있음을 직접적으로 시사하는 것이라 하겠다. 그들의 시대는 1830년부터 분명하게 시작된다.

2. 이성의 세계 지배와 그 종말의 사회사

헤겔의 60세 회갑(1830) 생일에 제자들이 메달을 증정했는데 그 메달 앞면은 헤겔의 초상을, 뒷면 왼쪽에는 책을 읽고 있는 남자와 그 뒤로 지혜의 상징인 올빼미가 기둥 위에 앉아 있으며, 오른쪽에는 한 여인이 자기보다 큰 십자가를 받들고 있고, 남자와 여자 사이에 얼굴은 남자 쪽을 향하고 한쪽 팔은 여인의 십자가를 가리키는 알몸의 천사가 있다. 이 그림은 헤겔로 상징되는 천사가 철학 또는 이성을 상징하는 올빼미와, 신 또는 기독교를 상징하는 십자가를 중재하는 의미를 지니고 있다.[4] 헤겔의 뜻에 따라 그가 죽은 후에 이 메달은 첼터(C. F. Zelter)에 의해 이런 메모와 함께 괴테에게 전해진다. "…… 아무리 나 자신이 십자가를 짊어져야 할 처지라 하더라도 십자가를 사랑하라니 너무합니다." 메달을 전해 받은 괴테 역시 "…… 나로서는 그것(메달 뒷면 그림)이 지옥이 입을 벌린 것처럼 여겨진다"는 평을 덧붙인 답장을 보낸다.[5] 이 편지와 메모는 철학과 신학에 대한 당시 문화계 분위기를 보여준다. 지식계에서는 신학과 철학은 종합될 수 없는 이질적 본질에 의해 세워진 것이며 따라서 더 이상 신학을 철학으로, 또 철학을 신학으로 흡수하거나 화해하려는 노력은 부질없다는 것, 믿음이나 신앙이 아니라 이성의 지혜를 통해서만 철학은 본연의 제 구실을 하며 여기서 신과 신에 대한 형이상학은 용도 폐기될 수밖에 없거나 새로 신으로 등극한 인간에 대한 탐구가 그 자리를 대신해야 한다는 생각이 널리 확산되어 있었다.[6] 따라서 헤겔 철학이 기독교를 의미하는 십자가를 이성의 지표로 사용한다면 이는 시대를 역행하는 엄청난 반동이라는 의혹이 헤겔 철학 전반에 대한 비판적 재해석을 요구하는 상황이었다. 일상에서 별 의미 없이 보이는 십자가가 아니라 심각하게 말해지는 고난의 십자가는 '인간적인

---

4) 칼 뢰비트, 『헤겔에서 니체로』, 강학철 역, 민음사, 2006, 37쪽 참조.

5) 같은 곳.

6) 10년 후 L. 포이어바흐는(Ludwig Andreas Feuerbach)는 이러한 사상을 좀 더 학적으로 명확히 한다. *Das Wesen des Christentums*, 1841, LFW., Bd. 5, 317쪽. 이 책이 출판되자 Augusburger Allgemeine Zeitung은 포이어바흐를 "급진 헤겔주의자 중에서도 가장 급진적 인물"이라고 평한다. 물론 포이어바흐는 이에 동의하지 않는다.

것'에도 어긋나고 '이성적인 것'에도 대립될 뿐 아니라 '역겨운 것'이라는 괴테의 주장은[7] 당시 유럽 지성계에 새로울 것이 없었고 철학자들 역시 신과 신학을 상징이나 은유 이상으로 해석해서는 안 된다는 학계의 여론에 지배되고 있었다. 글자 그대로 이해하려는 이들에 의해 헤겔 사상은 철학적 신학으로 규정되면서 그에 대한 비판과 되비판으로 학계는 점점 시끄러워진다. 르네상스의 감수성 예민한 시인과 화가들에 의해 신성과 인간성의 동등함이 직접적이고도 현란하게 그려지면서 이미 신적인 모든 것을 인간화하려는 의도는 분명하게 나타난다. 복음서는 더 이상 신의 말씀의 기록이 아니라 종교 문학이며 종교 산문이라는 것, 그 은유의 내면에는 세계와 자연에 대한 전체적 상상력의 숭배가 예찬되고 있으며 생과 사, 번영과 소멸이라는 세계운동은 디오니소스적 십자가로 채색된다는 것이 계몽기의 철학자와 예술가들의 일반적 생각으로 정착된다. 십자가의 예수가 고난의 생을 영위하는 인간의 참모습이라면 그 십자가에 예배하는 것은 인간 자신에 대한 예배임이 틀림없다.

이때쯤 기독교의 십자가와 신을 종교적 믿음의 신실성으로 서술하는 대신, 인간과 인간성의 사회현상적 · 심리적 묘사가 유행처럼 번지면서 혼란과 가상과 착각과 헛수고와 고통과 파라독스와 아이러니가 생의 본래성인 것처럼 과장되고 자유와 교양과 학문에 대한 고전적 이해 대신 충동과 본능과 어쩔 수 없음이 예찬되고 보기 흉하거나 권태로운 것, 무가치한 것과 잔인한 것, 성욕을 자극하거나 폭력적인 것 등을 문학과 예술의 이름으로 포장하여 팔아먹기 시작한다. 이런 것에 무관심한 이들에게는 헐값에, 별나게 관심을 보이는 이에게는 고가로 장사하는 대중심리적 전술이 이용되면서 인간 심성에 대한 경험적 관찰 또한 유행하게 된다.

헤겔 철학의 성숙기인 1807년까지 유럽, 특히 영국과 프랑스는 착실하게 이성의 현실화로서 경험과학을 기술화하고 그 기술을 산업화함으로써 자본주의를 정치이념으로 만들어간다. 물론 30년전쟁 이후 1800년대 후반까지 심각한 사회 · 정치적 갈등으로 신음하던 독일에는 봉건주의적 후진성이 지배하고 단지 소수의 지식인들과 철학자들만이 영국과 프랑스의 자본주의의 발전과 문화 이념을 비판적으로 흡수하고 계몽하는 형편이었다. 헤겔 철학의 정점으로 평가되는 1830년경에 이르러 유럽은 모든 분야에서 이전과는 판이하게 다른 양상을 보이게 된다. 이 시점(1830년)을 18세기의 끝이며 19세기의 시작으로 보는 데는 그만한 이유가 있음에도 오늘날의 많은 철학자들이 이 점을 간과하는 것은 기이한 일이다. 아르놀트 하

7) 1831년 괴테가 C. F. 첼터에게 보낸 편지, 칼 뢰비트, 앞의 책, 38쪽.

우저는 문예사 관점에서 이렇게 강조한다. "19세기 혹은 '19세기라는 말'로 우리가 흔히 이해하는 시대는 1830년경에 시작하나 19세기의 토대와 윤곽 — 즉, 우리 자신이 속해 있는 사회질서, 그 원리와 모순이 여전히 계속되는 경제체제, 그리고 대체로 오늘날에는 우리 자신을 표현하는 형식으로 가지고 있는 문학 — 이 형성된 것은 겨우 7월왕정(시민왕정이라고도 함. 1830년 7월혁명 이후 1848년까지 루이 필립 재위 시기-옮긴이) 기간 중이다."[8] 괴테는 이 혁명 1년 전인 1829년에 유럽 정서에 대해 폴란드인 오디니츠(Odynic)에게 이렇게 말한다. "19세기는 단지 이전 세기의 계속이 아니라 새로운 기원의 단초로 정해진 것 같다. 이 세기의 초두에 세기를 뒤흔들었던 것과 같은 대사건은, 그것에 맞먹는 커다란 결과 없이는 지나가지 않는다 …… "[9] 대사건의 결과는 1830년의 7월혁명이다.[10] 이 혁명은 프랑스대혁명의 완성의 정치사적 사건이며 시민사회가 명실상부하게 주도권을 잡은 경제사적 사건이다. 프랑스대혁명의 와중에 쿠데타로 집권한 나폴레옹은 토지 개혁과 농노 제도의 폐지, 영주의 경찰권, 재판권, 농노의 부역 의무 등을 폐지하면서 시민계급의 인식을 등에 업고 봉건적 잔재를 허물었으나 그 이익은 농민들이나 민중이 아니라 부르주아계급에 돌아가게 된다. 국가의 행정과 군경을 유지하기 위한 비용은 이제 봉건 영주들이 아니라 토지와 금융자본을 소유한 이들이 제공했고 국가는 이들에게 유리한 경제제도와 사회체제를 만들어 줌으로써 상호 결탁하면서 그들의 번영을 국가 자신의 번영으로 여기게 된다. 독일 관념론 철학은 대혁명을 의식하고 시작된 것은 아니지만, 이성을 통한 현상과 그 경험의 논리 완성이라는 칸트의 목표 자체가 사회는 물론 정치 · 경제적 대전환의 혁명을 예비하였고 피히테와 특히 헤겔은 그 목표를 인식적으로뿐 아니라 실천적으로 이루려 했다는 점에서 혁명을 수행하고 완결한다고 평가할 수 있다. 1807년 『정신현상학』은 나폴레옹을 역사적 절대이성의 현현이라는 내심의 생각을 이성의 역사적 발전 과정과 그 결과를 변증적으로 그려내고, 1812년부터 죽을 때까지 헤겔은 혁명 이념의 퇴조와 나폴레옹의 몰락, 봉건제도의 붕괴와 시민사회와 부르주아계급의 형성과 사회 갈등의 소용돌이를 목도하면서 역사이성의 자기실현의 필연적 현상으로 이해되는 관념론 체계를 완성한다. 여기에 특히 나폴레옹의 몰락을 주목할 필요가 있다. 유럽 전역을 전쟁의 폐허로 만들고 기존의 각국 국경선을 없애면서 혁명을 정복전으로 변질시킨

8) 아르놀트 하우저, 『문학과 예술의 사회사』 4, 백낙청 외 역, 창작과 비평, 1996, 14쪽.
9) 칼 뢰비트, 위의 책, 51쪽에서 재인용.
10) W. Schmidt mit andern, *Die Bürgerliche Umwälzung von 1781~1871*, in: Deutsche Geschichte, 12Bde., Bd. 4, Köln 1984 참조.

나폴레옹은 도처에서 싹트기 시작한 민족주의와 애국운동에 부딪히고 반대 세력들의 연합에 의해 1814년 몰락한다. 반(反)나폴레옹 연합국(오스트리아, 러시아, 프로이센, 영국)은 혁명 이전의 국경선으로 프랑스 영토 제한을 선언하면서 파리로 진군해 들어가자 프랑스는 나폴레옹을 폐위해 귀양 보내고 과도 정부를 수립한다. 이 정부는 시민 봉기에 의해 곧바로 무너지고, 봉기의 주체 세력이 나폴레옹에 의해 사라진 부르봉 왕가를 복귀시켜달라는 애원을 연합국 왕들에게 한다. 이 청원이 받아들여져 1793년 처형된 왕의 동생인 루이 18세가 새로운 왕으로 옹립된다. 구시대의 새 왕과 더불어 권력을 장악한 것은 구시대의 유물인 귀족들이었고 이들은 복귀하여 무능한 왕을 움직여 예전의 특권을 차례로 되찾는 작업에 몰두하자 불과 몇 달도 안 되어 부르주아와 민중들과 퇴역 군인들은 쫓겨난 나폴레옹에 대한 향수를 갖게 되는 와중에 탈출한 나폴레옹이 다시 나타나 복귀한다. 그는 전쟁 대신 평화와 시민들의 복지를 약속하면서 부르봉 왕가를 없애고 입헌군주제를 확립하되 국제 평화와 질서를 존중하고 언론의 자유와 선거권 확대 등을 위해 헌신하겠다고 약속함으로써 국민들의 절대 지지 속에 다시 권력을 잡지만, 반프랑스 연합국 눈에 나폴레옹은 정복 전쟁광으로 비쳐졌고 그 타도를 위한 각국 병사들의 애국주의는 이 약속을 믿을 수 없었다. 특히 독일인들은 유럽 세계가 평화롭기 위해서는 나폴레옹 제거가 제일 조건이라는 신념으로 무장하고 있었다. 1815년 6월 18일 나폴레옹의 패배로 100일 천하가 막을 내리면서 헬레나 섬으로 유배된 그는 1821년 죽는다.

나폴레옹이 물러나자 루이 18세가 다시 권력을 잡으나 더 이상 아무것도 할 수 없었던 그는 비록 수동적이긴 하지만 오히려 프랑스혁명의 결과인 자유주의와 양원제(귀족원과 중의원) 의회를 인정하고 나폴레옹 법전을 시민법의 모범으로 남겨두게 된다. 1820년 왕위 계승자인 루이 18세의 조카 샤를 페르디난드가 암살되자 샤를 10세(재위 1824~1830)가 왕위에 즉위하는데 그는 옛날 부르봉 왕가의 영화를 추억하면서 프랑스혁명 당시 몰수된 재산을 보상해달라는 귀족들의 요구를 들어주기 위해 반동적 정책으로 보상 자금을 마련한다. 피해는 자본가와 시민들에게 돌아가고 원성이 자자하면서 1829년 그나마 민주정치와 책임정치의 형식을 유지하던 의회마저 해산하자 참았던 시민들의 분노가 폭발한다. 이것이 1830년 7월혁명의 직접적 원인이다. (1830년부터 1850년까지 유럽은 개인의 자유와 평등을 요구하는 개인주의, 민족해방과 국가의 통일과 주권적 독립을 요구하는 민족주의가 강력하게 전개되고 경제적으로는 자본의 지배가 두드러지면서 계급 갈등이 첨예화하기 시작한다.) 시민들은 더 이상 새 왕 치하의 신문 검열, 언론 출판의 자유의 엄격한 제한, 귀족과 부유한 토지소유자와 부자들에게만 부여된 투표권, 오직 왕만이 법을 제정할 수 있도록 한 새로운 입법권 등의 반동 정책을 참아낼 수 없게 된 것이다. 결국 샤를 10세는 영국으로 망명하면서 부르봉 왕가는 영원히 정치사의 무대에서 사라져버린다.

대부분의 성공한 혁명에서처럼 프랑스 사회의 다양한 욕구가 도처에서 터져 나오는 상황에서 왕권이 대폭 축소된 입헌군주제를 받아들일 수밖에 없는 오를레앙 공(公) 루이 필립이 왕으로 추대된다. 대혁명 당시 귀족이었으나 평범한 중산층 시민처럼 조용히 생활하던 루이 필립은 '시민 왕'의 칭호를 얻은 만큼 부르주아는 물론 민중들의 기대 속에 즉위한다. 프랑스 7월혁명의 세계사적 의미는 단지 봉건주의와 왕권의 영원한 몰락의 예고나 자본주의와 부르주아의 명실상부한 승리에만 있는 것은 아니다. 우선 정치적으로 약소국들이 종주국으로 부터의 해방과 자유를 선언하게 된다. 벨기에는 네델란드의 오라니에 왕가의 전제로부터 독립을 선언하고 폴란드는 러시아로부터 독립을, 독일 · 스위스 · 이탈리아는 군주정 대신 자유주의와 민주적 헌법을 요구하게 된다. 자본과 노동 사이의 모순을 다른 나라보다 먼저 체험하던 영국은 노동계급의 요구 조건을 대폭 수용하는 의회제도의 개혁을 통해 그리고 부르주아들의 영향력을 인정하는 제도 개혁을 통해 사회 불안을 잠재우려 한다.

그러나 7월혁명의 가장 큰 파도는 독일에서 생겨난다. 독일 연방 여기저기서 군주와 관료 귀족과 토호들에 저항하는 시민운동이 일어나고 정치 · 사회 · 경제 · 문화 전반에 대한 개혁 요구가 봇물처럼 터진다. 또한 이 시기 영국과 프랑스의 경제 발전에 자극된 독일의 자본가들은 전 분야에서 괄목할 만한 성장을 이루어 대기업과 재벌이 형성되고 이에 따라 프롤레타리아 무산자계급이 형체를 보이기 시작한다. 7월혁명을 18세기의 결산이며 19세기의 시작으로 보는 시각은 이런 역사적 사회적 사건 이해를 토대로 하고 있다.

3. 1830년대 문예운동

"일하면서 살든가 싸우면서 죽자." 이 격문은 1831년 11월 프랑스 리옹에서 일어난 견직공 노동자들의 시위 현수막 문구이다. 벌써 이 당시 일(노동)은 생존의 필수 조건이며 정당한 노동을 할 권리가 곧 삶의 진정한 권리라는 점을 파악하고 있었으며 이에 대해 파리의 부르주아 신문 〈Journal des Debáts〉은 1831년 12월 8

일자에서 이 시위 사건을 "소유 계급과 무소유 계급 사이의 투쟁"으로 분석한다.[11] 이 소요는 독일에서도 민감한 반응을 보여 "굶주림 때문에 일어난 소요"로 혹은 "부자에 대한 가난한 자의 전쟁"으로 명명되어 여기저기 문학 잡지에서 기사화된다.[12] 이 시위 사건은 프랑스뿐 아니라 독일에서도 자본주의의 확고한 뿌리내림과 더불어 새로운 계급이 자기 목소리를 낸 기념비적 사건으로 평가될 만한 것이다. 시대에 민감한 문인들과 철학자들은 계급 갈등 속에서 이미 사회주의적 대안을 준비해야 한다고 믿게 된 사건이기도 하다. 파리의 7월혁명이든 그 여파로 독일 각지에서 일어난 민중 봉기든 그 실질적 주역은 무산자 대중이었지만 혁명과 봉기의 열매는 습성상 이권에 밝은 기회주의자인 부르주아들 차지였다. 그들은 자신들의 이익을 위해 언제나 퇴물이지만 아직도 방대한 토지와 막강한 문화적 · 정치적 권력을 가진 귀족들과 연대하거나, 귀족들이 자신들의 이익에 배치될 때는 자기들의 반대 세력인 무산자와 농민들에게 투쟁 자금과 무기를 댐으로써 권력과 세력을 확대하여 시대의 새로운 귀족으로 등극한다. 루이 필립의 입헌 군주제를 프랑스 부르주아지의 독재라고 폭로한 최초의 독일 작가인 뵈르네는 독일의 사회 변혁이 부르주아계급의 자유정신이 아니라 민중계급의 혁명적 개혁정신에 의해 이루어져야 한다고 강조한다.[13] 그는 사람들의 곤궁과 비참함의 원인이 군주제의 비합리적 · 반이성적 본성에 있다고 보고 혁명의 목표를 군주제의 타도를 통해 민주공화국의 체제를 확립해야 한다고 주장한다. 하이네는 공화제가 아니라 생시몽적 사회주의의 확립이 더 효과적이라고 생각하고 정치체제의 변혁보다 민중의 물질적 빈곤 상태를 구체적으로 해소하고 노동 상황의 열악함을 개선해야 한다는 입장에서 출발하지만 결국은 정치제도 개혁의 현실적 필요성을 절감하게 된다. G. 뷔히너 역시 민중들의 가난과 고통을 해결하는 민중혁명의 필연성을 사회주의 관점에서 역설한다. 이 시기 문학적 · 정치적 노선의 차이에 상관없이 군주제 및 관료제에 대한 민중 저항 운동이라는 깃발 아래 하나로 뭉치게 된다. 항쟁과 저항과 거사와 실패와 도주와 체포와 투옥은 단순히 정치제도 개혁이나 빈곤 퇴치에 관한 것뿐만 아니라 인간과 사회의 관계 자체에 대한 입체적인 반성을 요구한다. 1830년대의 문학과 작가들은 그 이전 그들이 차지했던 사회 계몽적 스승의 위치, 몽매한 민중들의 보호자이며 도덕 선생이던 위치를 잃어버리고 불평불만에 가득 찬 '쓸모없는

11) 발터 슈미트 외, 『독일 근대사』, 강대석 역, 306쪽.
12) 같은 곳.
13) 같은 책, 309쪽.

하인'으로 전락한다.[14] 그들은 시대를 이끄는 대신 다양한 사회적 욕구들에 의해 생겨난 이데올로기들의 대변인이나 선전인이 되어갔고 또 그럴 수밖에 없는 처지로 전락한다. 특히 문인들은 이제 그들을 후원하는 궁정이나 왕후장상에 의해서가 아니라 스스로 창작하고 작문한 작품들을 출판하고 팔아서 생계를 유지하는 처지가 된 것이다. 책을 팔자면 좋든 싫든 책을 살 만한 여력을 가진 부르주아들의 이념과 구미에 맞아야 했고, 가난뱅이들에게도 팔기 위해서는 그들의 인기를 얻으면서 싼값으로 내놓아야 하는 형편이었다. 계몽주의 · 이성주의 시대에 작가와 독자는 같은 진영의 동지 관계를 구축하고 있었고 초기 낭만주의 시대에도 비록 소수이기는 하지만 특정 계층과 동질감을 가지고 그들을 대변했다면 이 시대에 와서 그들은 이런 유대를 상실했다. "그러나 대체 스탕달이 독자 대중의 어느 부분과 유대감을 느끼는가? 고작해야 행복한 소수, 즉 아웃사이더, 추방자, 패배자들이다. 발자크는 어떤가? 귀족계급과 부르주아지와 혹은 프롤레타리아트와 자기를 동일시 하는가? 그 자신이 상당한 공감을 느꼈던 귀족들을 그는 눈 하나 깜짝 않고 적에게 팔아넘겼고, 그 끈질긴 생활력에 감탄했던 시민계급에게는 곧 구역질을 느꼈으며, 무산대중을 불처럼 두려워하지 않았던가? 단순히 부르주아지의 홍행사에 그치는 작가가 아니라면 누구나 자기의 고정된 독자층을 가질 수가 없었다. 상업적으로 성공한 발자크나 실패한 스탕달이나 이 점에서는 마찬가지였다."[15]

1830년부터 1848년까지 생활 전반에 정치화가 진행되고 이 기간 동안 문학에서도 정치와 무관한 것은 거의 없을 정도로 상호 밀접하게 연관되어 있다.[16] 이때 정치는 문학적 재능과 작품의 인기에 의해 얻어지는 직업이기도 해서 문학은 정치적 수완과 경력의 전제 조건으로 여겨졌으니 이 둘은 동종 직업군에 속한다 하겠다.[17] 당시에는 문학뿐 아니라 인문사회과학의 전 분야 또한 정치와 관계된다고 할 수 있다. 철학적 이념이나 역사 발전의 과정, 농업 · 상업과 무역에 관계되는 경제적 측면들 역시 자국 또는 국제 관계 속의 정치적 상황과 밀접하게 얽매어 축조되고 해석되기 때문이다. 이 시기 신문은 옛날처럼 계몽 또는 각 지방의 문화적 사건 소개나 문예 비평이나 서평 등이 아니라 구독을 높이기 위한 재미와 정치적 · 경제

14) 아르놀트 하우저, 위의 책, 18쪽.

15) 같은 책, 19쪽.

16) 같은 책, 25쪽. 1848년은 프랑스에서 루이 필립의 퇴위와 더불어 왕정이 영원히 종료된다. 독일은 같은 해 도처에서 민중혁명이 발발한다.

17) 같은 곳, 7월 왕정 시대에 문필과 정치를 겸한 이들로 미슐레(J. Michelet), 티에리(A.Thierry), 쿠쟁(V. Cousin), 주프루아(T. Jouffroy), 니자르(D. Nisard) 등이 유명하다.

적 선전과 광고를 통한 돈벌이 수단이고, 기사 작성자들은 의도적으로 정치적 성향과 사건 분석 등으로 자신의 능력과 지향점을 선전하는 수단으로 신문을 이용한다. "문학과 일반 신문의 결합은 …… 공업적 목적을 위한 증기의 사용처럼 혁명적인 효과를 가지며, 문학적 생산의 모든 성격을 바꾸어놓는다."[18] 구독자를 늘리기 위해 구독료를 낮추고 그 손실 및 이윤을 광고료로 충당하는 현대적 신문 기업 정신이 뿌리를 내리는 것도 이때이다. 많은 사람들이 신문을 사서 보기 위해서는 구독료만 낮아서는 안 되고 우선 재미가 있어야 하므로 온갖 술수를 동원할 뿐 아니라 연재소설이나 가십 등을 이용하여 호기심을 자극하는 수법이 발명된다. "모든 사람들은 이제부터 신문에서 자기 취미와 필요에 맞는 기사를 찾게 되었으며, 그리하여 신문은 모든 사람에서 하나의 작은 가정 도서관, 하나의 백과사전 노릇을 하게 되었다."[19] 호기심을 자극하기 위한 가십 기사들, 여행가나 유명 인사의 동정등과 더불어 멜로드라마풍의 연재소설이 등장하고 그 폭발적 인기에 힘입어 해당 기자와 작가들의 명성 또한 높아져 유명 인사가 되고 이것은 정치에 입문하는 지름길이 되기도 한다. 서술 기준은 과장과 허풍, 노골성과 자극성, 기괴성과 이국성 등으로 표준화되고 가장 인기 있는 주제는 "유괴와 간통, 폭행과 잔혹함"에 관한 것들이다.[20] 문학의 산업화는 창작의 기법을 고착화하고 독자들의 취향을 평준화하고 사회적 문화 의식을 통일하는 데도 기여한다.

4. 1830년대 이후의 사실적 자연주의

다른 예술 분야들도 마찬가지이지만 특히 문학의 산업화는 '문학(예술)이란 무엇인가' 하는 근원적 물음을 던지고 있다.[21] 상품화하고 팔기 위한 것에 굳이 아름다움의 이념의 추구와 그 작품화라는 고전적 의미의 예술이란 이름을 붙일 수 있는가? 상품과 작품은 다른가? 작가와 제품 업자는 무슨 기준으로 갈라지는가? 팔아

18) 같은 곳, 26쪽, Jules Champfleury, *Souveilirs et Portruits,* 1872, 77쪽.
19) 아르놀트 하우저, 위의 책, 27쪽.
20) 같은 곳, 29쪽. 1848년 키르케고르은 1846년 창간된 문학 평론지 *Corsaren*의 저속성을 어떤 책임의식도 없이 사람들의 호기심과 질투심, 저질과 퇴폐를 부추기는 도구라고 비판한다(Pap., IX, A 303 : J. P., IV, 4149). 이 평론지는 당시의 신문이나 잡지의 상업 저널리즘의 전형적 속성으로 대중들의 호기심으로 판매량을 늘리고 있었다.
21) 볼프강 보이틴 외, 『독일 문학사-사회사적 관점에서 본 문학적 술화』, 허창윤 역, 삼영사, 1998, 274쪽 이하 참조.

서 생계를 유지하는 어떤 것도 상품이라면 그것이 산업 생산품인 한 예술품 역시 상품일 뿐이다. 상품은 철저하게 생산에서 판매에 이르는 일련의 상업적이고 산업적 메커니즘에 따를 수밖에 없다. 가끔 사고팔기는 하지만 그것이 유용성 때문이 아니라 예술성 때문이라고 주장하기 위해서는 대중에게는 물론 스스로에게도 예술성의 본성이 무엇인지를 밝히고 설득시켜야 한다. 이런 시대적 요구와 맞물려 어떤 보편적 정의나 고전적 예술 인식을 거부하는 예술 무정부주의가 싹트게 된다. 산업혁명의 와중에 경작지를 떠나 도시의 떠돌이로 전락하면서도 옛것과 고향의 가치를 추억하고 그 아름다움의 감상을 고통과 연민과 향수로 달래려 했던 고전적 낭만주의는 1830년대를 지나 1840년대를 거치면서 체념적 낭만주의로 변질된다. 한때 "예술을 위한 예술", "작가 자신을 위한 예술"을 내세우며 팔리지 않는 작품을 쓰거나 그리면서도 사람들이 거들떠보지 않는 이유를 예술을 모르는 무식한 대중들의 미련함으로 돌리고 스스로의 도취 속에 살던 낭만주의자들 역시 예술의 본질을 학문적으로 밝히는 대신 멸시와 무시 속에 사라져 갔다. 그들이 주장했던 순수예술은 예술미 이념의 객관화라는 고전 미학의 관점에서가 아니라 작가 자신의 감성적 주관성의 절대화에 그 본질이 있어서, 사실은 예술을 위한 예술도 아니고 순수예술은 더더욱 아니었다. 사회문제에 적극적으로 동참해서 정치적 선전 문구를 작성하거나 반대파를 매도하는 참여 대신 부르주아 구미에 맞는, 즉 한편으로는 멋스럽고 신사다움을 다른 편으로는 천박한 오락과 취향을 그려내는 "세속적 살롱 낭만주의"가 이들 위를 덮어버린다.[22] 이런 경향과 더불어 소위 자연주의 사조가 등장한다.

후기 낭만주의에서 고전적 미 이념은 물론 스스로의 존립을 규정하는 시대 감정에 의한 자유와 사랑과 평등의 유미주의적 해석마저 포기한다. 자본주의 부르주아들의 세계관이기도 한 철저한 개인주의와 상대주의 세계관을 흡입하고 그들은 특수한 상황에 처한 특수한 개인들의 행동 양식과 의식의 현상 방식들을 서술함으로써 소위 자연주의 경향과 하나로 통합된다. 여기서 말하는 자연주의는 동일한 물리적 자연에 동일한 반응을 보이는 동일한 종의 생명체에 대한 분석으로 일반 법칙을 찾아내려는 과학적 태도와는 별 상관이 없다. 같은 조건의 물리적 자연의 본성은 언제나 동일하다는 점에서 자연은 객관적이지만 자연 중에서도 생명체로서 인간은 자극에 대한 반응 방식에서 그가 처한 실존적 상황에 따라 달리 행동한다. 더구나 인간은 각자 성격이나 감정에서 특수 개성을 가지고 있어서 그 본성(자연

22) 아르놀트 하우저, 위의 책, 2쪽.

성) 자체가 유동적이고 주관적이다. 각 개인의 특별한 의식 변화와 행동을 유발시키는 특수 현상들과 그런 의식과 행동의 개별적이고 구체적 사건 묘사를 자연주의라 한다.[23] 물론 이 경향은 감정과 의지를 중시하는 낭만주의와 전적으로 배척 관계는 아니다. 전자가 작가의 주관성을 강조한다면 후자는 현상의 객관성을 사실적으로 묘사하는 차이는 있지만, 사실적 묘사라는 것이 작가 자신의 관점을 1830년대 이후의 개별화하는 사회에 대한 역사 해석적 지평에 두고 있다는 점에서 이 둘은 같은 안경을 쓴 다른 관점이라 하겠다.

혹자는 자연주의를 1880년대 이후의 문예 전통으로 이해한다.[24] 문학계의 일반적인 이 이해는 1830년에서 1848년의 청년독일파와 1848년 이후 19세기 말까지의 독일 사실주의가 대상에 대한 객관적 묘사와 작가의 주관 개입이라는 특징을 가진다는 것, 그러나 이것은 그 이전의 고전주의와 낭만주의 경향성에서 완전히 독립적인 것은 아니라는 이해에서 작가의 주관성을 최대한 배제하고 대상의 자연성과 사실성을 있는 그대로 묘사하는 새로운 흐름이 19세기 말 시작된다는 평가에 토대를 두고 있다. 이 입장은 자본주의의 폐해에 대한 폭로와 여성 해방, 문학에 자연과학적 방법 도입 등을 강조하면서 이에 알맞은 문체인 "순간문체"나 "전보문체"를 개발하여 그것을 혁명적 문학이라 주장한다.[25] 이 경향은 특히 1880년대 사회주의자들과 동질적 유대감으로 대도시 노동자들의 비참한 생활상을 묘사하면서 사회주의를 "현대의 종교"로 받아들인다. 그러나 이 입장은 맑스가 자본주의에서 사회주의를 거쳐 공산주의로 발전하는 것이 과학적 자연주의라 규정하는 것과, 그리고 당시 찰스 다윈에 의해 생물 진화론이 창조론을 대치하는 과학혁명으로 규정되는 시대 상황과 깊은 연관성을 가진다고 파악하면 약간은 수정되어야 한다. 왜냐하면 일체의 형이상학적 구속과 종교적 구속을 거부하는 자연주의가 니체에게서 깊은 영향을 받은 것으로 이해하지만, 사실은 이와 반대로 자연주의가 1830년 이래 전개되는 사실주의의[26] 변형된 한 형태라는 점에서 오히려 니체가 이전의 사실주의적 자연주의의 영향을 깊이 받기 때문이다. 요컨대 자연주의의 반형이상학과 반종교적 성향은 니체에서 시작되는 것이 아니라 1830년대 유물론에서 분명하게 선언

---

23) L. Feuerbach, *Über die Unendlichkeit, Einheit und Allgemeinheit*, LFW., Bd. 1, 47쪽.

24) 조창섭, 『제국주의 시대의 독일 문학』, 서울대 출판부, 2002, 3쪽. M. Brauneck, Chr. Müller, *Naturalism. Manifeste und Dokumente zur deutschen Literatur 1880–1900*, Stuttgart 1987 참조.

25) 같은 곳, 3쪽 이하 참조.

26) E. Sagarra, *Tradition und Revolution. Deutsche Literatur und Gesellschaft 1830–1890*, München 1972 참조.

되고 시작되는 것이다.

시민사회의 발전과 더불어 무산자계급이 나타나자 예술 애호가 및 문학 독자층의 하향 평준화가 진행되어 작가들은 이들의 관심과 흥미를 끌기 위해 저속한 생활 잡사는 물론 범죄와 사회문제들을 사실적으로 자연스럽게 묘사한다. 범죄 소설과 빈곤층의 희로애락을 형상화하고 노래하는 것은 이중의 효과, 즉 상품성 있는 오락물의 생산이라는 것과[27] 그 내면적 모순에 대한 고발적 성격을 동시에 갖는다. 또 이 시대에 아동과 청소년을 위한 학교 교육이 대폭 확대되고 강화되면서 그들을 교육하기 위한 청소년 문학과, 새로 눈뜬 여성 문제와 그 본성을 심리 · 사실적으로 묘사하는 여성 문학 또한 꽃피우기 시작한다.

17세기 영국의 시민혁명이나 18세기 프랑스 시민혁명과 달리 19세기 전반 독일의 시민혁명은 봉건적 구체제와 절대왕권의 폐지를 통한 분파주의를 극복한 통일국가 형성을 목표로 한 것이었다. 따라서 봉건적 구체제와 절대왕권의 폐지가 곧 부르주아의 집권을 의미하는 것은 아니었다. 이 폐지를 위해 복잡한 이해관계로 대립되던 수많은 세력들이 하나로 단결되어 귀족적 반동 세력을 대변하는 프로이센 왕가(호엔촐레른)와 오스트리아 왕가(합부스부르크)의 타도를 당면 과제로 삼게 된다. 물론 이 과제 해결의 선봉에 민중을 대표하는 노동자 · 농민이 서는데 그 추진력은 자신들에게 불리했던 당시의 개혁에 대한 반발과 권익 회복과 보호라는 요구와 열망과 행동이었다. 이 저항운동은 독일의 사회적 모순 극복을 지향한다. 독일 사회의 특수 모순은 봉건주의와 자본주의의 모순과 자본주의의 내적 모순이 뒤범벅으로 혼합된 것으로 저항운동은 이런 상황을 동시적으로 해결하려는 일종의 사회주의 혁명의 성격을 띤 것이다. 적어도 혁명 주체 세력인 노동자 · 농민이 계급적 이해를 분명하게 요구하고 나선다는 점에서 그러하다.

1848년 2월의 파리혁명은 경제적 주도권(공장과 상품 판매망)을 가지고 있지만 정치권력에서 배제된 부르주아들이 자신들의 권익을 위해 당시 권력을 쥐고 있던 은행가와 주식 업자, 광산주와 대지주 등 화폐와 돈을 가진 금융 귀족의 제거를 요구한 산업 부르주아혁명이라 할수 있다. 당시 선거제도는 시민 90퍼센트가 선거권을 갖지 못했고 따라서 그들은 모든 정치적 결정으로부터 소외되었는데 이를 시정하기 위한 개각을 요구하였으나 금지와 탄압이 가중되자 2월 22일 시민 봉기가 일어난다. 언제나 기회주의자인 부르주아 시민계급은 정부 탄압에 항복하나 노동자,

---

27) 에드거 앨런 포의 괴기소설이나 아서 코난 도일의 추리소설은 그것이 저속하다 아니다의 평가에 관계없이 특정계층을 겨냥한 특정계층의 오락물이다.

수공업자, 대학생 등의 대중은 무장하고 거리 전투로 돌입하면서 불과 하루 만에 자신들의 요구, 즉 반동적 기조(Guizot) 내각의 퇴진을 관철한다. 기세가 오른 혁명군이 루이 필립 왕의 미봉적 무마책에 항거하자 왕의 군대는 무자비한 살육으로 대량 학살을 감행하며 분노한 시민군은 왕궁을 점거, 필립 왕을 몰아내고 공화국을 선포한다. 2월 22일부터 24일까지 불과 이틀 만에 금융 귀족에 의해 지배되던 프랑스 왕정은 역사에서 사라지고 민주공화국이 선포된다.[28] "노동자 혁명"으로 불릴 만큼 노동자들은 혁명의 실질적 행동대였지만 부르주아들의 요구인 "보통선거, 언론의 자유, 국민군, 공화제 등과 같은 민주적 자유나 권리를 아직 향유할 수 없기 때문에 주로 노동시간의 단축, 실업자 해소, 노동 환경의 개선, 노동권의 보장과 같은 사회적인 문제"를 이슈로 들고 있다.[29]

프랑스 2월혁명은 유럽 전역을 민주적 공화제의 기치를 거는 시민혁명을 위한 신호탄이 되어 그 여파는 불과 며칠 만에 독일로 전파된다. 독일은 프랑스와는 다른 목적과 조건에서, 그러나 프랑스와 거의 같은 시기에 폭발을 예비한 혁명을 준비하고 있었고 파리의 승리가 전해지기 무섭게 봉기가 시작된다. 독일 내의 복잡한 상황은 대중들로 하여금 곧바로 민주공화국이 아니라 입헌군주제를 혁명의 목표로 설정하고 그 체제 아래 분열된 지역과 세력들을 통일한다는 기치 아래 뭉쳐 무장 투쟁을 전개하도록 이끌어간다. 1848년 2월 27일 만하임 사건을 시작으로 3월에는 빈과 베를린은 물론 지방 각지에서 다양한 규모의 시위와 투쟁이 수없이 전개된다.[30] 각 지방의 투쟁 방식과 요구 조건 역시 중구난방이기는 했으나 농민과 노동자 시민들에 대한 봉건적 의무제의 폐지, 세금 감면, 지주들의 지나친 착취 금지, 언론 · 집회 · 양심의 자유, 자유시민 내각제, 선거권 확대, 배심원 재판제도, 공산주의적 민주주의, 생존권 보장, 노동의 자유, 의무교육제 도입 등의 요구로 요약될 수 있다. 이 요구가 만족할 만큼 관철되지는 않았지만 독일 부르주아지를 권력의 심장부로 밀어 넣는 성과도 있었고 따라서 언론 · 집회 · 결사의 자유와 보통선거제, 시민 대표제가 상당 부분 이루어진다. 그러나 이런 성과들은 시민 전체가 아니라 부르주아계급에게 돌아갔고 아직 왕권과 귀족들이 사라진 것은 아님에도 부

28) 발터 슈미트, 『독일 근대사』, 465쪽 참조.

29) 같은 곳, 466쪽. 맑스와 엥겔스의 「공산당 선언」은 이 혁명 몇 개월 전 작성되고 1848년 2월 런던에서, 3월부터 독일에서 발표된다. 이 선언은 혁명의 성격과 본질을 적나라하게 보여준다.

30) 3월 13일 빈 봉기의 결과로 메테르니히가 실각하고 그 성과가 베를린 봉기의 활력소로 작용한다.

르주아들은 정부 조직을 서서히 잠식해 들어간다.

5. 1830년대 이후의 산업화와 철학계의 동향

18세기 프랑스 백과전서를 모델로 로테크와 벨커 교수는 1832년 『국가 사전, 국가학의 엔치클로페디』를 편찬하기 시작하여 1843년까지 15권이 나오고 1848년에는 2판이 나온다.[31] 이 사전은 국가관에서 군주제뿐 아니라 공화제 이념도 비판하고 입헌군주제를 채택한 것을 제안함으로써 사회의 전 계층에 골고루 호응을 얻으면서 "온건파 자유주의자들의 기본적인 정치서"가 된다.[32] 이 시기 독일 역시 금융자본이 경제권을 장악하고 대기업을 형성하면서 산업 분야에서 괄목할 만한 성과로 영국과 프랑스를 바짝 뒤따르고 있었다. 절제와 관용이라는 시민계급의 미덕은 말뿐이고 실제는 돈이 지배하는 사회가 된 것이다. 입헌군주제란 왕은 존립하되 통치에서 손을 떼고 시민들로 하여금 마음껏 자유로이 돈을 벌도록 사회의 모든 정치 · 행정제도를 새로이 만들어달라는 것에 그 주장의 본질이 있다. 마음껏 돈을 벌 수 있는 계층은 소수였지만 누구에게나 그 가능성이 열려 있다는 착각 때문에 자유주의는 즉자적으로는 모두의 공유 이데올로기였다. 옛날에도 돈의 위력은 막강했으나 그렇다고 그것이 모든 것의 수단이며 목적인 적은 아직 없었고 문화와 물질적인 것뿐 아니라 정신의 모든 것들조차 돈으로 환원되고 계산되던 시대는 더더욱 없었다. 그러나 이제 권리도 의무도 돈으로 계산되고 관직도 계급도 사고팔며 "왕 자신이 교활하고 거리낌없는 투기꾼"이며 "80년 동안 정부는 토크빌(A. de Tocqueville)의 말처럼 일종의 '상사(商社)'를 대변 했는데, 왕과 의회와 행정부는 기름진 부분을 나눠 먹으며 정보와 충고를 교환하고 영업과 이권을 주고받으며 주식과 금리, 어음과 저당 증권에 투기를 했으니"[33] 분명 경제적으로만이 아니라 정치는 물론 사회 전반이 돈의 권력 아래 들어가게 된 것이라 하겠다. 이제 국가의 지배자는 금융 자본가요 대기업가들, 즉 필요할 때는 언제 어디서나 돈을 동원할 수 있는 이들이다. 이윤 추구와 이자놀이가 합당한 경제 원리에 따른 것이라는 주장이 거리낌없이 보편화되자 윤리학은 그것을 떳떳한 돈벌이로 추어올리고 합리주

31) Staatslexikon, *Enzyklopädie der Staatswissenschaften*, hrsg. v. Karl von Rotteck und Karl Theodor Welcker, Hammerich 1834–1843.
32) 발터 슈미트, 위의 책, 326쪽.
33) 아르놀트 하우저, 위의 책, 21쪽.

의와 이상주의는 성실과 절제로 여윳돈을 모아 관용을 베풀 것을 역설한다. 생산성을 높이기 위한 기계화와 분업은 인간 노동을 소외된 노동으로 변질시키고 노동자는 점점 더 자유와도 멀어지고 자유로운 돈벌이와도 멀어지게 된다. 소수의 비판적 사회주의자들과 자신의 현실적 입장과 처지를 직접적으로 의식하게 된 수많은 무산자 계층은 자본과 노동의 심각한 모순을 깨닫고 그것을 해소하기 위한 이론적 · 실천적 투쟁에 적극적으로 몰입한다. 사회주의는 더 이상 꿈같은 공상이 아니라 자본과 노동의 과학적 합일을 통해 부르주아 사회의 지양과 몰락을 초래함으로써 확립될 것이라는 새로운 이상주의 모형을 만들어낸다.[34)]

1830년 혁명은 문학이나 예술을 더 이상 인간성 계도를 위한 교육자적 위치에 안주하도록 내버려두지 않는다. 문학과 예술은 이제 정치적 참여의 전단지나 포스터 역할을 하거나 세속적 시민들의 오락물로 전락한다. 이 혁명은 19세기의 출발로서 부르주아적 정치 · 경제 시대를 열고 있다. 계몽적 예술 행위의 부정, 합리적 이성의 예술적 적용의 포기는 점점 심화되어 1848년 혁명에 이르러서는 일종의 체념과 허무주의가 문학과 예술 행위를 지배하게 된다. 이맘때쯤 헤겔 관념론적 경향은 반종교적 · 유물론적 정치철학화의 급진성의 엔진으로 탈바꿈한다.

허무주의는 고대로부터 반형이상학과 반종교적 성향을 띠고 특정 세계사적 사건과 만나면서 나타나는 일종의 유행병과 유사하다. 전쟁과 질병, 기근 등은 전통과 영혼과 초월에 대한 사고 대신 새로운 것과 순간과 경험과 체험에 집착하는 생활 태도를 가지게 한다. 중세를 마감하는 교권의 몰락은 십자군전쟁을 통한 선진 아랍 문화의 침탈과 수용, 또 이 과정에서 성장하는 지역주의와 세속적 왕권의 우위를 하나의 축으로 하고, 유럽 전역을 휩쓴 페스트와 기근을 다른 축으로 하여 진행된다. 근대의 과학과 합리주의는 형이상학의 전통적 주제들(영혼, 세계와 존재, 신)에 대한 사유에 의문을 제기하며, 대신 확실하게 믿을 수 있는 것으로 영혼이 붙어 있는 몸과, 없지 않고 구체적으로 있는 존재자와, 합리적 사유와 이성으로 무장한 인간과 그 경험이라는 것을 강조한다. 여기서 반형이상학과 비종교적 사유 경향이 생겨나고 정착된다. 비록 헤겔이 자연과 존재는 물론 초월자(신)에 대한 형이상학을 다시 복원한다고 해도 그의 형이상학과 신학은 논리학과 경험론의 체계로 변환 가능하도록 설계되어 있다는 점에서 더 이상 중세적 의미의 신비주의와는 다르다. 그의 형이상학과 신학을 이끌어가는 기본 단위는 이성이며 이성의 자기현현

34) Marx, *Der Kommunismus und die Augusburger "Allgemeine Zeitung"*, 1842, MEW., Bd. 1, 105쪽 이하, *Die deutsche Ideologie*, MEW., Bd. 3, 445쪽 이하 참조.

상황과 조건에 따라 일련의 논리 역사를 완성해간다는 의미에서 전통 형이상학과 신이 그의 사유에서 반드시 필요한 것도 아니다. 헤겔 철학을 글자 그대로 믿는 노장 헤겔학파가 없지는 않았으나 헤겔 철학에 숨어 있는 반형이상학적 · 반종교적인 측면을 비판적으로 예리하게 관찰한 이들은 청년 헤겔파라 불린다. 진정한 헤겔학파의 한사람으로서 포이어바흐는[35] 프로이센의 정치 · 종교적 이데올로기의 눈치를 보지 않고 헤겔 사유의 내면을 읽어내어 신성을 인간성으로 환원함으로써 추상적 신학을 거부하고 구체적 인간학을 전개한다. 그는 또 이 인간학의 존재론적 근거로 유물론을 확립하고 맑스 · 엥겔스와 함께 만든 사회주의 모임의 이론적 좌장 노릇을 한다. 이들이 목표로 하는 인간의 물질적 사회적 평준화는, 역시 헤겔 철학을 또 다른 방식으로 변형한 쇼펜하우어, 키르케고르 등이 추구하는 인간의 의식적 개별성의 특화와 대립각을 세운다.[36] 당시 교통수단과 신문 잡지의 발달은 이질적 문화를 직간접적으로 쉽게 체험시켜 각 개인으로 하여금 정신의 영역을 극적으로 확장시키게 하고 이것은 그가 속한 사회 전체를 변혁시키는 원동력으로 작용한다. 게다가 문필가로 활동하든 교수로 재직하든 학문상의 지식이 언론과 출판 활동을 통해 광고되고 상품화되는 시대 상황과 만나 더욱 자극적이고 극단적 저널리즘으로 표현된다. 그러니까 1830년 혁명에서부터, 또 헤겔의 죽음과 더불어 천박한 시대가 도래한 것이다. 이것은 전통적 정치체제의 붕괴이며, 전통 철학의 붕괴이며, 전통 기독교의 와해이다. 하지만 동시에 이 천박한 시대는 새로운 정치 · 경제체제의 시작이며 새로운 유물론의 시작이며 실존적 무신론과 허무주의의 시

---

35) 그는 헤겔 강의를 들으면서 작성한 1828년 박사 학위 논문 「이성의 무한성, 통일성과 보편성에 관하여(Über die Unendlichkeit, Einheit und Allgemeinheit der Vernunft, übers. v. M. Hiller, LFW. Bd. 1)」를 헤겔에게 보내며 자신이 '헤겔의 직계 제자'라는 것을 강조하는 편지를 동봉한다.

36) 청년 헤겔학파 또는 소장 헤겔학파와 노장 헤겔학파를 나누고 전자를 헤겔 좌파, 후자를 헤겔 우파로 명명하는 것은 헤겔 철학을 해석하는 데서 생겨난 것이 아니라 그들이 고수하는 정치적 · 종교적 입장의 차이에서 유래된다. 이 구분은 D. F. 슈트라우스에서 시작되고 몇몇 영향력 있는 학자들에 의해 부연되면서 정착된다. 가블러, 바우어 등으로 대표되는 우파는 헤겔 종교철학에서 이념의 형식과 내용의 상호 부정을 통한 통일 과정에서 신 본성과 인간 본성의 동일성을 토대로 기존의 기독교를 해석하는 데 비해 포이어바흐, 맑스, 엥겔스 등으로 대표되는 좌파는 종교와 신학은 인간학이 되어야 하면서 동시에 사회과학이 되어야 한다는 전제에서 헤겔을 해석하고 비판한다. 소장(청년) 헤겔학파라는 말은 처음에 헤겔 문하생 중 젊은층을 지칭하는 것으로 사용되나 정치와 종교에 있어 자유로우면서도 혁신적 태도를 보이는 이들로 확대된다. 어느 경우든 헤겔 고유의 철학은 좌우적 본성을 동시에 가지는 일종의 모순 철학이므로 인간 부정으로서의 신과 신 부정으로서의 인간과 인간성과 신성의 동일성 측면을 함께 내포한다는 점에서 그들은 헤겔학도들이다.

작이다. 이제부터 무한한 것, 초월적 절대자는 무(無)이며 실재하지 않는 것이요, 유한하고 우연적인 사건들, 비본질자들이 본질로 여겨진다. 죽을 수밖에 없는 인간, 실체 없는 익명적 인간이야말로 철학의 진정한 대상으로 선언되고 이런 인간 본성을 토대로 사회의 모든 체제들이 재구성되어야 한다고 사람들은 믿게 된다. 이 모든 시대 경향성이 후에 니체에게 별 여과 없이 직접적으로 상속된다.

무신론이 신 존재에 대한 이론적 부정만을 뜻하는 것은 아니다. 무신론의 위력은 이론이 아니라 실천적 삶의 영역에서 더욱 위력을 발휘한다. 이 시기의 저널리즘적 학자들에게 신 존재 증명의 불가능성에 대한 논리나 이론은 주목 대상이 아니다. 오히려 신이 아니라 신에 대한 믿음과 신앙의 부정, 다시 말해 하느님에 대한 절망이 인간에 대한 믿음과 신앙으로 전도되는 실천적 결단이 문제였다. "인간의 신으로서의 인간에 대한 신앙"은 새로운 인간 교체, 즉 "국가의 기원"이라는 포이어바흐의 사유는 이 시대의 일반적 경향이었다.[37] 사람들이 이제 정치적일 수밖에 없는 것은 교회가 인간을 믿지 않는다는 확신과, 그러하므로 인간을 믿고 인간에 의해 인간을 구원해야 한다는 당위가 자연스럽게 결합한 결과이다. 이로부터 신학은 인간학으로 바뀌어야 한다는 것,[38] 또 인간학은 물질적 토대 위에서 정치학과 경제학으로 재구성되어야 한다는 것이 사회운동권의 신념으로 자리 잡는다. 이런 생각은 바로 1848년 혁명을 겪으면서 점점 더 대중화된다. 이때쯤 사람들은 시대정신이나 이념은 애매모호한 추상화가 아니라 누구나 쉽게 파악할 수 있는 구체적 그림이어야 한다고 믿는다.[39] 이 그림을 가장 설득력 있는 필치로 그려낸 이 중 하나가 맑스이다.

맑스는 실천적 무신론, 실천적 인간학으로 정치경제학에 대해 헤겔 방법들에 의한 새로운 해석으로 그 시대의 설계와 방향타를 만든다. 1830년 혁명 시 김나지움 입학과 함께 시대의 변혁을 직감한 그는 벌써 사회문제와 종교 문제에 주목하고 1841년 대학 졸업과 함께 고대 그리스 유물론을 주제로 학위를 받고, 원하던 교수의 꿈이 좌절되자 신문기자로서 사회 개혁과 언론 · 출판의 자유를 쟁취하기 위한 투쟁에 참여한다. 1848년 2월의 파리혁명 시기에는 브뤼셀의 노동자 무장봉기를

---

37) *Feuerbach in seinem Briefwechsel und Nachlass sowie in seiner philosophischen Charakterentwicklung*, Bd. 1, (2Bde), hrsg. v. K. Th. Ferdinand, Leipzig 1874, 409쪽.

38) L. Feuerbach, *Das Wesen des Christentum*, Leipzig 1841, LFW, Bd. 4, 369쪽.

39) 이런 사정을 헤겔의 다음과 같은 말과 연관하여 생각해보는 것도 의미가 있는 일이다. "개인에 관한한 각자는 그 시대의 아들이다. 철학 역시 자기 시대를 사유로 파악할 것이다". Hegel, Rechtsphilosophie, 26쪽.

도울 정도로 확고한 공산주의 동맹의 지도자로 발돋음한다.[40] 그는 혁명의 현장을 누비면서 전통적 형이상학과 신에 대한 부정으로 대표되는 무정부주의적 니힐리즘을 몸소 실천적으로 증명한다. 그는 자기 시대 전 유럽의 사회운동과 혁명에 행동으로 참여했을 뿐 아니라 예리한 통찰력으로 자본주의의 근본적 모순과 노동의 인간소외를 통해 새로운 인간학으로 "정치경제학 비판"인 "자본론"을 이론적으로 서술한다. 그 첫째 권이 출판된 것이 1867년이니 니체의 『비극의 탄생』(1872)이 나오기 5년 전이다.

반형이상학과 반기독교(반종교)를 그 시대의 주도적 사유 유형이라 한다면 시빗거리가 될 수 있다. 왜냐하면 그 시기에도 많은 위대한 신앙인도 있고 또 종교 이론가도 있기 때문이다. 그중에서도 시대의 사회주의에 맞선 신앙인이며 기독교 이론가로 쇠렌 키르케고르를 들 수 있다. 그는 하느님에 대한 절망에서 인간에 대한 희망 대신 절망을 체험하고 그 절망을 극복하기 위해 다시금 실존적 단독자를 설계한다는 점에서 사회주의자들과 반대 방향으로 나아간다.[41] 그래서 그는 모든 것이 정치색을 띠고 진행되는 사회상을 비판과 우려의 시각으로 바라보면서 잃어버린 초월적 영원자를 되찾고 그와 마주해야 한다고 강조한다.[42] 천박하게 타락해가는 시대정신의 부패 속에서 더 이상 성령을 믿는 이는 없지만 그러나 이런 시대가 옳은 것은 아니라고 생각하고 이것을 비판하는 자기 자신을 "시대의 교정제"로 이해한다.[43] 그는 기독교나 하느님에 대한 믿음이나 불신앙을 문제 삼기보다 그 주체로서 유일자 "개별자(der Einzelne)", 자신의 행동과 삶의 순간순간을 결정하고 결단하는 실존적 개별자를 문제 삼는다[44] 헤겔 철학 타파를 평생 자신의 과제로 할 만큼 개성 강한 그는 사실 실존적 개인과 개성의 강조를 통해 사회가 아니라 사회 구성의 기본 단위로서 단자(헤겔에서는 생의 개별자)의 위치를 간과한다. 그러나 이 개

---

40) 1848년 2월의 맑스 · 엥겔스의 「공산당 선언」은 국제 노동자운동의 최초의 강령이다.

41) 그는 사회적 공산주의뿐 아니라 민주주의도 반대한다. 그에게 공동체나 대중(민중) 역시 무책임하고 어리석은 반진리 편의 무리들일 뿐이다. S. Kierkegaard's Journal and Papers, I–VII, ed., H. V. Hong, Indiana Uni. Press 1967ff.에서 일기와 유고들과, 표재명, 키에르케고어 연구, 지성의 샘, 1995, 124쪽 이하 참조. 후에 루카치가 그를 반동철학자라 평한 이유가 여기에 있다. G. Lukács, *Die Zerstörung der Vernunft*, Luchthand 1962, 16, 177쪽.

42) Kierkegaard, *Zur Selbstprüfung der Gegenwart Anbefohlen*, 1851, übers. E. Hirsch, Regensburg 1953, 54쪽 이하.

43) Kierkegaard, *Einübung im Christentum*, übers. v. E. Hirsch, Regensburg 1955, 76쪽.

44) Kierkegaard, *Der Gesichtspunkt für meine Wirksamkeit als Schriftsteller*, übers. E. Hirsch, Regensburg 1964, 33, 109쪽. 인간 실존 자체의 고통의 전형으로서 그리스도는 "진리의 고뇌"이며 삶의 고뇌로 이해된다. Kierkegaard, Pap., XI, A.657, 표재명, 위의 책, 115쪽.

별적 단독자는 자기의 내면에서 결단을 위한 부정자라는 점에서 헤겔에게 날린 자신의 화살에 되맞는 부메랑 아이러니를 연출한다. 사회 전반의 변혁의 소용돌이에 휩싸여 그 속에 살고 있는 개인들은 자신의 구체적 실존은 물론 단독자로서의 체험을 방해받는 시대적 상황에 서 있다는 사실조차 인식하지 못하는 것을 키르케고르는 개탄한다. 비록 단독자로서 개인의 실존이 온갖 우연에 착색되어 어떤 불변적 본질도 가지지 못한 외롭고도 가련한 처지에 있더라도 그에 대한 직시와 반성만은 인간성을 되찾는 첩경이며 첫걸음이라고 그는 가르친다. 그러나 개인들은 스스로가 실존적 단독자로 존재하는 사실을 단순히 도외시하는 것이 아니라 그런 존재는 자기와 무관한 이방인으로 치부하고 거부한다. 아마도 이런 경향성은 실존적 단독자라는 인간 본성을 깨닫는 순간 세계와 역사 속에 무능한 자신을 보고 절망하는 것을 두려워하기 때문일 수 있다. 이 두려움이 세계와 역사의 진행과 생성 자체가 하나의 싱겁고도 한심한 우연의 늪이라는 것을 깨닫자마자 절망의 강도는 절정에 이른다. 이러한 생각 역시 니체 사유의 중요한 배경으로 채색된다.

6. 1848년 혁명 이후의 실존적 염세주의의 심화

1848년 이래 유럽 사회는 개인의 평준화 문화의 평준화를 이념으로 하는 사회주의의 강령아래서 의식화되고 있었다. 아직 정치제도들이 그 체제와 질서의 틀에서 완전히 벗어나지는 못했고, 따라서 현실적으로 아직 사회주의 혁명은 요원해 보였음에도 불구하고 도처에서 개인의 자율성과 평등성을 기치로 내건 온갖 팸플릿, 기사, 소설 등이 판을 치고 특수 이해관계에 걸린 몇몇을 제외하고는 이 흐름에 자연스럽게 떠밀려 표류하게 된다. 이 표류하는 인간 세상에 대한 일종의 경고판, 즉 이 사회와 역사의 근원적 원동력은 이리저리 표류하는 사회나 역사 그 자체가 아니라 개인, 그것도 철저히 실존적인 단독자로서 개인이라는 것, 또 이 단독자야말로 유일한 절대 하느님의 개별화한 모습이며 그러므로 단독자는 자신의 깨달음과 순교를 통해 영원자를 부활시켜야 한다는 것, 그리고 이 부활을 통해 새로운 삶의 종교를 수립해야 한다는 것이다.[45] 이 종교는 맑스를 위시한 당시 사회주의자들이 제시한 개인 실존성에 대한 사회적 · 역사적 회복을 강령으로 하는 신흥 종교에 대

45) Kierkegaard, *Erbauliche Reden in verschiedenen Geist*, übers. H. Gerdes, 1947 473쪽 이하 참조.

한 반동의 성격을 가지지만 구원의 주체도 객체도 인간 실존이라는 점에서 같은 종교의 다른 예배처인 것처럼 여겨진다. 실존의 유신론적 성격과 마찬가지로 실존의 무신론적 성격 또한 개념이 합리성을 가지고 스스로 생성하고 창조하는 능력이라는 규정과 함께 폭로된다. 생성과 창조가 더 이상 초월적 창조신이 아니라 개념이라면 신 역시 이 개념의 능력 안에 내재할 뿐이다. 헤겔 자신이 의도하지 않았어도 그의 사상의 결말은 실존적 생철학과 마찬가지로 무신론으로 전환하는 필연성을 함축한다. 다소 설명의 비약이 있기는 하지만 순수 존재와 순수 무의 동일성 체계는 이 점을 분명하게 보여준다. 완전무결한 추상으로서의 순수한 존재는 비록 그것이 모든 존재자의 시원이며 창조자라 해도 현실 속에 실재하지 않는다. 논리적으로 그것은 규정 이전의 것이므로 인식 안에 들어올 수도 없고 실존을 가질 수도 없다. 이 점에서 그것은 완전무결한 추상으로서의 순수한 무와 같은 것이다.[46] 현실의 실재 세계는 구체적 존재자들의 영역이며 그 존재자들의 실존적 상황의 다양한 규정과 연결의 세계이다.[47] 이 세계에 초점을 맞출 경우 추상이나 순수라는 형식을 가지고 사는 초월자는 존재하지 않는다. 구체적 어떤 실존 물의 그렇게 있음과 특정 방식으로 사라짐이나 없어짐, 이것이 감각과 경험을 동원하는 실제 생세계의 인식 틀이다. 실재 없는 존재와 무를 개념적 사유의 시초로 하고 실재 세계의 구체적 존재자들을 그로부터 파생되는 결과물로 해석하면 초월적 절대자를 부정하지 않아도 되고, 구체적 존재자들 일반을 통틀어 순수 존재 또는 순수 무로 보면 초월적 절대자를 인정할 필요가 없으니 이런 점에서 유물론과 관념론, 유물론과 유심론 논쟁은 이미 헤겔 철학에서 예견된 바나 진배없다.

일단 현실과 실재와 경험과 감각이 존재와 생의 본질적 요인이라는 믿음을 가지면 영원이나 불변 또는 초월과 절대에 관한 고전적 이해 대신 우연하고 덧없는 것, 무의미하고 하찮은 것이나 있어도 그만 없어도 그만인 것과 같은 자질구레하고 무가치한 것처럼 보이는 일체의 것들이 새롭게 돋보인다. 고전적 전통에서는 사유나 실천에서 쓸모없는 것들로 폐기 되었던 이런 것들이 이제 당당하게 이성적인 것의 자기 생성태로 격상된다. 『법철학』에서 헤겔이 말한 "이성적인 것이 현실적인 것이고 현실적인 것이 이성적인 것이다."라는 명제의[48] 다양한 의미 중 하나는 삶의 현상을 규정하는 무수한 문화 · 역사적 제도들뿐 아니라 각 개인의 실존을 규정하

---

46) Hegel, LI, GW., Bd. 11, 43쪽 이하, Enzy. GW., Bd. 13, §38 – 40§.
47) Hegel, LI, 59쪽 이하.
48) Hegel, *Rechtsphilosophie*, TA., Bd. 7, 24쪽.

는 복잡다단한 실제적 사건들이 그냥 우연에 내팽개쳐진 부유물이 아닌 이성의 현실적 조각들이라는 것이다. 이것은 현실과 현상의 옹호이기도 하고 세속적 이승에서 이성의 자기실현 방식을 강조하는 말이기도 하다. "나는 생각한다. 그러므로 나는 존재한다"는 명제 대신 "나는 배고픔을 느낀다. 그러므로 나는 먹어야 한다"거나 "나는 정열적으로 그를 사랑한다. 그러므로 나는 그와 함께 살림을 차리고자 한다"는 말이 더욱 심금을 울리며 다가온다. 이 지평에서 맑스나 키르케고르나 니체는 구분되지 않고 하나로 겹쳐 보인다.

새로운 시대의 성숙과 함께 전통 가치관은 물론 진리관 역시 정치적 성향을 띠게 된다. 경제적 부와 편리한 기술들이 겉으로 유럽 사회를 기름지게 함에도 불구하고 귀족은 귀족대로 더 이상 전통을 고수할 수 없었고 자본가는 자본가대로 자신이 자본을 자유롭게 운용할 수 없었으며 가난뱅이와 노동자는 곤궁과 체념에서 벗어날 수 없었다. 이 세상을 지배하는 것은 이제 불만과 체념과 순간이요, 불변의 절대 진리는 존재하지 않는다는 사실뿐이었다. 존재는 그것이 있어야 할 필연적이고도 현실적 이유가 있어서 존재하는 것이 아니라 그냥 맹목적으로 우연히 존재할 뿐이며 진리 역시 그것이 언제나 참이요 거짓 아님이 아니라 그때그때 상황에 맞추어 의지의 욕망에 따라 변화무쌍한 평가를 가능케 하는 상대적 진리요, 선 역시 마찬가지의 특징을 가지게 된 것이다.[49] 인간 실존은 고뇌와 허무와 맹랑한 심연으로 둘러싸여 어느 때고 순간적으로 나뒹굴지 모르는 유한의 잿더미로 여기고 그가 사는 사회와 역사는 이 잿더미의 방향 없이 흩날리는 흙먼지 놀이터이다. 쇼펜하우어가 칸트 철학으로 돌아가려 한 것은 한갓 몽롱한 생각뿐이었고 몸은 이 잿더미 놀이터의 먼지놀이에 파묻혀 있었다.

쇼펜하우어의 개인적 성격과 사상은 타고난 측면이 없지는 않지만 그 시대 상황에 대한 감성적 · 지적 수용의 산물임을 주목할 필요가 있다. 그는 자기 시대 통찰에서 하나의 확신, 즉 '삶은 불확실한 것이다.'라는 명제를 이끌어내고 그 입증을 위해 평생을 바친다.[50] 인간 인식의 한계에 대한 칸트의 경고가 무시되고 이성의 무한 확장으로 낙관주의 세계관이 생각 없이 도처로 전파되는 것에 대해 우려 대신 확신에 찬 염세주의를 선언한다. 그는 인식과 존재의 기초에는 우리가 알 수 없

49) Schopenhauer, *Die Welt als Wille und Vorstellung*, SW., Bd. II, 317쪽 이하, 334쪽 이하, 451쪽 이하 참조

50) Kierkegaard 역시 이 점에서 같은 생각을 가지고 있다. Kierkegaard, *Abschließende unwissenschaftliche Nachschrift zu den philosophischen Brocken* I, übers., Düsseldrf 1957, 194쪽 참조.

는 객관적 물자체가 아니라 무의식적 의지가 도사리고 있으며 이것이 객관세계의 모든 것을 결정하는 근본 동인으로서 물자체라고 강조한다.[51] 물리적 현상계에 대한 과학적 인식의 확실성은 맹목적 생의 지속을 위한 의지의 불확실성을 담보하면서 그것에 기여하는 수단 이외에 아무것도 아니다.[52] 이 세상과 존재가 그 값을 가지는 것은 불확실한 생의 전 내용을 채우는 한에 있어서이며 이것은 논증이 아니라 체험에 의해 입증된다.

의지는 어떤 대상도 하나의 고정된 감정으로 느끼지 않는다. 그것이 자유든 아니든 의지는 감정으로 세계를 받아들이되 개념을 산출하지 않으며 이 때문에 소크라테스 이래 근대에 이르기까지 진리 추구의 기관에서도 그 방법에서도 소외된다. 오성적 세계 인식의 근원에 도달하는 것은 오성이 아니라 이성이고 그 이성은 그 근원의 인식에서 의지를 요청한다는 것은 칸트의 사유였다. 여기서 의지는 자연 필연성이 아니라 자유 필연성에 따르는 생과 실천의 원리이다. 만일 그 근원 역시 필연성의 지반이라면 그것은 맹목일 수밖에 없고 그 현상은 의지의 드러냄으로서 생의 현상이다. 이런 생각을 사회와 문화에 응용하면 시대 해석으로 나타난다. 왜 생을 지속해야 하는가의 물음 자체를 거부하고 맹목적으로 그것을 따르는 것, 이것이 살아 있는 개인의 특징이다. 방향 없는 맹목성은 어떤 고정적인 것도 요구하지 않는다. 개인에게 있어서나 사회에 있어서나 의지의 활력소는 욕망이되 이 욕망의 결과는 채워지지 않는 깨진 그릇 같은 것이다.

쇼펜하우어가 고등학교를 졸업할 무렵 세상은 걷잡을 수 없이 바뀌어 공부를 열심히 하여 대학을 졸업하고 학자나 문인이 되는 것을 바라는 이들보다 장사나 무역에 뛰어들어 큰돈을 벌면 웬만한 공직을 살 수도 있다고 믿는 이들의 수가 점점 많아진다. 인문학 특히 철학이 대학의 인기 학문의 자리에서 밀려난 것도 이미 오래된 일이었다. 갑부 쇼펜하우어의 부친이 자식을 대학 대신 장사를 시키려고 한 것은 결코 이상한 일이 아니며 아버지 뜻을 어기고 대학에 입학한 것 역시 학자가 되기 위해서가 아니라 아버지의 그늘을 벗어나고자 하는 괴팍한 개인적 열망 때문이었고 이것이 그를 의대에 진학해서 해부학과 생물학 등 당시의 자연과학에 몰두하게 만든다. 3년여의 괴팅겐 대학 시절 그는 넉넉한 유산 상속으로 굳이 돈벌이에 유용한 학문이 아니라 자신의 취향에 맞는 학문을 두루 섭렵하면서 철학으로 탈출

51) Schopenhauer, *Über die vierfache Würzel des Satzes vom zureichenden Grunde*, §43, §44, Die Welt als Wille und Vorstellung, 255, 259쪽.

52) 확실하게 인식했다고 우리가 상상하는 것은 단지 표상내용일 뿐 객관세계 자체는 아니다. Schopenhauer, *Die Welt als Wille und Vorstellung*, SW., Bd. II, 16쪽.

구를 찾는다. 그가 고전 철학에서 얻은 나름대로의 결론은 인간 이성도 세상도 믿을 만한 것이 못 되며 철학은 종교와 양립할 수 없다는 것, 진정한 철학자는 회의적 염세주의자이며 반종교적이어야 한다는 것이다. 요컨대 세상은 눈먼 우연에 의해 짜여져 있어서 여기에 어떤 고유의 목적도 지향점도 있을 수 없다는 것, 그리고 이것을 알면 창조자로서의 신은 부정될 수밖에 없다는 것이다. 이것은 그의 고유하고 독특한 사상이기보다 그 시대의 자연스런 사유 전형이다. 즉, 세계나 종교는 모두 의지의 자기 인식일 뿐이라는 것이다.

그 시대는 머리보다 감각과 손발의 노동이 더 가치 있다고 여기는 상황이었다. 손발은 정신에 대한 육체의 상징적 표현이며 상부구조에 대한 하부구조의 우위에 대한 직접 표현이기도 하다. 쇼펜하우어에서 노동은 삶의 필연적 방식이기는 하지만 근원적인 것은 아니다. 삶의 근원적 추진력은 욕망과 그 충족을 추구하는 의지의 긍정성이며 이 긍정성이 삶의 맹목적 지속의 원천이다. 이때 머리는 단순히 정신이 아니라 의지로 충만되며 의지 충족의 수단이 노동이기 때문에 삶이 고통인 것은 아니다. 삶을 지탱하는 의지는 욕망을 본성으로 하는 충동에 의해 채워지며 욕망은 충족을 통해 만족된다. 그러나 욕망은 주체 자신에게는 없는 대상에 대한 열망이고 이 타자(他者)를 획득하자마자 채워지는 만족은 일시적이며 새로운 욕망의 출현으로 이행된다. 의지 자체가 진정한 고통이며 고난인 이유가 여기에 있다. 즉, 욕망은 채워지지 않는 그릇이기도 하고 쉬이 채워진다 해도 금방 허기짐을 느끼는 권태로운 놀이처럼 보인다. 이것이 진정한 고통의 체계인 것이다. 생은 따라서 욕망과 의지의 본성에서든 구체적 생활의 과정에서든 고통일 뿐이다. 그는『의지와 표상으로서의 세계』의 여러 곳에서 불행과 고통에서 벗어나는 다양한 방법을 예시한다. 흔히 생각하기 쉬운 자살은 진정한 대안이 될 수 없다, 그냥 내버려두어도 죽을 인생을 굳이 인위적 자의적으로 마감한다 해서, 다시 말해 현상적 육체의 종말을 앞당긴다고 해서 살려고 하는 생의 영원한 의지를 꺾을 수는 없으므로 참된 자아의 종말을 실현할 수 없다. 자살이 어리석고 천한 것은 이 때문이다. 고통과 불행에서 벗어나는 진짜 해탈은 일상생활을 담보하는 현상적 대상의 관념, 즉 감각 경험의 내용이 되는 관념에서 벗어나 영원한 관념들, 다시 말해 어떤 구체적 현상에도 영향을 받지 않는 이념들에 대한 명상에 몰두하는 데서 얻어진다. 영원한 관념에 몰두하고 집중하는 데는 하나의 '기술(Technik)'이 필요하다. 이 기술은 예술과 예술 탐구에 대한 정신 집중이다. 참된 예술은 보는 이로 하여금 세속적 욕망의 증진이 아니라 불변의 아름다움에 대한 표상을 일깨우는 것이어야 하는데 이에 가장 적합한 것이 바로 음악이다. 작품 하나하나는 특정 대상과 주제를 형상화하나 그 각각의 본성 안에는 영원한 미의 관념이 내재하고 그것을 명상토록 할 때 우리는 그것을 진정한 예술품이라 한다.

그러나 쇼펜하우어에서 예술은 삶의 고뇌로부터의 완전한 해방에 이르는 수단은 아니다. 예술은 그 특성상 우리를 일시적으로 해방시킬 뿐이다. 고난의 진정한 해방자는 자신의 생의 본질이 타인의 생의 본질과 동일한 고통이라는 것을 직시하고 그 공감을 연민으로, 또 그 연민을 윤리적으로 실천하는 행동을 통해 가능하게 된다. 이 연민이 인류에 대한 보편적 전우애, 보편적 동정의 수준으로 격상될 때 비로소 개인은 자신의 개별적 고난과 불행에 낙담하지 않고 생의 무수한 어려움에 주눅 들지 않으면서 고요한 열반의 즐거움을 체험하게 된다.

생이 욕망 충족의 자연적 사회적 체계로 되어 있다는 말은 새로운 것은 아니다. 그에게 새로운 것은 욕망 충족의 체계를 결정하는 본래적 요인이 생의 맹목성에 있다는 것이다. 헤겔은 욕망 충족을 해소하는 고전적 방식인 노동을 중시함으로써 전통 사유의 입장을 취하면서 노동이야말로 개인의 사회화와 인간화를 동시에 완수하는 중요한 덕복으로 칭송한다. 동시에 그는 노동이 가지는 부정적 측면인 소외와 비인간화와 계급 갈등의 가능성을 경고한다. 이 경고를 경청하고 비판적 관점에서 부르주아 사회를 분석하면서 소외 극복의 대안을 제시한 이들은 맑스를 위시한 사회주의자들이다. 그들 역시 생의 본질과 그 고통이 물질로 채워져야 하는 생명성의 유물론적 성격에 있다는 데 공감한다. 다만 이 성격이 왜곡된 생산양식을 산출하고 그것을 고수하는 사회에 의해 더욱 극단화된다는 평가에서 쇼펜하우어와는 반대의 길을 갈 뿐이다. 사회주의자들이 왜곡된 생산양식의 혁명적 수정을 요구하고 그 혁명을 수행하는 주체 세력으로 노동자 · 농민을 설정하여 민중주의를 믿으며, 그리고 혁명이 성공할 경우(또 반드시 성공할 것이지만) 생의 세속적 고통이나 노동의 소외는 사라진다는 낙천주의를 믿는 데 비해, 그는 생의 근원적 고통을 잠정적으로 해결하는 데 예술을(그것도 음악) 말한다는 점에서 낭만적 귀족주의를 믿으며, 그 예술조차 생의 근원적 고통을 잠재울 수 없다는 점에서 염세주의를 확립한다. 특히 예술적 귀족주의의 이 관점은 니체에게 그대로 이어진다. 천한 무리들의 사회적 소란(사회주의 운동)을 경멸하는 점에서도, 또 그 무리들이 신성시하는 노동이야말로 기도와 명상을 완강하게 붕괴시키는 방해물로 이해하는 점에서도, 예술 그중에서도 술과 음악이야말로 속된 세상과 그 안의 이런 무리들로부터 인간을 해방시킨다고 믿는다는 점에서 그러하다.[53]

역사적으로 귀족은 통치권자를 도우면서 권세와 부를 축적하고 그것을 세습하면서 생활하는 계층으로 이들은 시간이 지나면서 특정 신분의 위치를 확고히 한다. 그들은 언제나 권력의 편에 있을 때만 보호받을 수 있다고 믿는다. 또 그들의 부와 권력이 기존 권력을 제압할 수 있다고 여기면 같은 입장의 세력들을 규합하여 가차 없이 옛 왕조를 몰락시키기도 하고 새 왕조를 만들어내기도 한다. 어느 경우든 그들은 구전통과 전통의 권위를 등에 업고 자신의 위치를 고수한다. 프랑스 혁명에서 새로운 계층인 부르주아와 연대하지만 부르주아들은 귀족과 근본적 차이를 가진다. 그들은 전통이나 구제도가 자신들의 입지에 불리하다는 것을 인식한다는 점에서 왕이나 귀족과 대립한다. 귀족들이 부르주아와 연대하여 혁명으로 얻은 것은 더욱 위태로워진 자신들의 신분 특권일 뿐이었다. 일단 혁명이 끝나자 실질적 권한은 서서히 부르주아 쪽으로 이동하기 시작한 것이다. 귀족들은 옛날의 안정적인 자신의 위치로 되돌아가기를 원했지만 사회는 더 이상 구질서가 아니라 돈과 자본을 장악한 이들의 욕망 체계로 재편되기 시작하고 이 재편과 더불어 부르주아들은 새로운 귀족으로 등극하면서 낡은 귀족들을 자신의 그림자 속으로 흡수한다. 이때쯤, 그러니까 1848년을 기점으로 하여 유럽의 선진국들의 정치 · 경제는 물론 문화 전반을 이끌어가는 주도 세력은 자본가계급이었고 이와 동시적으로 프롤레타리아계급 역시 격렬한 저항을 시작하게 된다. 이 무산자 노동자계급의 정착은 부르주아들을 확실하게 새로운 신흥 귀족으로 등극시킨다.

신흥 귀족 부르주아의 근본 이념은 자유이다. 전통으로부터의 해방, 관습과 풍습으로부터의 자유는 돈을 모을 수 있는 하나의 통로에 도열하고 그 통로에서 자본 축적의 목표를 효과적으로 달성한 이들에게 다시 훈장처럼 목에 걸린다. 이 통로와 목표는 죽느냐 사느냐의 생존 경쟁으로 점철되며 여기서 살아남아 부르주아의 도장을 받는 이는 소수일 뿐이다. 이 소수들이 자기 권익을 위해 정초한 국가와 정부는 시민 모두가 자신의 권리와 이익을 평등하게 주장하고 달성하는 민주주의와 근본적으로 다르다. 여기서 시민 모두가 자본과 권리 앞에 평등하고 자유롭다는 말은 내용 없는 형식이 되고, 소수의 자본 귀족과 다수의 무산자계급을 하나로 묶는 끈은 자본가 쪽에 쥐어지고 그 대립자들은 이 끈을 강요로 인식하게 된다. 노동계급의 성장과 더불어 유랑 계급도 생겨난다. 그들은 마음은 새로운 귀족인 자본가계급에 두고 몸은 노동자계급에 속하는 이들과, 반대로 몸은 자본가 토양에 살면서 정신은 노동자계급에 거주하는 이들로 나누어진다. 이들은 전문적 대학 교

53) 사회주의는 물론 민주주의, 대중, 공중, 다수 등을 반대하고 부정적으로 평가하는 점에서 키르케고르의 문화 귀족적 성향 역시 니체에게 상속되는 유물 중 하나이다.(Kierkegaard, Pap., VIII, A 667 : J. P., IV, 4114)

육을 받은 지식인과 예술가 또는 문인들이 대부분이다. 사회개혁운동에 뛰어든 이들은 새로운 계급인 프롤레타리아에 의한 정치 · 경제의 재편만이 진정한 민주주의의 완성이라고 강조한다. 이들은 자신들의 의식이 프롤레타리아의 권익을 대표한다고 믿고 그렇게 행동함으로써 계급 유랑인에서 확실하게 벗어나지만, 또 다른 부류인 일부 예술가 본인이나 자유사상가들은 급변하는 사회 상황을 이미 하나의 무정부적 우민 민주주의를 지향한다고 보고 문화 귀족주의 관점을 취한다. 그들은 지속적으로 구체적 경제활동에 참여하지 않는다는 점에서는 일종의 룸펜들이지만 당 시대를 면밀하게 관찰하고 그 내용을 작품화한다는 점에서는 예술가이다. 이들의 작품은 대부분 상품화에 실패하지만 그러면 그럴수록 자존심만은 하늘을 찌를 듯 높아져 자신들을 몰라보는 일반 대중들을 멸시하는 경향을 띠게 된다. 이 환상적 예술가 집단을 낭만적 귀족주의라 부를 수 있다. 쇼펜하우어 자신은 예술가가 아니었지만 그들에게 예술적 자존심과 긍지의 이데올로기를 제공함으로써 깊은 존경을 받는다. 그를 시대의 진정한 선각자로 이해한 니체 역시 낭만적 귀족주의의 상속인으로 보아도 좋을 것이다. 진정한 귀족은 정부나 생계에 시달리지 않으며 오로지 자기 자신이 하고자 하는 일을 할 수 있어야 한다. 물론 이 할 수 있음은 현실이 아니라 상상 속에서 가능한 일이다. 정신을 비방하되 의지와 감정의 자유를 무제한으로 누리면서 현실 생활의 무능과 권태를 전도시킬 수 있는 곳은 미적 상상의 세계이기 때문이다.[54] 어느 하나에도 안주할 수 없는 방황을 자유라는 이름으로, 어느 하나도 확고한 것으로 믿을 수 없는 불신을 상대적 허무주의로 정착시킬 수 있는 곳은 생과 역사를 하나의 과정이요 흐름으로 해석하고 그 해석의 지평을 언제나 실존과 문화의 무수한 그물망의 조건에 의해 제한된다는 세계관에 묶어놓는 것이다. 감수성 예민한 예술가와 지식인들은 이 해석적 세계관을 더욱 미화하면서 다양한 색조로 그려내고 있었다. 이 그림들의 탁월한 대표자가 나타나는 것은 시간문제였고 그 시간을 가리키는 대표적 사건이 『비극의 탄생』, 즉 니체 사유 탄생의 중요 배경 색조로 자리 잡는다.

---

54) 이 자유롭지만 권태로운 세계야말로 여유 있는 신의 실존이며 어떤 생계도 걱정할 필요 없는 귀족적 인간 실존이다. 이것은 궁극적으로는 유랑인으로서 개인 자신의 실존적 본질로 이해된다. Kierkegaad, *Entweder/Oder*, 395쪽과 비교.

참고 문헌

1차 문헌

Feuerbach, L., *Das Wesen des Christentum*, 1841, LFW., Bd. 5.

____, *Gedanken über Tod und Unsterblichkeit*, Nürnberg, 1830, Ludwig Feuerbach Werke in sechs, (=LFW), Bd. 1, Frankfurt/ M., 1975.

____, *Über die Unendlichkeit, Einheit und Allgemeinheit*, LFW., Bd. 1.

Feuerbach in seinem Briefwechsel und Nachlass sowie in seiner philosophischen Charakterentwicklung, Bd. 1, (2Bde), hrsg. v. K. Th. Ferdinand, Leipzig 1874.

Hegel, *Grundlienen der Philosophie des Recht*, TA., Bd. 7, Frankfurt / M., 1970. (=Rechtsphil)

____, *Wissenschaft der Logik*, 2Bde, GW., Bd. 11–12, Hamburg 1978. (=LI. LII)

Marx, K., *Der Kommunismus und die Augusburger "Allgemeine Zeitung"*, 1842, MEW., Bd. 1.

____, *Zur Kritik der Hegelschen Rechtsphilosophie*, MEW., Bd. 1.

Marx, K., Engels, F., *Die deutsche Ideologie*, MEW., Bd. 3.

Kierkegaad, *Abschließende unwissenschaftliche Nachschrift zu den philosophischen Brocken* I, übers., v., A. Junghans, Düsseldrf 1957.

____, *Der Gesichtspunkt für meine Wirksamkeit als Schriftsteller*, übers. E. Hirsch, Regensburg 1964.

____, *Einübung im Christentum*, übers. v. E. Hirsch, Regensburg 1955.

____, *Entweder / Oder*, 2Bde., Düsseldorf 1957.

____, *Erbauliche Reden in verschiedenen Geist*, übers. H. Gerdes, 1947.

____, *Zur Selbstprüfung der Gegenwart Anbefohlen*, 1851, übers. E. Hirsch, Regensburg 1953.

Kierkegaard's Journal and Papers, I–VII, ed., H. V. Hong, Indiana Uni. Press

1967ff.

Schopenhauer, *Die Welt als Wille und Vorstellung*, A. Schopenhauer sämtliche Werke (=SW), BD.II, Frankfurt/ M., 1986.

_____ , *Über die vierfache Wurzel des Satzes vom zureichenden Grunde*, SW, Bd. III.

2차 문헌

발터 슈미트 외, 『독일 근대사』, 강대석 역, 한길사, 1994.

볼프강 보이틴 외, 『독일 문학사－사회사적 관점에서 본 문학적 술화』, 허창윤 역, 삼영사, 1998.

아르놀트 하우저, 『문학과 예술의 사회사 4』, 백낙청 외 역, 창작과 비평, 1996.

조창섭, 『제국주의 시대의 독일 문학』, 서울대 출판부, 2002.

칼 뢰비트, 『헤겔에서 니체로』, 강학철 역, 민음사, 2006.

표재명, 『키에르케고어 연구』, 지성의 샘, 1995.

Brauneck, M., Müller, Chr., *Naturalism. Manifeste und Dokumente zur deutschen Literatur 1880－1900*, Stuttgart 1987.

Lukács, G., *Die Zerstörung der Vernunft*, Luchthand 1962.

Sagarra, E., *Tradition und Revolution. Deutsche Literatur und Gesellschaft 1830－1890*, München 1972.

Die sozial–kulturelle Situation zu Nietsches Zeit (1830~1860)

Yoon, Byoeng Tae

Zusammenfassung

Nietsches Gedankenrichtung kann knapp als anti–methaphysich und antichristlich zusammengefasst werden.

Diese Richtungen werden durch seine lebensphilosophische und aesthetische Eigeninterpretation und Darstellungsweise des dionysichen Urtriebes gestützt. Um seine Wahrnehmung und Gedankenwelt verstehen zu können, ist es essentiell die diversen sozial–kulturellen Hintergrundgeschichten zu betrachten, angefangen von der Juli Revolution 1830, über Hegels Tod im Jahre 1831 bis hin vor französich–preußischen Krieg 1870(insbesondere bis 1860).

Die Julirevolution war buchstäblich die Welteroberung durch die Vernunft, und somit der Anfang vom Ende der Philosophie Hegels. Die Zeit zwischen der Revolution von 1848 bis 1870 gilt als Zeit der Vollendung des Endes. Doch gleichzeitig wurde in dieser Zeit Hegels Philosophie erneut interpretiert und somit durch Negation weiterentwickelt.

Der Author analysiert die Gesellschaft und Geschichte zu dieser Zeit zusammen mit den philosophischen Brennpunkten aus sozialwissenschaftlicher Sicht. Daraus wird klargestellt, wie Anti–Metaphysik, Anti–Christentum, und Pessimismus sich zum Zeitgeist entwickelt und verankert wird.

Schlagwörter : Adel, Einzelner, Sozialismus, Leben, Bürger, Bourgois, Pessimismus, Wille, Naturalismus, Freiheit

노자의 길(道) : '복'(復)[1)]

황 순 우

1. 들어가는 말 – 사회 안에 나 있는 자연의 길
2. 자연의 길 – 변화
3. "정(靜) / 동(動)의 새끼줄 꼬기" 논증 고찰
4. 존재의 스펙트럼 – 지극한 다양과 하나의 근원
5. 변화의 변증법 – 존재의 근거
6. 맺음말

요약문

무위자연(無爲自然)으로 대표되는 노자의 도(道)는 사회 안에 본래부터 나있는 자연의 길을 가리킨다. 이 자연의 길은 존재자들을 존재하게 해주는 존재의 길이고, 존재의 뿌리가 되는 존재의 근거이다. 고와 저, 장과 단, 상과 하, 미와 추와 같은 여러 개의 대립한 범주들이 서로에게 존재 근거가 되어서 '지극히' 다양한 존재들이 드러나 존재하는 자연의 길이 있다면, 이런 존재들의 '지극한' 다양함을 해체하여 존재들과 그 다양함이 발원했고 처음인 곳, 즉 하나의 근원으로 돌아가는 자연의 길이 있다. 이 두 개의 길은 같은 하나의 길로 겹치는데, 존재의 동일성이 그 다양성을 근거지운다는 말이다. 노자는 이 길을 제16장에서 '복'(復) 자로 적고 있다. '복' 자는 존재들이 변화하고 운동하는 힘을 하나의 패턴으로 그려내고 있는데, 이것이 사회 안에 나있는 자연의 길이다.

● **주요어 : 노자, 도, 허정, 자연, 존재**

1. 들어가는 말 - 사회 안에 나 있는 자연의 길

'길'을 뜻하는 '도(道)'와 '스스로 그러함'을 뜻하는 '자연'은 함이 없음을 뜻하는 '무위(無爲)'와 더불어 노자 철학에 대한 일반적인 수식어일 것이다. 많은 이들이 노자처럼 길과 자연에 대해 사유했을 터이지만, 그 가운데 '인간은 사회적 동물이다'는 표현으로 잘 알려진 아리스토텔레스의 길과 자연에 대한 사유는 노자의 것과 대조되기 때문에 흥미롭게 여겨진다. 아리스토텔레스가 말한 바로는, "사회적 동물(zoon politikon)"로서의 인간은 사회를 떠나서는 개별적 인간으로서 존재할 수도 없고 규정될 수도 없다. 인간은 이미 자신의 본성, 즉 자연에 의해 사회 안에서의 공동체적인 삶이 뿌리내려 있다. 사회는 '자연적으로' 형성된 것이다. "사회적 동물"이란, 인간 존재가 본성이라고 하는 자연 안에 사회성을 말 그대로 본래부터 지니고 있다는 말이다. 아리스토텔레스는 "사회적 본능은 자연에 의하여 모든 사람에게 박혀진 것"[2]이라고 주장함으로써, 자연 안에 나있는 사회적인 길, 다시 말해 인위적인 '유위(有爲)'의 길을 찾아낸 것이다. 이 길은 인간 존재를 존재하게 해주는 존재의 길이고, 인간 존재의 뿌리가 되는 존재의 조건이다.

노자의 길 또한 인간 존재를 위한 길이고 그 존재의 조건이 되는 길이다. 그는 다른 제자백가와 마찬가지로 인간이 존재하기 힘들었던 지극히 혼란했던 당시 사회를 문제로 삼은 것이고, 사회 문제에 대한 답을 사회적이지 않은 것에서 찾았다. 그래서 사회 문제에 대한 답의 영역이 사회를 구조화하고 있는 사회적, 인위적 규범을 벗어난 것이며, 이런 "부정적 대안"[3]은 다른 제자백가와는 다른 노자 철학만의 특징이 된다는 것이다. 노자의 도가 인위적 규범에서 벗어나고 사회적 범주를 넘어선다고 해서 "부정적 대안"으로 일컬어지지만 그렇다고 해서 사회를 넘어서는 것은 아니다. 다시 말해 사회를 초월한 어떤 불변적인 배후자로서의 존재자를 찾거나 그런 불변적인 존재자에게 이르는 길을 찾은 것이 아니다.[4]

노자는 아리스토텔레스처럼 자연에 본래부터 나있는 사회적인 길을 찾고자 한

---

1) 이 논문은 2008년 2월 헤겔학회 월례회에서 발표했던 글을 기초로 해서 다시 작성한 것이다. 그때 논평을 맡아 주셨던 선생님과 발표에 참석해 주셨던 학회 선생님들께 감사드린다.

2) 아리스토텔레스, 이병길/최옥수옮김, 『정치학』(서울: 박영사, 2007), 17쪽.

3) "〔노자는〕 독단적 '인위'론에 대한 '부정'으로서 '무위'의 자연철학을 제시한 것이다. 따라서 『노자』에서는 다른 제자백가의 문헌에서 볼 수 없는 사회 문제 풀이, 즉 적극적인 '유위'의 절대적 규제에 대한 '부정적 대안'으로서 그런 인위적 규범에서 벗어난 자연스런 '무위'의 원리에 대한 총체적이고 종합적인 파악이 제기되고 있다. 그것이 바로 사회적 범주를 넘어서는 총체적인 '도'의 범주인 것이다." (송영배, 『제자백가의사상』(서울: 현음사, 2005), 236쪽).

것도 아니지만, 또한 홉스처럼 사회 바깥에 난 자연의 길을 제기한 것도 아니다. 그렇다고 사회와 자연을 초월하는 길을 연 것도 물론 아니다. 노자는 이 세 길과는 다른 길을 우리에게 보여주는데 그것은 다름 아닌 사회 안에 본래부터 나있는 자연이라고 하는 길이다. 사회 안에 나있는 자연의 길은 사회 바깥의 자연, 즉 사회를 구성하는 데에 필연적인 조건이 되는 법이나 제도를 부정하고 사회 자체를 완전히 해체한 채 사회와 대립하는 사회 바깥의 자연 그대로의 상태에 있는 자유로운 인간들의 삶을 말하는 것이 아니다. 사회 바깥의 자연의 길은 사회를 벗어나서 어떠한 인위적인 사회 규범도 기능을 하지 않는 무인도에서 로빈슨 크루소처럼 걸어가고 살아가는 자연 그대로의 길을 말한다.

노자는 무인도의 로빈슨 크루소의 자연처럼 기본적인 사회적 단위를 그대로 해체하고 자연으로의 복귀를 주장하지는 않는다. 사회를 구성하는 중추적인 단위가 되는 왕(王)도 도(道)와 하늘과 땅과 마찬가지로 크다고 하는 "왕역대"(王亦大, 제25장)와 노자에게 이상적인 국가라고 할 수 있는 '작은 나라와 적은 국민'을 뜻하는 "소국과민"(小國寡民, 제80장)이라고 하는 문장만 보더라도 사회 자체를 부정하고 있지 않음을 알 수 있다. 노자는 사회 문제를 풀고자 사회를 해체하고 사회 바깥에 있는 자연을 상정하지 않고 사회 안에서 해답이 될 길을 모색한다. 사회 안에서 사회 문제를 풀고자 찾아낸 길이 '자연'이고 사회 안에 있는 자연, 사회 안에 본래부터 나있는 길이다. 그렇다면 노자에게 자연이 사회와 대립하는 '자연계' 개념이 아님을 쉽게 추측할 수 있다. 자연이 사회와 대립하는 것이 아니고 오히려 사회와 사회 안에 있는 존재들이 살아 숨 쉬도록 숨통 역할을 하고 사회가 건강하도록 신경과 동맥 역할을 해준다. 그래서 이 길은 생명을 위한 길이고 존재를 위한 길이다.

노자와 대척점에 서 있었던 "독단적 인위론"의 한 측면은 분명히 아리스토텔레스의 입장이기도 하다. 이에 따르면 인간의 본성 또는 자연이 사회적임을 강조하고, 인위적인 사회성이 본성 또는 자연을 온전히 규정한다고 한다. 그래서 인위적인 사회성은 본성 또는 자연에 적합하며, 또한 사회적 규범과 그것에 충실한 사회성은 필연적이다. 그러므로 사회적 규범에 잘 따르는 것이 선이다고 주장한다. 하지만 노자의 입장은 이러한 인위적인 사회적 규범의 필연성을 부정하고 자연으로

4) "중국철학은 시작의 애당초부터 심오한 철학적 사유가 보편화되어 있을 때에도 변화현상 배후의 불변자의 문제를 인식하지 않았으며 단지 변화하는 현상 그 자체의 관찰로부터 변화의 常道를 귀납해내었을 뿐이다. 常道의 "常"은 변화운동의 진실성을 의미하는 것이며 그것이 결코 '불변'(changelessness)을 의미하는 것은 아니다."(김용옥, 『노자철학 이것이다』(서울: 통나무, 1989), 104-105쪽).

돌아가자는 것이다. 사회적 규범들이 자연에 적합하지도 않으며, 사회적 규범의 강제나 그런 규범에 복종하는 것은 자연을 해치는 것이 된다. 다시 말해 존재자의 본성은 인위적인 사회적 규범에 적합하지도 않고 그런 규범에 의해서만 운영되는 사회에도 적합하지 않다는 것이다. 그러므로 인위적인 것은 존재자의 본성을 안정되게 해주지도 평화를 가져다주지도 않는다는 것이다. 그래서 노자는 인위적인 사회와 문명을 상징하는 "오색(五色)", "오미(五味)" 그리고 "오음(五音)"(제12장)이 가장 자연적이지 않고 오히려 자연을 해친다고 하여 배제한다. 인간 존재의 본성에 적합하지 않은 인위는 옳지 않은 길이고 인간을 구속한다. 노자는 물론 사회 자체를 해체하거나 부정하지는 않지만, 개인과 사회가 잘되려면 인위적인 사회적 규범을 버리고 자연의 길이라는 도(道)를 따라야 한다는 것이다.

개별적 존재자들의 존재가 사회 규범에 따라 규정되는 것이 아리스토텔레스의 "사회적 동물"이라면, 노자의 자연은 사회 규범에 따라 규정되지 않고 그래서 사회적 참여에 따라 규정되지 않는다는 존재자들의 길을 말한다. 아리스토텔레스는 자연에 본래부터 나있는 사회적인 길을 찾고자 했고, 그래서 사회는 "자연의 창조물이며 개인에 앞서 있다"[5]면서 개별적 존재자들을 근원적으로 해체하지 않았다. 자연 안에 있는 사회란 사회가 근원적으로 자연적인 것으로 생겨난 것을 말한다. 하지만 노자는 자연 안에 나있는 사회적인 길을 "사회 문제"에 대한 답이라고 생각하지 않았으며, 또한 사회 바깥에서 자연의 길을 제시하여 다시 사회로 돌아오는 길도 답이라고 생각하지 않았다. 그는 한편으로는 사회를 근원적으로 해체하지 않으면서 다른 한편으로는 개별적 존재자들을 근원적으로 해체함으로써 사회 안에 본래부터 나있는 자연의 길을 답으로 찾아낸 것이다. 도(道)의 범주는 사회가 그 영역이 되고 사회의 근원은 도라고 하는 자연의 길로 소급된다.

노자는 자연의 길을 제16장에서 '복'(復) 자로 적고 있다. '복'(復) 자는 사회 안에 본래부터 나있는 자연의 길을 나타내고, 사회가 숨 쉬는 길이고 그래서 존재들을 위한 길이며 그 존재들의 조건이 되는 길이다. 그가 찾아낸 자연의 길은 고착되어 불변하는 길이 아니라 무한한 변화가 본질이 되는 '영원한 길'이다. 본 논문에서는 무한한 변화의 길을 구조적으로 분석하여, 변화가 단순히 존재에 딸린 우연적 속성이 아니라 바로 존재의 근거임을 밝히고, 무한한 변화의 길이 어떻게 영원한 길('상도常道')이 되는지를 드러내는 작업이 이루어질 것이다.

---

5) 아리스토텔레스, 『정치학』, 17쪽.

2. 자연의 길 – 변화

『노자』 사상의 '총론'[6]인 제1장 첫 문장은 노자가 찾는 길이 어떠한 길인지를 분명하게 보여준다. 그 길의 속성은 두 가지이다. 그 길은 영원하면서 늘 변화해나가는 길이다. 두 번째 문장은 그 길을 찾는 것이 왜 중요한지를 말해주고 있다.

> "말로 표현할 수 있는 도는 영원한 도가 아니고, 부를 수 있는 이름은 영원한 이름이 아니다. 무명은 천지의 시초요, 유명은 만물의 어머니이다."[7]

인간의 존재가 지극히 위협을 받았던 춘추시대를 살았던 노자는 존재를 지탱해주는 임시방편으로서의 길이 아니라 언제나 자기보존을 할 수 있는 영원한 길을 찾고자 했음은 분명하다. 하지만 그 길은 고착화된 존재의 길이라기보다는 무한한 변화의 길이었다.[8] 두 번째 문장에 보이는 "무명(無名)"은 무한한 변화로서의 영원한 길을 표시하는 말이고, 이 무한한 변화는 모든 존재의 근거("천지지시天地之始")이다는 것이다. 바로 이 길이 존재를 위한 길이고 존재의 조건이 되는 길임을 말하는 문장이 "유명은 만물의 어머니이다"는 문장이다. 이때의 "유명(有名)"은 무한한 변화의 길(무명無名)이 품고 있으며 그 길 위에서 드러나는 존재들을 일컫는다. 드러나는 존재들(유명有名)은 모두 무한한 변화의 길(무명無名)에 근거를 두고 있는 것이다.

노자는 사회 안의 존재와 사건을 무한한 변화의 과정이라는 패턴으로 이해한다. 존재를 인위적 규범에 필연적인 어떤 것으로 포착하지 않고, 필연적이지 않기에 고착되지 않은 "무한한 변화"를 존재의 근거로 이해하고 그 변화의 과정을 파악하고자 하였다. 사회 문제를 풀고자 제시한 답 또한 사회를 위한 것이었다. 노자의 답은 인간 존재가 걸어가는 길이면서 사회 속에서 찾아지는 인위적이지 않은 자연

---

6) 김충열, 『김충열교수의 노자강의』(서울: 예문서원, 2004), 53쪽.

7) 노자, 이강수옮김, 『노자』(서울: 도서출판길, 2007), 37쪽. 『노자』 텍스트 번역은 이 책에 의지하고 『노자』 장 수만 표시할 것임.

8) "사실 노자에 의하면, 세상의 모든 것은 서로 관련되어 변화해 가는 분열과 통일 대립의 무한한 전개일 뿐이다. 노자사상의 밑바탕에 흐르는 이런 '무한한 변화'라는 기본 사고에 의하면, 인간을 포함하여 자연과 사회현상들 속에는 항상적이고 불변하는 것은 하나도 없는 것이다. 만물은 끊임없이 운동하고 변화 발전해 가는 과정 속에 있는 것이다. 이런 무한한 변화의 관점에서, '사회적 범주적 규제'라는 좁은 지평에서 해방하는 '자연' 범주가 보다 근원적인 것으로 제시되었다."(송영배, 『제자백가의사상』, 237쪽).

적인 길이어야 한다. 사회 문제와 사회 속의 존재 문제를 풀기 위한 자연적인 길을 제시하고자 한 것이다. 노자에게 무한한 변화의 과정은 가장 자연적인 '길(道)'이었음은 분명하다.

"사회적 범주적 규제"는 존재를 일정하게 포착하려 한다. 그래서 사회적인 것, 인위적인 것은 지속적인 일정한 것으로 존재한다. 하지만 변화는 이런 규제를 벗어나 있다. 노자는 도(道)의 이러한 본질적인 속성을 제58장에서 "그것은 정해진 바가 없음(其無正)"이라고 말한다. 무한한 변화는 말 그대로 지속적으로 고착화, 정형화되지 않고 오히려 지속적으로 움직여 나간다. 다시 말해 운동은 존재이고 존재는 근원적인 자기 힘, 즉 내재한 살아 움직이는 힘을 무한한 변화로 나타낸 것이다. 살아 움직이는 힘은 우선 "분열과 통일 대립의 무한한 전개"의 패턴이다. 자연적인 것은 지속적인 일정성과 필연성을 갖지 않는 하나의 흐름으로 파악된다. 사회적 범주는 이 흐름을 일정한 것으로 포착해내질 못한다. 왜냐하면 변화와 운동은 사회 안에 있는 존재자의 본질이면서도 사회적 범주를 벗어나 있기 때문이다. 흐름은 변화이고 존재자를 존재하게 하는 힘이고 존재자가 존재하는 방식이기도 하다. 변화의 흐름은 사회 안에 나있는 자연의 길이다. 그 길은 인간이 걸어가는 길이고 존재들이 함께 살아가는 길이다. 아리스토텔레스에게는 사회적 규범과 범주가 인간에게 본성적이기에, 자연 안에 나있는 사회적인 길은 인간 존재의 길이고 인간 존재의 근원이 되는 길이다. 이와는 다르게 노자에게는 일정한 사회적인 것이 아니라 변화를 거듭하는 자연적인 것이 존재자 일반, 즉 인간과 더 나아가 사회 안에 존재하는 다른 모든 존재자에게까지 본성적이기 때문에 사회 안에 나있는 자연의 길이 존재자 일반을 위한 길이고 존재들의 조건과 근원이 되는 길이다. 노자는 이 사실을 "서로 반대되는 방향으로 변화하는 것이 도의 운동"(제40장)이라고 적고 있다.

아리스토텔레스에게는 이성과 사회성이 존재자의 근거이고 그 존재의 본질이기 때문에 존재에게 이성과 사회성이 적합하듯이, 노자에게는 자연성, 즉 변화와 운동이 그러하다. 그래서 변화의 과정 자체가 존재자의 존재 조건이 되고 그럼으로써 존재자를 지속적으로 존재하게 해준다. 변화는 존재자의 길이고 본성이다. 다시 말해 "대자연의 변화가 이루어 나가는 것이 곧 사물의 본성(essence)을 이루게 된다."[9] 만물이 존재하는 것 자체가 길이고 이 길은 무한한 변화의 과정에 있으며, 이 변화와 변화의 길은 모든 존재자에게 적합하다는 것은, 그만큼 변화와 변화

9) 김용옥, 『노자철학 이것이다』, 97-98쪽.

의 길이 본래부터 선하다는 것이고 본래부터 선한 길에서 존재하고 그 길을 끝까지 걸어가는 존재자는 선할 수밖에 없음이다. 선은 좋음의 뜻인데 존재자의 본성이 자연의 그것과 같은 것이기에 자연이 존재자의 본성에 적합하다는 말은 자연이 존재자에게 좋음이다. 이 좋음을 온전히 이루었음이 자연 변화의 길을 잘 걸어 자기 존재를 완성함이니, 존재자는 이로써 덕을 쌓음이라 할 수 있다.

자연의 길이 자기 존재를 완성하는 길이고 그래서 좋음이라면, 사회 안에 본래부터 나있는 자연의 길은 자연적이어야지 사회적이어서는 안될 것이다. 사회적이라 함은 유위(有爲)의 길로서 인위적인 것을 말한다. 노자에게 가장 자연적인 길은 인간이 존재하기에 가장 좋은 길이므로, 동시에 가장 인간적인 길이기도 하다. 가장 좋은 인위가 자기 존재를 완성하게끔 하기에 가장 인간적이라고 말할 수 있다면, 가장 좋은 인위의 길은 가장 자연적이어야 할 것이다. 사회 안에 본래부터 나있는 자연의 길은 가장 자연적이기 때문에 가장 적합하고 좋은 길이면서 동시에 사회를 위해 가장 적합하고 좋은 길, 가장 좋은 인위의 길이다. 마치 칸트에게 "자연이 아름다울 때는 그 자연이 예술처럼 여겨질 때이고, 그리고 예술은, 그것이 예술이라는 것을 우리가 의식하면서도 동시에 우리에게 자연처럼 여겨질 그때, 아름다울 수 있다"[10]는 것처럼 말이다.

3. "정(靜)/동(動)의 새끼줄 꼬기" 논증 고찰

노자가 제시한 무한한 변화의 길에 대한 좀 더 구체적인 접근 방식은 "음적인 힘과 양적인 힘의 상호작용"을 대립의 반복으로 이해하는 것이다. 같은 하나의 길에 서로 다른 두 개의 대립 면이 공존하고 서로 변화함으로써 존재자는 존재한다. 노자가 보여주는 '되돌아감'('반反' 또는 '복復')의 길은 대립의 반복으로 이루어져 있는데, 이것을 김형효 선생은 "정靜/동動의 새끼줄 꼬기"[11]라고 일컫는다. 자연의 길은 도의 운동을 가리키는 '반(反)'으로 이루어진 길이고 '반'과 의미가 같은 '복(復)'이 그려내는 길이다.[12] 길은 존재의 길이고 존재는 운동과 변화로써 파악되고, 이때 운동과 변화는 '반' 또는 '복'의 무한한 변화, 서로 대립한 것의 되돌아감 또

10) I. Kant, Kants Werke, (Berlin : Walter de Gruyter & Co., 1968), Bd. 5(*Kritik der Urteilskraft*), 306쪽.

11) 김형효, 『노장 사상의 해체적 독법』(고양: 청계, 1999), 148쪽.

는 교차함을 가리킨다.

"정靜/동動의 새끼줄 꼬기" 논증에서는 대립의 반복과 함께 "허정(虛靜)" 개념이 노자 사상의 중심축을 이루는 "무無의 기능을 알리"고 실질적으로 그 구실을 하는 것으로 드러나 있다. 왜냐하면 허정은 존재자 일반의 존재와 그것의 다양성("다양한 만물의 병작")을 가능하게 하는 "선험적 기반 또는 준準선험적 기반이기 때문이다.[13] 이 선험성은 존재자의 "동작動作의 반복을 가능하게"[14] 해주는 데에 있다. 동작을 반복할 수 있게 한다는 것은 그 동작에 근거를 둔 존재자와 존재를 가능하게 하는 것이므로, 허정은 존재자 일반의 존재와 그것의 다양성의 "근거"[15]이다.

이때 허정이 존재자의 근거가 됨은 허정 때문에 존재자가 생겨난 것이어서, 허정은 원인으로서 자신의 결과인 존재자보다 먼저 존재해야 하고 또 그렇게 인식되어야 한다. 하지만 허정만으로는 원인으로서의 범주, 그래서 존재의 근거가 된다는 범주의 의미를 전혀 확보하지 못한다. "동작이 없는 허정虛靜은 이미 허정虛靜으로서 인식될 수 없"[16]기 때문이다. 허정만으로는 아무것도 아니다. 존재자 일반의 존재와 그것의 다양성을 가리키는 "유물有物의 다양한 병작이 결과가" 되고 허정이 그것의 원인이 되어야 하는데 그렇질 못하다.[17] 허정은 존재의 근거가 되지 못한다. 허정은 존재의 근거이어야 하면서도 아니다. 그래서 "정靜/동動의 새끼줄 꼬기" 논증에서 허정은 존재자 일반의 존재와 그것의 다양성의 "근거"로 내비쳤다가 기능적으로 다시 폐기되어 버린다. 이제 무한한 변화의 길에서 하나의 근거로 복귀하는 것은 배제되고 대립의 반복으로만 나아간다.

> 무물無物의 허虛와 유물有物의 작作은 같이 간다. 불일이불이不一而不二이다. … 그래서 동정動靜이 〔새끼줄 꼬기처럼〕 반복한다고 말한다. … 복復은 반복을 뜻하지 복귀의 뜻이 아니다. … 그러므로 도道는 반복이다.[18]

---

12) "'도'의 범주와 서로 연관된 것으로 『노자』 전체를 관통하고 있는 한 가지 중심 주제는 '반(返: 反)' 혹은 '귀(歸)'이며 이러한 생각을 표현하고 있는 다른 동의어가 '복(復)'이다."(섭서헌, 노승현옮김, 『노자와 신화』(파주: 문학동네, 2003), 141쪽).
13) 김형효, 『노장 사상의 해체적 독법』, 147쪽.
14) 같은 책, 148쪽.
15) 같은 곳.
16) 같은 곳.
17) 같은 곳.
18) 같은 곳.

복귀는 근원으로의 복귀를 말하고 반복은 서로 대립한 반복을 말한다. 운동과 변화를 가리키는 '반' 또는 '복'은 존재의 근원으로 되돌아감이 아니라 존재가 서로 대립함을 가리킨다. 여기서 보이는 길(道)에 대한 스펙트럼은 하나이다, 즉 길은 대립의 반복이다. 무한한 변화나 운동은 길을 일컫는 것이고 존재와 그 다양성이 그런 변화나 운동으로 소급된다면, 허정이 그 자체로 존재의 범주가 되지 못하고 대립한 동정이 반복되면서 새끼줄 꼬기처럼 된다면, 무한한 변화나 운동에 따른 존재의 다양성을 어떻게 이해해야 할까? 최진석 선생은 아랫글에서 "정靜/동動의 새끼줄 꼬기" 논증을 더욱더 분명히 밝혀줌으로써 다양성 문제에 접근한다.

> "노자는 이 세계를 반대되는 것들이 꼬여서 이루어진 것으로 본다. 즉 이 세계는 대립 쌍들(유/무, 고/저, 장/단, 상/하)이 서로 꼬여서 이루어져 있는데 (…)."[19]

반대되는 것들이 꼬여서 있는 것이 세계인데, 반대되는 것들이란 범주들을 말한다. 여기서 범주라 함은 허정 자체를 가리키지는 않는다. 앞서 말한 동정動靜도 근원적인 범주라기보다는 많은 범주 가운데 하나라고 생각하면 되겠다. 유와 무 뿐만 아니라 고와 저, 장과 단, 상과 하, 미와 추와 같은 대립 쌍들이라면 범주들인 것이다. 대립 쌍이라고 하는 범주들을 함께 묶어서 도라고 일컫고, 이것은 '우주의 존재 원칙, 법칙, 형식'인 것이다. 대립 쌍들(범주들)이 "꼬임을 이루는 힘 즉 원동력"은 "도의 운동력(반자도지동)"이고, 그것은 "반대편으로 나아가려는 경향"이다.[20] 도 아래 범주들이 있고, 이것들은 대립 쌍들이며, 대립 쌍들은 꼬여 있는데 이 꼬임은 도 자체적인 힘(운동력, 경향)이니까, 범주들 자체는 운동력을 지닌다는 말과 같다. 운동력은 변화의 힘을 의미하는 것이어서 한편으로는 세계, 존재자 일반, 모든 존재와 사건과 현상은 범주들 자체의 대립한 반복의 힘, 즉 '반' 또는 '복'을 의미한다. 그래서 "만물의 병작은 곧 복復"이 될 수 있다.[21] 다른 한편으로는 앞서 보았던 결론, 즉 '반' 또는 '복'은 존재의 근원이 아니라는 결론을 다시 확인하게 된다.

> "일반적으로 뿌리를 만물의 근원이나 본체 등으로 이해하는데, 이는 노자식의 이해가

19) 최진석, 『노자의 목소리로 듣는 도덕경』(서울: 소나무, 2001), 40쪽.
20) 같은 책, 41쪽. 참조, 같은 책, 228쪽.
21) 김형효, 『노장 사상의 해체적 독법』, 148쪽.

될 수 없다. … 현상계의 다양한 존재를 통일하는 그런 근원으로서의 뿌리를 말하는 것이 아니라, 만물은 반대 방향으로 움직인다는 반返 혹은 복復을 보여주는 것으로서의 뿌리이다."[22)]

"도는 이 세계가 반대되는 두 대립항들이 서로의 존재 근거를 나누어 가지면서 꼬여 있음을 말하는 범주이다."[23)]

이 확인은 근원의 의미를 새롭게 알게 해주는데, 근원에 대한 새로운 이해란 곧 "정靜/동動의 새끼줄 꼬기" 논증에서는 물어야 했던 무한한 변화나 운동 또는 존재와 그 다양성에 대한 하나의 답을 주는 것이기도 하다. 이제 허정이 일방적인 또는 유일한 존재의 근거가 되는 대신 대립 쌍을 가지고서 그 대립 쌍과 상호적인 존재 근거가 제기된다. '반' 또는 '복'으로 그려지는 길(道)은 존재자 일반의 운동과 변화, 그래서 존재를 위한 같은 하나의 존재 근거도 아니고 인식 근거도 아니라, 여러 개의 대립 항들 또는 대립 쌍들이 서로에게 존재 근거가 되기 때문에 한 대립 면으로는 충분한 근거가 되지 못하고 두 대립 면이 소통함으로써 비로소 길이 된다. 그래서 이 길에서는 A가 A가 아님이 드러나고 A가 아닌 것이 A임이 드러난다. 그래서 두 대립 면의 소통은 늘 변화의 과정에 있다. 이 과정은 존재의 다양성을 내놓는다. 존재자의 다양한 존재들은 자신과는 다른 것, 즉 자신과는 반대 방향의 것에 근거를 두고 있으며, 원리적으로는 대립 쌍들이라고 하는 다양한 범주들로 소급되면서 범주들 서로가 서로의 근거가 되어서 운동과 변화의 과정이라고 하는 길이 엮어진다.

"정靜/동動의 새끼줄 꼬기" 논증에서는 존재의 "선험적 기반"으로까지 드러났던 '허정' 개념은 '근거'의 역할을 끝내 인정받지 못한 채 대립 쌍의 범주들이라고 하는 개념들에게 그 자리를 내놓는다. 이유는 존재의 근거가 되어야 할 '허정' 개념은 '병작'과 같은 존재와 결합하지 않고는, 독립적으로는 인식되지 않기 때문이다. 세계가 이런 대립 쌍의 범주들로 이루어져 있고 존재들이 다양하다면, 문제는 어떻게 존재의 다양성을 설명하느냐이다. 그 답은 대립 쌍의 범주들 서로가 서로의 존재 근거가 되는 것이다. 존재자와 그 존재의 근거가 되는 운동과 변화는 서로 다른 대립 쌍의 범주들이 서로의 것으로 운동, 변화하게 된다. 그렇다면 무한한 변화의 길은 대립 쌍의 범주들로 이루어져 있고 더 나아가 세계가 무한한 변화 그 자

22) 최진석, 『노자의 목소리로 듣는 도덕경』, 151쪽.
23) 같은 책, 218쪽.

체라고 한다면, 세계의 무한한 변화와 그 다양성을 설명하기 위해서는, 그래서 존재자 일반의 존재들이 갖는 그 다양한 양태를 설명하기 위해서는 대립 쌍의 범주들을 무한히 필요로 할 것이다. "정靜/동動의 새끼줄 꼬기" 논증을 통해서 대립 쌍의 범주들이 서로의 존재 근거가 되어서 엮어지는 길(道)을 특징적으로 잘 나타내는 단어가 바로 "정반상의正反相依"라 할 수 있다.

> "'정반상의'는 사물의 모순된 두 측면이 형체와 그림자처럼 서로 분리될 수 없어서, '정'이 있을 때 '반'이 없을 수 없으며, '반'이 있을 때 '정'이 없을 수 없음을 설명한다."[24]

이렇게 대립적인 '정'과 '반'이 서로에게 존재 조건이 되는 기본적인 '정반상의'의 관계에서 출발하여 '정'과 '반'의 인과성에 치우쳐 존재 쪽의 설명을 더욱더 쉽게 해주는 것이 "정반상생正反相生"[25]이고, '정'과 '반'의 "대립 면이 서로 바뀐다는 이론"은 변화 쪽의 설명을 더욱더 쉽게 해주는 것으로 "정반호전正反互轉"[26]이라고 한다.

4. 존재의 스펙트럼 – 지극한 다양과 하나의 근원

제16장의 "만물이 다같이 생장·발전할 때에(만물병작萬物竝作) 나는 그로써 되돌아감을 본다(오이관복吾以觀復)"라는 문장을 다시 읽어보면, 무한한 변화의 길이자 존재의 길이 무한한 대립 쌍의 범주들로만 이루어진 채 전개되는 것이 아니고, 동시에 같은 하나의 근원으로의 복귀('복復')가 이루어지고 있음을 알 수 있다. 근원으로 복귀하는 길은 곧 존재의 자연을 회복("복명復命")하는 길이며, 이 길을 영원한 길, 즉 '상常'이라고 한다("복명왈상復命曰常").[27] '상常'은 우선 "정반상의正反相依"와 같은 것으로, 음과 양, 정과 동의 대립 쌍들이 서로에게 존재 근거가 되

---

24) 劉笑敢, 김용섭옮김, 『노자 철학. 노자의 연대고증과 텍스트 분석』(고양: 청계, 2000), 243쪽.
25) "'정반상생正反相生'은 사물의 대립적인 양 방면이 서로 인과관계를 이루고 있음, 곧 '정正'에 말미암아 '반反'이 있고, '반'에 말미암아 '정'이 있음을 설명한다."(같은 책, 243쪽).
26) 같은 책, 249쪽. "아름다움과 추함, 선과 불선, 유와 무, 어려움과 쉬움, 긴 것과 짧은 것, 높음과 낮음, 앞과 뒤의 여러 측면은 '정반상생'과 '정반상의'의 상황에서, '정반호전'의 가능성과 필연성을 암암리에 포함하고 있다."(같은 책, 250쪽).

고 있음을 말하고 있다. 서로 대립하는 운동이 반복하는 것을 그려낸 것이 상이다. 변화가 하나의 길로 다져진 것, 그래서 존재의 어떤 불변성이 아니라 "만물변화를 包通하는 규칙성(regularity, order)"[28]이 '상(常)'을 의미한다. 존재자의 존재와 본성의 길을 이해하는 것은 변화를 이해하고 더 나아가 변화를 같은 하나의 길에서 이해하는 것이다.

모든 존재자의 생성, 변화, 소멸이라고 하는 존재의 사건, 태어나면 죽고 죽으면 태어나게 되는 것은 같은 하나의 길에서이다. 대립한 운동은 변화를 이끌어내어서 존재의 다양함을 드러내는데, 이 다양한 양상을 전체적으로 조명한 것이 '상'이고, '상'은 다양한 존재들을 같은 하나의 길에 담아낸다. '복명復命'에 대한 해석은 존재자(物)가 형상이 없는 아무것도 아니었던 처음으로 다시 돌아감을 지적한다. 제각기 형상을 가진 다양한 존재들이 이제 본래부터 형상을 갖지 않았던 '무물(無物)'로 돌아가는 길을 그려낸다. 이 길은 "(하나의 이치에 근원을 두고 있는 지극한 현상의) 드러남"[29], "지극히 드러나는 현상들이 하나의 이치에 근원한다는 것"[30]을 보여준다.

'상'에 대한 해석에서는 여러 개의 대립한 범주들이 서로에게 존재의 근거가 되고, 그래서 다양한 존재들이 드러나고, 이 존재들의 '지극한' 다양함을 하나의 스펙트럼으로 조명하고 있다면, 이것과는 다르게 '복명'에 대한 해석에서는 존재들의 '지극한' 다양함을 해체하여 그 다양함이 발원했고 그런 존재들의 근거가 되는 처음인 곳, 즉 하나의 "근원(또는 이치나 뿌리)"으로 돌아가는 같은 하나의 길을 다양한 스펙트럼을 통해 조명한 것이다. 다시 말해 "정반상의正反相依"처럼 여러 개의 대립한 범주들이 근거를 서로 나누어 가짐으로써 존재의 지극한 다양성이 있는 것이라면, 근원으로의 복귀는 이런 존재의 다양성이 근원적으로 해체되어서 형상이 없고 아무것도 아닌 처음으로 돌아간, 존재의 동일성을 말한다.

존재의 다양성은 대립 쌍의 범주들에 근거하고, 이 범주들 자체는 "정靜/동動의 새끼줄 꼬기" 논증에 따르면 무한히 열려만 있을 뿐이지 전혀 통일적으로 근거지

---

27) "'복명'이라고 하는 것은, 사물이 생겨날 때 처음에는 아무것도 없다가 하늘에서 명을 받으면서 각각 자신의 형상을 얻게 되는데, 움직임이 다하고 낳음이 오래되면 다시 처음으로 돌아가니 마치 사람이 명을 받고 되돌아가서 '결과를 보고하는 것'(復命)과 같기 때문이다. 상은 항구한 이치를 말한다. 음과 양이 열리고 닫힐 때 한 번은 움직이게 하고 한 번은 고요하게 하는 것, 이것이 곧 항구한 이치라는 말이다."(박세당, 김학목 옮김, 『박세당의 노자』(서울: 예문서원, 2008), 113쪽).

28) 김용옥, 『노자철학 이것이다』, 105쪽.

29) 박세당, 『박세당의 노자』, 113쪽.

30) 같은 책, 78쪽.

워져 있지 않았다. 이제 근원으로의 복귀는 존재들의 '지극한' 다양을 근거지우는 무한한 범주들을 근거지운다. 이로써 존재의 '지극한' 다양성의 길은 존재의 동일성의 길과 겹쳐진다. 존재의 변화와 그것에 따른 다양성은 같은 하나의 길에서 근원적으로 같음으로 이해된다. 삶과 죽음은 존재에서 다름이고 변화에서도 다름이지만, 변화의 길은 근원의 길과 같아지면서 삶과 죽음도 근원적으로는 같음이다. 근원으로의 복귀는 존재의 다양성의 기초이자 근거가 되는 존재의 동일성으로의 복귀를 말한다.

박세당 선생처럼 진고응 선생도 '복(復)' 자를 두 가지의 의미로 해석한다. 한편으로는 오징 말에 따라 '복' 자를 존재자가 "그 처음의 고요함으로 돌아가는 것"으로 풀이한다.[31] 다른 한편으로는 장대년 말에 따라 "일반일복(一反一復)"[32]이라고 하여 대립 면의 반복되는 변화를 일컫는다.[33] 이런 반복은 존재자가 변화하는 "규율(즉 상常)"인 것이다.[34]

> "자연계의 사물은 모두 어떤 법칙을 따라서 운동 변화하는데 그 안의 총괄적인 법칙이 바로 '반대 방향으로 변화하는 것'(反)이며 사물은 상반된 방향으로 운동 발전하고 동시에 사물의 운동 발전은 결국 처음의 상태로 되돌아간다고 노자는 이해한다. 따라서 반反자(에)는 … 상반대립과 최초의 상태로 되돌아간다는 두 가지 개념이 포함되어 있다."[35]

아무것도 아니었던 처음으로 다시 돌아가는 길은 본래부터 형상을 갖지 않았던 '무물(無物)'로 돌아가는 것, "다시 아무것도 없는 데로 돌아가는 것"(복귀어무물復歸於無物, 제14장)을 가리킨다. "복귀어무물復歸於無物"은 "16장의 복귀기근의 뜻과 같다. 복귀는 근원으로 돌아가는 것"이고, 여기서 "무물無物"은 "어떠한 형상의 실존체도 갖추고 있지 않다는 것"이다.[36] 어떤 형상도 갖지 않은 채 있는 것은 "배타적 본질을 가진 어떤 것으로서 있는 것이 아니라는 뜻"이다.[37] 배타적이지 않다는 것이 다른 존재와는 다른 경계를 가짐으로써 다른 형상을 갖게 되는 존재의

---

31) 陳鼓應, 최재목/박종연옮김, 『진고응이 풀이한 노자』(대구: 영남대학교출판부, 2004), 158쪽.
32) 참조, 같은 곳.
33) 같은 책, 159쪽.
34) 같은 책, 158쪽.
35) 陳鼓應, 최진석옮김, 『老莊新論』(서울: 소나무, 1997), 25쪽. 참조, 이석명, 『백서노자』(고양: 청계, 2003), 64쪽.
36) 陳鼓應, 『진고응이 풀이한 노자』, 149쪽.
37) 최진석, 『노자의 목소리로 듣는 도덕경』, 127쪽.

다양성을 배제한 것으로 이해한다면, 근원적이란 말은 존재의 다양성이 처음 시작되는 동일한 본성을 가리키는 자연을 뜻하는 것이 되겠다. 그래서 근원으로 복귀하는 것은 본성적인 자연을 회복하는 것이며, 존재들의 다양함이 배제되거나 그런 현상상적인 것들의 근거가 되는 어떤 동일한 것으로 다름 아닌 도의 근원적 속성이 되는 '허정'을 일컫는다.

박세당 선생과 진고응 선생이 풀이한 '복復' 자("그 처음의 고요함으로 돌아가는 것")는 제16장의 초점을 대립 면으로의 복귀에서 근원으로의 복귀로 옮기는 결과를 낳는다. 제16장은 "대립 면 사이를 왕복하는 자연의 원리를 모델로 하고"는 있지만[38], 단순히 무한히 다양한 대립 쌍으로 되어 있는 범주들에 한에서가 아니다. 대립 쌍으로 된 범주들보다 더 상위적 범주라고 할 수 있고 더 근원적이라고 할 수 있는 범주로 소급되고 있다. 그것은 '허虛'와 '정靜'으로서 박세당 선생의 "지극히 드러나는 현상들이 하나의 이치에 근원한다는" 말뜻이기도 할 것이다. 존재의 '지극한' 다양함이 근원하는 '허정'은 하나의 '뿌리'[39]가 되는 도의 근원적 속성이다.[40]

5. 변화의 변증법 – 존재의 근거

"정靜/동動의 새끼줄 꼬기" 논증에서는 대립 쌍의 범주들이 서로 존재 근거가 되어서 길(道)이 엮어지고 세계와 존재들이 엮어진다. 정靜이 동動에게 존재 근거이듯이 동動은 정靜에게 똑같이 존재 근거가 된다. 마찬가지로 유와 무도 그러하고, 고와 저, 장과 단, 상과 하, 미와 추도 그러하다. 이것만이 아니라 존재들이 다양한 만큼 꼭 그만큼 드러나는 대립 쌍도 다양하다. 존재의 근거를 밝히고자 한다면 세계와 존재들의 양태가 무한히 다양한 그만큼의 범주들을 찾아내야 할 것이다.

결국 "정靜/동動의 새끼줄 꼬기" 논증은 도의 양태에는 적절하다고 하더라도 도의 본질적인 규정에는 그렇지 못하다. 굳이 도(道)의 근원적 속성이라고 꼽을 수 있다면 그것은 무한히 대립하는 범주들일 것이다. 여기에서 무한히 대립하는 범주들은 미규정적이다. 다시 말해 존재가 갖는 양태의 '지극한' 다양성만큼 범주들을 무한히 찾아내야만 하기 때문에 도의 속성으로서의 범주들 자체적으로는 온전히 규

38) 같은 책, 146쪽.
39) 참조, 노자, 최재목옮김, 『곽점초묘죽간본노자』(서울: 을유문화사, 2006), 169쪽.
40) 참조, 이석명, 『백서노자』, 498쪽.

정되고 있지 못한 것이다. 어떤 것의 속성이 온전히 규정되지 못하면 그 어떤 것도 규정적일 수 없다. 다시 말해 A를 가리키는 속성들을 B라고 한다면, B에 의해서 A를 지시하면서 규정하게 되는데, 문제는 B 자체가 미규정적이라는 데 있다. 미규정적인 B로써 A를 규정한다면, A도 규정되지 못한다. 길(A)은 길(A의 근원적 속성들인 B)이 아니게 된다. 이 모순에서 벗어나는 데는 무한히 대립하는, 미규정적인 범주들보다 상위 범주, 즉 무한한 변화의 범주가 있으면 된다.

"정靜/동動의 새끼줄 꼬기"에서는 대립한 범주들은 서로 동등하고 서로 의존적이지만 노자에게 대립한 범주들은 서로 대립만 하는 것이 아니라 서로 변화하는 가운데 자신을 드러낸다는 점을 주목해야 할 것이다. 다시 말해 '정지'(靜)는 동작(動)과 단순히 대립하지 않고 오히려 동작을 포용하고 있어서 결국 운동뿐만 아니라 존재까지 포용한다. 왜냐하면 운동은 존재의 근거가 되기 때문이고 정은 그런 운동과 변화의 근거에 있다.[41] 이 사실을 『노자』 제2장은 분명하게 밝히고 있다. 제1장이 모든 존재를 위한 길이고 그 존재들의 조건이자 근거가 되는 영원한 길은 무한한 변화임을 말하는 근원적인 판단이라면, 제2장은 이에 따른 구체적인 판단이라고 할 수 있겠다. 즉 선이 선으로만 드러나는 것이 아니라 선에 악이 함께 있을 때, 다시 말해 선과 악의 변화 가운데서 선의 존재가 더욱더 드러나게 되고 유와 무의 변화 가운데서 유의 존재가 더욱더 드러나게 되는 것이다.[42]

노자의 이같은 존재 개념은 파르메니데스의 존재 개념과 비교해 보면 더욱더 쉽고 분명하게 다가온다. '동動'과 '정靜'은 서로 대립하지도 않고 서로 배제하지도 않으며 '정'이 '동'을 수렴해간다. 다시 말해 '동'이 '정'의 범주 아래 놓이는 것이다. 존재는 운동과 변화에 근거를 둔다. 하지만 파르메니데스는 존재하는 것은 운동을 배제하기에 절대적인 '정'이어야 하고 변화를 아예 부정한다. 절대적인 동은 정을 전혀 수렴하고 있지 않다. "어떻게 있는 것이 나중에 있을 수 있겠는가? 또 어떻게 그것이 생겨날 수 있(었)겠는가?"[43] 정靜/동動의 새끼줄 꼬기"에서조차 대립한 정과 동, 무와 유는 함께 있음이 서로 존재 조건인데, 파르메니데스에게는 절대적으로 분리되어 있다. 그래서 존재는 '허'를 배제하기에 존재할 수 있다. "있는 것을 넘어선 것은 있지 않은 것이다. 있지 않은 것은 무(無)이다. 따라서 있는 것은 하

41) 참조. 김용옥, 『노자와 21세기』 2(서울: 통나무, 2000), 196쪽.

42) "천하 사람들이 모두 아름다운 것을 아름답다고 여기나 여기에 바로 추한 것이 있게 되고, 선한 것을 선한 것이라고 여기나 바로 여기에 좋지 아니한 것이 있게 된다. 그러므로 유와 무는 서로 생겨나고, 어려운 것과 쉬운 것은 서로 이루어지게 하고 (…)." (제2장).

43) 김인곤옮김, 『소크라테스 이전 철학자들의 단편 선집』(서울: 아카넷, 2005), 282쪽.

나이다."[44] 이 마지막 문장은 파르메니데스가 존재의 동일성의 길을 찾아냈음을 말한다. 하지만 이 길에는 노자에게 존재의 길이 되는 변화의 변증법, 즉 '동'과 '정'의 운동과 존재의 역동적인 관계는 철저히 배제되었기에 변화와 운동은 없다.[45]

노자에게 '정靜'이 "모든 動의 상태를 포용한 靜"이고 "움직임을 머금은 것"[46]이라면, '허虛'는 모든 존재자와 그 존재들을 위한 "빔(Emptiness)"이고 "가능태(Potentiality)"[47]이어서 '허'와 '정'은 변화와 존재의 범주로서 같이 간다. '허'가 가능태를 뜻한다는 것은 변화 때문이다. 즉 존재는 변하기 때문이다.[48] 인위적 규범의 필연성에서 벗어나 있기 때문에 존재는 고착되어 있지 않고 결정되어 있지 않다. 존재는 아직 고착되지 않은, 미규정적인 것이어서 무한한 변화이다. 그리고 이 무한한 변화의 범주가 '허'이다. '동'은 '정'과 '허'가 있기 때문에 가능하고 그래서 변화하며, 운동력은 존재에게 생명력이 된다. 노자에게 존재자는 '허'와 '정'을 배제해서는 존재할 수 없다.

모든 존재자의 동(작)을 포용하는 '정'과 함께 '허'는 무한한 변화를 가능하게 함으로써 만물병작이라는 모든 존재자가 "변화, 생성 활동할 수 있도록 광장을 제공"한다.[49] 노자의 길은 변화 대립이 반복하는 길로서 존재의 길이다. 하지만 이 길은 또한 '허'의 숨통을 통해 난 근원적인 길로서 존재의 조건이 되는 길이다. 그래서 김충렬 선생은 이러한 '허'를 "생명의 숨통처럼 절대적인 존재"[50]라고 일컫는다. '허'는 운동과 변화의 조건이 되고 그래서 존재의 조건이 되어서 존재자의 존재를 위한 광장이 된다. 이 광장 안에서 대립해 있는 무한한 범주들끼리 서로 꼬임으로써 존재자의 존재는 무한하게 변화하여 다양하겠지만, 이 광장 스스로는 존재의 '지극한' 다양의 길을 근거지움으로써, '지극한' 다양의 길은 같은 하나의 근

44) 같은 책, 298쪽.
45) 이와는 달리 헤라클레이토스는 존재들의 대립을 변화와 운동으로 지적한다. "차가운 것들은 뜨거워지고, 뜨거운 것은 차가워진다. 젖은 것은 마르고, 마른 것은 젖게 된다."(같은 책, 238). 이 진술은 노자에게서 '도'의 운동을 가리키는 '복' 자와 '반' 자의 뜻에서 드러나는 존재와 존재 사이의 상호 대립 면으로의 운동과 변화를 말한다. 좀 더 분명하게는 대립한 범주들이 서로의 근거가 되어서 존재의 다양함을 만들어내고 있음을 보여준다. "병은 건강을 달콤하고 좋은 것으로 만든다. 굶주림은 포만을, 피로는 휴식을 그렇게 만든다."(같은 책, 244).
46) 김용옥, 『노자와 21세기』 2, 199쪽.
47) 같은 책, 192쪽.
48) 노자는 이러한 '동'과 '정' 또는 '허'와 '정'의 근원적인 변증법적 관계를 제22장에서 구체적인 판단으로 보여준다. "구부리면 온전히 보존할 수 있다고 하니 굽히면 곧고 바르게 펴질 수 있고, 움푹 파이면 차게 되고, (…)."(제22장).
49) 김충열, 『김충열교수의 노자강의』, 57쪽.
50) 같은 곳.

원의 길과 겹친다. 존재자 일반(物)은 "각양각색의 활동을 벌이지만 결국 각자의 원위치인 뿌리로 되돌아간다."[51)]

무한한 대립 쌍들이 존재자 일반의 '지극한' 존재의 다양성을 근거지우는 하위 범주들이라면, '허정'은 그런 무한히 많은 하위 범주들을 근거지움으로써 존재자 일반의 존재 근거가 되는 상위 범주인 것이다. "정靜/동動의 새끼줄 꼬기" 논증에서 "동작이 없는 허정虛靜은 이미 허정虛靜으로서 인식될 수 없"기 때문에 존재의 근거가 된다는 범주의 의미를 전혀 확보하지 못했다면, 범주 자체에 대한 관점을 달리하면 꼭 그런 것만은 아님을 알 수 있다. 즉 여기서 허정의 범주가 절대적이냐 아니냐를 따지고자 하는 것이 아니고 노자가 도를 말하고, 그래서 도의 근원적 속성이 되는 '허정'을 범주로 말한다면, 이때 허정의 범주는 그 자체적으로 갖는 절대적 의미 때문이 아니라 도와 허정의 범주를 통해 세계와 존재를 마주해서 인식하는 의미 때문일 것이다. 그래서 허정은 범주인 한해서는 대상(들)과 결합해 있다는 것이다. 이것이 범주가 갖는 객관성이기도 하다. 대상과 결합해 있지 않은 범주 자체로는 노자에게 아무런 의미가 없다.

노자 자신이 제14장에서 이, 희, 미(夷, 希, 微)라는 글자를 통해서 도가 인지되기 어려움을 적고 있다. 도가 감각 기관을 통해서는 인식될 수 없는데 그런 도의 근원적 속성이 되는 허정도 마찬가지로 인지되기 어려울 것이다. 도가 그러하듯이 허정도 자신이 근거가 되는 존재들과 결합해 있지 않고는 독자적으로는 알 길이 없다. 그래서 한편으로는 허정의 범주는 존재자 일반의 존재 조건이고 다른 한편으로는 존재자의 존재는 허정이라는 범주가 있으며 또한 기능을 하고 있음을 알게 해준다. 이로써 허정은 범주의 의미를 확보하고 있음이 드러난다. 다시 말해 허정은 존재자의 존재 근거이고 그 존재자의 존재는 허정의 의식 조건인 셈이다. 마치 칸트에게 "자유는 도덕법칙의 존재 근거"이면서 "도덕법칙은 자유의 인식 근거"인 것처럼 말이다.[52)]

'뿌리'로 되돌아감은 존재들의 '지극한' 다양함이 근거를 둔 처음인 곳('뿌리')으로 돌아가는 것이고 존재의 다양성의 근원이 되는 존재의 동일성으로 돌아가는 것이다. 존재의 다양성의 길과 동일성의 길 그리고 이 두 길의 겹침에 대한 노자의 사유는 헤라클레이토스의 것에 비추면 더욱더 쉽고 분명해진다. 헤라클레이토스도 존재들이 변화하는 이치를 통해 그것들의 같음의 이치를 이해한다. "동일한 것 ...

51) 같은 곳.
52) 칸트, 백종현옮김, 『실천이성비판』(서울: 아카넷, 2002), 37쪽.

살아 있는 것과 죽은 것, 깨어 있는 것과 잠든 것, 젊은 것과 늙은 것, 왜냐하면 이것들이 변화하면 저것들이고, 저것들이 다시 변화하면 이것들이기 때문에."[53] 고착화된 존재자들에서 변화를 발견하고 변화의 이치에서부터 같음의 이치를 이해한 헤라클레이토스는 "있는 것들을 강의 흐름에 비유하면서 '너는 같은 강물에 두 번 들어갈 수 없을 것이다'라고 말한다."[54] 흐르는 강의 물줄기들은 존재들의 다양과 그 변화에 상응하고, 변화하는 물줄기들 전체인 강 자체는 변화의 '상常'이다. 존재의 '지극한' 다양의 길과 같은 하나의 근원의 길이 겹침으로써 진실한 '상'이 마침내 드러난 것이다. 변화는 존재의 근거이면서 변화의 '상'은 진실한 존재이다.

6. 맺음말

노자는 존재자 일반의 존재 근거가 되는 도의 운동을 '반反'[55] 이라고 하였는데, 제16장에서 '복復' 자를 통해 '반反'의 사유를 구조화하였다. '복復'은 존재자 일반의 운동과 변화 그리고 존재를 진실하게 드러내고 있다. 눈에 보이는 사물은 일정하게 존재하기만 하는 듯하지만, 그 일정한 존재는 실제로는 지속적인 운동과 변화를 겪는다. 더 나아가 운동과 변화는 그런 존재를 존재하고 유지하게 하는 근거가 된다. 운동과 변화라고 하는 의미의 총체이고 존재까지 근거지우는 '반'과 '복' 개념은 크게 두 가지 의미로 나눌 수 있다. 하나는 존재와 존재 사이의 상호 대립 면으로의 운동과 변화, 그래서 상호 대립 면으로의 반복과 복귀이다. 대표적인 것으로 유무상생(제2장)을 들 수 있으며, 그 효용은 수레와 그릇과 방(제11장)처럼 각자 서로 다른 형체를 가짐으로써 존재하고 그런 존재들의 차이로 인한 존재의 다양성을 이끌어낸다. 마찬가지로 제16장에서도 "만물병작萬物竝作"과 "부물운운夫物芸芸"에서 모두를 가리키는 '만萬' 자와 '부夫' 자가 존재(자)를 가리키는 '물物'을 수식함으로써 존재자의 총체 또는 다양을 드러내고 있다. 다른 하나는 존재가 근원으로 복귀하는 운동과 변화이다. 제16장의 '귀근歸根'이 그 대표적인 예라고 할 수 있다. 눈에 보이는 서로 다른 형상을 가졌던 존재들이 그렇지 않은 '허정虛靜'의 상태에 놓이게 될 때를 '무물無物'이라고 하는데, 근원으로의 복귀는 바

53) 김인곤 옮김, 『소크라테스 이전 철학자들의 단편 선집』, 238-239쪽.
54) 같은 책, 243쪽.
55) "反者, 道之動"(제40장).

로 이 '무물無物'의 상태로 돌아감[56]을 뜻한다. 근원으로의 운동과 변화 그리고 복귀는 존재의 동일성을 이끌어낸다. '귀근歸根'과 '복명復命'(제16장)은 존재자의 자기 근원으로의 복귀를 의미하고, 존재자의 운동과 변화 그리고 존재의 근원을 드러내는 개념이 된다. 존재자의 동일성은 앞의 존재자의 다양성의 근거가 되고 있다.

'복'(復) 자는 길이라는 의미로서, 첫째, 존재자의 '지극히' 다양한 존재의 길이고, 둘째, 그런 존재의 같은 하나의 근원('허정')으로 돌아가는 길이어서 존재자의 존재적 다양성에서 근원적 동일성으로의 길이다. 셋째, 두 개의 길이 하나로 겹친 길로서, '지극한' 존재적 다양성을 근거지우는 무한한 대립 쌍의 범주들을 이제는 '허정'의 범주로써 통일적으로 근거지우는 길을 일컫는다. 마지막으로는, 노자 자신의 눈길이 일구어낸 길('관복觀復')로서, '허정'의 범주에 따른 사유의 길이며 존재를 인식하는 길이다.

'복' 자는 존재들이 변화하고 운동하는 힘을 하나의 패턴으로 그려내고 있는데, 이것이 사회 안에 나있는 자연의 길이다. 결국 노자는 자신의 근원적인 사유의 눈길을 통해서 찾아낸 사회 안에 나있는 자연의 길은 존재자 일반의 존재적 다양성의 길과 근원적 동일성으로의 길이 하나로 겹쳐 있는, '허정'의 근원적인 길이다. 이 길은 '허정'이라는 근본 개념으로 존재 일반을 소급하는 또는 해체하는 존재 일반의 형식으로서의 허정이라는 범주를 말한다. 이렇게 존재적 다양성이 드러나고 해체되는 길이 '복'이고 존재 일반의 가장 보편적인 범주가 '허정'이라고 할 수 있다. 허정의 범주는 존재 일반을 추상화하였을 때 확보할 수 있는 기본적인 존재 형식이자 인식 형식의 표현이 되겠다.

---

56) "復歸於無物"(제14장).

참고 문헌

김용옥, 『노자와 21세기』 2(서울: 통나무, 2000).

김용옥, 『노자철학 이것이다』(서울: 통나무, 1989).

김인곤 옮김, 『소크라테스 이전 철학자들의 단편 선집』(서울: 아카넷, 2005).

김충열, 『김충열교수의 노자강의』(서울: 예문서원, 2004).

김형효, 『노장 사상의 해체적 독법』(고양: 청계, 1999).

노자, 이강수옮김, 『노자』(서울: 도서출판길, 2007).

노자, 최재목옮김, 『곽점초묘죽간본노자』(서울: 을유문화사, 2006).

박세당, 김학목옮김, 『박세당의 노자』(서울: 예문서원, 2008).

섭서헌, 노승현옮김, 『노자와 신화』(파주: 문학동네, 2003).

송영배, 『제자백가의사상』(서울: 현음사, 2005).

아리스토텔레스, 이병길/최옥수옮김, 『정치학』(서울: 박영사, 2007).

劉笑敢, 김용섭옮김, 『노자 철학. 노자의 연대고증과 텍스트 분석』(고양: 청계, 2000).

이석명, 『백서노자』(고양: 청계, 2003).

이이, 김학목옮김, 『율곡 이이의 노자(순언)』(서울: 예문서원, 2001).

陳鼓應, 최진석옮김, 『老莊新論』(서울: 소나무, 1997).

陳鼓應, 최재목/박종연옮김, 『진고응이 풀이한 노자』(대구: 영남대학교출판부, 2004).

최진석, 『노자의 목소리로 듣는 도덕경』(서울: 소나무, 2001).

칸트, 백종현옮김, 『실천이성비판』(서울: 아카넷, 2002).

Kant, I., *Kants Werke*, (Berlin: Walter de Gruyter & Co., 1968).

The Way of Laotzu : 'Return(復)'

Whang, Soon-Woo

Das Tao von Laotzu bezeichnet den urspruenglich liegenden Weg der Natur in der Gesellschaft. Dieser Weg der Natur ist einerseits der Weg des Seins fuer alle Menschenwesen und andere Naturwensen ueberhaupt., anderserseits der Grund des Seins, der die Wurzel alles Seins ist. Gegenueberstehende verschiedene Kategorien wie das Hoch und Nieder, die Laenge und Kuerze, das Oben und Unten, das Schoene und Nicht-schoene sind der Grund des Seins fuereinander und werden dadurch der erste Weg der Natur, auf dem aeusserst verschiedene Menschenwesen und Naturwesen erscheinen. Es gibt der zweite Weg der Natur, auf dem das aeusserst Verschiedene des Seins sich aufloest. Alle Wesen kehren zu diesem einen Grund, aus dem sie entstehen, zrueck. Der erste Weg fuer die Verschiedenheit und der zweite Weg fuer den Grund vereinigen sich in einem Weg, das bedeutet, die Verschiedenheit des Seins ist in der Identitaet des Seins begruendet. Laotzu beschreibt diesen Weg mit dem Wort "Zurueckkehren(復)" in dem Kapitel 16. Das Wort "Zurueckkehren(復)" bezeichnet den urspruenglich liegenden Naturweg in der Gesellschaft und ist sicher ein guter und wichtiger Wegweiser fuer die Verstaendigung des Denkens von Laotzu.

제3부

부록

편집 후기

니체와 보불전쟁

윤병태

1. 보불전쟁에 대한 니체의 평가

흔히 쇼펜하우어를 근대 독일의 비합리주의 철학의 원조로, 그리고 반헤겔주의의 시조로 생각한다. 맞는 말이다. 그러나 그는 논리적 합리주의인 독일 관념론 철학에서 학문을 시작하고, 헤겔이 주도하던 프로이센 베를린 대학에서 학자로서의 길을 내딛는다는 점에서, 그리고 동시에 의도적으로 반헤겔주의를 선언하고 의식적으로 헤겔 사유를 반대로 바꾼다는 점에서, 헤겔의 사생아 루드비히 헤겔을 연상시킨다. 헤겔의 자식이지만 철들고 나서 단 한 번도 아버지라 부르지 않고 욕하고 원망하다가 외국군 용병으로 입대해 젊은 날 열병으로 생을 마감한 루드비히와 마찬가지로, 쇼펜하우어 역시 칸트 철학으로 학위를 하고 헤겔의 도움으로 직업적 교수 생활을 시작하지만 죽을 때까지 헤겔을 욕하고 의도적으로 그와 반대적인 사유를 발전시킨 반항아였다. 헤겔과 그 학과가 당시 시대 사유의 대표였다는 점에서 그는 시대 사유의 반항아, 반시대적 철학자라 할 수 있겠다. 그는 이성이 아니라 삶이 인간과 역사를 이끄는 힘이며 이 힘은 맹목적 의지인 충동(Trieb)에 의해 발현된다는 것, 따라서 이기주의는 인간의 본성일 뿐 아니라 생명체의 본성이어서 인간의 도덕적 · 실천적 생활 자체를 결정한다는 것, 또 생의 과정은 끊임 없는 고통이며 고통의 연속이라는 것, 이 고통으로부터의 해방이 구원인데, 구원은 미(음악)에 대한 직관과 이기적 의지의 포기를 통한 도덕적 연민의 확립이라는 것을 가르친다. 특히 구원에 대한 음악(미적 직관)이나 도덕적 행위의 역할은 어느 것이나 한

정된 체험일 수밖에 없기 때문에 궁극적인 것이 못 된다. 삶의 불행을 일시에 그리고 영원히 없애는 길은 자기 의지의 완전한 소멸일 뿐이다. 이것은 이성적 인식과 행위의 가능성도, 생과 역사의 진보 가능성도, 도덕이나 종교(기독교)가 제시하는 희망도 모두 다 거부하고 무시한다는 점에서 비합리적 염세주의라 불린다.

본 대학 입학(1864) 2년 후 라이프치히 대학으로 옮긴 니체는 본격적으로 쇼펜하우어를 공부하고 심취하면서 1867년에는 프로이센 군에 입대하는데, 그 시기는 보오전쟁으로 독일 통일의 야심과 주도권을 가진 비스마르크 휘하의 프로이센은 그야말로 떠오르는 태양이었다. 그가 굳이 라이프치히로 간 것과 거기에서 군에 입대한 것은 프로이센의 위용과 장래성에 대한 안목과 기대가 큰 몫을 했을 것이다. 입대 얼마 후 친구 로데(E. Rode)에게 이런 글을 보낸다. "나의 철학이 이제 실천적으로 응용될 수 있는 기회를 얻었다네. 지금까지 나는 단 한순간도 비굴함을 느끼지 않았으며 때로는 동화 같은 어떤 것을 떠올리고는 웃음을 짓는다네. 때때로 말의 배 밑에 숨어서 중얼거리기도 하면서 말이야. '쇼펜하우어여, 도와주십시오' ……." 당시 무엇을 '나의 철학'이라 니체가 말했는지 확실치 않으나 쇼펜하우어의 심미주의 · 비합리주의 생철학과 염세주의일 공산이 크다. 그는 낙마 사고로 몸을 다쳐서 1년 기간을 못 채우고 전역한다. 3년 후 터진 보불전쟁에 니체는 또 한 번 자원입대하여 의무병으로 근무하는데, 이것은 니체가 인명을 중시하거나 부상병들의 간호와 치료에 깊은 관심을 가졌기 때문이 아니라 교수가 되기 위한 스위스 국적 취득 조건에 프로이센 전투병 지원의 금지 조항 때문이다. 니체가 두 번이나 군에 자원입대한 것은 애국주의와 영웅주의 때문이다. 당시 프랑스는 나폴레옹 3세가 집권하여 보나파르티즘, 즉 영웅 나폴레옹 시절의 세계사적 명성과 프랑스 영광주의로 스스로는 물론 전 프랑스 국민을 세뇌하고 또 그것이 먹혀들어 가고 있었다. 프로이센 역시 독일 통일을 놓고 오스트리아와 벌인 주도권 쟁탈전에서 승리하여 북부 독일 연방을 결성하면서 자국민들에게 희망과 역사 발전의 필연성을 전도하면서 그 방해물로 암암리에 프랑스를 지목하는 터였다. 결국 보불전쟁은 애국적 민족주의로 무장한 두 나라가 자국 세력과 이익을 확대하기 위해 벌인 것이다. 전쟁이 터지자 당시 프로이센의 거의 모든 대학에 '가자! 파리로'라는 격문이, 프랑스의 거의 모든 대학에 '가자! 베르린으로'라는 격문이 걸린 것은 이 사실을 극명하게 보여준다. 니체는 이 전쟁에 참전함으로써 당시의 거대한 역사적 흐름에 동참한 것이다. 1871년 『비극의 탄생, 혹은 그리스 정신과 염세주의(*Die Geburt der Tragödie, oder Griechentum und Pessimismus*)』는 이 사건에 대한 시대적 해석으로 읽어도 무방할 것이다. 이 책은 의무병 복무 중 몇 개월도 못 되어 질병으로 제대한 니체가 보불전쟁의 치열한 포성을 들으면서 집필하고, 베르사유에서 독일제국의 선포라는 승전고를 접하면서 완성한 것이다. "유럽을 지배할 의지와 유럽을 지도할 힘을 가지게 된 독일 정신"(비극의 탄생, 자기비판의 시도, 6), 이것이 보불전쟁 승리에 대한 니체의 평가이다. 1873~1876년 사이에 씌어진 『비시대적 고찰』은 이 승리를 어떻게 진정한 독일 문화로 승화시킬 것인지, 또 이것을 부정적으로 유도하는 잘못된 사상과 철학은 무엇인지를 비판하는 글이다. 겉보기에 이것은 당시 승리에 들뜬 독일인들과 승전 성과를 위한 정초로 기여한 철학과 문화에 대한 비판이지만 내심 보다 더 강한 나라 (초강대국), 보다 더 강한 독일인(비스마르크)을 염원하는 반시대적 독일 이데올로기이다.

니체는 『비시대적 고찰 I－다비트 슈트라우스, 고백자와 저술가』에서 이렇게 말한다. "독일의 여론은 전쟁(보불전쟁－필자), 특히 승리로 끝난 전쟁의 끔찍하고도 위험한 결과에 대해 말하는 것을 거의 금지하고 있는 것처럼 보인다"(니체 전집, KGA., Bd.III－1, 155). 이 전쟁을 찬양하고 그것이 윤리, 문화, 예술에 미치는 영향과 적극적이고 긍정적 위력을 연구하고 강조하는 것이 "이 거대한 승리의 거대한 위험" 이라고(같은 곳) 그는 경고한다. 그는 또 이런 식의 자만이 "독일제국" 을 위한 "독일 정신의 패배" 를 몰고 올 수 있다고 경종을 울린다. 오히려 이 전쟁의 승리를 문화의 참담한 패배로 읽는 것이 더 타당하다고 강조한다. 승리의 주역은 문화가 아니라 엄격한 군기, 타고난 용기와 지구력, 지휘관의 뛰어남과 그 휘하 병사의 단결과 복종심과 같은 군인정신이지 흔히 말하는 예술적 심미안이나 미적 상상력이 아니다. 프랑스가 패한 것은 이 같은 군인 정신의 결여이지 그들의 문화가 아니며 그럼에도 이것을 독일 문화가 프랑스를 정복했다고 믿는 것은 잘못이다(같은 곳, 156쪽). 무기가 좋고 군인 정신이 투철한 것은 전쟁 승리의 제일 조건이지만, 그래서 그런 것이 없었던 프랑스가 철저하게 무너졌지만 그들의 문화까지 패한 것은 아니다. 그럼에도 독일 지식인들은 승리에 도취해서 독일의 문화 일반이 적에게 승리했다고, 또 그것을 아는 것이 국민윤리라 함으로써 독일 정신을 좀먹고 있다는 것이다. 요즈음 가장 훌륭한 독일의 씨앗이 이미 오래전에 성장과 발전을 거듭해서 이제 세상을 자유와 평화로 평정하여 태평성세를 구가한다고 온갖 매체들, 신문, 소설, 시, 역사, 철학이 앞다투어 광고하고 선전한다. 독일문화의 성과에서 도래한 행복과 발전의 기쁨을 전도하는 근거 없는 낙천주의의 폐허가 전 독일에 확산되고 있다. "학(Kunde)이 아니라 예술이 문제 되는 곳, 즉 삶이 교양(Bildung)의 종류에 관해 증언을 해야 하는 곳에서는 어디서나 단지 하나의 독일적 교양만이 존재할 뿐이다. － 그리고 이 교양이 프랑스에 대해 승리했다는 것인가?"(같은 곳, 158쪽) 니체는 이어서 다음과 같이 말한다. "…… 사실 독일 장교가 좀 더 해박한 지식이 있으며, 독일 군대가 좀 더 높은 학식을 가졌다는 것, 또 과학적 작전에서 좀 더 결정적으로 우월성을 지녔다는 것은 모두 공평한 심판자와 프랑스인들도 인정한 바 있다." 이 낙천주의는 문화를 즉 교양이나 학술(학문)과 혼동한 데서 온 무식의 소치이다. 이런 비판으로 니체는 문화를 "어떤 민족의 삶의 표현에서 나타나는 예술적 양식의 통일"이라는 것, 따라서 독일인이 내세우는 "많이 안다는 것과 많이 배웠다는 것은 문화의 필수 수단도 아니고 징표도 아니"라는 것, 그래서 독일인들은 실상은 문화가 아니라 "야만" 또는 "혼돈스럽게 뒤죽박죽인 양식과 잘 조화"한다고 비판한다.(159)

니체는 독일 지식인들이 문화의 순수개념이 무엇인지 모르면서 많이 알고 많은 것을 양적으로 긁어모으면 그것이 학문이고 교양이며 문화라 착각해서 개인이건 사회이건 온갖 잡동사니를 긁어모아 자기 주위에 쌓아 놓거나 남에게 자랑하고 보여주는 것으로 생각하는 데 비해 프랑스인은 예술적 문화, 삶의 표현에 대한 심미적 양식의 생산과 그 조화로운 통일을 교양이요 문화라 믿는다고 이해한다. 독일인들이 끊임없이 프랑스 문화를 배우고 모방한 진정한 이유가 여기에 있는데 이제 전쟁 승리의 기념비처럼 이 배움을 망각하고 자만하여 얻어지는 것은 문화의 멸망밖에 없다. 독창적 문화를 건설하는 것만이 이 멸망에서 구제되는 것이며 이것은 전쟁의 승리를 패배로 깨닫는 데서 시작되는 것이다. 이것은 당시 프로이센의 전승과 통일과 진보의 역사적 주역은 물론 독일적 문화의 주역이 이성이라는 것, 즉 이성에 대한 전폭적 믿음이 이런 찬란한 결과를 가져왔다고 주장하는 헤겔학파에 대한 비판이다. 이성을 궁극적 문화 발전의 원동력으로 삼아야 한다는 것이 철학계의 주류 사고였고 전쟁 승리 역시 이것을 믿었던 대다수 독일인들의 합리적 과학주의 결과라는 것이 헤겔학도인 다비트 슈트라우스의 생각이었다. 이런 성격의 소유자들을 니체는 "교양의 속물(Bildungsphilister)"이라 비판한다. 이들에 의해 학교와 교육기관과 문화예술계 전체가 우롱당하고 있으며 이것이 바로 근거 없는 독일 문화의 우월성을 믿는 어리석음이라는 것이다. 슈트라우스 비판의 의도는 자명하다. 전쟁의 승리에 도취해서 지켜야 할 것을 버리고 배워야 할 것을 경멸하는 것은 머지않아 건강한 생명력으로 충만해야 할 독일적인 것을 부패시키는 것이다. 이 독일적인 것을 세우기 위해서는 근원적 독일 문화에 대한 지속적 탐구와 프랑스 문화에 대한 존경과 배움으로 무장해야 한다. 전쟁의 승리가 독일의 모든 것, 독일적인 모든 것을 역사 발전의 당연한 결과라는 낙천적 자만으로 배를 두드리는 당시 독일 지성계의 속물근성을 비판함으로써 니체가 의도한 것은 보다 더 강하고 활기롭고 다양한 독일 문화를 형성하고 재창조하는 것, 그러기 위해 현재의 높은 프랑스 문화 앞에 겸허해야 한다는 것, 그리하여 그 수준을 능가할 때 비로소 전쟁의 진정한 승리가 주어진다는 것이다. 이것은 독일 이데올로기의 또 다른 표현 방식이다. 이런 이데올로기를 제공한 바로 그 전쟁은 역사적으로 어떤 모습이었던가?

2. 보불전쟁의 배경

1848년부터 1871년까지 독일의 역사를 제국의 형성기로 이해하는 데 별 이의가 없을 것이다. 이 시기에 축조된 다윈의 진화론과 의도적 반헤겔주의로서 비합리주의가 독일 제국주의 형성을 돕는 일등 공신이라면, 마찬가지로 활기 있게 이론적 완성을 끝낸 맑스 · 엥겔스 사회주의 이론은 그 타도를 예비하는 혁명적 성향으로 주목을 받는다. 정치사적으로 이 제국주의의 초석을 놓는 사건은 1870년 터진 보불전쟁이다.

영국과 프랑스에 비해 늦게 시작한 독일의 산업화는 불과 30년도 지나기 전에 온갖 사회적 모순을 그대로 안은 채 프랑스 수준을 능가하고 있었다. 교통과 통신의 발달에 기술과 경영 혁신이 더해져 1860년대에 들어서면서 엄청난 호황을 누리게 되고 이에 따라 판매망 확충에도 불구하고 1865년에는 소비가 급격히 감소하면서 생산 역시 급격히 둔화된다. 과잉 생산에 의한 공황의 징조가 나타난 것이다. 이것은 프로이센의 문제만이 아니었다. 이미 은행과 주식시장은 유럽 선진국 전역에 개방되어 있었고 따라서 호황 때 국제적으로 비싼 이자로 빌린 돈들이 갑작스런 경제 침체 현상으로 갚기 힘든 상황이 도래하고 주가가 폭락하면서 런던 굴지의 은행들이 파산하면서 독일의 산업이 가동을 멈춘 것이다. 이제 더 이상 돌파구가 없는 공황인가 했는데 대(對)오스트리아 전쟁에서 프로이센이 승리함으로써 산업계 역시 다시 정상화되는 듯했다.

자본주의의 발전에 나타난 최초의 공황은 크리미아 전쟁(1855년) 종결의 후유증으로 1857년에 일어난다. 이 전쟁은 오스트리아와 프로이센의 산업화가 본궤도에 들어서면서 안정적인 상품 판매 시장과 원료 공급지의 확보가 필요해진 상황에서, 러시아가 쇠약해지는 터키제국 분할과 영향력 확대를 목적으로 진출하자 국제전으로 발전한 것이다. 이미 지중해 연안과 터키 시장을 지배한 영국과 터키 속국인 이집트 장악에 눈독을 들인 프랑스까지 연합하여 대러시아 전쟁을 벌이게 된다. 독일 통일의 헤게모니 장악을 놓고 각축을 벌이던 오스트리아와 프로이센은 열심히 국익을 계산한 끝에 중립을 지키기로 하면서 프랑스와 영국 연합군은 농민 반란에 휩싸여 더 이상 전쟁을 수행하기 어려운 러시아를 몰아내고 승리를 거둔다. 이 전후 처리 협상이 1856년의 파리조약이다. 이 조약으로 유럽의 주도권을 프랑스가 가지게 되고 러시아와 연대하던 오스트리아, 프로이센은 전쟁에 참여하지 않은 대가로, 또 전쟁 피해 없이 부리나케 군수품을 이쪽저쪽에 판 대가로 공광업 분야의 눈부신 발전을 담보할 수 있었고 그 후광으로 은행과 주식시장이 비대해지게 된다. 은행의 주식 투기, 일확천금에 대한 열망, 과잉 생산 등이 겹쳐진 것은 비단 독일만이 아니고 유럽 전역, 특히 승전국과 그에 협력한 나라들에 동시적으로 일어난다. 이미 경제적으로 유럽과 하나의 영역권을 이루던 미국 주식시장과 은행의 도산은 유럽 자본과 시장 과잉과 혼란을 가져오고 이것은 다시 미국산업의 와해를 초래하면서 자본주의 최초의 교과서적 공황 드라마를 연출한다. 이 공항은 2년여 후인 1859년을 기점으로 새로운 활황을 서서히 준비하지만 그에 따르는 피해 역시 심각하였다. 중공업이나 상업 분야의 타격은 물론 공황의 전형적 결과물인 생산 위축은 실업자 양산과 임금 하락을 초래하고, 해고와 임금 하락에 반대하는 노동자 저항운동이 불길처럼 나타나고 이를 억압하는 정부와의 충돌은 사회를 엄청난 혼란으로 몰아넣는다. 이러한 일련의 사건들이 역사 속의 일회적 사건이 아니라 자본주의 자체가 가진 모순 때문이라는 생각 역시 확고하게 사회철학자들의 의식 속에 자리 잡아간다. 이 공항을 기점으로 대부분의 경제활동은 정치 활동으로 전환되든가 상호 중첩 관계 속에서 진행되는 일정한 전형을 형성하게 된다. 국가는 국가대로 대내적으로는 노동운동과 사회주의운동을 탄압하면서 부르주아들과 연대해 산업 기반을 확충 발전해야 하는 과제와, 대외적으로는 자국의 상품과 금융 자본의 보호를 위해 강력한 힘을 구축해야 하는 과제를 동시에 가지게 된다. 물론 이 과제는 자국의 왕권체제를 해치지 않는 범위 내에서 해결되어야 한다. 각국이 군비 증강에 혼신의 힘을 쏟는 것은 이런 이유 때문이었다. 1848년 부르주아 시민혁명의 혼장처럼 수여된 이 공황은 프로이센에 새로운 기회를 안겨준다. 프로이센은 비록 내적으로는 반동적 왕권을 강화하지만, 그 강화를 위해서는 생산 소비 판매에 대한 부르주아들의 요구를 적극적으로 수용해야 한다는 것, 또 그것을 통해 통일 독일제국의 궁극적 목적을 실현할 수 있다는 믿음과 깨달음을 가지게 된 것이다. 이 목적 실현의 가장 효과적 방법은 산업화와 군비 강화 및 민족적 애국주의의 교육이다. 물론 이 방법들을 확립해감에 따라 그 대립물들, 즉 평화주의와 세계 시민주의, 즉 공산주의 활동과 산업화의 부정적 측면에 대한 철학적 반성 역시 동시적으로 발전 강화된다.

크림전쟁의 뒷마무리도 끝나기 전인 1859년에 프랑스 – 오스트리아 전쟁이 또 발발한다. 이 전쟁에서 프로이센은 중립을 지킨다. 역사적으로 자신의 라이벌인 이 국가들과 언젠가는 한판 붙을 것을 예견하고, 한편으로는 양쪽에 군수품을 팔고 한편으로는 그들의 힘이 빠지기를 기다리는 즐거운 중립인 셈이다. 중립으로 힘을 비축한 흑곰 프로이센은 몇 년 후(1864) 덴마크 왕의 지배를 받던 북부의 슐레스비히와 홀스타인 공국을 간단하게 제압 병합하여 더욱 세력을 키운다. 게다가 미국의 내전(남북전쟁 1861~1865)은 유럽 상품의 생산과 판매를 더욱 활성화하여 활황을 최고조에 달하게 하지만 전쟁이 끝나자 과잉 생산된 재고가 쌓이고 판매가 위축되면서 주식이 휴지가 되고 금값이 뛰는 대공황이 일어난다. 런던과 뉴욕은 물론 프랑스, 프로이센 은행들이 파산하고 공장이 문을 닫고 대량 실업자가 생기고 물가는 폭락하는 자본주의 체제가 내포한 위기인 공황의 두 번째 사건이었다. 이번에도 구세주는 전쟁, 즉 대오스트리아 전쟁이었다. 이 전쟁은 독일의 통일과 그 주도권을 놓고 시작 되지만 주도 면밀한 전략가 비스마르크의 지략에 의해 프로이센에 일방적 승리를 안겨주고 이에 따라 군수 공장은 물론 일상 용품에 대한 수요 증가에 힘입어 경제 불황을 호황으로 바꾸어놓는다. 이 전쟁이 국제전으로 확대되지 않고 독일 내로 제한된 것 역시 프랑스와 이탈리아와의 동맹으로 그들을 중립시키면서 오스트리아를 공격한 비스마르크의 전략이 주효한 덕이었다. 그는 또 대내적으로 선거에 의한 의회 진출과 투자와 생산에 대한 규제 완화, 보통선거제 인정 등을 통해 부르주아들은 물론 소시민들의 지지를 얻어내는 데 성공하고 차근차근 주변 지역의 공국들을 합병해나간다. 프로이센의 이런 성과 내부에는 강력한 제국주의적 반동 의도가 감춰져 있다는 것을 간파한 공산주의자들, 특히 맑스와 엥겔스의 통찰을 무시할 수 없다. 이 통찰의 이면에는 프로이센, 오스트리아 대결에서 어느 쪽이 승리하든 상관없이 강력한 제국이 출현할 것이고 이것은 자신들의 권익을 무력화시킬 것이라는 노농 주축 민주화운동 지도자들의 반성이 깔려 있다. 비스마르크가 이들을 위험 세력으로 보는 것은 너무도 당연했다. 맑스와 엥겔스는 노동자들의 단결된 봉기가 이 전쟁을 막을 수 있다고 생각했고 전쟁을 막지 못한다면 차라리 프로이센 패배를 염원하게 된다. 프로이센의 패배야말로 그에 속해 있거나 영향 아래 있는 모든 지역의 민중봉기와 정치체제의 변화를 불가피하게 가져올 것으로 확신하기 때문이다. 그러나 민주 세력이나 노동자 세력은 분열되어 있었고 행동 강령이나 지침 역시 통일되지 못했으며 부르주아들은 전쟁만이 자신들의 위기 탈출의 돌파구라고 생각하게 된다. 군사력에서 우위인 오스트리아가 이길 것이라는 유럽의 여론과는 달리 실제 전투에서는 독일 통일이라는 명분과 애국심으로 뭉친 병사들과 주도면밀하게 전쟁을 분석, 현대적 작전을 개발하고 신무기를 개발 적용한 지휘부의 전략이 하나로 합쳐지면서 프로이센의 확실하고도 분명한 승리로 끝난다.

프로이센의 전쟁 승리(1866)는 오스트리아가 주도하던 독일 연방을 해체시키고 북독일 연방과 중부 독일의 합병에 대한 프로이센의 주도권을 인정하고, 승리자가 상당한 전쟁 배상금을 받아내는 것으로 결말을 내게 한다. 이 전쟁은 우선 프로이센을 경제공황에서 구원했을 뿐 아니라 오스트리아를 제외한 전 독일의 통일이라는 프로이센의 염원을 더욱 강화시킨다. 비스마르크는 전승국으로 누릴 수 있는 모든 것을 강압적으로 얻는 대신 여론을 움직이면서 현 상황에서 반드시 필요한 것과 곧 닥쳐올 상황에 열쇠가 될 만한 것들만을 우선적으로 챙긴다. 그는 빈을 함락시킬 힘이 있었음에도 불구하고 살려놓음으로써, 또 남부 독일을 완전히 강제합병할 수 있었음에도 포기하거나 유보함으로써 자기 정책의 반대 세력과 적대 세력을 자신의 편으로 끌어들이고 또 그 대가로 외국, 특히 프랑스와의 전쟁 시 자기 지휘 아래 통합할 약속을 받아낸다. 그는 보불전쟁의 필연성을 믿고 그것에 대비하기 위한 대내적 준비를 완벽하게 갖춘다.

수백 년 동안 지속된 독일의 두 세력인 합스부르크 왕가와 호엔촐레른(Hohenzollern) 왕가의 전쟁에서 프로이센의 승리는 독일의 제국 통일 국가 형성에서 오스트리아를 배제하게 되고 프로이센은 통일의 더욱 강력한 추진력을 얻는다. 이 통일은 부르주아들과 자유시민주의자들의 이해관계에도 일치하기 때문에 더욱 가속화된다. 이제 프로이센의 중앙집권적 국가를 형성하는 목적을 달성하게 되는 데 방해가 되는 요인들은 서서히 힘을 잃게 된다. 패전국 오스트리아 제국은 그 속국이던 헝가리 왕국의 실질적 독립과 피압박 민족들의 해방운동에 의해 쇠락의 길로 접어들면서 독자적 길을 간다. '북부 독일 연방'의 창설(1866)은 온갖 사회적 · 정치적 불합리와 모순을 내포하는 비스마르크 정부의 합법화와 위력의 결산이다. 이 연방은 분파주의를 극복하면서 부르주아의 이익은 물론 민주 세력과 노동자들의 요구에도 부합하는 조치들을 취하면서 그 구성원들에게 독일적 애국주의를 강화해나간다. 이 시기 사회주의자들과 노동자들의 조직 역시 강화된다. 독일, 프랑스, 영국, 스위스 대표들로 조직된 국제 노동자 연합은 1866년 주네브에서 총회를 개최하여 세를 과시하고 여기 참여한 맑스는 전 세계 노동자들의 단합과 계급투쟁을 역설하고 노동시간의 단축과 아동 및 부녀자에 대한 노동 보호를 요구하면서 프루동과 라살레의 허무적이고 공상적인 사회 이념 대신 과학적이고 역사적 신념을 확립 실천할 것을 요구한다. 베벨과 리브크네히트는 작센에 프롤레타리아 인민당을 결성하고 북독일 연방 제헌의회 의석을 얻자 프로이센의 군국주의적 독재 경향을 의회 안팎에서 비판하면서 맑스와 엥겔스의 지지를 이끌어낸다. 프롤레타리아 의식이 성장하면서 각 지방의 복잡한 상황과 그에 따르는 다양한 요구들이 하나의 계급의식으로 통일되는 데 결정적 기여를 하는 맑스의 『자본론』 1권이 이때(1867년 9월) 함부르크에서 출간된다. 이 책은 자본주의 발생과 발전을 결정하는 조건들과 법칙들을 규명하고 그 사회가 가지는 모순에 의해, 그리고 노동계급의 투쟁에 의해 필연적으로 몰락한다는 예언서이며 철학서이다. 이 책은 자본주의 시민혁명이 완성되기도 전에 자본주의 본질은 물론 그 종말을 분석하고 밝혀낸 최초의 글이며 프롤레타리아 혁명이 시작되기도 전에 그 역사적 완성을 예견한다는 점에서 당시 염세주의와 회의주의, 자본주의와 무정부주의를 극복하려는 낙천적 유토피아 안내서이다. 이 책은 당시 유럽 선진국들의 반동적 자본주의 체제 확립의 내면적 의도를 은폐하는 대신 오히려 그 체제를 자신의 목적으로 지향할 수밖에 없는 필연성을 제시한다. 지금까지 사회와 역사에 어떤 역할도 부여받지 못한 무명씨로서 여겨지던 프롤레타리아가 이제 세계사의 주역으로 등극한다. 『자본론』 출간은 독일 노동운동에 일대 전기를 이루며 그 지도자들로 하여금 실천에 못지않게 사회체제에 대한 이론적 탐구를 요구하는 계기가 된다. 또 제 1 인터내셔널의 회원이 늘어나고 조직이 커지면서 유럽 전역은 물론 미국까지 그 세력이 확대된다. 1869년에는 맑스 이론에 기초를 둔 '독일 사회민주주의 노동자당'이 인터내셔널 회원들의 지지 아래 잡다한 노동운동과 동맹들을 하나로 통일하는 역할을 자임하면서 창당된다.

3. 보불전쟁(1870~1871)의 발발과 결과

보오전쟁 이후 북독일 연방의 맹주 프로이센의 경제력과 군사력이 커지고 사회적 갈등을 조정하는 비스마르크의 정치력의 탁월함에 매료된 남부의 비연방 도시국가들은 독일주의를 내세우며 프로이센에 병합하자는 여론을 조성한다. 보오전쟁 당시 비록 분열되긴 했어도 프로이센과 그 동맹 세력은 경제력과 군사력에서 프랑스에 뒤지지 않는 수준이었다. 다만 1848년 2월 혁명에서 어부지리로 권력을 잡은 루이 나폴레옹(3세)은 유럽 사회를 보는 안목 덕택에 국제정치적 지위에 있어 주도권을 쥐고 있는 상황이었다. 프로이센은 국가의 목적 자체가 통일된 독일 연방의 구축이었고 이 연방에서 오스트리아가 대(大)독일주의를 주장하지 않는 범위 내에 있기를 바라고 있었다. 그 이유는 오스트리아 제국의 복잡한 국내, 국제관계 문제에 말려들면 그 해결은커녕 독일 통일이라는 명분 자체를 잃을 확률이 컸기 때문에 최소한 오스트리아를 배제하고 독일 전역을 통일하려 했기 때문이다. 오스트리아와 프랑스의 관계는 혼인과 조약과 약정으로 뒤얽혀 있어서 오스트리아는 독일 또는 독일 민족을 내세워 통일을 주장할 수 없는 형편이었다. 게다가 벨기에와 룩셈부르크는 물론 네델란드와 덴마크처럼 종족으로는 독일인(게르만인)에 가깝지만 종교적 · 정치적으로는 프랑스에 가깝거나 유사한 나라들에 대한 세력 확장에서 프로이센과 프랑스는 대립하였고 비스마르크는 정계에 입문하면서부터 프랑스와 한판 붙는 것이 불가피하다는 생각을 가지고 있어서 권력을 잡자마자 주도면밀하게 그 준비를 하는 터였다. 이에 비해 프랑스의 나폴레옹 3세는 큰아버지 나폴레옹의 역사적 영광에 도취되어 그것을 회복하려는 환상에 사로잡혀 있었고 그 회복을 위해 프랑스의 영광, 프랑스 황제와 프랑스 국민의 위대성을 구두선처럼 외침으로써 시민에게 민족주의 감정을 부추기고 있었다. 프로이센 역시 오래전부터 독일 통일의 성패는 민족주의 고취 여부에 있다는 것을 알고 신문, 잡지 등을 통해 여론몰이로 선전하는 중이었다. 이런 와중에 1866년 프로이센에 가까운 네델란드 속국인 룩셈부르크 대공국을 나폴레옹 3세가 프랑스에 귀속시키고 이에 대한 프로이센의 동의를 요구하였다. 비스마르크는 이것을 선전포고와 다름없다고 여겼지만 유럽 국가들의 국제관계가 자기에게 유리하지 않다고 생각하고 유럽 강대국회의를 소집하여 룩셈부르크를 열강의 보호 아래 중립국으로 만들자는 결정을 얻어낸다. 곧바로 전쟁에 돌입할 수 없는 이유는 아직도 남부 독일의 많은 공국들이 오스트리아와 함께 프로이센에 반감을 가지고 있어서 개전 시 그들의 도움을 받을 수 있을지, 도움은커녕 배후에서 뒤통수는 치지 않을는지 확신할 수 없기 때문이었다. 언론 매체를 통해 지속적으로 애국주의와 민족주의를 전도하던 프로이센에 드디어 기회가 온 것은 1870년이다. 그 사건은 이러하다. 1868년 9월 스페인에서 시민혁명이 터지면서 이사벨라 여왕이 쫓겨나고 혁명 정부가 입헌군주제 헌법을 채택하자 비스마르크는 프로이센 왕가의 방계인 호엔촐레른-지그마링겐가의 레오폴트 왕자를 스페인 새 왕으로 추천하는데 프랑스는 이에 강력 반발한다. 애국심으로 무장한 프랑스 언론 역시 프로이센은 프랑스 왕위계승권을 포기해야 한다고 연일 보도하고 나폴레옹 3세는 주독 프랑스 대사를 프로이센 왕 빌헬름 1세에게 보내 호엔촐레른 왕가는 스페인 왕위 계승권에 일체 개입하지 않는다는 확답을 받아내게 하지만 거절당한다. 이 사실을 전해들은 비스마르크는 프로이센 왕이 참을 수 없는 모욕을 당했다는 것을 대대적으로 신문에 보도토록 하여 프로이센 시민과 파리 시민을 동시에 분노케 한다. 물론 성질 급한 프랑스가 선전포고를 먼저 하지만 그것은 비스마르크의 계획적 책략인 셈이었다.

애국적 민족주의로 무장한 양국의 전쟁은 영토 확장과 유럽과 세계에서 영향력 확대를 목적으로 하고 수행된 것이다. 정복자 나폴레옹을 포스터로 내건 프랑스와 나폴레옹 3세에게 전쟁에서 자기편을 들 것으로 생각한 오스트리아와 이탈리아, 영국이 중립을 지켰고 (이것은 비스마르크가 쳐놓은 외교 공작의 결과였다), 또 프랑스는 전략과 전술 면에서 프로이센의 적수가 되지 못했다. 더구나 애국심에 있어 프로이센 군은 독일이 무엇인지도 모르면서 1807년 나폴레옹 군에 점령당했던 치욕을 되씹으면서 이것을 되갚겠다는 정열로 사기충천이었다. 이 전쟁에서 공산주의 극좌파를 제외하고 아마도 모든 독일인들이 하나로 통일되었다 해도 과언은 아니다. 극좌파들이 자기 조국 프로이센을 편들 수 없었던 이유는 국제 프롤레타리아 연대에서 프랑스 노동자들을 누구보다 중요한 동지들이라 생각했고, 또 이 전쟁을 역사적 반동 세력의 계획된 책동이라고 그들은 확신했기 때문이다. 좌파들은 전쟁을 치르더라도 침략전이 아니라 방어전이라야 정당성을 갖는다는 것과, 프랑스 인민에 대한 증오심이 표면화되어서는 안 된다는 조건을 달고 그 찬반에 따라 분열되어 적극적 참전파와 반대파로 분열된다. 1870년 3월 맑스는 이 전쟁이 방어전에 그쳐야 하며 프랑스 침략전으로 비화되어서는 안 된다고 선언한다. 그는 이 전쟁이 조국의 방어전인 한 노동자들도 전쟁에 참여해야 한다는 것, 또 이것이 독일 통일에 기여한다면 기꺼이 참전하되 현 정권이나 프로이센 왕가의 정책과는 근본적으로 차이를 가진 참전이라는 것을 분명히 한다고 강조한다. 그는 프로이센 영토 확장 음모가 드러나는 순간 이 전쟁은 불법이며 프랑스에 공화주의적 민주정부가 수립되는 순간 전쟁을 끝내야 한다고 역설한다. 맑스와 노동자들은 나폴레옹 3세의 반동을 반대하는 데는 거의 한목소리를 내고 그것을 붕괴시키는 데 프로이센의 역할 역시 중요하다는 것을 알고 있었다. 1870년 8월 개전은 군사력으로나 전략과 전술 모두에서 우세한 프로이센의 일방적 공세를 보여준다. 게다가 산업화로 놓인 최신 철도는 군 병력과 보급품을 신속 정확하게 목적지에 수송하고 일사불란한 명령 체계는 전쟁의 양상을 독일쪽에 유리하게 전개시킨다. 개전 한 달도 못 되어 프랑스는 퇴각과 항복으로, 프로이센은 전진과 승리로 장식하더니 세단(Sedan)에서 프랑스 군대를 구출하려던 나폴레옹 3세 이하 8만여 명을 포로로 잡는다. 황제가 포로로 잡히자 1870년 4월 파리에서는 민중봉기가 일어나고 프랑스 왕정은 붕괴되지만 영국과 미국 등으로부터 무기 공급을 받은 프랑스군이 저항을 계속하자 중립을 지키던 러시아가 프로이센을 지지하면서 국제전 비화 가능성을 보이기 시작한다. 독일의 좌파 지식인들은 프로이센의 알자스로렌 지방(이 지방은 17세기 이전에는 독일령이고 주민 대부분이 독일인이지만 프랑스의 자유 분위기에 편승해 1789년 혁명시 프랑스에 스스로 합병되고 그 이후에도 독일로의 귀속을 원하지 않은 터였다) 반환과 전폭적 전비 배상을 요구하는 프로이센을 침략자로 규정하고 규탄한다. 게다가 이들은 프랑스 민중 및 파리 코뮌과 연대하여 프로이센의 강압적 침략에 반대할 것을 역설한다. 그러나 1871년 1월 프랑스는 참담한 패배를 인정하지 않을 수 없자 프로이센에 막대한 배상금을 지불하는 조건으로 평화조약을 맺는다. 프로이센은 승리의 깃발 아래 아직 분열되어 대립하던 상당수 남부 지역을 독일 연방으로 흡수시킨다. 프로이센 왕국 건국 170주년인 1871년 1월 18일 파리 근교의 베르사유 궁전에서 드디어 호헨촐레른 왕 빌헬름이 우리가 흔히 '제2제국'이라 부르는 '독일제국'을 선포하고 그 첫 번째 황제로 등극한다. 이 제국은 군과 경찰력으로 무장하여 민중과 민주주의 요구를 묵살하면서 내부를 통제하고 외부를 침략한 군주 군국주의의 한 전형으로 이해되지만 실은 그 배후에는 처음부터 끝까지 사회 최고의 위력으로 부상한 부르주아의 경제적 지배 그물망이 깔린 것이어서 나라의 권력구조 역시 귀족, 대지주와 연대한 부르주아의 의도대로 재편된 결과물이다. 어쨌거나 프로이센은 독일제국과 동의어로 빌헬름은 '신의 은총에 의한 독일 황제이자 프로이센 국왕'이 되어 국내적으로 제국의 건국과 칭제의 권한을 함께 인정받는다.

이것은 독일사에 가장 괄목할 만한 혁명이라 하겠다. 전쟁과 승리는 물질적 힘에 대한 예찬, 힘에의 의지로 열광하였고 이것은 독일 부르주아 사회 문화에 엄청난 영향을 미치게 된다. 독일 관념론 철학과 계몽주의 및 고전주의 문학이 부르주아계급의 국가 통일 의식과 자기의식을 정립했다면 낭만주의 경향의 문학과 철학은 그것을 완성시키는 데 결정적 역할을 한다.

필자 약력(가나다순)

강순전

독일 보쿰(Bochum) 대학교 철학박사. 명지대 철학과 교수. *Reflexion und Widerspruch* (Hegel-Studien Beiheft 41), 『칸트에서 헤겔로』(2008, 철학과 현실사) 등의 저서와 「사회적 통합의 두 변증법적 모델 – 헤겔과 아도르노」, 「아도르노의 부정변증법」, 「포스트구조주의의 헤겔 변증법 비판에 대한 응답 – 들뢰즈의 헤겔 비판을 중심으로」, 「헤겔 변증법 이후의 변증법 기획과 변증법 비판 – 아도르노와 들뢰즈를 중심으로」, 「실천철학 – 철학, 논술, 윤리 교육을 위한 학습자 중심의 수업 모델」 등 다수의 논문이 있다.

권기환

명지대 사학과를 졸업. 동국대 석사학위. 독일 지겐 대학교에서 철학 박사학위 취득. 현재 동국대와 상명대 그리고 경기대 출강. 동국대 동서 사상 연구소 연구원. 주요 논문으로 「헤겔에 있어서 시원에 관한 사변적 인식 – 『대논리학』을 중심으로」(석사학위), 「피히테 철학에서 자기의식과 반성」(박사학위), 「피히테의 셸링 철학비판 – 피히테와 셸링의 서신교환(1800)을 중심으로」, 「피히테의 '반정립' 구조 – 『전체 학론의 기초』(1794)의 두 번째 원칙을 중심으로」, 「셸링에 있어서 예술과 미 – 『예술철학』의 §15 – 24를 중심으로」 등이 있다.

나종석

연세대 철학과를 졸업. 한국외국어대 석사 학위. 독일 에센대에서 철학박사학위 취득. 현재 연세대학교 국학연구원 HK 연구교수. 저서에 『삶으로서의 철학. 소크라테스의 변론』, 『차이와 연대』가 있고, 역서에 『존재와 가상: 헤겔 논리학의 비판적 기능』, 『철학의 이해』, 『비토리오 회슬레. 21세기의 객관적 관념론』이 있다. 「헤겔의 전쟁이론에 대하여」, 「시장과 민주주의」, 「고대 민주주의의 이상과 현실에 대하여」 등 여러 편의 논문을 발표하였다.

남기호

연세대학교 철학과 학사 및 석사 졸업. 독일 보쿰 루르 대학 철학박사. 현재 연세대, 가톨릭대 출강. 주요논문으로는 「헤겔 『대논리학』에서의 자기근거찾기」(석사논문), 「Hegels Begriff der Sittlichkeit in dessen Genese und in den Jenaer Systementwürfen」(박사논문), 「같음을 넘어서는 다른 것이 아닌 것 – 니콜라우스 쿠자누스 『다른 것이 아닌 것』」(서평), 「헤겔의 사랑개념과 그 철학적 위상 변화」, 「헤겔의 인식이론」, 「헤겔 법철학에서의 범죄와 형벌의 근거」, 「헤겔 인정이론의 구조」 등이 있다.

서정혁

연세대학교 철학과를 졸업하고, 동대학원에서 칸트 철학으로 석사 학위를, 헤겔 철학으로 박사 학위를 받았다. 현재 숙명여자대학교 리더십 교양학부 교수로 재직 중이다. 저서로 『철학의 벼리』, 『논술 교육, 읽기가 열쇠다 – 선생님을 위한 읽기 교육의 방법과 활용』, 『논증과 글쓰기』(공저) 등이 있고, 역서로 『헤겔 예나 시기 정신철학』, 헤겔의 『법철학 강요』, 헤겔의 『미학 강의』, 헤겔의 『교수 취임 연설문』, 피히테의 『학자의 사명에 관한 몇 차례의 강의』, K. 뒤징의 『헤겔과 철학사』가 있다. 그 외 독일 관념론과 교양교육 및 사고와 표현 교육에 관한 다수의 논문이 있다.

이광모

숙명여자대학교 의사소통센터 조교수. 성균관대 철학과와 같은 대학교 대학원을 졸업하고, 독일 빌레펠트 대학에서 철학박사학위를 받았다. 주요 논문으로 「헤겔 논리학, 범주론인가 아니면 신지학인가」, 「개념이란 무엇인가 – 객관적 논리학과 주관적 논리학의 관계에 대하여」, 「철학의 원리에 관하여 – 아리스토텔레스와 헤겔을 중심으로」, 「그리스 비극의 공동체적 의사소통기능」 등이 있고, 저서로는 『헤겔철학과 학문의 본질』 등이 있다.

이상섭

연세대학교 철학과 및 동대학원 철학과를 졸업하고, 독일 Ruhr Universität Bochum 철학과에서 박사학위를 취득하였다. 현재 서강대학교 철학과 조교수로 재직 중이며, 저서로는 *Wirklichsein und Gedachtsein*, 주요논문으로는 「토마스 아퀴나스의 개념과 실재」, 「보편학으로서의 형이상학과 지성의 존재」, 「중세 스콜라철학의 지향성, 지향의 대상 및 지향적 존재에 대한 연구」, 「근대적 주관성개념의 중세철학적 기원에 관한 연구」, 「자기인식의 역설」 등이 있다.

이정은

연세대학교에서 학사, 석사, 박사학위를 취득하고, 현재 연세대 인문학연구원 전문 연구원이며, 그리스도대, 백석대, 상명대, 연세대, 한양대 출강. 저서로는 『사랑의 철학』(살림), 『사람은 왜 인정받고 싶어하나』(살림), 『헤겔 대논리학의 자기의식 이론』(박사학위논문, 한국학술협의회), 주요논문으로는 「독일 관념론사에서 헤겔의 '자기의식'의 역할과 의미」(Post-doc. 연수 논문), 「생물학적 몸에 대한 다문화주의적 접근은 필요한가」, 「사회변혁을 위한 철학적 논의들」, 「미네르바의 올빼미는 새 시대의 눈인가?」, 「여성주의철학에서 보살핌 윤리」 외 다수 논문과 다수 공저가 있다.

윤병태

연세대학교 철학과 교수. 연세대학교 철학과 졸업. 독일 마부르크대학교 졸업. 괴팅겐대학교 철학박사. 저서 『개념 논리학』, 『삶의 논리 』, 『청년기 헤겔철학』, 『칸트 그리고 헤겔』 외 논문 다수.

황순우

성균관대 동양철학과에서 수학하고, 독일 마르부르크대학교에서 철학 석사 학위를, 기쎈대학교에서 철학 박사 학위를 받았다. 현재 공주대학교와 상명대학교 출강. 주요 논문으로는 「칸트의 범주의 객관성」, 「칸트의 초월 연역(1787년)의 증명 구조 분석」, 「칸트의 선험적 종합인식과 자의식」, 「칸트의 항쟁성 개념」, 「1772년의 칸트 편지」, 「1775년 종합 구조에 대한 칸트의 사유」, 「「노자」의 허정 개념」, 「노자와 철학적 나르시시즘 서설」, 「노자의 자기의식과 판단」, 「칸트와 노자의 근원적인 인식」, 「das Identitätsbewußtsein und die Urteilskopula in Kants Deduktion der Kategorien von 1787」 등이 있고, 저서로는 『*Identitätsbewußtsein und Objektivität bei Kant*』(Künigshausen & Neumann, Würzburg 2002년)가 있다.

『헤겔연구』 목차 _제20호부터 25호까지

제20호 낭만주의 쟁점과 헤겔(2006. 12. 용의 숲)

제21호 철학의 고전적 담론들(2007. 6. 용의 숲)

제22호 로고스인가 사튀로스인가(2007. 12. 용의 숲)

제23호 오늘 우리에게 헤겔철학은 무엇인가(2008. 6. 용의 숲)

제24호 주체와 타자(2008. 12. 용의 숲)

제25호 개인과 사회(2009. 6. 용의 숲)

한국헤겔학회 윤리 장전

한국헤겔학회의 회원은 학술 연구를 수행함에 있어 연구 윤리를 준수하고 바람직한 연구 문화 정착에 앞장 서 나갈 것이다. 이를 위해 아래와 같이 연구 윤리 장전을 실천해 나갈 것을 서약한다.

1. 학회 임원진 및 모든 회원은 회칙에서 규정한 연구윤리 규정을 성실히 이행한다.

2. 학회 회원은 연구 활동 및 그 결과 발표에 있어서 학자의 본분과 양심에 따라 거짓없이 진실되게 행동한다.

3. 학회 회원은 타인의 연구 성과를 존중하며, 표절 금지 원칙에 준하여 어떤 경우에도 표절하지 않는다.

4. 학회 편집위원은 학회지 〔헤겔 연구〕의 제반 업무를 학회 규정에 의거하여 공평하고 공정하게 집행한다.

5. 학회 회원은 각종 논문 및 연구 관련 심사시 학자의 양심에 따라 공정하게 심사한다.

2007년 12월 30일

한국헤겔학회

한국헤겔학회 윤리 규정

제1조(목적 및 구성)

한국헤겔학회(이하 학회)의 윤리 규정은 학회의 모든 회원이 연구, 결과물 발표, 심사를 포함한 모든 학술적 행위에서 준수해야 할 연구윤리의 원칙과 기준을 제시한다. 본 윤리규정은 학회의 모든 회원이 학문 연구의 가치를 상호 인정하고, 학문의 진보와 윤리문화 정착에 기여하려는 목적으로 마련된 것이다. 본 윤리규정은 학회의 윤리위원회 구성 및 운영에 관한 조항, 연구 윤리에 관한 조항, 심사 윤리에 관한 조항, 편집위원회에 관한 조항, 그리고 윤리규정 시행지침으로 구성된다.

제2조(윤리위원회 구성 및 운영)

1. 학회는 윤리 규정의 목적을 달성하기 위해 '윤리위원회'를 설치한다.
2. 윤리위원회는 위원장을 포함하여 5명으로 구성하며, 이사회의 추천을 받아 학회장이 임명한다.
3. 윤리위원의 임기는 2년으로 하며, 재임에 관한 제한은 없다.
4. 윤리위원장은 윤리위원들의 호선으로 선출한다.
5. 윤리위원회는 윤리규정 위반으로 제소된 사안에 대해 제보자, 피조사자, 증인, 참고인 및 증거자료 등을 포괄적으로 심의하고 의결하는 권한을 지닌다.
6. 윤리위원회는 제소된 사안에 대해 접수된 날로부터 30일 이내에 심의 결과를 의결하여 회장에게 통보한다.
7. 윤리위원회의 징계 건의가 있을 경우, 학회장은 이사회를 소집하여 징계 여부 및 내용을 결정한다.

제3조(연구 윤리)

1. 타인의 연구 결과물(저서, 논문 게재 및 학술대회 발표 등)을 자신의 것처럼 보이게 하는 모든 행위는 원칙적으로 '표절'로 간주한다.
2. 어떤 이유에서건 인용 및 참고 여부를 밝히지 않는 행위는 '표절'로 간주한다.

3. 타인의 연구 결과물을 직, 간접적으로 인용할 때 학회가 제시한 원고 작성 요령에 준하여 인용 및 참고 여부를 분명히 밝혀야 한다.
4. 이미 발표된 연구 결과물을 중복해서 발표하는 것도 '표절'로 간주한다. 다만, 특별한 사정에 의해 중복 발표할 경우, 이전에 발표한 연구 결과물의 출처를 명확히 밝혀야 한다.

제4조(심사 윤리)

1. 모든 회원은 학회가 규정한 심사 규정에 의거 모든 심사를 객관적이고 공정하게 심사해야 한다.
2. 심사자는 연구자 및 심사 결과에 대한 비밀을 준수해야 한다.
3. 심사자는 심사 대상물의 표절 여부를 면밀히 판정하여야 한다.
4. 만일 심사자의 심사 결과에 대해 추후 문제가 제기될 경우, 윤리위원회의 심의를 거쳐 차후 심사 자격을 박탈할 수 있다.
5. 모든 회원은 각종 심사 결과를 통보받은 후 1주일 내로 재심을 의뢰할 수 있다.
6. 연구 결과물 재심은 기존 심사자를 제외한 3인 이상의 심사자에게 의뢰해야 한다.

제5조(편집위원회)

1. 편집위원회는 학회의 〔헤겔 연구〕지 편집 및 발행에 관련된 모든 일에 책임있는 결정을 내려야 할 의무가 있다.
2. 편집위원회는 투고논문의 공정한 심사를 위해 관련 전문 분야의 심사자 3인 이상에게 심사를 의뢰해야 한다.
3. 편집위원회는 투고논문의 심사결과 및 그 사유를 반드시 정해진 기한 내에 투고자에게 통보하여야 한다.
4. 재심을 의뢰받은 경우, 편집위원회는 기존 심사자를 제외한 3인 이상의 심사자에게 재심을 의뢰하고, 재심 결과를 의뢰자에게 정해진 기한 내에 통보하여야 한다.

제6조(시행지침)

1. 모든 회원은 연구 윤리 위반으로 제소되었을 경우 윤리위원회의 조사에 성실히 임할 의무가 있다.
2. 윤리 규정 위반으로 제소된 회원에게는 충분한 소명 기회가 주어져야 한다. 소명 방식은 당사자의 의견을 수렴하여 윤리위원회가 결정한다.
3. 윤리위원회는 모든 심의 및 의결과정에서 회원의 신원을 노출해서는 안된다.
4. 윤리 규정을 위반한 회원에 대해서는 윤리위원회의 결정에 따라 경고, 투고 및 발

표 제한, 임원 해촉, 회원 자격 정지 및 박탈 등의 징계를 할 수 있고, 이 조치를 여타 개인 기관과 공유할 수 있다.

5. 윤리 규정의 수정은 본 학회의 회칙 개정 절차에 준하여 정기 총회에서 결정한다.

부칙

본 규정은 2008년 1월 1일부터 시행한다.

『헤겔연구』 논문 투고 및 심사 규정

I. 『헤겔연구』 논문 투고 규정

1. 발간 시기 : 연 2회(6월 15일 여름호, 12월 15일 겨울호)
   원고 접수 : 연중 수시

2. 원고 종류
1) 철학(哲學)과 사상사(思想史) 전반에 관련된 자유 주제, 특히 독일 관념론 및 헤겔 사상과 관련성이 있는 미발표 논문(특별 주제의 경우 별도로 공고한다.)
2) 서평 : 최근 3년 이내에 출간된 국문 저서 혹은 번역서, 연구사적 의의가 있는 외국문 저서
3) 논문평 : 최근 2년 이내에 발표된 국내외 주요 연구 성과, 특히 이미 『헤겔연구』에 수록된 논문 및 국내 주요 연구 동향에 대한 논쟁적 언급
4) 번역 : 헤겔 및 독일관념론 전반과 관련 있는 원서(분량 등 기준은 일반 논문 투고의 기준에 따른다.)

3. 분량
1) 논문 기본 게재료 : 참고 문헌을 포함하여 200자 원고지 80매 이상 130매 이하, 전임 이상 회원 : 20만원, 비전임 회원 : 13만원.
2) 131매 이상의 초과분에 대해서는 원고지 장당 3,000원의 초과 게재료를 납부한다.(정해진 게재료 미납시 편집위원회의 결정에 따라 논문 게재를 보류할 수 있다.)
3) "… 연구비 지원에 의한 연구 결과물임"이 표시된 투고 논문에 대해서는 게재료 30만원을 징수하고, 게재료 수납 때 영수증을 발부함.
4) 서평 : 200자 원고지 50매 내외
5) 논문평 : 200자 원고지 30매 내외

4. 투고 요령

1) 워드프로세서(아래아 한글 프로그램)로 작성
2) 디스켓과 함께 출력 원고 4부 제출 : 디스켓과 출력물에는 반드시 논문 제목(한글/외국어), 저자 성명(한글/외국어), 저자 약력, 주요 검색어(한글/외국어), 논문 요약문(한글/외국어), 논문, 참고 문헌 순서로 포함되어 있어야 한다.
3) 저자 약력에는 투고자의 소속, 주소, 전화번호, 이메일 주소를 정확하게 명기해야 한다.

5. 접수처

- 서울특별시 서대문구 신촌동 134 연세대학교 외솔관(제1인문관) 508호 윤병태 교수 연구실 (한국헤겔학회 편집위원회)
- 전화 : 02-2123-2399 / 휴대폰 : 010-3885-6267
  e-mail : seocrates@hanmail.net

6. 투고 시 주의 사항

1) 논문 투고의 기본 자격은 본 학회의 회원으로 한다.(회원이 아닌 경우 투고 전 회원에 가입해야 한다. 회원이더라도 회비 미납 사실이 있을 경우에는 회비를 완납한 후 투고할 수 있다.)
2) 동일 제목의 논문을 1, 2, 3 등의 형태로 연속적으로 투고할 수 없다.
3) 외국어로 작성된 논문은 편집위원회의 심사를 거쳐 번역 게재한다.
4) 분량이나 주제가 본 연구지의 기준이나 취지에 전혀 부합하지 않을 경우 심사 대상에서 제외한다.
5) 다른 학술지나 출판 등록된 저서에 이미 게재된 논문은 심사 대상에서 제외한다.

7. 원고 작성 시 주의 사항

- 원고를 투고할 때에는 반드시 다음 사항을 주의하여 작성하여야 한다.

1) 투고자는 논문 작성 시 단독연구인지 공동연구인지를 명기해야 한다. 접수 시 1명의 성명이 기재되어 있을 경우, 이를 단독연구로 접수한다. 공동연구의 경우, 책임연구자와 공동연구자를 구분하여 명기해야 한다.
2) 논문의 마지막 부분에 참고 문헌을 반드시 첨가하여야 한다. 참고 문헌의 수록 순서는 국한문 문헌 다음에 외국 문헌을 싣되, 각각 저자 이름의 가나다와 알파벳 순서로 기재한다.

참고 문헌 작성법 예

Hegel, G. W. F., *Phänomenologie des Geistes,* in: *Gesammelte Werke,* Bd. 9, hrsg. von W. Bonsiepen & R. Heede, Hamburg 1980.
Hegel, G. W. F., 임석진 옮김, 『정신현상학』 지식산업사, 1988.
Gadamer, H. G., Hegel und die antike Dialektik, in: *Hegel-Studien,* Bd. 1, hrsg. von F. Nicolin & O. Pöggeler, Bonn 1961.
홍길동, 「헤겔의 자유개념」, 『헤겔연구』, 제9호, 한길사, 2001.

3) 각주의 경우 다음과 같은 작성법의 예를 따른다.

각주 작성법 예

G. W. F. Hegel, *Phänomenologie des Geistes,* in: *Gesammelte Werke,* Bd. 9, hrsg. von W. Bonsiepen & R. Heede, Hamburg 1980, 13-14쪽 참조.
G. W. F. Hegel, 임석진 옮김, 『정신현상학』, 지식산업사, 1988, 17쪽.
H. G. Gadamer, Hegel und die antike Dialektik, in: *Hegel-Studien,* Bd. 1, hrsg. von F. Nicolin & O. Pöggeler, Bonn 1961, 10쪽 이하 참조.
홍길동, 「헤겔의 자유개념」, 『헤겔연구』, 제9호, 한길사, 2001, 18쪽.

4) 각주에서 이미 앞에서 인용된 논문에는 〈저자 이름, 같은 글, 쪽수〉로 표기하고, 저서에는 〈저자 이름, 같은 책, 쪽수〉로 표기한다. 만일 동일한 저자의 논문이나 저서 등이 중복될 경우에는 〈저자, 논문명 혹은 저서명, 쪽수〉로 표기한다. 그리고 바로 이전의 각주와 동일한 논문이나 저서가 인용될 경우에는 〈같은 곳, 같은 글 혹은 같은 책, 쪽수〉로 표기한다.
5) 주요 저작의 경우 필자가 약호 규정을 사용하여 본문이나 각주에서 표기할 수 있다. 가능한 한 각주 1에서 약호 규정을 구체적으로 명기해야 한다.
6) 편집의 일관성을 위하여 가능한 한 장, 절, 항, 목을 I, 1, 1), ①로 표시한다.
7) 강조는 ' ' 부호로 표기하고, 인용문에서 가운데 단어나 구절의 일부 생략은 '...'

로 표기하고, 완전한 문장의 생략은 '(……)'로 표기한다.

8) 논문 투고 시에는 본 학회에서 정한 작성 요령에 따라 논문 요약문 및 주요 검색어를 함께 제출하여야 한다. 외국어(영문 및 독문) 요약문 및 주요 검색어는 국문에 준해 함께 제출하여야 한다.

논문 요약문 및 주요 검색어 작성 요령

- 요약문 원고는 주제 분류(학술진흥재단에서 제공하는 학문 분류표 참조), 5단어 이내의 주요 검색어, 논문의 요약문으로 구성된다.
- 분량은 500자 정도(원고지 3매 정도)
- 주요 검색어는 논문에서 논의되는 주요 개념들이나 주제들 또는 인물들을 언급하되, 다섯 개념 이내로 한다.
- 요약문은 논문 전체의 핵심 내용을 논문 내용에 부합하게 작성한다.

9) 투고된 원고와 디스켓은 반환하지 않는다.

II. 『헤겔연구』 논문 심사 규정

1. 논문 심사 및 게재 원칙

1) 투고 논문 심사는 원고 마감 후 4월과 10월 연 2회 실시한다.
2) 각 논문은 편집위원회에서 위촉한 심사위원 2~3인이 심사한다.
3) 심사 시 논문 투고자의 성명과 소속 등을 알 수 없도록 한다.
4) 각 심사위원은 투고 논문들을 본 편집위원회에서 규정한 아래의 '개별 심사 항목'에 따라 종합적으로 검토 평가한다.

개별 심사 항목

- 논문의 주제 의식이 명확하며 논리적이고 타당한 근거들이 제시되었는가?
- 창의적이고 비판적인 논제, 개념, 논거, 관점 등이 제시되었는가?
- 관련 분야에 대한 기초 문헌과 2차 문헌에 대한 적절한 논의가 이루어졌는가?
- 국내의 선행 연구 논저들에 대한 논의가 이루어졌는가?
- 논문의 형식적 요건(각주 인용, 참고 문헌 표기, 분량 등 본 학회에서 요구한 논문 작성에 관련된 사항)을 정확히 갖추었는가?〔논문 요약문 및 주요 검색어 작성 요령〕

5) 종합 평가는 개별 항목에 대한 평가를 근거로 '게재 가', '수정 후 게재 가', '게재 불가'로 판정한다.
6) 2인 이상으로부터 '게재 가' 판정을 받은 논문은 수정 없이 바로 게재할 수 있다.
7) 심사에서 수정이 요구된 사항은 필자에게 〈심사 결과 통보서〉에 첨부된 〈수정 요구서〉를 통해 고지하여 반드시 수정 후 게재한다.

2. 편집위원 선정 기준과 절차
1) 본 학회의 편집위원회는 위원장 1명, 위원 15명 이내로 구성한다.
2) 편집위원은 반드시 본 학회의 정회원이어야 하며, 학회 발전에 공이 많은 자로 학회 이사들의 추천으로 후보가 된다.
3) 추천된 후보들 중 학회 이사들의 과반수 이상의 찬성으로 선정한다.
4) 가급적 지역 안배를 고려하여 각 도에 최소 1명씩 위원을 두며, 다양한 연구 분야를 고려하여 선정한다.
5) 편집위원의 임기는 2년으로 하며 연임할 수 있다.

한국헤겔학회 임원 명단

헤겔연구 제26호

욕망과 문화

1판 1쇄 인쇄 2009년 12월 7일
1판 1쇄 발행 2009년 12월 15일

편집 한국헤겔학회
펴낸이 윤병태
펴낸곳 도서출판 용의 숲
주소 서울시 서대문구 신촌동 134 연세대학교
제1인문관 508호 한국헤겔학회 편집위원회
전화 02-2123-2399
휴대폰 010-3885-6267
E-mail seocrates@hanmail.net
출판등록 2004년 3월 29일 제 313-2004-00078호
주문처 한국출판협동조합(일원화공급처)
전화 02-716-6032 | 팩스 02-716-3819~20

ISSN 1598-9410(26)
가격 16,000원